Kenkyu Sosho No.623

経済地理
シミュレーションモデル

理論と応用

熊谷　聡・磯野生茂：編

IDE-JETRO アジア経済研究所

研究双書　No. 623

熊谷聡・磯野生茂編『経済地理シミュレーションモデル――理論と応用――』

Keizai-Chiri Simyurēshon Moderu: Riron to Ōyō

(Geographical Simulation Model: Theory and Applications)

Edited by

Satoru KUMAGAI and Ikumo ISONO

Contents

Introduction　　　　　　　　　　　　　　　（Satoru KUMAGAI and Ikumo ISONO）

Chapter 1　IDE Geographical Simulation Model
　　　　　　　（Satoru KUMAGAI, Ikumo ISONO and Toshitaka GOKAN）

Chapter 2　Theory behind IDE-GSM　　　　　　　　　（Toshitaka GOKAN）

Chapter 3　Parameter in IDE-GSM
　　　　　　　（Kazunobu HAYAKAWA, Ikumo ISONO and Satoru KUMAGAI）

Chapter 4　Data Utilized in IDE-GSM
　（Kenmei TSUBOTA, Satoru KUMAGAI, Kazunobu HAYAKAWA and Souknilanh KEOLA）

Chapter 5　Case Analysis by IDE-GSM
　　　　　　　（Ikumo ISONO, Satoru KUMAGAI and Kazunobu HAYAKAWA）

Chapter 6　Current Issues and Future Directions
　（Souknilanh KEOLA, Toshitaka GOKAN, Kazunobu HAYAKAWA, Satoru KUMAGAI）

〔Kenkyu Sosho（IDE Research Series）No. 623〕
Published by the Institute of Developing Economies, JETRO, 2015
3-2-2, Wakaba, Mihama-ku, Chiba-shi, Chiba 261-8545, Japan

まえがき

　アジア経済研究所・経済地理シミュレーションモデル（Institute of Developing Economies-Geographical Simulation Model: IDE-GSM）は，東アジア地域の人口と産業の地理的分布の変化を，空間経済学の理論に基づいて長期的に予測し，さまざまな貿易・交通円滑化の影響を分析するためのシミュレーションモデルである。本書はIDE-GSMについて詳細に解説することで，地理的要素を含む一般均衡モデルに基づく政策シミュレーションの有用性を示すとともに，同種のモデルを開発する際の一助となることをめざして執筆された。アジア経済研究所が実施している経常研究会「経済地理シミュレーションモデルによる東アジアにおける人口・産業集積の長期予測：2010年経済地理データに基づく研究（Ⅰ）」の成果の一つである。

　2007年にメコン地域を中心とした10カ国361地域を陸路でつないだモデルとしてスタートしたIDE-GSMは，2014年までに18カ国・地域の約1800地域を1万以上の陸路，海路，空路，鉄道でつないだモデルへと拡張された。東アジア地域の経済地理データが未整備ななかで，モデルの開発と各種データの整備を同時並行で行いながら，さまざまな要請に応えて経済効果分析を実施してきた。その結果，IDE-GSMは東アジア・アセアン経済研究センター（ERIA）や世界銀行を含む国際機関などを通じ，政策提言のためのツールとして利用されるようになってきている。

　シミュレーションモデルの利点は，数学的モデルよりも一段複雑な状況をそのまま数値計算によって分析し，インプリケーションを引き出すことができる点にある。しかし，社会科学分野で広く受け入れられるシミュレーションモデルを完全に新しく構築することは容易ではない。分析結果が受け入れられるためには，モデルの背景となる理論と現実の両方に鑑みて説明可能で

なければならない．一方で，理論からの推論や現実の観察のみでは到達できない深さをもったインプリケーションを導き出せなければ，存在意義を示すことができない．

こうした「複雑性のほとり」でバランスを保ったまま，本モデルの開発を続けることができているのは，いくつかの要因による．第1に，中核となるモデルが比較的簡素で，空間経済学に基づく理論的裏付けがあることである．原理上，シミュレーションでは非常に複雑なモデルを設定することもできるが，モデルの性質が解析的にも把握できることは重要である．

第2に，地理的要素の抽象化がうまくいった点である．地理的要素をシミュレーション内で扱う方法にはいくつかある．IDE-GSMが採用した，地域を緯度経度をもった代表都市の点として扱い，ルートを都市間を結ぶ線として扱うという方法は，経済地理データの未整備という制約に対応しつつ，必要データ・計算量を削減し，交通インフラのシミュレーションを容易にするという点で，うまく機能した．

第3に，隣接する専門分野をもった研究者が協力をする体制が幸運にも整った点である．理論モデル，プログラム，パラメータの推定，データ構築，政策との整合性，のいずれに関しても個々の高い専門性と相互の橋渡しを可能とする能力が不可欠となる．

第4に，高い政策ニーズが存在した点である．東アジアはデファクトの経済統合，近年のデジュールの経済統合のなかで世界で最も複雑な生産ネットワークを有する地域となったが，電子・電機産業などの生産ネットワークを代表する産業は依然大都市の周辺にとどまっており，国際的な連結性の向上，国内の交通インフラ整備を通じた各国内の地域的な所得格差は正に高い政策ニーズが存在する．一方，多くのASEAN各国では財政制約によりインフラ整備の進展が遅れていた．ここで，国よりも小さな地域単位を扱い，各国の経済依存関係や経済統合の進捗を内包可能なモデルによってインフラ整備の優先順位付けや有用性の説明ができるIDE-GSMが脚光を浴び，長期に及ぶ開発の後押しとなった．

また，地域研究の長い伝統をもつアジア経済研究所のなかで，直接・間接の知見をモデル開発やデータ整備に反映させることができたことは大きい。同時に，アジア経済研究所の多くのスタッフのサポートなしでは，開発を続けることはできなかっただろう。

　本モデルは，空間経済学の大家である藤田昌久アジア経済研究所前所長のイニシアティブなしには存在し得なかった。アジア経済研究所に本格的な空間経済学の基盤を築き，その後に続く道を開いた故錦見浩司氏にも大きく負っている。本モデルを活用してその存在と利用価値を重要な国際会議・政府間協議などで力説された西村英俊ERIA事務総長，平塚大祐アジア経済研究所理事にもこの場を借りて感謝を申し上げたい。その他，ルット・バノムヨン氏（タマサート大学准教授）の研究チーム，花岡伸也氏（東京工業大学准教授）からも重要な示唆をいただいた。関係するすべての方々の助力に対し，ここに記して深く感謝したい。

2015年8月

編　者

目 次

まえがき

第1章　経済地理シミュレーションモデル
　　　　　　　　　　　　　熊谷　聡，磯野生茂，後閑利隆 ····· 3
　第1節　背景 ··· 3
　第2節　基本構造 ·· 8
　第3節　IDE-GSM の特徴 ·· 15
　第4節　IDE-GSM の公開状況 ·· 19
　第5節　本書の構成 ·· 20
　第6節　まとめ ··· 20

第2章　IDE-GSM で用いられている理論モデル ··············· 後閑利隆 ··· 23
　第1節　はじめに ·· 23
　第2節　IDE-GSM で用いられている理論モデル ················· 26
　第3節　メカニズム ·· 34
　第4節　まとめ ··· 38
　補　論　需要量の導出 ·· 40

第3章　IDE-GSM で用いるパラメータ
　　　　　　　　　　　　　早川和伸，磯野生茂，熊谷　聡 ··· 43
　第1節　消費シェア・労働投入シェア・代替の弾力性 ············ 43
　第2節　輸送費関連パラメータ ··· 45
　第3節　その他主要パラメータ ··· 49
　第4節　パラメータに対するシミュレーション結果の感応度 ··· 52
　第5節　まとめ ··· 58

補　論　物理的輸送費および時間費用の推定 ……………………………… 59

第 4 章　IDE-GSM で用いるデータ
　　　　　……… 坪田建明，熊谷　聡，早川和伸，ケオラ・スックニラン … 67
第 1 節　経済地理データ ………………………………………………………… 67
第 2 節　ルート・データ ………………………………………………………… 79
第 3 節　関税・非関税障壁・文化的障壁データ ……………………………… 86
第 4 節　まとめ …………………………………………………………………… 88
補論 1　経済地理データの作成方法 …………………………………………… 90
補論 2　関税・非関税障壁，および文化的障壁の推定 ……………………… 110
補論 3　WITS 関税データ ……………………………………………………… 114

第 5 章　IDE-GSM による分析例 ……… 磯野生茂，熊谷　聡，早川和伸
　　　　　……………………………………………………………………………… 117
第 1 節　IDE-GSM におけるシミュレーション・シナリオ設定 …………… 117
第 2 節　メコン＝インド経済回廊の経済効果 ………………………………… 120
第 3 節　東アジア地域包括的経済連携の経済効果 …………………………… 134
第 4 節　2011年タイ洪水の中期的影響分析 …………………………………… 141
第 5 節　まとめ …………………………………………………………………… 144

第 6 章　IDE-GSM の課題と将来の方向性
　　　　　……… ケオラ・スックニラン，後閑利隆，早川和伸，熊谷　聡
　　　　　……………………………………………………………………………… 147
第 1 節　背景 ……………………………………………………………………… 147
第 2 節　モデル …………………………………………………………………… 148
第 3 節　パラメータ ……………………………………………………………… 151
第 4 節　データ …………………………………………………………………… 152
第 5 節　まとめ …………………………………………………………………… 174

索　引 ……………………………………………………………… 179

経済地理シミュレーションモデル

第1章

経済地理シミュレーションモデル

熊谷　聡，磯野生茂，後閑利隆

第1節　背景

1．経済発展の空間的側面の重要性

　過去半世紀，東アジア地域の経済発展は，いわゆる「雁行形態」で進んできた。戦後，日本の復興によって開始された東アジア地域の経済発展は，アジア NIEs から先進 ASEAN 4 カ国へと広がり，1990年代以降は中国，さらには後発 ASEAN 諸国がそこに加わった。インドも含めた東アジア地域は，いまや世界の製造業の中心となっており，市場としても，高い成長が期待されている。アジア開発銀行（ADB）は，これまでのトレンドに沿った順調な経済発展が続いた場合，世界の GDP に占めるアジア地域の比率は，2010年の27％から2050年には52％に達すると予測している（Kohli et al. 2011）。

　東アジアの経済発展の一つの特徴は，それが地理的にきわめて不均一に，また，時間差をもって進行している点である。各国間の経済成長率の差に加え，各国国内でも特定地域が先行する形で経済発展が進んでいる。インフラ整備や諸制度が十分整っていない国においても，首都圏や経済特区が先行して経済発展を実現したことがその一因にある。地域間の所得格差は，各国に政治的・社会的緊張をもたらしている。

　一方で，東アジアの経済発展は，とくに1985年のプラザ合意以降の海外直

接投資（FDI）による国際的な生産ネットワークの発展と軌を一にしている。2000年代に入ってからは自由貿易協定（FTA）や経済連携協定（EPA）の締結によって域内の生産ネットワークはますます緊密になり，ASEAN地域を中心に地域横断的インフラ開発も進んでいる。

　東アジアの経済発展を理解するためには，もはや「国」を単位とした分析では不十分であり，国より下位のサブ・ナショナルな「都市・地域」あるいは国境をまたいだスーパー・ナショナルな「地域」を詳しく観察する必要がある。たとえば，ベトナムの経済発展について考えるとき，北部については中国南部との経済関係が，南部についてはタイとの経済関係も影響する。また，カンボジア，ラオス，ミャンマーの経済発展の見通しは，大メコン地域の国際的な経済回廊の整備によって左右される。

　こうした実態面での重要性に反して，東アジア地域における経済発展の地理的側面に関する研究はこれまで一国内の研究にとどまっており，国際的なレベルでは十分とはいえない。その最大の障害は，東アジア地域をカバーする地域レベルの経済データの未整備である。東アジア地域では，ようやく後発国でも国レベルでの各種統計の整備が進んできたものの，国より下位の地理区分での経済データの整備は依然として不十分である。これは，地域統合の先輩格であるヨーロッパ連合（EU）に比べて著しく遅れており，効果的な地域的開発政策の立案・実施の妨げになっている。

2．IDE-GSMと空間経済学

　「アジア経済研究所・経済地理シミュレーションモデル（Institute of Developing Economies-Geographical Simulation Model: IDE-GSM）」は，東アジアにおける人口と産業の空間的な分布の変化を予測し，さまざまな貿易・交通円滑化の影響を分析することを目的としている。IDE-GSMは，空間経済学に基づいた一般均衡モデルを，途上国の地域レベルでの経済発展分析に応用したものである。IDE-GSMは，2007年度からアジア経済研究所が主体となり，東

アジア・アセアン経済研究センター（Economic Research Institute for ASEAN and East Asia: ERIA）の要請に基づいて開発が進められてきた。メコン地域を中心とした10カ国361地域をカバーするモデルとしてスタートし，現在では東アジアの18の国・地域の約1800地域をカバーしている。また，当初は道路インフラの改善効果を予測できるのみであったが，現在では貿易自由化や非関税障壁の引き下げ，通関の円滑化などを含むさまざまな貿易・交通円滑化措置の影響を分析できるようになっている（表1-1）[1]。2009年6月3日の東アジア・サミットで要請されたアジア総合開発計画の策定など，政策提言に広く活用されてきている。

IDE-GSM の理論的な基礎となっている空間経済学では，需要側と供給側の循環的な相互作用の累積により集積が生じる現象を扱うための理論モデルを構築し，輸送費の変化が経済活動の地理的分布に与える影響を分析する。Thünen（1826）は，実際の経済の観察から上記の現象を認識していた。チュ

表1-1　IDE-GSM の拡張と改良

年度	2007	2008	2009	2010	2011	2012	2013	2014
国・地域数	10	13	13	13	16	18	18	18
地域数	361	361	956	1,654	1,715	1,790	1,848	1,858
都市（ノード）数	545	545	1,676	3,123	4,226	5,616	5,756	5,801
ルート数	690	692	2,691	4,937	7,044	10,792	10,278	10,859
輸送モード数	道	道	道海空	道海空鉄	道海空鉄	道海空鉄	道海空鉄	道海空鉄
産業部門数	3	7	7	7	7	7	7	7
中間財投入	No	Yes	Yes	Yes	Yes	Yes	Yes	Yes
NTB	No	No	No	Yes	Yes	Yes	Yes	Yes
アジア以外の世界（ROW）	No	No	No	EU/USA	EU/USA	63カ国	63カ国	63カ国
関税率データ	No	No	No	No	Yes	Yes	Yes	Yes
災害/SEZ	No	No	No	No	Yes	Yes	Yes	Yes
物流量予測	No	No	No	No	No	Yes	Yes	Yes
衛星画像利用	No	No	No	No	No	ミャンマー	ミャンマー	ミャンマー
GPGPU	No	No	No	No	No	No	Yes	Yes
混雑計算	No	No	No	No	No	No	Yes	Yes

（出所）筆者作成。

ーネンの理論は，一般均衡理論であるだけでなく，比較優位やマルサス・ウエスト・リカードの地代理論，要素価格とヘクシャー・オーリンとストルパー・サミュエルソン理論，レオンチェフなどの投入産出関係の概念がすでに含まれている（Samuelson 1983）。しかしながら，Thünen (1826) では，上記の現象の理論化は将来の課題とされた。その後，およそ150年が経過し，Dixit-Stiglitz モデル（Dixit and Stiglitz 1977）が開発されたことで，クルーグマンは収穫逓増と不完全競争を取り入れた貿易モデルを発表し（Krugman 1979），さらに，労働者の地域間の移動を取り入れることで，Krugman（1991）として，空間経済学を誕生させた。その後，1990年代に空間経済学の研究は急速に進展し，1999年に発表された藤田，クルーグマン，ベナブルズの『空間経済学』(Fujita, Krugman and Venables 1999) によって，一つの学問分野へと押し上げられたといえる。

空間経済学の形成へ向かっての近年の研究は，EUや北米自由貿易協定（NAFTA）のような国境を越えたさまざまな地域経済圏への形成に代表される，国際経済のボーダレス化にも後押しされている。空間経済学は，都市，地域，国際貿易など，従来は異なった学問の一分野として細分化されていた空間を対象とした経済理論を統一して分析することができるため，実際に，EUの経済統合に関する実証研究にも応用され，着実に成果を上げている。

3．空間経済学とシミュレーションモデル

空間経済学の理論的な側面は1990年代に大きく進歩した一方で，それを応用したシミュレーションについては，きわめて例が少ない（Fujita and Mori 2005, 396-397）。空間経済学を用いたシミュレーションモデルには，二つの系統が存在する。一つは，特定の政策，とくに交通政策が経済の空間的な構造にどう影響するかを評価するモデルである。Teixeira (2006) は空間経済学に基づいたシミュレーションモデルをポルトガルの交通政策の評価に応用し，これまでの交通政策は国土の均衡した発展に寄与していないと結論づけてい

る。また，Bosker et. al.（2007）は，EUを194の地域に分割し，EUのさらなる統合がどのような影響を各地域に及ぼすかを検証した。そこでは，さらなる経済統合が産業の集積を促進することが示されている。ほかにも，Roberts et al.（2012）では，空間経済学のシミュレーションモデルを用い中国の高速道路建設が中国の実質所得に与える影響を調べた。

　空間経済学を応用したシミュレーションモデルの第2の系統は，シミュレーションによって創出された空間構造を現実と比較することで，モデルの妥当性を検証するものである。たとえば，Fingleton（2006）はイギリスの賃金の地理的な構造について，空間経済学よりも都市経済学のモデルの方が説得力があることを示した。一方で，Stelder（2005）はEUを2627のグリッドに分割し，空間経済学のモデルが実際のEU内の集積を再現できるか実験し，相当程度再現できると結論づけている。

　IDE-GSMは第1の系統に属するが，先行する研究と比較して，いくつかの特徴をもっている。第1に，IDE-GSMは過去の政策の評価ではなく，将来の政策効果の予測に力点をおいている。これは，おもに，東アジア地域において過去の政策を検証することが可能な経済地理データが存在しないためである。第2に，多くのシミュレーションが欧州を対象としているのに対し，IDE-GSMは東アジアを分析対象としている点である。これはデータの制約からくるもので，東アジアの分析を行うためには，データの構築から始める必要があった。Roberts et al.（2012）が中国1国を扱っているように，国レベルのモデルは散見されるが東アジア全体をカバーしたモデルは皆無である。第3に，IDE-GSMは現実的な交通網と輸送モード選択をモデルに取り入れている点で，他のモデルに対して大きなアドバンテージをもつ。これは，交通インフラ整備の効果をより正確に評価することを可能にする。

第2節　基本構造

1．IDE-GSM の構成

　IDE-GSM は，(1)シミュレーションモデル，(2)経済地理データ，(3)ルート・データ，(4)関税・非関税障壁データ，(5)シナリオ・ファイルの五つの要素から構成されている（図1-1）。IDE-GSM のシミュレーションモデル本体は，空間経済学に基づく一般均衡モデルの一種である。IDE-GSM の初期のモデルは，空間経済学の標準的なモデル[2]をほぼそのまま実際の東アジアの地理に適用したものとしてスタートした。すなわち，(1)経済は農業部門と製造業部門からなり，前者は収穫に対して一定の生産費と輸送費がかからないことを，後者は収穫逓増と輸送費の存在を仮定する，(2)実質賃金の格差に応じて，地域間の人口移動が生じる，という構造である。その後，農業部門では生産要素として労働に加えて土地を，製造業部門は労働に加えて中間財投入を考慮した形となり，製造業部門は輸送費や代替の弾力性が異なる五つの部門（自動車，電気機械，繊維製品・衣服，食料品・飲料・たばこ，その他製造業）に分割され，サービス業を加えた3産業7部門のモデルとなって現在に至るが，空間経済学の標準的なモデルの特徴は現在も継承されている。

　シミュレーション分析に必要な経済地理データとして，IDE-GSM ではアジア経済地理データセット（Geo-Economic Dataset for Asia: GEDA）と呼ばれるデータセットを新たに作成した。東アジアの18の国・地域（ASEAN10，日本，中国，韓国，台湾，香港，マカオ，インド，バングラデシュ）の約1800地域，人口で約32億人（世界の49％），GDP で約10兆ドル（同22％）をカバーしている。本データセットは，各国各地域の人口・面積のほか，農林漁業，鉱業，製造業（最大16部門），サービス業（最大6部門），建設業の最大25部門の産業別域内総生産（Gross Regional Product: GRP）からなっている。これを前述の製造業5部門に農林水産業・鉱業とサービス業・建設業を加えた7部門のデ

第 1 章　経済地理シミュレーションモデル　9

図 1-1　IDE-GSM の基本構造

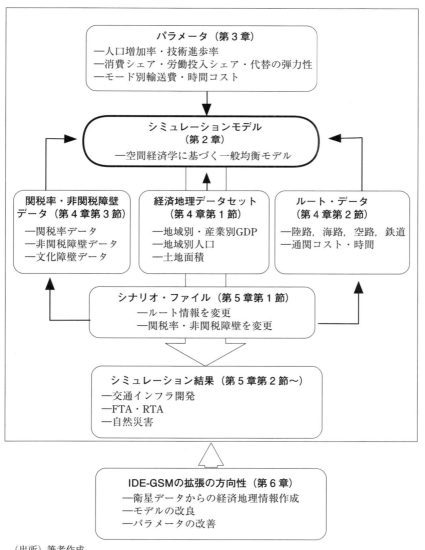

(出所) 筆者作成。

ータに統合し，さらに緯度経度情報などを付け加えて IDE-GSM 内で使用している。東アジア地域以外の国々については，1カ国を首都で代表される1地域として扱い，63カ国のデータを組み込んでいる。その結果，東アジア経済地理データセットと合わせて，IDE-GSM によってカバーされている地域の人口は51.8億人，GDP は42.5兆米ドルに達し，これは，世界全体の人口の80％，GDP の93.9％となっている。

ルート・データについては，四つの輸送モード（陸路，海路，空路，鉄道）について，GEDA と同様の国・地域に対し実際の道路網を再現する形でデータが作成されている。ルート数は，陸路が約6550，海路が約950，空路が2050，鉄道が450となっている。また，国境をまたぐルートについては，通関の金銭コストおよび待ち時間のデータが設定されている。

関税・非関税障壁データは，2005年以降の関税率および非関税障壁の推移を財別・二国間別に算出したものである。このデータをベースに，関税率・非関税障壁を変化させてシミュレーションを行うことで，FTA や地域貿易協定（RTA）の経済効果を算出することが可能となる。

シナリオ・ファイルは，ルート・データ，関税・非関税障壁データをどのようなタイミングで，どのように変化させるかを記述したファイルである。経済効果を算出したい交通・貿易円滑化のシナリオがどのようなものか，シミュレーションを何年分実施するかなどを，具体的にこのファイルで指定する。

2．シミュレーションの流れ

IDE-GSM におけるシミュレーションの核となるのは，地域別・産業別の実質賃金の計算と，その格差に基づく人口移動である。IDE-GSM では，空間経済学の標準的なモデルに従って，自地域および輸送費を考慮した周辺地域の市場規模・物価水準から，当該地域の賃金水準と物価水準が決定される。賃金水準と物価水準が決まれば，実質賃金を求めることができる。

IDE-GSM では，実質賃金の低い地域から高い地域へと人口が移動する。また，同時に，同一地域内で実質賃金[3]の低い産業から高い産業へ人口が移動する。この人口移動は瞬時に実質賃金を均等化することはなく，比較的ゆっくりした速度で進む。人口移動の速度は，実質賃金が平均の2倍の場合には年率2％増加というようなパラメータによって規定されている。実質賃金計算から人口移動までを1年とするサイクルでシミュレーション内での時間が規定される。次の年には，人口移動後の新しい人口分布に従って，新たに実質賃金が計算され，再び人口移動が生じることになる。

シミュレーションの具体的な流れは以下のとおりである（図1-2）。

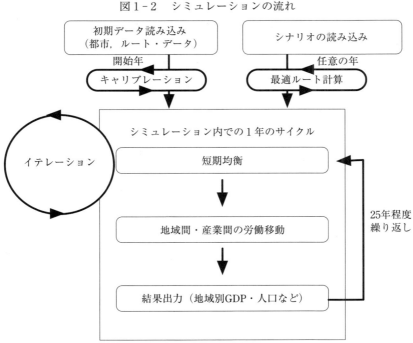

図1-2　シミュレーションの流れ

（出所）筆者作成。

(1)初期状態として，東アジア各地域の人口および産業別GRPのデータと，地域間を結ぶルート・データが読み込まれる。

(2)初期状態のデータに基づいて，各地域の産業別GRPの理論値が計算される。実際のGRPと，理論値の間に乖離が生じるため，この差を各都市・産業の生産性パラメータAの差として吸収し，両者を一致させる（キャリブレーション）。また，同時に各地の名目賃金，物価指数，実質賃金が計算される。これらについては信頼できる実際の地域別データを得ることができないため，名目賃金の初期値については各地域の一人当たりGRPと一致すると仮定している。

(3)現在の人口・産業別GRP，ルートに基づく輸送費を所与として，地域ごとに産業別GRP，名目賃金，価格指数，実質賃金などの短期均衡値を求める。以降，こうした値はモデルに従い内生的に求められる。

(4)産業別・地域別の実質賃金に基づき，人口移動を計算する。人口は，実質賃金の低い地域から高い地域へ，実質賃金の低い産業から高い産業へと移動する。ただし，人口移動は現実に近い「ゆるやかな」速度で，実質賃金が1回の人口移動で即時均等化することは通常はない。ここまでがモデル内での1年となる。

(5)当該年に特定の貿易・交通円滑化が実施されることがシナリオ・ファイル内で指定されている場合，それに従ってルート・データや関税データなどを変更し，最適なルートを再計算する。

(6)再び短期均衡値を求めるステップ(3)へ戻る。

この手順を繰り返すことで，将来の人口・産業の地理的な分布を予測する。

IDE-GSMにおいて，外生的に与えられる重要なパラメータは二つある。第1に，各国の国レベルでの人口増加率である。シミュレーション期間中の人口増加率は，国連人口部（UN Population Division）の中位推計値を採用している。第2に，産業の生産性パラメータAの上昇率である。生産性上昇率は，

2005年からシミュレーションを開始した場合，2010年の国レベルでの実質GDPの現実値に近づくように，国ごとに調整される。

3．経済効果の算出

貿易・交通円滑化の経済効果は，そうした政策が実施されなかった場合（ベースライン・シナリオ）の地域ごとのGRPと，そうした政策が実施された場合（開発シナリオ）の地域ごとのGRPの，ある将来時点での差として算出される（図1-3）。

IDE-GSMで算出される交通インフラストラクチャー（インフラ）建設の経済効果は，一般的な費用・便益分析で求められる経済効果と異なっている。一般に考え得る経済学的な費用と供益は，以下のような要素からなる（表1-2）。

一般的な費用便益分析では，建設時の費用，供用後の維持費といった費用

図1-3 経済効果の算出方法

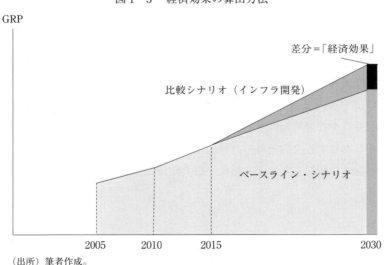

（出所）筆者作成。

表1-2 交通インフラ建設の経済効果

	建設時	供用直後（短期）	供用後（中長期）
費用	土地収用費 建設費		維持費
便益		私的便益： ➤ 運賃・料金による 　事業者収入 社会的便益： ➤ 金銭費用の節約 ➤ 輸送時間の節約 ➤ 交通事故減 ➤ 燃料消費減 ➤ CO_2, NO_x, SPM の削減	私的便益： ➤ 運賃・料金による 　事業者収入 社会的便益： ➤ 金銭費用の節約 ➤ 輸送時間の節約 ➤ 交通事故減 ➤ 燃料消費減 ➤ CO_2, NO_x, SPM の削減 ➤ 地価の上昇 ➤ 経済活動の誘発

（出所）筆者作成。
（注）　　　は IDE-GSM で考慮される要素。

と，私的便益，つまり，運賃・料金による事業者収入を比較するケースと，私的便益に加え，インフラ利用者の金銭費用の節約，利用者の輸送時間の短縮から導かれる費用の節約，混雑の減少からもたらされる費用の節約，CO_2の削減といった社会的便益を導出して分析するケースがある。IDE-GSMでは，インフラ建設がもたらす輸送時間・金銭費用の節約[4]と経済活動の誘発に伴う経済効果を算出し，建設費・維持費や，運賃・料金からなる私的便益などはモデル内で扱っていない。すなわち，IDE-GSM は特定の交通インフラの収益性や投資適格性を算出することを目的としていない。交通インフラ建設がもたらす社会的便益の地域的な広がりを中長期的な視野に立って試算し，インフラ開発をとりまく幅広い公共政策の立案に資することを目的としている。

第3節　IDE-GSM の特徴

　他の経済シミュレーションモデルに対する IDE-GSM の最大の特徴は，貿易・交通促進政策の効果を少ない手順で算出できる点にある。通常，交通インフラの経済効果を求める際には，交通量の測定や交通需要の予測のためのさまざまな調査が必要となってくる。IDE-GSM の場合には，交通インフラの開発を，おもに輸送速度の引き上げや地域間を新規ルートで結ぶという形でモデルに組み込み，交通需要や交通量はモデル内で内生的に計算される。比較的簡単な設定の変更でさまざまな貿易・交通円滑化の経済効果の計算を行うことを可能にしているのは，ネットワーク型の地理表現による現実的な輸送路選択である。

1．ネットワーク型の地理表現

　シミュレーション上で現実の地理的状況を表現する方法としては，以下の三つの方法が考えられる（図1-4）。第1に，メッシュによる表現である。メッシュによる表現は，経済活動の空間的な分布を正確に表現できる点にメリットがある。一方で，正確な空間的表現を行うためには，メッシュの大きさを小さくすることが望ましく，そのためには多くの経済データをメッシュ単位で整備する必要が出てくる。多くの場合，発展途上国の正確な経済データをメッシュ単位で入手することは難しい。
　第2の表現として，都市や行政区画を点で代表し，都市・行政区画間を直線で結んで輸送費を計算する方法がある。国際貿易における重力方程式の推計では，このような地理的な単純化が行われている。この方法では，メッシュによる表現に比べて必要なデータが少なくて済むメリットがある。一方で，地理的な状況の再現性については，メッシュによる表現に劣る。最大の問題は，都市・行政区画間の輸送路が直線で近似されている点で，道路ネットワ

ークなどを正確に再現することが難しい。

　第3の表現としては，ネットワーク型の表現があり，IDE-GSMではこれを採用している。都市や行政区画を点で代表させる一方で，各地点を結ぶルートについては，直線ではなく，実際のルートに基づいた，ネットワーク型の表現が用いられている。この方法は，必要な経済データがメッシュ型に比べて少なくて済むという第2の表現のメリットを継承する一方で，交通状況をより現実的に表現できるメリットを併せもつ。ネットワーク型の表現をシミュレーションで用いる際の最大の問題は，複雑なルート情報に基づいてすべての都市の組み合わせの最短距離・最小費用を求める必要がある点であるが，これについては，フロイド－ワーシャル（Floyd-Warshall）法という確立されたアルゴリズムがあるため，比較的容易に解決できる。ただし，同方法による最短距離・最小費用マトリクスの計算には都市数の3乗に比例した計算量が発生するため，シミュレーションを効率的に行うにはGPGPU（General-purpose computing on graphics processing units）などの手法を積極的に用いて

図1-4　シミュレーション上の代表的な地理的表現方法

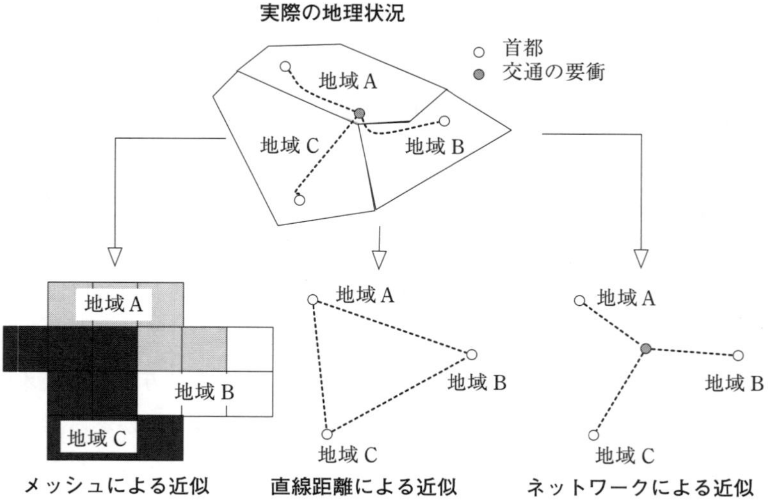

（出所）筆者作成。

計算時間を短縮する必要がある。

２．現実的な輸送経路選択

前述のとおり，IDE-GSM では任意の２都市間の輸送経路選択を直線距離ではなく，ルート・ネットワークに基づく現実的なものにしている。また，IDE-GSM では「広義の輸送費」をモデル内で扱っており，狭義の輸送費に加えて，広義の輸送費に影響する貿易や輸送にかかわるさまざまな政策を分析できる（図1-5）。

IDE-GSM では都市間の最適な輸送ルートは，あらゆるルートとモードの組み合わせのうち，時間費用を含めて最もコストが安くなるものが選択される。たとえば，電子・電機産業のように時間コストの高い産業の場合，キロメートル当たりの運賃が高くても，短時間で目的地まで輸送でき，時間コストを節約できる空路が積極的に選択される。一方で，時間コストがそれほど大きくない産業の場合，キロメートル当たりの運賃が低い海路がおもに選択

図1-5　広義の輸送費

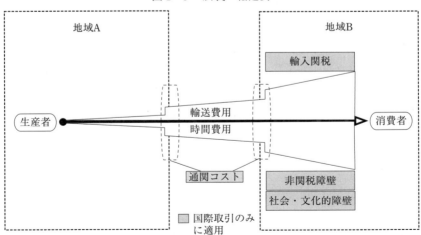

（出所）筆者作成。

される。

　IDE-GSMでは現実的な輸送路選択がモデル内で行われているため，新しいルートを設定したり，既存ルートの平均走行速度を上昇させた場合，変更したルートの近傍以外でも多くの都市間の最適ルートが変化し，広範囲に影響を及ぼす可能性が出てくる。これは，都市間のルート・モードの選択はそのままに，輸送費だけが一定割合下がると仮定するモデルに比べて，より現実的な経済効果を試算することを可能にする。

3．他の一般均衡モデルとの比較

　GTAP（Global Trade Analysis Project）モデルなどの他の応用一般均衡モデルと比較した場合のIDE-GSMのメリットは，(1)国より小さい地理区分での分析が可能，(2)国境円滑化や道路改善など，交通インフラ改善効果の試算が容易，という2点である。たとえば，FTAの影響について分析する際にIDE-GSMを利用することで，国レベルの経済効果だけでなく，各国各地域の産業構造の差違や貿易相手国との地理的な近接性なども考慮した地域レベルの経済効果を算出することができる。これは，特定のFTAによって地域間格差を拡大するのか，縮小するのか，拡大する場合にはどのような政策を同時に実施するべきか，といった政策分析を可能にする。

　交通インフラ改善効果については，前項で解説したように，IDE-GSMではモデル内で明示的に特定ルートの輸送費や時間を扱っているため，分析が容易である。空間経済学のモデルに基づいて，たとえば国際的な経済回廊を整備した場合，国境周辺と首都圏，あるいは経済回廊に近い地域と遠い地域でどのように経済効果が異なるかを算出することができる。国より小さい地理区分での分析が可能という点と併せて，一般的な道路整備の経済効果では算出が容易ではない，インフラが整備されていない地域への影響も含めた判断ができるため，開発政策をより包括的なものにできるメリットがある。

　IDE-GSMは，インフラ開発計画立案の初期段階で，数多くのシナリオに

ついて検討するのに適している。IDE-GSMでさまざまなシナリオの経済効果やその地理的分布を予測し，それに基づいて優先すべきプロジェクトを絞り込むことや，各プロジェクトについてメリット・デメリットのあたりをつけて，どのような点をより詳細に調査するべきかを，事前に検討することが可能となる。

第4節　IDE-GSMの公開状況

　ここで，IDE-GSMの2015年4月現在の公開状況と利用可能性について明示しておきたい。現時点では，IDE-GSMは誰でも実行可能なかたちで配布されていない。その理由は次の二つである。

　第1に，IDE-GSMは一般的な数学・統計パッケージを利用しておらず，JAVA言語によってすべて記述されている。また，演算の高速化を図るために特殊な手法を用いており，実行するハードウェア環境に依存したプログラムとなっている。こうした技術的な理由から，汎用的な環境での実行を保証できないため，一般への配布が難しくなっている。

　第2に，IDE-GSMはモデル，プログラム，パラメータ，データ，シナリオが密接に関連しており，それぞれをよりよいものにするための改善が続けられている。シミュレーション結果についても，相互に関連する要素についてそれぞれの担当者が確認しながら，その確からしさやインプリケーションについて検討を重ねている。こうした状況では，開発者以外によって導き出されたシミュレーション結果について，正しい手順を踏んで算出されたものであるかどうか確認することができない。

　一方で，IDE-GSMの大枠については開発開始から7年を経ておおむね固まっており，本書はそうした枠組みについて解説するものである。これは，IDE-GSMそのものについての理解を得るためであるとともに，同種のモデルの開発を促す目的ももっている。また，シミュレーションの構成要素であ

る経済地理データについては，その一部を「アジア経済地理データセット（GEDA）」としてウェブ上で公開している（第4章参照）。今後，公開できるものについては，速やかに公開する体制を整えていく。

第5節　本書の構成

　本章では，IDE-GSMの概要，構造，特徴，シミュレーションの流れについて概観した。第2章では，IDE-GSMの理論的な背景である空間経済学について概観するとともに，IDE-GSMのモデルについて詳細に説明している。第3章では，IDE-GSM内で用いられている各種パラメータについて説明している。とくに，輸送費に関連するパラメータの推計方法について詳しく解説している。また，パラメータの変化がシミュレーション結果に与える影響についても述べられている。第4章では，IDE-GSMを実行するために必要な，経済地理データ，ルート・データ，関税・非関税障壁データについて解説している。第5章では，IDE-GSMを用いた分析例を紹介している。メコン地域の経済回廊やタイ洪水の事例をはじめ，東アジア地域包括的経済連携（RCEP）の経済効果を試算している。第6章では，IDE-GSMの将来的な拡張の方向性が述べられている。モデル本体の拡張，パラメータ推計の改善，経済地理データを作成する際に，リモートセンシング技術を用いる可能性などについて述べている。

第6節　まとめ

　IDE-GSMは東アジア地域を対象とし，空間経済学に基づいて国より下位の地理区分の人口や産業別GRPの推移を予測するシミュレーション・モデルである。東アジア地域全体を対象としたものとしては同種のモデルはほと

んどなく，経済地理データの整備されていない国・地域を含むため，モデル本体の開発，関連データの整備，パラメータの推計を同時並行して進めてきた。現在，モデルは3産業7部門で構成され，1800以上の国より下位の行政区分を対象とし，四つのモードの約1万のルートを考慮して輸送費を計算している。関税・非関税障壁のデータも整備され，交通インフラ開発のほか，FTA/RTAの経済効果を地域ごとに算出することも可能となっている。IDE-GSMの最大の特徴は，貿易・交通促進政策の効果を少ない手順で算出できる点にある。これは，インフラ開発計画立案の初期段階で，数多くのシナリオについて検討する際に大きなメリットとなる。本書は，IDE-GSMの現状についてできるだけ詳しく解説し，将来の改善・拡張の方向性を示すものである。

〔注〕
(1) IDE-GSMの改良と拡張の詳細は第6章第1節を参照。
(2) 空間経済学の標準的モデルについてはFujita et al.（1999）第4章を参照。
(3) 産業間の人口移動は同一地域内で生じ，同一地域内では物価水準は同じになるから，実質賃金の差と名目賃金の差は同等となる。
(4) 金銭費用の節約と輸送時間の節約は便益の一部として直接算出されるわけではなく，モデル内の各利用者の意思決定に条件として組み込まれる。よって，最終的に経済活動の誘発分がベースライン・シナリオとの差となって表出する。

〔参考文献〕

＜英語文献＞

Bosker, M., S. Brakman, H. Garretsen and M. Schramm 2007."Adding Geography to the New Economic Geography." CESifo Working Paker 2038.

Dixit, A. K. and J. E. Stiglitz 1977."Monopolistic Competition and Optimum Product Diversity." *The American Economic Review* 86(3): 623-629.

Fingleton, Bernard 2006."The New Economic Geography versus Urban Economics: An Evaluation Using Local Wage Rates in Great Britain." *Oxford Economic Papers* 58(3): 501-530.

Fujita, M., P. Krugman and A. J. Venables 1999. *The Spatial Economy: Cities, Regions and International Trade*. Cambridge MA: MIT Press.

Fujita, Masahisa and Tomoya Mori 2005. "Frontiers of New Economic Geography." *Papers in Regional Science* 84(3): 377-405.

Kohli, H. S., A. Sharma and A. Sood eds. 2011. *Asia 2050: Realizing the Asian Century*. New Delhi: SAGE Publications India.

Krugman, P. R. 1979. "Increasing Returns, Monopolistic Competition, and International Trade." *Journal of international Economics* 9 (4): 469-479.

—— 1991. "Increasing Returns and Economic Geography." *Journal of Political Economy* 99(3):483-499.

Roberts, M., U. Deichmann, B. Fingleton and T. Shi 2012 "Evaluating China's Road to Prosperity: A New Economic Geography Approach." *Regional Science and Urban Economics* 42(4): 580-594.

Samuelson, A. P. 1983. "Thünen at Two Hundred." *Journal of Economic Literature* 21(4): 1468-1488.

Stelder, Dirk 2005. "Where Do Cities Form? A Geographical Agglomeration Model for Europe." *Journal of Regional Science* 45(4): 657-679.

Teixeira, Antonio Carlos 2006. "Transport Policies in Light of the New Economic Geography: The Portuguese Experience." *Regional Science and Urban Economics* 36 (4): 450-466.

Thünen, J. H. von 1826. *Der Isolierte Staat in Beziehung Auf Landwirthschaft und Nationalökonomie*. Hamburg: Perthes (English translation: *The Isolated State*. Oxford: Pergammon Press, 1966).

第 2 章

IDE-GSM で用いられている理論モデル

後 閑　利 隆

　本章では，まず，IDE-GSM で用いられている理論モデルを紹介する。次に，IDE-GSM モデルの特性を明らかにし，IDE-GSM モデルによる分析結果がどのような傾向をもつかを示す。

第 1 節　はじめに

　IDE-GSM では，空間経済学の理論モデルが用いられている。空間経済学では，広義の輸送費用の変化に応じた生産要素の移動により，企業の分布が異なることを考察の対象とする。Ottaviano and Thisse（2005）は，空間経済学の新しさが一般均衡にあると結論づけた。一般均衡では，企業の利潤最大化および消費者の効用最大化，すべての市場の需給一致が同時に満たされる。そのため，空間経済学が一般均衡理論であることにより，空間経済学以前の既存研究で得られた知見を包括的に扱うことができることを，Thünen（1826）の英訳版を用いて，Ottaviano and Thisse（2005）は言及した[1]。

　空間経済学では，経済活動の地理的分布は，経済活動を集中させる集積力と経済活動を分散させる分散力の二つのバランスによって決まる。Thünen（1826）による経済活動を分散させる力と経済活動を集積させる力のリストを紹介する。

　まず，分散力については，「1．輸送費用がより高いので，原材料は地方の都市よりも［大都市で］[2]高くなる。2．地方の消費者へ輸送するときに，

工業財の地方都市への輸送費用が必要となる。3．すべての必需品，とくに薪は，大都市のほうが価格は高い。二つの理由により，家賃についても同様である。(1)原材料が離れたところから運ばれるので建設費が高くなり，結果として，［家賃は］高くなる。(2)小さな都市で土地は少しの銀貨で買えるが，［大都市の土地は］とても高くなる。燃料費や家賃と同様に，大都市では食費も高くなるので，小さな都市と比べて［大都市の］賃金は高くなければならない。高い賃金は生産費用にかなり上乗せされる」との記述がある。

　一方で，大都市への産業の立地が好ましい要因，すなわち集積力について，次の要素が挙げられた。「(1)大規模な工業部門の工場だけが，手作業の労働者を減らし，より安くより効率的な生産が可能となる労働力を節約するための機械や設備を導入する。このことが利益を生む。(2)工業部門の工場の規模は，その製品の需要に依存する。……(4)そうしたすべての理由から，都市に限って，多くの工業部門で大規模な工場が生存できる。しかし，分業は工業部門の工場の規模と密接に結びついている。このことは，機械生産の経済と関係なく，労働者一人当たりの生産は小さい工場よりも大きな工場でかなり高いことを説明する。……(7)機械を生産するのは機械であり，そして，多くの異なる工場や作業場の製品がそうした機械であるので，機械が効率的に生産されるのは，工場や作業場が一体となり，お互いを助けるために十分に近接している工場や作業場があるところ，つまり，大都市に限られる。経済理論はこの要素を適切に認識することに失敗している」との記述がある。

　上記の分散力の要因については，現在の IDE-GSM では扱われていないものも含まれるが，第6章で今後の計画として紹介されているモデルでその一部は扱うことができる。一方で，上記の集積力に関する(1)，(2)，(4)は，最も基本的な空間経済学のモデルである Krugman（1991）で扱われている（Ottaviano and Thisse 2005）。さらに，(7)の内容は，開発経済学の分野の Myrdal（1957）による累積的因果連関論や Hirschman（1958）による前方後方連関につながる（Ottaviano and Thisse 2005）。Fujita and Krugman（2004）では，Dixit-Stiglitz モデル（Dixit and Stiglitz 1977）を用いることにより，空間経済学の理

論モデルで，累積的因果関係論や前方後方連関の理論化が可能になったと述べられている。一般均衡理論を用いることにより，空間経済学では，上記の集積力に関する(1)，(2)，(4)，(7)の内容を同時に扱うことが可能となった。

空間経済学の理論モデルの構成要素として，企業レベルでの規模の経済，輸送費，地域間の生産要素の移動を欠かすことはできない。空間経済学では，企業レベルでの規模の経済が集積力を生む。集積をもたらす要素としてMarshal（1890）では，(1)大量生産，(2)特化した投入サービス，(3)人的資本の蓄積やフェース・トゥ・フェースによる新しいアイデア，(4)近代的なインフラストラクチャーの四つが挙げられた（Fujita and Thisse 2002）。

このなかで一つめの大量生産は，空間経済学で扱われている企業レベルでの規模の経済に該当する[3]。また，空間経済学では，必ず輸送費用が扱われる。Krugman（1991）などの多くの設定では，Samuelson（1952）による氷塊型の輸送費用[4]を用いることで，輸送業者を明示的に導入することが避けられた。

次に，空間経済学では，生産要素が地域間を移動する点が新貿易理論と異なる。Krugman（1980）による新貿易理論においても，空間経済学と同様に，企業レベルの規模の経済や輸送費用が導入された。新貿易理論では，ある市場の規模を外生的に変化させて，その影響を調べることができた。人口の規模を外生的に変化させ，2地域を想定した際に，人口が相対的に多い国が水平的に差別化された工業製品の純輸出国になることが示された。これは，自国市場（ホーム・マーケット）効果と呼ばれた[5]。

空間経済学では，新貿易理論の設定と異なり，生産要素が地域間を移動する設定を用いる。地域間を労働者が移動する場合には，各地域の実質賃金率の違いによって地域間の労働移動が生じるために，理論モデル内で，人口の大きさ，つまり，各市場の大きさが決定される。生産要素の地域間の移動により，地域間の家計と企業の間の前方後方連関と企業間の前方後方連関を導入することができるようになった[6]。IDE-GSMの理論モデルでは，消費財の供給と需要の間に生じる前方後方連関効果と中間投入財の需要と供給の間

に生じる前方後方連関効果が扱われる[7]。

　本章の構成については，まず，第2節でIDE-GSMのモデルの設定について紹介をする。IDE-GSMの理論モデルはFujita, Krugman and Venables (1999) の中のいくつかの章の内容を組み合わせた理論モデルとみなすことができ，Puga (1999) に近い。また，第3節にて産業集積をもたらすメカニズムなどについて，産業間の違いを明らかにする。第4節として，まとめが続く。

第2節　IDE-GSMで用いられている理論モデル

　Krugman (1991) などの空間経済学の理論モデルでは，産業集積が生じるメカニズムを定式化するためにDixit-Stiglitzモデル（Dixit and Stiglitz 1977）を用いている。Dixit-Stiglitzモデルは独占的競争を扱うための簡便なモデルを提供する。独占的競争は扱いが容易であるため，空間経済学だけでなく，新貿易理論や新成長理論など多くの分野で用いられる[8]。

　具体的には，Dixit-Stiglitzモデルでは，各企業は産業全体の価格指数を予想しつつ，自社の製品の価格を決定し，予想した価格指数が実現する。つまり，価格を決定する際に，自社から他社への影響に対する他社の反応を考慮に入れない。また，Dixit-Stiglitzモデルを用いた多くの理論モデルでは，複数の製品を1社で製造することによるメリットはないと仮定される。そのうえ，企業が固定費用を必要とする設定により，製品1単位当たりの費用を下げるために，各企業は特定のバラエティの生産に特化する。他方，消費者はできるだけ多くのバラエティを消費することを好むように，効用関数の変数の取りうる範囲を限定する。そのため，ある1企業が1種類のバラエティを供給することが可能となる。IDE-GSMでも，これらの一般的に用いられている設定を踏襲する。

　IDE-GSMでは，複数地域からなる経済を考察する。生産要素は土地と労働からなる。土地の供給量は各地域で一定とする。また，ある時点での総労

第2章 IDE-GSM で用いられている理論モデル　27

図2-1　モデルの基本構造

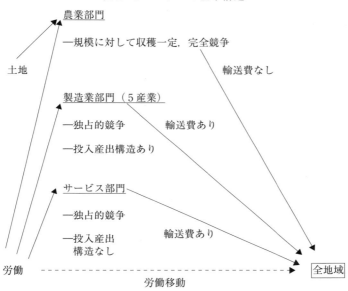

(出所)　筆者作成。
(注)　国境を越えた労働移動がないため，労働移動と全地域間の矢印に破線を用いた。

働供給量を経済全体で一定とする。すべての土地と労働が供給される。農業財，5産業の工業財，サービス財が製造されている。土地と労働を用いて，農業財が生産される。一方で，労働を用いて工業財やサービス財が生産される（図2-1）。

　IDE-GSM では，工業部門の5産業間で投入産出構造がない。そのため，本章では，記述を簡略化するために，工業部門が1産業からなるケースを扱う。

1．農業部門

　農業部門では，完全競争のもとで，労働と土地を投入し，規模に対して収

穫一定の技術を用いて，同質的な農業財が生産される。農業財の生産関数は次式で示される。

$$f_A(r) = A_A(r) L_A(r)^\alpha F(r)^{1-\alpha}, \quad r=1,\ldots,R \tag{1}$$

ただし，$f_A(r)$ は地域 r における農業部門の生産量を，$A_A(r)$（>0）は地域 r の農業部門の生産性の大きさを，$L_A(r)$ は地域 r の農業部門の労働投入量を，$F(r)$ は地域 r の土地の投入量を示す。また，α は農業部門の費用に占める労働者の賃金への支払いの割合（労働分配率）を示す。同質的な農業財には広義の輸送費用がかからないと仮定すると，すべての地域で価格は等しくなる。そのため，農業財を基準財として，農業財の価格を1とする。各地域の農業部門の利潤最大化条件は労働の限界生産力と名目賃金率が等しいことであるので，地域 r の農業部門の名目賃金率 $w_A(r)$ は以下で示される。

$$w_A(r) = A_A(r)\alpha \left(\frac{F(r)}{L_A(r)}\right)^{1-\alpha} \tag{2}$$

農業部門の名目賃金は，農業部門の労働生産性が高いほど，地域 r の農業部門の労働者数が少ないほど，そして一人当たりの土地が広いときほど上昇する。

2．工業部門

工業部門では独占的競争のもとで，規模に対して収穫逓増となる生産技術を用いる。範囲の経済を仮定しない。固定費用が必要とされ，生産には労働と中間投入財の合成財が用いられる。

すべての最終消費財は中間投入財としても用いられ，任意の二つの中間投入財のバラエティ間の代替の弾力性 σ と，任意の二つの工業製品の最終消費財のバラエティ間の代替の弾力性は等しいと仮定する。

ある1企業は1種類の財の生産に特化するので，企業の数とバラエティの数は一致する。あるバラエティを生産する1企業は r 地域のうち，1地域で

のみ生産を行うとする。そのため，地域rで生産されるバラエティの数と企業数は，ともに$n(r)$で示される。

生産には，中間投入財と労働からなる合成財を投入する。生産費用全体に占める労働投入への支出割合をβで表し，地域rにおける製造業企業の生産性のパラメーターを$A_M(r)$とするコブダグラス型生産関数により合成財が生産され，さらに，生産量と関係なく一定量を必要とする投入量をf_Mとして，追加的な1単位の生産に必要な可変的投入量をc_Mとして，地域rのあるバラエティの生産量を$x(r)$で表すと，その合成財が必要とされる量は$f_M + c_M x(r)$となる。地域rにおける合成財の1単位当たりの費用より，地域rに立地するあるバラエティを生産する企業の費用$C(r)$は$C(r) = w_M(r)^\beta G_M(r)^{1-\beta}(f + c_M x(r))/A_M(r)$となる。

地域rに立地する企業の利潤は，売上から費用を除くことで，$\pi(r) = p_M(r) x(r) - C(r)$と記される。独占的競争企業は価格指数を所与として，利潤が最大となる，つまり，限界収入と限界費用が等しくなるような工業財の工場渡し価格$p_M(r)$を選択する。限界収入と限界費用が等しくなる工場渡し価格は，$p_M(r) = w_M(r)^\beta G_M(r)^{1-\beta}/A_M(r)$となる。ただし，$c_M = \rho_M$とした。得られた工場渡し価格を費用$C(r)$の式に代入し，利潤は$p_M(r)(x(r) - \rho_M x(r) - f)$となり，ゼロ利潤条件から得られる$x(r)$が$1/\beta$となるように単位を選ぶ。そのうえで，生産費用全体に占める労働投入への支出割合がβであることと生産費用はゼロ利潤条件から$p_M(r) x(r)$となることを用いて，労働への1企業による支出は$p_M(r)$で表されるので，地域rで生産されるバラエティの数と企業数は$n(r) = w_M(r) L_M(r)/p_M(r)$となる。

自地域で生産された中間財や最終財を自地域内へ輸送するときには，輸送費用がかからないと仮定する。一方，ある地域で生産された中間財や最終財を他地域に輸送するときには，氷塊型輸送費が必要となることを仮定する。氷塊型輸送費では，1単位の製品を届けるためには，$T^M(>1)$単位の製品を出荷しなければならず，企業は工場渡し価格をT^M倍した価格で他地域にて販売する。各財は中間財としても，最終財としても使用されるため，財の

用途による輸送費用の区別はない。地域rから地域$s(s \neq r)$へ輸送した場合と地域sから地域$r(s \neq r)$へ輸送した場合で，輸送費用は異なる。すべてのバラエティは同一の生産技術により生産されるとする。そのため，工場渡し価格は，同一地域で生産されたバラエティ間で等しくなる。地域1で生産され，地域2で販売される工業製品の地域2での販売価格p_{rs}は，地域rでの工場渡し価格をp_rとすると，$p_{rs} = p_r T_{rs}^M$と示される。

各地域内では各バラエティの工場渡し価格は等しいので，工場渡し価格について，限界費用と限界収入が等しいことから導出された式と$n(r) = w(r) L_M(r)/p_M(r)$，$G_M = \left[\sum_{i=1}^{n} p_i^{-(\sigma_M - 1)} \right]^{-\frac{1}{\sigma_M - 1}}$を用いて，地域$r$の工業品価格指数は次式で表される。

$$G_M(r) = \left[\sum_{s=1}^{R} L_M(S) A_M(S)^{\sigma_M - 1} w_M(S)^{1 - \sigma_M \beta} G_M(s)^{-\sigma_M (1-\beta)} T_{sr}^{M-(\sigma_M - 1)} \right]^{\frac{1}{-(\sigma_M - 1)}} \quad (3)$$

地域rにおける工業財への総支出$E(r)$は，最終財として消費される工業財への支出と中間財として投入される工業財への支出で構成される。前者は地域r全体の労働と土地からの所得のγ割合に相当し，後者は地域rに立地する製造業の全企業の費用の合計の$1 - \beta$割合となる。生産費用全体に占める労働投入への支出割合がβであることを用いて，次式が得られる。

$$E(r) = \mu_M Y(r) + \frac{1 - \beta}{\beta} w_M(r) L_M(r) \quad (4)$$

ただし，$Y(r)$は，地域rにおける家計の所得の合計を示す。

均衡で需要と供給が一致するので，補論で導出された需要量を用いて，工業財の供給量は$1/\beta$であること，および，限界収入と限界費用が等しいことから導出された工業財の価格の式を用いて，地域rの工業部門の名目賃金率は次式で示される。

$$w_M(r) = \left\{ A_M(r) \frac{\beta^{\frac{1}{\sigma_M}} \left[\sum_{s=1}^{R} E(s) G_M(s)^{\sigma_M - 1} T_{rs}^{M-(\sigma_M - 1)} \right]^{\frac{1}{\sigma_M}}}{G_M(r)^{1 - \beta}} \right\}^{\frac{1}{\beta}} \quad (5)$$

3. サービス業

　サービス業部門でも，各企業は独占的競争のもとで，規模に対して収穫逓増となる生産技術を用いる。範囲の経済は仮定しない。規模の経済が存在するので，差別化されたある1種類のバラエティが1企業により供給される。そのため，サービス業の企業の数とサービス業部門のバラエティ数は一致する。固定費用が必要とされ，生産には労働のみが用いられる。工業財のあるバラエティの需要量の導出と同じ方法で，サービス部門のあるバラエティの需要量が導出される。ただし，代替の弾力性を ρ_S とする。

　生産に必要な労働投入量は，生産量と関係なく一定量を必要とする投入量を f_S として，追加的な1単位の生産に必要な可変的投入量を c_S として，地域 r のあるバラエティの生産量を $x_S(r)$ で表すと，そのバラエティの供給に必要とされる労働需要量は $(f_S + c_S x_S(r))/A_S(r)$ となる。ただし，$A_S(r)$ は地域 r におけるサービス部門の生産性を示す。利潤を最大にする価格を選び，次に，その価格のもとでのゼロ利潤条件から，サービス部門のあるバラエティの供給量が決定され，そのバラエティの供給量を用いて，あるバラエティの供給に必要とされる労働需要量が決定される。さらに，労働市場の需給一致条件から，サービス部門のバラエティの数が決定される。

　工業部門と同様に，サービス部門でも，自地域で生産された財を自地域内へ輸送するときには，輸送費用がかからないと仮定する。一方，ある地域で生産された財を他地域に輸送するときには，氷塊型輸送費が必要となることを仮定する。氷塊型輸送費では，1単位の製品を届けるためには，T^S（>1）単位の製品を出荷しなければならず，企業は工場渡し価格を T^S 倍した価格で他地域にて販売する。地域 r から地域 $s(s \neq r)$ へ輸送した場合と地域 s から地域 r へ輸送した場合で，広義の輸送費用は異なる。すべてのバラエティは同一の生産技術により，生産されるとする。そのため，工場渡し価格は，同一地域で生産されたバラエティ間で等しくなる。以上から，地域 r の

サービス財の価格指数は次式で表される。

$$G_S(r) = \left[\sum_{s=1}^{R} L_S(s) A_S(s)^{\sigma_s-1} w_S(s)^{-(\sigma_s-1)} T_{sr}^{S-(\sigma_s-1)} \right]^{\frac{1}{-(\sigma_s-1)}} \quad (6)$$

ただし，T_{sr}^S は地域 s から地域 r への輸送についての費用を示す。均衡では，あるバラエティに対する需要量と供給量が一致することから，地域 r のサービス業部門の名目賃金率が次式で得られる。

$$w_S(r) = A_S(r) \left[\sum_{s=1}^{R} \mu_S Y(s) G_s(s)^{\sigma_s-1} T_{rs}^{S-(\sigma_s-1)} \right]^{\frac{1}{\sigma_s}} \quad (7)$$

4．家計部門

地域 r における所得は，労働からの所得と土地からの所得からなる。農業部門のゼロ利潤条件を用いて，地域 r における所得の合計は次のようになる。

$$Y(r) = f_A(r) + w_M(r) L_M(r) + w_S(r) L_S(r) \quad (8)$$

家計は農業財と工業財とサービス業財を消費する。まず，$a(r)$，$M(r)$，$S(r)$ は，それぞれ，農業財，工業財，および，サービス業財の需要量を示し，$1-\mu_M-\mu_S$，μ_M，および μ_S を，それぞれ，農業財への支出シェア，工業財への支出シェア，および，サービス業財への支出シェアを示すとすると，予算制約式 $a(r) + G_M(r) M(r) + G_S(r) S(r) = Y(r)$ のもとで，コブ＝ダグラス型の効用関数 $a(r)^{1-\mu_M-\mu_S} M(r)^{\mu_M} S(r)^{\mu_S} / (1-\mu_M-\mu_S)^{1-\mu_M-\mu_S} \mu^{\mu} \nu^{\mu_S}$ を用いた効用最大化問題により，各財の需要量が得られる[9]。

地域 r にある産業 I の実質賃金率 $\omega_I(r)$ は，$w_I(r) / G_M(r)^{\mu_M} G_S(r)^{\mu_S}$ となる。

5．労働者の地域間・産業間の移動

労働者は，ある地域内で農業部門，製造業部門，サービス業部門の中のいずれか一つの部門に労働を供給する。ただし，労働供給は十分に大きく，各

地域で土地からの収益だけで生活している労働者がいるとする。同一地域内での労働移動に関して，労働者は名目賃金率がより高い部門へと移動する。

地域内の部門間の労働移動や地域間の労働移動の速度は遅く，徐々に調整されることを前提としている。そこで，同一地域内での移動の速度を以下の式で示す。

$$\dot{\lambda}_I(r) = \gamma_I \left(\frac{w_I(r)}{\overline{w}(r)} - 1 \right) \sum \lambda_I(r), \quad I \in \{A, M, S\} \tag{9}$$

ただし，$\lambda_I(r)$ は地域 r の労働者に対する地域 r の産業 I の労働者の占める割合を表し，$\overline{w}(r)$ は地域 r の平均名目賃金率を表す。また，ある地域の平均名目賃金率からなる実質賃金率が低い地域から高い地域へ労働者は移動する。ある地域への労働者の移動速度を以下の式で示す。

$$\dot{\lambda}_L(r) = \gamma_L \left(\frac{\omega(r)}{\overline{\omega}_C} - 1 \right) \sum \lambda_L(r) \tag{10}$$

ただし，$\lambda_L(r)$ は全地域の労働者に対する地域 r の労働者の占める割合を表し，また，$\overline{\omega}_C$ は労働者が移動可能な地域の平均実質賃金率を表す。地域 r の平均実質賃金率は次のように記される。

$$\omega(r) = \frac{(w_A(r)L_A(r) + w_M(r)L_M(r) + w_S(r)L_S(r))/(L_A(r) + L_M(r) + L_S(r))}{G_M(r)^{\mu_M} G_S(r)^{\mu_S}}$$

上記の設定では，すべての地域ですべての産業が存在する空間的な均衡は得にくい。空間的な均衡を得やすくするための改善策を，後の章にて紹介する。

6．IDE-GSM で用いられている式

IDE-GSM では，1 地域について(1)，(2)，(3)，(4)，(5)，(6)，(7)，(8)，(9)，(10)の10本の式を用いる。ただし，製造業は 5 業種あるため，(3)，(4)，(5)は，1 地域につき 5 回用いられ，(9)式は 1 地域につき 3 回でなく 7 回用いられる。そのため，単純に数え上げると，1 地域につき28本の式を用いる。数値計算で用いられる式の総数は，地域数が増えるほど多くなる。

第3節 メカニズム

本節では,IDE-GSM の設定を用いて,空間経済学の理論モデル内の集積力である価格指数効果と自国市場効果について,産業間の違いを明らかにする。価格指数効果は,自国での供給量の増加による価格指数の低下を指す。自国市場効果は,自国での需要量の増加による需要量の増加を上回る供給量の増加を指す。Fujita, Krugman and Venables（1999）の4章では,IDE-GSM のサービス業の企業のように産業内で投入産出構造がない設定について,理論モデルのメカニズムが考察された。本節では,IDE-GSM の製造業の企業のような産業内で投入産出構造がある設定についての考察を加え,二つの設定を比較し,IDE-GSM の工業部門とサービスの違いを明らかにする。また,本節の最後で,農業部門についても言及する。

ある地域のある産業に属する労働者がもう一方の地域の同一産業に属する労働者となった場合について,対称的な2地域を考察の対象とする。サービス業部門の輸送費と企業の生産性 A_S が2地域間で等しいと仮定した場合に,対称的な労働者の分布のもとで,(6)式を全微分し,Fujita, Krugman and Venables（1999）の（4.39）式と類似の次式が得られる。

$$\frac{dG_S}{G_S} = -\frac{Z_S}{\sigma_S-1}\frac{dL_S}{L_S} + Z_S\frac{dw_S}{w_S} \tag{11}$$

ただし,$Z_S \equiv (1-T_{rs}^{S-(\sigma_s-1)})/(1+T_{rs}^{S-(\sigma_s-1)})$ とする。Z_S は差別化の程度 σ_S とサービス業の企業が生産した財の輸送費用で構成され,輸送費が減少するほど,Z_S の値は小さくなる。そのため,輸送費が最大の値のときに Z_S は1となり,輸送費が最小の値のときには,Z_S はゼロとなる。(11)式では,サービス業の名目賃金率が変化しないと仮定した際に,ある地域のサービス業に属する労働者が1％増加し,かつ,もう一方の地域の同一産業に属する労働者が1％減少した際に,同一地域の価格指数が $Z_S/(\sigma_S-1)$％低下することが示されている。この効果を価格指数効果と呼ぶ。自地域の労働者の増加と他地

域の労働者の減少は，自地域で購入できるバラエティの増加と輸送費が含まれた価格で購入するバラエティの減少を意味する。輸送費を節約できるため，価格指数が低下する。輸送費が低くなると，価格指数効果は小さくなる。なぜなら，節約できる輸送費が小さくなるからである。

同様に，製造業についての価格指数効果を調べるために(4)式を全微分し，次式が得られる。

$$\frac{dG_M}{G_M} = -\frac{Z_M}{\sigma_M[1-Z_M(1-\beta)]-1}\frac{dL_M}{L_M} + \frac{(\sigma_M\beta-1)Z_M}{\sigma_M[1-Z_M(1-\beta)]-1}\frac{dw_M}{w_M} \quad (12)$$

ただし，$Z_M \equiv (1-T_{rs}^{M-(\sigma_S-1)})/(1+T_{rs}^{M-(\sigma_S-1)})$ は Z_S と同様に，工業部門で生産された財の輸送費の大きさを表す。この式から，製造業の名目賃金率が変化しないと仮定した際に，サービス業に属する労働者がある地域で1％増加し，かつ，同一産業に属する労働者がもう一方の地域で1％減少した際に，同一地域の価格指数が $Z_M/|\sigma_M[1-Z_M(1-\beta)]-1|$ ％低下することが示される。差別化の程度と輸送費がサービス業と製造業の間で等しい場合に，サービス業と比べて，製造業で生産された財の価格指数効果が大きくなることがわかった。その理由は，中間投入財の価格指数が最終製品の価格に含まれているために，中間投入財の価格指数だけでなく製造業で生産された各バラエティの価格も低下するからである。(12)式から，製造業における労働投入の割合を示す，β の値が大きいほど，価格指数効果が製造業よりサービス業の方がより大きくなる傾向は小さくなることがわかる。β の値が1のときには，中間財が利用されないため，(11)式と(12)式は等しくなる。また，製造業でも，サービス業と同様に，輸送費が低くなると，価格指数効果は小さくなることも(12)式からわかる。

次に，サービス業と製造業の間の自国市場効果の違いを調べる。輸送費と企業の生産性が2地域間で等しいと仮定した場合に，対称的な労働者の分布のもとで，(6)と(7)式を全微分し，Fujita, Krugman and Venables (1999) の

(4.42) 式と同じ以下の式が得られる。

$$\left[\frac{\sigma_S}{Z_S} - (\sigma_S - 1)Z_S\right]\frac{dw_S}{w_S} + Z_S \frac{dL_S}{L_S} = \frac{dY}{Y} \tag{13}$$

この(13)式では，Fujita, Krugman and Venables（1999）で説明されたように，サービス業において，名目賃金が変化しないことを仮定した場合に，自国の所得が 1 ％増加すると，$1/Z_S$％の雇用が増加し，つまり，サービス業の生産量が $1/Z_S$％増加することが示されている。$1/Z_S$ は 1 より大きいので，自国の需要量の増加率より，雇用の増加率の方が高いことを意味する。これを自国市場効果という。輸送費が小さいほど，自国市場効果は大きくなる。サービス業部門の労働者数が変化せず，サービス業の名目賃金率が変化しうる場合には，ある地域の所得の増加により，同一地域のサービス業の名目賃金率が増加することが(13)式からわかる。

さらに，輸送費と企業の生産性が 2 地域間で等しいと仮定した場合に，対称的な労働者の分布のもとで，(3)と(5)式を全微分し，製造業の自国市場効果を表す次式が得られる。

$$\left\{\frac{\sigma_M \beta}{Z_M} - \frac{[\sigma_M(\beta-1) + Z_M(\sigma_M-1)](\sigma_M \beta - 1)}{\sigma_M[1 - Z_M(1-\beta)] - 1}\right\}\frac{dw_M}{w_M}$$
$$+ \frac{\sigma_M(\beta-1) + Z_M(\sigma_M-1)}{\sigma_M[1 - Z_M(1-\beta)] - 1}\frac{dL_M}{L_M} = \frac{dE}{E} \tag{15}$$

この(15)式から，賃金が変化しないことを仮定した場合に，ある地域における中間財としての工業製品への支出と最終財としての工業製品への支出の合計 E が 1 ％増加すると，同一地域の工業部門の労働者数が $\{\sigma_M[1-Z_M(1-\beta)]-1\}/[\sigma_M(\beta-1)+Z_M(\sigma_M-1)]$％増加し，つまり，同一地域の製造業の生産量が $\{\sigma_M[1-Z_M(1-\beta)]-1\}/[\sigma_M(\beta-1)+Z_M(\sigma_M-1)]$％増加することが示される。増加率は 1 より大きいため，工業製品の需要の増加率以上に製造業の雇用が増加することがわかり，製造業でも自国市場効果が生じていることがわかる。

サービス業と製造業の間で輸送費が等しいとすると，製造業の自国市場効

果のほうがサービス業の自国市場効果より大きいことがわかる。また，労働投入の割合が増え，中間投入の割合が減少するにつれて，二つの自国市場効果の差は小さくなり，中間投入を使わない場合には，二つの自国市場効果の大きさは等しくなる。製造業でも，サービス業における設定と同様に，輸送費が小さいほど自国市場効果は大きくなる。別の仮定として，製造業の労働者数が変化せず，製造業の名目賃金率が変化しうる場合には，ある地域の所得の増加により，同一地域の製造業の名目賃金率が増加することも上の式からわかる。

　地域間の移動は名目賃金率と価格指数で構成される実質賃金率の違いにより生じる。そのため，ある産業の労働者が多い地域では，価格指数効果により，その産業の実質賃金率は増加しやすいので，その産業の労働者数はさらに増加することが予想される。また，所得が大きい地域では，名目賃金率が高くなり，実質賃金率も高くなりやすいので，所得の大きい地域に労働者がより集まる傾向があるといえる。さらに，輸送費と産業内のバラエティの差別化の程度が工業とサービス業で同じであれば，工業の方がサービス業よりも，価格指数効果と自国市場効果は大きくなることがわかった。そのため，工業部門の方がサービス業よりもある地域に労働者がより多く集まる傾向があることが IDE-GSM では予想される。

　最後に，農業部門の(1)と(2)式を全微分すると以下の式が得られる。

$$\frac{dL_A}{L_A} = -\frac{1}{1-\alpha}\frac{dw_A}{w_A} = \frac{1}{\alpha}\frac{df_A}{f_A} \tag{16}$$

この式から，全産業の名目賃金率が等しいときに，農業労働者だけが他地域から移転すると農業部門の名目賃金率は下がり，農業財の供給量は増加することがわかる。(8)式から，農業財の供給量が増加した地域では，所得の合計が増加することがわかる。また，(4)式から，所得の増加は工業財への支出の増加をもたらすことがわかる。そのため，製造業とサービス業において労働者数はゆるやかに変化するので，前述のように製造業とサービス業で名目賃金率が増加しうる。さらに，同一地域内において，製造業とサービス業の名

目賃金率が農業の名目賃金率より大きくなることから，農業から製造業や農業からサービス業へと同一地域内で労働者が移動する可能性がある。よって，製造業やサービス業と比べて，IDE-GSMでは農業部門の雇用者数は増えにくい傾向にある。

第4節　まとめ

空間経済学のアイデアはThünen（1826）で記されていたが，定式化はされていなかった。Krugman and Fujita（2004）では，Dixit-Stiglitzモデルが開発されたことで，空間経済学として，Thünen（1826）のアイデアが一般均衡理論として定式化されることとなったことが説明された。そのため，空間経済学の理論モデルを用いたIDE-GSMのモデルでは，価格指数効果や自国市場効果を含み，広い意味での輸送費の変化に応じた経済活動の地理的分布の変化を考察できる。ただし，IDE-GSMでは，多地域多産業間での労働者の移動を認めたために，空間的な長期均衡の分析に焦点を絞っておらず，また，農業財の輸送費が含まれていない。第6章にて，その2点に対応するためのモデルの設定の変更方法を紹介する。

〔注〕
(1) Fujita and Krugman(2004)やOttaviano and Thisse(2005)で引用された箇所は，Thünen（1826）の邦訳版では割愛され，英訳版には掲載されている。
(2) 筆者が加筆した内容を［　］内にて示す。
(3) 都市内で経済活動に従事する人が増えることにより，より大きなプールから適切な労働者を採用できるように，サーチやマッチングが改善されることによる利益を含む都市レベルでの規模の経済と区別をするために，規模の経済を企業レベルと限定する。
(4) 氷塊型の輸送費とは，氷塊型の輸送費を仮に価格の1割とすると，製品の10％が輸送中に消失し，企業は消失する供給量を見越して，需要量より1割だけ多く生産し，輸送中の損失分を工場出荷価格に10％上乗せした価格で販

売するという設定を指す。
(5) Helpman and Krugman（1985）では，自国市場効果として，2地域からなる経済を想定し，人口が多い地域では，2地域の全体に占める人口が多い地域の人口シェアより，水平的に差別化された財のバラエティ数のシェアのほうが大きくなることが示された。さらに，自国市場効果により，輸送費用が低いほど，人口が多い地域では市場規模が大きいことから，財の生産の集中が進むことも示された。
(6) Krugman（1991）では，消費財の供給側と需要側の間に生じる前方後方連関を集積力とした。一方で，Venbales（1996）では，中間投入としての工業製品の需要側と供給側の間に生じる前方後方連関を集積力とした。
(7) 二つの前方後方連関を扱った理論モデルとして，Puga（1999）がある。
(8) 独占的競争より複雑な寡占的競争では，自社の生産計画は他社の生産計画に影響を与え，同時に他社の生産計画も自社の生産計画の決定に影響を与える。一方で，独占的競争では，自社は他社全体からの影響を受けるが，自社は他社に影響を与えないと想定されている。
(9) Puga（1999）では，地代収入を最大にするように，農業労働者数と農業財の生産量が決められた。一方で，IDE-GSMでは，労働の供給と同様に，農業部門の投入要素として土地を供給し，地代収入を得る。

〔参考文献〕

＜英語文献＞

Dixit, A. and J. Stiglitz 1977. "Monopolistic Competition and Optimum Product Diversity." *The American Economic Review* 67(3): 297-308.

Fujita, M. and P. Krugman 2004. "The New Economic Geography: Past, Present and Future." *Papers in Regional Science* 83(1): 139-164.

Fujita, M., P. Krugman and A.J. Venables 1999. *The Spatial Economy: Cities, Regions, and International Trade*. Cambridge MA: MIT Press.

Fujita, M. and J.-F. Thisse 2002. *Economics of Agglomeration: Cities, Industrial Location, and Regional Growth*. Cambridge: Cambridge University Press.

Helpman, E. and P. Krugman 1985. *Market Structure and Foreign Trade*. Cambridge MA: MIT Press.

Hirschman, A. O. 1958. *The Strategy of Economic Development*. New Heaven, Connecticut: Yale University Press.

Krugman, P. 1980. "Scale Economies, Product Differentiation, and the Pattern of Trade." *The American Economic Review* 70(5): 950-959.

―――― 1991. "Increasing Returns and Economic Geography." *Journal of Political Economy* 99(3): 483-499.

Marshal, A. 1890. *Principles of Economics.* 8th edition published in 1920. London: Macmillan.

Myrdal, G. 1957. *Economic Theory and Under-Developed Regions.* London: Duckworth.

Ottaviano, G.I.P. and J.-F. Thisse 2005. "New Economic Geography: What About the N?" *Environment and Planning A* 37(10): 1707-1725.

Puga, D. 1999. "The Rise and Fall of Regional Inequality." *European Economic Review* 43(2): 303-334.

Samuelson, P. A. 1952. "The Transfer Problem and the Transport Costs: Analysis of Effects of Trade Impediments." *Economic Journal* 64(254): 264-289.

Thünen, J. H. von 1826. *Der Isolierte Staat in Beziehung auf landwirtschaft und Nationalokonomie.* Hamburg: Perthes (English translation: *The Isolated State.* Oxford: Pergammon Press, 1966).

Venbales, A. J. 1996. "Equilibrium Locations of Vertically Linked Industries." *International Economic Review* 37(2): 341-359.

補論　需要量の導出

バラエティ i の需要量を m_i とする。地域 r のバラエティの数を n_r としたとき，すべての地域で生産されるバラエティの合計を n とする。バラエティ数 n の工業製品数量指数 Q を次式で定義する。

$$Q = \left(\sum_{i=1}^{n} m_i^{\rho_M} \right)^{1/\rho_M}$$

費用最少化により，すべてのバラエティが消費されるように，ρ_M の値が一定であるとし，$0 < \rho_M < 1$ を仮定する。バラエティ i の工場渡し価格を p_{Mi} とすると中間投入としての工業製品への支出額は $\sum_{i=1}^{n} p_{Mi} m_i$ である。所与の Q のもとで総支出額を最小にすることで，バラエティ i の 1 階の最適条件が得られ，さらに，バラエティ i とバラエティ j の 1 階の最適条件を組み合わせ，次の関係が得られる。

$$\frac{m_i}{m_j} = \left(\frac{p_{Mi}}{p_{Mj}}\right)^{1/(\rho_M - 1)}$$

そのため，工業財の任意の二つのバラエティ間の代替の弾力性 σ_M は，次のように，一定の値となる。

$$-d\ln\left(\frac{m_i}{m_j}\right)\Big/d\ln\left(\frac{p_{Mi}}{p_{Mj}}\right) = \frac{1}{1-\rho_M} = \sigma_M$$

ただし，多様性の選好を想定して，$\sigma_M > 1$ とする。

さらに，バラエティ i とバラエティ j の1階の最適条件を組み合わせて得られた式を工業製品数量指数に代入して，補償需要が導出される。

$$m_j = \frac{p_{Mj}^{-\sigma_M}}{(\sum_{i=1}^{n} p_{Mi}^{\sigma_M - 1})^{\sigma_M/(\sigma_M - 1)}} \cdot Q$$

数量指数 Q を所与として，得られた補償需要を総支出に代入すると，次の総支出が得られる。

$$\sum_{i=1}^{n} p_i m_i = \left[\sum_{i=1}^{n} p_{Mi}^{-(\sigma_M - 1)}\right]^{-1/(\sigma_M - 1)} \cdot Q = G_M \cdot Q$$

工業製品の価格指数の一般式は次式で与えられる。

$$G_M = \left[\sum_{i=1}^{n} p_{Mi}^{-(\sigma_M - 1)}\right]^{-1/(\sigma_M - 1)}$$

バラエティ i の需要量は上記の価格指数を用いて，次式で表される。

$$m_i = \left(\frac{p_{Mi}}{G_M}\right)^{-\sigma_M} Q$$

工業製品数量指数は，Q は工業製品の家計支出と中間財投入への支出 E を価格指数 G で割った値となる。さらに，同一地域では輸送費用がかからないと仮定し，地域 r から地域 $s(r \neq s)$ への輸送には，氷塊型の輸送費用 $T_{rs}^M (T_{rs}^M > 1)$ を用いて，輸送費込みの価格 $p_M T_{rs}^M$ のもとで，生産地で氷解分を見越して需要量より多く生産すること，つまり，需要量を T_{rs}^M 倍する。そのため，工業財のあるバラエティの総需要は次のように示される。

$$x_M(r) = p_M(r)^{-\sigma_M} \sum_{s=1}^{R} E(s) G_M(s)^{\sigma_M - 1} T_{rs}^{M-(\sigma_M-1)}$$

同様に，サービス業のあるバラエティに対する需要量は次のように示される。

$$x_S(r) = \mu_S p(r)^{-\sigma} \sum_{s=1}^{R} Y(s) G_M(s)^{-(1-\sigma_S)} T_{rs}^{S-(\sigma_S-1)}$$

企業のゼロ利潤条件から得られる供給量が μ_S と等しいように単位をとることにより，上記の需要量を用いて導出された式(8)には，μ_S は現れない。

第 3 章

IDE-GSM で用いるパラメータ

早川和伸，磯野生茂，熊谷　聡

　IDE-GSM では，シミュレーションを実行する際に多くのパラメータを必要とする。モデル内の主要な関数に関連するものとしては，(1)消費関数における各財のシェア，(2)生産関数における労働投入シェア，(3)各産業の代替の弾力性，がある。輸送費関連では，輸送モード別に金銭的費用と時間費用を推計している。また，モデルの動的な挙動に影響するものとして，(1)賃金格差に対する人口移動の反応速度，(2)国レベルでの人口増加率，(3)国レベルでの生産性上昇率，を設定している。現時点で，これらパラメータは，外生変数として他の文献で推計されたものや，新たに推計したものを利用している。一方で，モデル内で内生的に決まる重要なパラメータとしては，生産性パラメータ A の水準がある。本章では，現時点での各パラメータの値やその根拠について解説する。

第 1 節　消費シェア・労働投入シェア・代替の弾力性

1．消費シェア

　シミュレーション内の消費関数における産業部門別消費シェアには，全世界合計の産業別 GDP シェアを用いている[1]。この消費シェアは，現時点で

表3-1 IDE-GSMで用いられる産業別消費シェア

農業	自動車	電機	繊維	食品	その他製造業	サービス
0.0373	0.0183	0.0195	0.0128	0.0317	0.1623	0.7043

(出所) 筆者作成。

はすべての国・地域で共通である。産業別消費シェアは表3-1のとおりである。サービス業・建設業が消費の7割程度を占め，その他製造業，農林漁業・鉱業，食料品・飲料・たばこ，繊維製品・衣服，自動車，電気機械と続く。

長期的なシミュレーションにおいて，所得水準の大きく異なる各国の消費シェアをどのように設定するかについては，さまざまな考え方がある。たとえば，計量的な方法によって，所得水準と消費シェアの関係を推計し，シミュレーション内で各国の消費シェアをダイナミックに変更していくことも考えられる。現時点では，シミュレーション結果の安定性や理解しやすさを重視し，最も単純な仮定を採用している。

2．労働投入シェア

IDE-GSMでは，農業部門は労働と土地を，製造業は労働と中間財を，サービス業では労働のみを生産への投入としている[2]。まず，農業の労働投入シェアは，アジア経済研究所による「アジア国際産業連関表2005年」(Asian Input Output Table Project, IDE-JETRO 2013) のタイの農業部門の数値をアジア地域の平均値とみなして用いている。製造業部門については，同一産業内でも企業の規模や技術水準による差が大きいため，大企業のものに近くなる産業連関表のデータをそのまま使うことはできない。ここでは，「在アジア・オセアニア日系企業実態調査」(JETRO 2013) のデータを基に，さらに地場企業との格差を考慮して補正を行ったものを用いている。サービス業については中間財の扱いが難しいため，現段階では生産への投入は労働のみとしている (表3-2)。

表3-2　IDE-GSMで用いられる労働投入シェア

農業	自動車	電機	繊維	食品	その他製造業	サービス
0.61	0.57	0.57	0.64	0.61	0.59	1.000

(出所) 筆者作成。

表3-3　IDE-GSMで用いられる各産業の代替の弾力性

自動車	電機	繊維	食品	その他製造業	サービス
7.1	8.8	8.4	5.1	5.3	3.0

(出所) 筆者作成。

労働投入シェアについては，実際には各国で異なるだけでなく，都市部と農村部，大企業と中小企業で大きく異なる。また，長期的には要素価格や技術の変化に伴って変動していく。現時点では，それらについての信頼できるデータがなく，また特定の仮定に基づいて長期的な変化を再現するよりも，シミュレーション結果の安定性と解釈の容易さを優先し，全地域で同一の数値を用いている。

3．代替の弾力性

IDE-GSMのおける各産業の代替の弾力性 σ は，農業および製造業についてはHummels (1999) を参考に決定し，サービス業における代替の弾力性は，法人税率を説明変数に含む重力方程式を推定することで，その係数を基に計算している（表3-3）。

第2節　輸送費関連パラメータ

IDE-GSMにおける広義の輸送費は，物理的輸送費，時間費用，関税，非関税障壁，文化的障壁からなる。IDE-GSMでは，輸送モードとして，トラック輸送，鉄道輸送，海上輸送，航空輸送の4モードを含んでいる。産業別，

地域ペア別に計算，従価税換算された，物理的輸送費，時間費用，関税率，非関税障壁，文化的障壁を掛けることで，広義の輸送費を得る[3]。本節では，これらのうち，物理的輸送費，時間費用の計算方法について，それぞれその概要を説明する。より詳しい説明は，補論にて行われる。また，関税率，非関税障壁，文化的障壁は第4章第3節にて解説される。

1．物理的輸送費

物理的輸送費は，以下の式によって表される。

　　国内取引の場合：2地点間ルート距離×距離当たり費用＋国内積み替え費用
　　国際取引の場合：2地点間ルート距離×距離当たり費用＋国際積み替え費用

上記「距離当たり費用」や「積み替え費用」は，輸送モードごとに異なった値を用いている。これらの値は，日本貿易振興機構（JETRO）による「ASEAN Logistics Network Map」（JETRO 2009，以下，Map）から入手している。結果として，「距離当たり費用」（米ドル／キロメートル）は，トラックで1，鉄道で0.5，海上輸送で0.24，航空輸送で45.2としている。本費用は20フィートコンテナ・ベースである。「国内積み替え費用」（米ドル）は，トラックおよび鉄道輸送で0，海上輸送で190，航空輸送で690である。「国際積み替え費用」（米ドル）はトラックおよび鉄道輸送で500，海上輸送で491，航空輸送で1276とする（より正確には，国際積み替え費用は複雑な計算によって得られる。詳しくは補論を参照）。

2．時間費用

物理的輸送費同様，時間費用は，以下の式によって表される。

国内取引の場合：（（2地点間ルート距離／時速）＋国内積み替え時間）× 時間当たり費用
国際取引の場合：（（2地点間ルート距離／時速）＋国際積み替え時間）× 時間当たり費用

物理的輸送費同様，「時速」や「積み替え時間」は輸送モードごとに異なった値を用いており，「時間当たり費用」には産業ごとに異なった値を用いている。これらの値は，東アジア・アセアン経済研究センター（ERIA）による「Establishment Survey on Innovation and Production Network 2008」を用いて計算されている。本データは，インドネシア，フィリピン，タイ，ベトナムの製造業企業に対するサンプル・サーベイであり，各企業の取引相手に関する詳細な情報を含んでいる。とくに，取引相手に対する輸送距離，輸送時間，利用輸送モードに関する情報を含む。さらに，取引相手の立地国を特定できるため，国内取引か国際取引かも特定できる。

これらの情報から，輸送時間と輸送距離の関係を，輸送モード，国内取引・国際取引の違いを考慮しながら調べることで，「時速」および「積み替え時間」を計算することができる。結果として，「時速」は，トラック輸送で38.5キロメートル，鉄道輸送で19.1キロメートル，海上輸送で14.7キロメートル，航空輸送で800キロメートルと設定される。「国内積み替え時間」は，トラックおよび鉄道輸送で0時間，海上輸送で3.301時間，航空輸送で6.123時間とする。「国際積み替え時間」は，トラックおよび鉄道輸送で13.224時間，海上輸送で14.972時間，航空輸送で12.813時間とする。

残るは産業別の「時間当たり費用」であるが，これは上記 ERIA によるデ

表3-4　輸送費用パラメータ

	トラック	鉄道	海上	航空	単位	出所
距離当たり費用	1	0.5	0.24	45.2	米ドル/km	Map
時速	38.5	19.1	14.7	800	km/hour	推定
国内積み替え時間	0	2.733	3.301	2.245	Hours	推定
国際積み替え時間	13.224	13.224	14.972	12.813	Hours	Map & 推定
国内積み替え費用	0	0	190	690	米ドル	Map
国際積み替え費用	500	500	491	1,276	米ドル	Map & 推定

（出所）筆者作成。

ータを用いて，企業レベルの輸送モード選択モデルを推定することで入手している。まず，産業特性，取引相手との距離などが与えられたときに，企業が各輸送モードを選択する「確率」を計算する。つぎに，航空輸送や海上輸送を選択する確率が，トラック輸送を選択する確率と同値になる距離を求める。この「距離」のもとでは，物理的輸送費と時間費用の合計値が，トラック輸送時と航空・海上輸送時において同値になるような方程式関係において，残る唯一のパラメータである時間当たり費用に関して「解く」ことで，本パラメータを入手する。結果として，「時間費用」（米ドル/時間）は，食品で16.5，繊維で17.5，電機で1,792.1，自動車で17.3，その他製造業で17.1となる。

こうして入手された各パラメータ値は，表3-4のように整理できる。

3．物理的輸送費と時間費用の従価換算

以上のパラメータを基に，各地域間における物理的輸送費と時間費用の和が，輸送モードごとに計算される。そして，それらが最小となる輸送ルート，輸送モードが，最適なルート，モードとして選択される。ここでの計算では，フロイド－ワーシャル（Floyd-Warshall）法が用いられる（Cormen et al. 2001）。こうして得られた最適な物理的輸送費と時間費用の和はコンテナ当たりの輸送費用である。この和を，以下のコンテナ当たり業種別出荷額で割ることで，従価換算された物理的輸送費と時間費用の和を得る。食品で3万7233米ドル，

繊維で3万4560米ドル，電機で37万6611米ドル，自動車で8万9691米ドル，その他製造業で5万9450米ドルである。これらの数値は，2010年度のERIAによるGSMプロジェクトにおけるサーベイ調査，およびタイの貿易データから入手した。

第3節　その他主要パラメータ

1．人口移動パラメータ

　人口移動は，IDE-GSMにおいて中心的な役割を果たしている。現状のモデルでは，労働力と人口の区別はなく，したがって労働移動と人口移動の区別はない。実質賃金の格差に基づき，地域間で人口が移動するモデルとなっている。

　人口移動に関するパラメータは，地域間移動には0.02，同一地域内の産業間移動には0.05を設定している。地域間移動のパラメータ0.02とは，ある地域が同一国内の平均実質賃金に比べ，10％高いとすれば，当該地域に毎年0.2％の人口移入が起こることを意味している。Barro and Sala-i-Martin (1992)は，10％の地域間所得格差に対する人口移動速度はアメリカの州間では年率0.26％，日本の県間では0.27％としており，IDE-GSMで設定は，これを参考に，地域人口のシミュレーション結果が現実の値に近づくように0.02という数字を採用している。

　一方で，同一地域内の産業間労働移動について設定した0.05は，地域間の労働移動よりも地域内での産業間移動の方が容易であるという仮定に基づいている。

　IDE-GSMの重要な仮定として，国際間の人口移動を認めていないという点がある。実際にも，東アジア地域においては，とくに大部分を占める非熟練労働において国際間の人口移動は制限されたものとなっている。したがっ

て，現時点では，この仮定は妥当であるといえる。

2．生産性パラメータ A

IDE-GSM では，自地域の域内総生産（Gross Regional Product: GRP）および輸送費を考慮した周辺地域の GRP や価格指数を考慮して，各地域の GRP が算出される。しかし，モデル内で理論的に算出された GRP と各地域のデータに基づく実際の GRP は必ずしも一致しない。そこで，この理論的に計算された GRP と実際の GRP の差違を各地域の生産性の違いと位置づけ，それを一致させるように生産性パラメータ A を設定する。

A には，モデル内で GRP の水準を計算する際に明示的に組み入れられている要素（地域間を結ぶ基幹輸送インフラ，地域の人口，周辺都市の経済規模等）以外の，生産性に影響するすべての人的・物的・社会的要素が包括的に含まれている。例示すると，以下のようになる。

・教育水準／技能水準　　　　　　　　・基幹交通以外の交通インフラ

図 3-1　マレーシアの州別生産性パラメータ A（クアラルンプールを1.0とした場合）

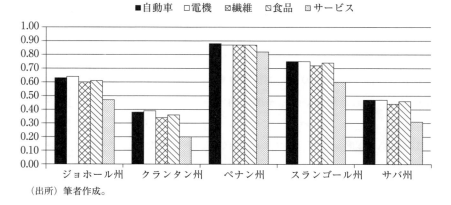

（出所）筆者作成。

・通信インフラ，電気/水道等の供給　・企業内の設備
・企業間の取引関係

　理論的に計算されたGRPよりも実際のGRPが高い（低い）地域は，Aも大きく（小さく）なる。Aを調整しながら計算を繰り返し，全地域・全産業で理論的GRPと実際のGRPが一致するまでAのキャリブレーションを行う。

　図3-1はマレーシア各州のAを産業別に示したもので，数値は，同国で最も一人当たりGRPが高いクアラルンプールを1.0として基準化してある。ペナン州がどの産業もクアラルンプールの8〜9割の生産性があるのに対して，同国で最も一人当たりGRPの低いクランタン州では，2〜3割にとどまっていることがわかる。

3．外生成長パラメータ

　IDE-GSMには，経済成長率に影響する外生成長パラメータが二つある。第1は，人口成長である。IDE-GSMでは，国レベルの人口は，国連人口部（UN Population Division）による中位推計に従って増加する。第2は，生産性上昇率である。通常，後述するモデル内の内生的経済成長だけでは，現実の経済成長率を下回る。したがって，より現実の値に近い経済成長率をモデル内で再現するために，各産業の生産性パラメータAについて，国別に外生的な成長率を定めて上昇させることが必要になる。生産性上昇率については，先進国1％，中進国2％，低所得国3％というような簡易な設定を行っているが，シミュレーションの核となるアジア各国については，2005年からスタートさせたベースライン・シミュレーションで算出された2010年時点での国別GDPと，実際の2010年のデータを比較し，おおむねそれを再現できるレベルに生産性成長率を調整している。

　IDE-GSMにおいて，経済成長は，三つの要因によって内生的に発生する。

第1に地域間の人口移動である。生産性の低い地域から，生産性の高い地域に人口が移動することで，経済成長が起こる。これは，「都市化」に相当するといえるかもしれない。第2に，生産性の低い産業から，生産性の高い産業に労働力が移動することでも経済成長が起こる。これは，後進地域では「工業化」に相当し，先進地域では「産業高度化」に相当するといえる。第3に，国レベルで外生的に与えられる人口増加率である。人口の増加は，ほぼそれに比例したGDP成長を引き起こす。

第4節　パラメータに対するシミュレーション結果の感応度

1．人口移動パラメータ

各種パラメータはそれぞれにシミュレーション結果に影響を与える。そのなかで，影響が最も大きいものの一つが人口移動パラメータである。ここでは，人口移動パラメータがシミュレーション結果に与える影響を確認した。結論からいえば，影響は一定の傾向をもっており，わずかなパラメータの変更がシミュレーション結果を決定的に変えてしまう可能性は低い。

図3-2はタイ・ラヨン県について，2010年から2030年までの人口および産業別GRPの増加率を人口移動パラメータの4種類の組み合わせごとに示したものである。パラメータは，地域間移動と産業間移動について，IDE-GSMで通常使われている0.02と0.05の組み合わせに加えて，0.02と0.02（産業間移動が低いケース），0.05と0.02（地域間移動が高く，産業間移動が低いケース），0.05と0.05（地域間移動が高いケース）の三つの組み合わせを試した。

まず，地域間移動パラメータが大きい方が，ラヨン県のような全国平均よりも実質賃金が高い地域では人口増加率が高まる。高い人口増加率を反映するかたちで，GRPおよび産業別GRPの成長率も高くなっている。地域間移動パラメータを0.02から0.05に高めると，人口増加率は5％台半ばから9％

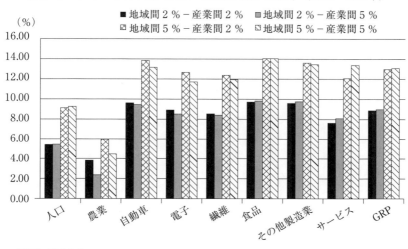

図3-2 タイ・ラヨン県の人口・産業別GRP成長率（2010～2030年）

（出所）筆者作成。

台前半，GRP成長率は約9％から約13％に高まる。ラヨン県は2010年時点でタイで最も一人当たり所得が高く，全国平均の4.4倍であり，また地域間人口移動パラメータの0.05はかなり高い数字であるから，これは考えうる変化の上限に近い。地域間人口移動パラメータの引き上げは相対的に実質所得が高い地域で高い人口増加率とGRP成長率につながるが，シミュレーション結果が発散してしまうような変化は生じない。

一方で，産業間人口移動パラメータの影響はより小さい。同パラメータを通常の0.05から0.02に低くすることの効果は，産業別GRPの成長率を最大で1％ポイント程度変化させるにとどまる。これは，同一地域内では産業間で極端な賃金格差が生まれにくいためである[4]。産業間人口移動パラメータの変化についても，シミュレーション結果に与える影響は限定的であるといえる。

IDE-GSMでは，ベースライン・シナリオと特定の開発シナリオの差分で経済効果を算出する。この経済効果への人口移動パラメータの影響はどうか。

図 3-3 タイの経済効果（2030年，ベースライン比）

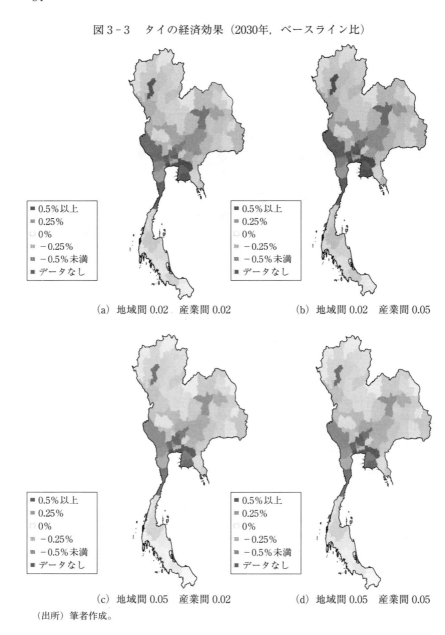

(a) 地域間 0.02　産業間 0.02　　　　　(b) 地域間 0.02　産業間 0.05

(c) 地域間 0.05　産業間 0.02　　　　　(d) 地域間 0.05　産業間 0.05

（出所）筆者作成。

表3-5 人口移動パラメータによる経済効果の変化

地域間移動	0.02	0.02	0.05	0.05
地域内移動	0.02	0.05	0.02	0.05
経済効果（100万米ドル）	2,620	3,280	3,712	3,923

（出所）筆者作成。

図3-3(a)～(d)はメコン＝インド経済回廊（MIEC）の経済効果[5]を，人口移動パラメータ別にみたものである。まず，図3-3(a)と(b)，(c)と(d)がほとんど同様の図となっていることから，産業間人口移動パラメータが経済効果に与える影響は小さいといえる。一方で，図3-3(a)と(c)，(b)と(d)には若干の差がみられ，地域間人口移動パラメータは経済効果に一定の影響を与えることがわかる。ただし，地図の視覚的な印象は維持されている。タイの例では，地域間人口移動パラメータが高まることで，バンコク近辺に経済効果がより集中しているようにみえる。パラメータの四つの組み合わせの経済効果について相関係数を計算すると，0.92から1.00と非常に高い数値を示した。人口移動パラメータの変化に対して経済効果の地域的な表れ方の傾向はかなり頑健であるといえる。

IDE-GSMでは，インフラ整備の経済効果の絶対額を実質米ドル[6]で示すことがある。経済効果の絶対額は，人口移動パラメータによってどの程度の影響を受けるのだろうか。上記のシナリオについて，四つのパラメータの組み合わせでタイ全体への経済効果を計算した結果が表3-5である。

地域間・産業間の人口移動パラメータを大きくするほど，経済効果の絶対額も大きくなっている。人口移動が実質賃金により反応するようパラメータを設定すると経済効果は大きくなるというのは，モデルのメカニズムと整合的である。パラメータの変更による経済効果の絶対額の差は最大で1.5倍程度となっており，比較的安定的であるといえるだろう。

2．代替の弾力性

シミュレーション結果に大きな影響を与えるもう一つのパラメータは，各産業の代替の弾力性である。以下では，代替の弾力性を表3-3のように設定した標準ケースと，全産業の代替の弾力性をそれぞれ5および10に統一した場合の3ケースについて，シミュレーション結果に与える影響をみた。

図3-4は，タイ・ラヨン県を例に，2010年から2030年の間の人口および産業別GRPの増加率を三つの異なる代替の弾力性についてみたものである。人口増加率は，標準パラメータの5.5％から$\sigma=5$と$\sigma=10$の両方のケースで6.0％と0.5％ポイント上昇している。産業別GRPの成長率については，0.5～2.6％ポイントの変化となっている。パラメータ変更に伴う影響の傾向については，σが小さいほど規模の経済が働き，成長率が高まるようにみえる。ただし，他産業のσとの相対的な関係も影響するため，実際には複雑な反応となっている。

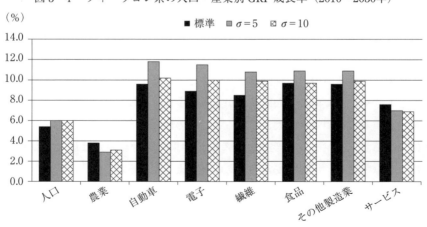

図3-4　タイ・ラヨン県の人口・産業別GRP成長率（2010～2030年）

（出所）筆者作成。

図3-5 タイの経済効果（2030年，ベースライン比）

(a) 標準ケース　　　　　　　(b) $\sigma=5$

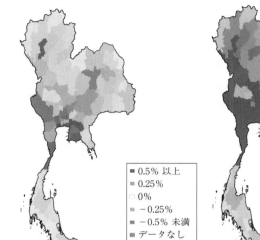

(c) $\sigma=10$

（出所）筆者作成。

続いて，インフラ開発の経済効果について，前項と同様のタイの例について確認してみる。図3-5(a)～(c)は，それぞれ，代替の弾力性パラメータが標準ケース，$\sigma=5$，$\sigma=10$の場合である。経済効果が小さい地域では，パラメータの変更によって，効果の正負が変わっている地域がみられるものの，全体としてみると，経済効果の傾向はすべての地図において類似しているようにみえる。経済効果の率の相関係数をみると，標準ケースと$\sigma=5$が0.95，標準ケースと$\sigma=10$が0.96，$\sigma=5$と$\sigma=10$が0.94となっている。

インフラ開発効果の絶対額をみてみると，標準ケースが32億8030万米ドル，$\sigma=5$のケースが98億3640万米ドル，$\sigma=10$のケースが8億米ドルとなっている。代替の弾力性が大きくなるにしたがって経済効果が減少するのは，モデルと整合的であるといえる。一方で，代替の弾力性を$\sigma=5$から標準値，標準値から$\sigma=10$に変更すると，経済効果の絶対額も数倍のスケールで変化するため，σを適切に設定することが重要であるとともに，絶対額でみた経済効果については，ある程度の幅をもつものとして理解する必要があるだろう。

第5節　まとめ

IDE-GSMでは，シミュレーションを実行するために必要とされる各種のパラメータがある。これまでの開発において，先行文献から採用したり，入手可能なデータから独自に推計してきた。パラメータの正確性はシミュレーション結果の信頼性に大きな影響を与えるが，いくつかのパラメータの変化に対しては，シミュレーション結果の傾向はかなり頑健であるといえる。一方で，各財の代替の弾力性に代表される特定のパラメータについては，シミュレーション結果に相応の影響を及ぼすことがわかる。経済効果の地理的な特徴についてはパラメータの変化に対して頑健であるのに対し，経済効果の絶対額はパラメータに影響されるため，幅をもつものとして理解する必要がある。

第3章　IDE-GSMで用いるパラメータ　59

〔注〕
(1) アジア経済地理データセットで地域データを作成している18の国・地域以外の産業別GDPは国連工業開発機関（UNIDO）のINDSTATデータベースから入手している。
(2) ここで注意する必要があるのは，IDE-GSMのモデルでは，生産への投入に資本を含まない点である。したがって，労働投入比率に関するデータを統計から作成する場合，1－中間財投入比率を労働投入比率として扱う。
(3) より正確には，従価税換算された各費用を100で割り，それに1を足したものをすべて掛け合わせたものが，シミュレーションモデル上の氷塊型輸送費に対応する。
(4) ただし，農業については，製造業との間の賃金格差があるため，影響はやや大きくなる。
(5) シミュレーションの具体的なシナリオは，第5章第2節のシナリオ6と同一である。
(6) IDE-GSMでは，シミュレーション開始年の地域別GDPはその時点での名目米ドルとなっている。それ以降については，内生的に計算される価格指数でGDPを実質化しているため，シミュレーション開始年を基準年とした実質米ドルが経済効果の単位となる。

〔参考文献〕

＜日本語文献＞
JETRO 2013. 在アジア・オセアニア日系企業実態調査（http://www.jetro.go.jp/jfile/report/07001539/0700153901a.pdf）．

＜英語文献＞
Barro, R. T. and X. Sala-i-Martin. 1992. "Regional Growth and Migration: A Japan-United States Comparison." *Journal of the Japanese and International Economies* 6(4): 312-346.
Cormen, T.H., C.E. Leiserson, R.L. Rivest and S. Clifford 2001. *Introduction to Algorithms*. Cambridge MA: MIT Press.
Asian International Input-Output Project, Institute of Development Economies, Japan External Trade Organization (IDE-JETRO) ed. 2013. "Asian International Input-Output Table 2005." Statistical Data No. 98. IDE-JETRO.
Hummels, D. 1999. "Toward a Geography of Trade Costs." GTAP Working Paper 17.
Japan External Trade Organization (JETRO) 2009. *ASEAN Logistics Network Map 2nd*

Edition. JETRO.

補論　物理的輸送費および時間費用の推定

　ここでは，物理的輸送費および時間費用に関するパラメータの推定，入手方法について解説する。まず航空輸送，海上輸送，トラック輸送に対するパラメータについて紹介し，最後に鉄道輸送に対するパラメータについて紹介する。

1．各種パラメータの推定

　本項では，輸送モード別（航空輸送，海上輸送，トラック輸送）の時速および積み替え時間を計算する。計算方法は単純なものであり，以下の式を推定する。

$$Time_{ij}^{M} = \rho_0 + \rho_1 Abroad_{ij}^{M} + \rho_2 Distance_{ij}^{M} + \epsilon_{ij}^{M}$$

　$Time_{ij}^{M}$は輸送モードMのもとで，地点iからjに輸送するためにかかる時間を示す。これを，2地点が国境を越えた取引か否かを示すダミー変数（*Abroad*），2地点間距離（*Distance*）に対して回帰する。この推定結果から，ρ_2の逆数は時速を示すことになる。また国内積み替え時間は定数項ρ_0で示され，国際積み替え時間はこれにρ_1を加えたものになる。推定は輸送モード別に行う。必要なデータはすべて，「Establishment Survey on Innovation and Production Network 2008」（ERIA）から入手する。本データは，インドネシア，フィリピン，タイ，ベトナムの製造業企業に対するサンプル・サーベイであり，各企業の取引相手に関する詳細な情報を含んでいる。分析は2008年を対象としたものである。

　推定結果は表3-A1に示されている。結果として，時速は，トラック輸

表3-A1　時速および積み替え時間

	航空	海上	トラック
推定結果			
Abroad	9.010	11.671	10.979***
	[8.350]	[13.320]	[2.440]
Distance	0.018*	0.068***	0.026***
	[0.010]	[0.018]	[0.002]
定数項	6.123	3.301	2.245***
	[7.940]	[13.099]	[0.739]
積み替え時間			
国内取引	6.123	3.301	2.245
国際取引	15.133	14.972	13.224
時速	55.556	14.706	38.462
観測値数	51	34	754
決定係数	0.1225	0.3698	0.1772

（出所）筆者作成。
（注）***は1％有意，*は10％有意を示す。[ ]内は標準誤差を示す。

表3-A2　輸送コスト・パラメータ

	トラック	海上	航空	単位	出所
距離当たり費用	1	0.24	45.2	US$/km	Map
時速	38.5	14.7	800	km/hour	推定
国内積み替え時間	0	3.301	2.245	hours	推定
国際積み替え時間	13.224	14.972	12.813	hours	推定 & Map
国内積み替え費用	0	190	690	US$	Map
国際積み替え費用	500	下記参照	下記参照	US$	Map

（出所）筆者作成。

送で38.5キロメートル，海上輸送で14.7キロメートル，航空輸送で55.6キロメートルとなる。国内積み替え時間は，トラック輸送で2.245時間，海上輸送で3.301時間，航空輸送で6.123時間となり，国際積み替え時間は，トラック輸送で13.224時間，海上輸送で14.972時間，航空輸送で12.813時間となる。

　以上が推定から得られた値であるが，シミュレーションでは現実の値に近くなるよう修正されたものを用いている。修正は3点行われており，第1に，

航空輸送の時速は800キロメートルとし，第2に，国内のトラック輸送では積み替えが行われないとみなし，積み替え時間はゼロとする。第3に，国際航空輸送にかかる積み替え時間は，「ASEAN Logistics Network Map 2008」（JETRO）から，12.813時間とする。このほか，同様に Map から，距離当たり費用，国内積み替え費用，トラック輸送における国際積み替え費用を入手

表3-A3　推定結果

基準：陸上輸送	航空輸送		海上輸送	
	係数	標準誤差	係数	標準誤差
Abroad	3.573***	0.736	2.915***	0.428
ln Distance（基準：食品）	0.444***	0.170	1.268***	0.167
＊繊維	0.104	0.126	－0.151	0.094
＊電機	0.300**	0.135	0.112	0.086
＊自動車	0.201	0.174	－0.104	0.154
＊その他製造業	0.148	0.106	－0.068	0.066
定数項	－5.711***	0.760	－9.621***	0.993
輸送元国（基準：インドネシア）				
フィリピン	－0.336	0.470	0.364	0.446
タイ	－2.239**	0.904	－0.794	0.624
ベトナム	－2.483***	0.683	－0.437	0.419
統計値				
観測値数		1,312		
疑似決定係数		0.3407		
対数尤度		－321.5		

（出所）筆者作成。
（注）＊＊＊は1％有意，＊＊は5％有意を示す。

表3-A4　確率同値距離　　（単位：km）

	国内取引		海外取引	
	航空	海上	航空	海上
食品	60,300,000	3,699	19,254	371
繊維	2,022,900	11,218	2,968	825
電機	44,009	1,899	361	229
自動車	225,394	7,693	886	628
その他	684,540	5,909	1,634	520

（出所）筆者作成。

した。輸送コストの要素となるパラメータは表3-A2のように整理される。

 2．確率同値距離の推定

　企業がモノをある2地点間で輸送する際に，航空輸送，海上輸送，トラック輸送のいずれを使うかに関する多項ロジット・モデルの推定を行う。説明変数には，時速の推定同様，2地点が国境を越えた取引か否かを示すダミー変数（$Abroad$），2地点間距離（$Distance$），およびそれと産業ダミーの交差項，そして輸送元国を示すダミー変数である。必要なデータはすべて，「Establishment Survey on Innovation and Production Network 2008」（ERIA）から入手する。三つの輸送モードからの選択を考えるため，陸上輸送が可能な2地点間の取引に限定する。推定結果は表3-A3に示されている。第1に，国境を越えた取引の場合，トラック輸送に比べ，航空・海上輸送が用いられやすいことがわかる。第2に，越境取引か否かにかかわらず，距離が遠いほど，航空・海上輸送が利用されやすい。第3に，とくに電機では，他の産業に比べ，距離に応じて航空輸送が用いられやすい。

　この推定結果を用いて，輸送モード選択に関する，より直観的な数値を得る。具体的には，航空および海上輸送が，トラック輸送と選択確率が同値になる距離を求める。これは，たとえば，バンコクからの輸送を考えた際に，バンコクから何キロメートル離れた地点に輸送するときに，航空輸送（もしくは海上輸送）とトラック輸送の選択確率が同値になるかを計算するものである。結果は表3-A4に示されている。たとえば，バンコクから電気製品を海外に輸送する際に，400キロメートル以上離れているならば航空輸送もしくは海上輸送が選択されることを示している。

 3．時間当たり費用の推定

　以上で，業種別に時間当たり費用を推定する準備が整った。本文でも述べ

ているように，国内取引の場合，物理的輸送費は，以下の式によって表される。

　　　２地点間ルート距離×距離当たり費用＋国内積み替え費用

また，時間費用は以下となる。
　　　((２地点間ルート距離／時速)＋国内積み替え時間)×時間当たり費用

これらの合計を今，輸送費用と呼ぶことにする。表３-A２より，「２地点間ルート距離」および「時間当たり費用」を除けば，すべてのパラメータが輸送モード別にわかっている。各輸送モードにおける国内輸送費用は以下のように示される。

　　　トラック輸送費用＝２地点間ルート距離×１＋０＋((２地点間ルート距離／38.5)＋０)×時間当たり費用
　　　海上輸送費用＝２地点間ルート距離×0.24＋190＋((２地点間ルート距離／14.7)＋3.301)×時間当たり費用
　　　航空輸送費用＝２地点間ルート距離×45.2＋690＋((２地点間ルート距離／800)＋2.245)×時間当たり費用

　ここで輸送モードの選択行動について，いくつか仮定をおく。第１に，機械産業では，航空輸送か陸上輸送のいずれかの輸送モードが選択され，それ以外の製造業では，海上輸送か陸上輸送のいずれかが選択されるとする。この仮定は時間費用を容易に計算するための仮定であり，後にシミュレーションを行う際には緩められる。すなわち，シミュレーションでは，すべての産業で，潜在的にはトラック，鉄道，海上，航空輸送のいずれも選択されうる。第２に，表３-A４で示された確率同値距離を超えると，電機は航空輸送を選択し，他の製造業は海上輸送を選択する一方，確率同値距離以下では，陸

上輸送を選択する。これらの仮定から，表3-A4で示された距離を用いることで，時間当たり費用を計算することができる。まず電機では，4万4009キロメートルを輸送するとき，陸上輸送費用と航空輸送費用が一致する。したがって，以下の方程式が成り立つ。

$$44009 \times 1 + 0 + ((44009/38.5) + 0) \times 時間当たり費用$$
$$= 44009 \times 45.2 + 690 + ((44009/800) + 2.245) \times 時間当たり費用$$

これを解くことにより，電機における時間当たり費用は1792.1ドルと計算できる。同様に，他の業種についても，陸上輸送費用と海上輸送費用から方程式をつくることで，時間当たり費用を計算することができる。結果として，食品で16.5ドル，繊維で17.5ドル，自動車で17.3ドル，その他製造業で17.1ドルとなる。

4．国際積み替え費用の推定

時間当たり費用が明らかとなったため，海上および航空輸送における国際積み替え費用を計算する。本文でも述べているように，国際取引の場合，物理的輸送費は，以下の式によって表される。

$$2地点間ルート距離 \times 距離当たり費用 + 国際積み替え費用$$

また，時間費用は以下となる。

$$((2地点間ルート距離/時速) + 国際積み替え時間) \times 時間当たり費用$$

表3-A2，および先の「時間当たり費用」を代入すると，「2地点間ルート距離」および「海上および航空輸送における国際積み替え費用」を除けば，

すべてのパラメータが輸送モード別にわかっている。そこで、先と同様に、機械産業における確率同値距離を用いて航空輸送における国際積み替え費用を、それ以外の業種における確率同値距離を用いて海上輸送における国際積み替え費用を計算する。後者については、4業種別に計算されることになるが、シミュレーションではこれらの平均値を用いる。結果として、航空輸送における国際積み替え費用は1276ドル、海上輸送における国際積み替え費用は491ドルとなる。

5．鉄道輸送

最後に、鉄道輸送に対するパラメータを推定する。国内積み替え時間および時速については、補論の第1節と同様の方法で推定する。国内積み替え費用は、トラック輸送同様に、ゼロとする。また、国際積み替えに関しても、時間、費用ともに、トラック輸送と同様のパラメータ値を用いる。最後に、距離当たり費用については、トラック輸送の半分の値、0.5を用いる。この値は、Mapで得られる値（トラック輸送の0.85倍）よりもわずかに小さい値である。Mapで得られる値は、トラックに積荷できる量を対象とした鉄道輸送費用である。これに対して、われわれは量に対してより一般的な鉄道輸送費用を用いる必要があること、そしてまた鉄道輸送はトラック輸送以上に、輸送量に対する規模の経済性が働くことから、より小さい値を用いている。

第 4 章

IDE-GSM で用いるデータ

坪田建明, 熊谷　聡, 早川和伸, ケオラ・スックニラン

　IDE-GSM を用いてシミュレーションを実行するには，3 種類のデータが必要となる。第 1 に，各地域の産業別域内総生産（Gross Regional Product: GRP），人口，土地面積といった経済地理データである。第 2 に，各地域間を結ぶルート・データである。第 3 に，国際間の貿易を扱うため，関税・非関税障壁，文化的障壁に関するデータが必要になる。本章では，この 3 種類のデータの概要とその作成方法・作成状況について解説する。

第 1 節　経済地理データ

　IDE-GSM では，東アジア各国を中心に2005年時点の地域別人口・GRP などの情報を用いてシミュレーションを行っている。IDE-GSM の産業部門は農業，製造業（5 部門），サービス業の 7 部門に分かれているが，将来的な拡張および経済地理データセットを利用した他の研究が容易になるように，より細かい産業分類でのデータの作成を行っている。本書では，このデータセットを「アジア経済地理データセット（Geo-Economic Dataset for Asia: GEDA）」と呼ぶ[1]。GEDA は，東アジア地域（ASEAN10＋日本，中国，韓国，台湾，インド，バングラデシュ）の国より下の地理区分での産業別 GRP および人口・面積の2005年についてのデータである。GRP は名目額で，International Financial Statistics（IFS）の2005年期中平均為替レートを用いて名目米ドルに統一されている。

1．地理区分

GEDAでは地理区分として，基本的に各国の2005年時点の行政区分を踏襲している。香港，マカオ，シンガポール，ブルネイを除いて，各国の地理区分は国より一つ下の行政区分を採用しており，中国，インド，インドネシア，バングラデシュ，ミャンマーについては，国より二つ下の行政区分でデータを作成している（表4-1）。ただし，データの入手状況や分析単位としての妥当性を考慮して，各国の行政区分と異なる地理区分を用いている場合がわ

表4-1　アジア経済地理データセット（2005）で採用された行政区分

国・地域	行政区分のレベル	行政区分名	行政区分数
バングラデシュ	第2級	地区	64
ブルネイ	-	国	1
カンボジア	第1級	州	24
中国	第2級	自治州・県・自治県・市	342
香港	-	全域	1
インド	第2級	県	579
インドネシア	第2級	県・市	435
日本	第1級	県	47
韓国	第1級	特別市・広域市・道・特別自治道	16
ラオス	第1級	県・首都	17
マカオ	-	全域	1
マレーシア	第1級	州・連邦直轄領	15
ミャンマー	第2級	県	67
フィリピン	第1級	地方	17
シンガポール	-	国	1
台湾	第1級	直轄市・省轄市・県	25
タイ	第1級	県	76
ベトナム	第1級	省・中央直轄地	61

（出所）筆者作成。

ずかにある。

2．産業分類

GEDAで用いられる産業分類は，製造業については国際標準産業分類（ISIC Rev.3）の中分類，その他の部門については同大分類を再集計したもの

表4-2 産業分類

ID	産業名	ISIC rev. 3	GSM 産業分類
001-005	農業・林業・畜産・漁業	A B	農林漁業・鉱業
006-007	鉱業および採石業	C	
008	食品・飲料・たばこ製造業	15 16	食料品・飲料・たばこ
009	繊維・衣服製造業	17 18 19	繊維製品・衣服
010	木材・木製品製造業	20	
011A	パルプ・紙製品製造業	21	
011B	印刷・出版業	22	
012	化学工業	24	
013	石油・石油製品製造業	23	その他製造業
014	プラスチック・ゴム製品製造業	25	
015	非鉄金属製品製造業	26	
016A	鉄鋼業	27	
016B	金属製品製造業	28	
017A	電子・電気機械器具製造業	30 31 32 33	電気機械
017B	一般機械器具製造業	29	その他製造業
018A	自動車製造業	34	自動車
018B	その他輸送機器製造業	35	その他製造業
019	その他製造業	36 37	
020	電気・ガス・水道業	E	
021	建設業	F	
022	卸売り・小売り・運輸・情報通信業	G I	サービス業・建設業
023A	飲食サービス・宿泊業	H	
023B	金融・保険業	J	
023C	その他サービス業	K M N O P Q	
024	公務	L	

（出所）筆者作成。

で，農林漁業，鉱業，製造業（最大16部門），サービス業・建設業（最大7部門）の最大25部門となっている。各部門番号については，アジア経済研究所が作成しているアジア国際産業連関表24部門表における部門番号とほぼ対応する形で付与している。

IDE-GSM では，GEDA を7部門に再集計し，緯度経度などの情報を付加してシミュレーションに用いている。7部門は，農林漁業・鉱業，製造業（自動車，電気機械，繊維製品・衣服，食料品・飲料・たばこ，その他製造業），サービス業・建設業から構成されている。産業分類の対応関係は表4-2のとおりである。

3．データの作成方法

東アジア各国の経済地理データの整備状況は，国によって大きく異なる。地域別・産業別 GRP を比較的容易に入手できる国もあれば，国より下の地理区分では統計データを入手できない国もある。また，ミャンマーのように，国レベルでも統計データの入手が難しい国もある。

もし，当該国の GDP 統計が，地理区分と産業分類の両方において十分に細かい場合，必要な作業は本データセットの地理区分・産業分類に合わせた統合だけですむ。しかし，実際にはそうした国はほとんどなく，各国の産業センサスなど補完的な統計情報を用いて，地理区分や産業分類をより細かく按分することが必要となる。この按分を，より信頼性の高いかたちで行うことが，データセット作成上の最大の課題であった。具体的なデータ作成方法については，補論1に示した。

国レベルでも信頼性の高い経済データが存在しない国については，衛星画像を解析して各地域の GRP を推計するというようなまったく新しいアプローチが必要とされる（第6章参照）。こうした手法は，今後，IDE-GSM をアフリカのような経済地理データが未整備の地域に応用する際に利用することができる。

本質的には，経済地理情報の分析は，一定の基準によって定義された「都市圏」単位で行われる必要がある。たとえば，日本の場合，関東地方は行政区分では一都六県に分かれているが，3000万人超の人口を含む地域を都市圏として一体で分析することが望ましい。しかし，東アジアについては，適切な都市圏を定義することが難しいため，現状では行政区分を単位としてデータを作成した。

4．その他付加情報

IDE-GSMで用いられる経済地理データには，その行政区分を代表する都市の経度緯度情報が付加されている。図4-1に2014年12月現在，整備されている経済地理データの経度緯度が示されている。東南アジア，北東アジア，南アジアの整備が他の地域に先行している様子がうかがえる。IDE-GSMでは，東アジア地域以外の国々については，1カ国を首都で代表される1地域として扱い，約80カ国のデータを組み込んでいる[2]。その結果，IDE-GSM

図4-1　IDE-GSMでデータを整備した地点

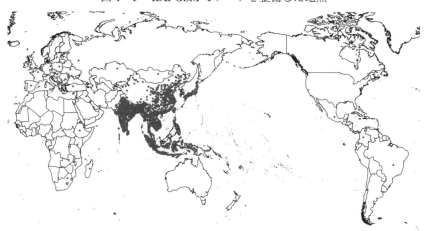

（出所）筆者作成。

図4-2 IDE-GSMで用いられる経済地理データの項目

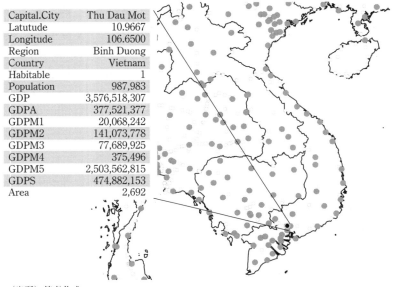

（出所）筆者作成。

によってカバーされている地域の人口は51.8億人，GDPは42.5兆米ドルに達し，これは，世界全体の人口の80％，GDPの93.9％となっている。

図4-2にはそれぞれの地域に付随するデータ項目が示されている。主要なものとして，面積（Area），地域名（Region），人口（Population），経度・緯度（Longitude, Latitude），居住性（Hbitable），7産業別GRPとその合計，人口などである。居住性とは，その地域・都市に人口があり，シミュレーション内でGRP計算や人口移動の対象になっているかを意味し，通常は1＝「居住性あり」と設定されている。一方で，ルート・データを現実的に設定するために，主要な港湾，空港，鉄道駅，その他道路ネットワーク上の要衝などの都市が，人口をもつ行政区画とは独立に設定されることがある。そうした地点は居住性のない地域・都市として，輸送費を計算する際にのみ利用される。

5．基礎的統計情報

表4-3はGEDAの人口についての基礎統計情報である。全1789地域の人口の平均値は179.9万人，中央値は116.1万人となっている。これをEUの標準的な地域分類であるNUTS（Nomenclature of Territorial Units for Statistics）にあてはめると，NUTSレベル2（1地域当たり80万人から300万人）に相当する。EUをNUTSレベル2で分割すると273地域となる。GEDAの地域数はその6.5倍にあたる。

各国の地域別人口の中央値を比較すると，最小はインドネシアの26.6万人，

表4-3　地域人口の基礎統計情報（2005年）

（単位：1000人）

	地域数	最小値	最大値	平均	中央値	標準偏差
日本	47	607	12,577	2,718	1,753	2,596
韓国	16	532	10,415	2,955	1,855	2,899
中国	342	79	31,700	3,763	3,331	2,910
台湾	25	10	3,737	911	560	857
インドネシア	435	12	8,821	505	266	686
タイ	76	177	6,800	855	647	835
フィリピン	17	1,475	11,065	4,954	3,824	2,946
マレーシア	15	90	4,738	1,765	1,529	1,218
ベトナム	61	299	5,912	1,336	1,134	889
カンボジア	24	30	1,934	576	542	492
ラオス	17	87	847	331	288	218
ミャンマー	67	43	2,137	827	774	564
インド	579	7	14,431	1,798	1,471	1,518
バングラデシュ	64	290	8,080	2,028	1,795	1,326
ブルネイ	1	380	380	380	380	
香港	1	6,936	6,936	6,936	6,936	
マカオ	1	488	488	488	488	
シンガポール	1	4,351	4,351	4,351	4,351	
全地域	1,789	7	31,700	1,799	1,161	2,092

（出所）GEDAより筆者作成。

表 4-4　地域面積の基礎統計情報（2005年）

(単位：km^2)

	地域数	最小値	最大値	平均	中央値	標準偏差
日本	47	1,876	83,456	8,039	6,096	11,700
韓国	16	501	19,026	6,226	4,640	6,208
中国	342	460	470,954	28,821	12,909	55,768
台湾	25	30	4,730	1,573	1,192	1,470
インドネシア	435	2	44,450	4,364	2,168	6,266
タイ	76	417	20,494	6,752	5,761	4,671
フィリピン	17	620	31,877	20,034	20,418	7,021
マレーシア	15	91	124,450	22,177	9,425	34,463
ベトナム	61	823	16,499	5,140	4,684	3,723
カンボジア	24	290	14,288	7,418	6,848	4,649
ラオス	17	3,920	21,774	13,664	15,415	4,789
ミャンマー	67	67	35,242	10,011	8,260	7,536
インド	579	9	49,035	5,251	4,040	4,782
バングラデシュ	64	716	6,116	2,306	2,053	1,178
ブルネイ	1	5,765	5,765	5,765	5,765	
香港	1	1,104	1,104	1,104	1,104	
マカオ	1	28	28	28	28	
シンガポール	1	699	699	699	699	
全地域	1,789	2	470,954	10,089	4,527	26,788

(出所) GEDA より筆者作成。

最大はフィリピンの382.4万人となる（1行政区画で代表されている国・地域は除く。以下，同様）。インドネシアの場合は，第1級・州レベルの行政区画を採用した場合，人口の中央値がフィリピンよりもさらに大きくなってしまうため，現在の行政区画が適切であるといえる。逆に，フィリピンは，データ作成上の制約がなければ第2級の行政区画を採用するのが望ましい。

　表4-4は地域面積についての基礎統計を国別に示したものである。各国の中央値を比較すると，最小は台湾の1192平方キロメートル，最大はフィリピンの2万418平方キロメートルとなる。

　表4-5はGRPについて基礎統計を国別に示したものである。各国の中央値を比較すると，最小はラオスの1億米ドル，最大は日本の542億米ドルと

表4-5　GRPの基礎統計情報（2005年）

（単位：100万米ドル）

	地域数	最小値	最大値	平均	中央値	標準偏差
日本	47	18,897	879,000	101,777	54,222	139,945
韓国	16	7,066	185,000	47,576	32,915	49,027
中国	342	38	112,000	7,142	4,025	11,186
台湾	25	173	57,842	13,291	6,930	14,871
インドネシア	435	11	46,390	623	228	2,395
タイ	76	199	50,427	2,320	906	6,015
フィリピン	17	875	36,597	5,817	2,837	8,406
マレーシア	15	603	27,407	8,253	6,050	7,235
ベトナム	61	67	10,400	892	519	1,586
カンボジア	24	15	1,519	269	204	321
ラオス	17	19	711	166	100	176
ミャンマー	67	5	619	179	162	152
インド	579	29	40,379	1,252	692	2,444
バングラデシュ	64	137	9,030	942	711	1,208
ブルネイ	1	9,531	9,531	9,531	9,531	
香港	1	176,000	176,000	176,000	176,000	
マカオ	1	8,732	8,732	8,732	8,732	
シンガポール	1	117,000	117,000	117,000	117,000	
全地域	1,789	5	879,000	5,680	724	29,261

（出所）GEDAより筆者作成。

なり，500倍以上の差がある。

　表4-6は地域別人口密度についての基礎統計を国別に示したものである。各国の中央値を比較すると，最小はラオスの21人/平方キロメートル，最大はバングラデシュの942人/平方キロメートルとなる。

　図4-3は2005年の地域別人口密度を地図にしたものである。色の濃い地域ほど人口密度が高くなっている。東アジア地域において，人口密度が高いのは，(1)中国沿岸部，(2)ガンジス川流域，(3)ジャワ島，である。その他，各国の首都近辺は人口密度が高くなっている。

　表4-7は地域別一人当たりGRPについての基礎統計を国別に示したものである。各国の中央値を比較すると，最小はミャンマーの180米ドル，最大

表 4-6　地域別人口密度の基礎統計情報（2005年）

（単位：人/km²）

	地域数	最小値	最大値	平均	中央値	標準偏差
日本	47	67	5,751	648	275	1,141
韓国	16	88	16,221	2,205	642	3,987
中国	342	0	2,662	364	265	350
台湾	25	60	25,287	2,813	574	5,349
インドネシア	435	1	70,528	1,144	151	4,120
タイ	76	18	4,335	236	126	527
フィリピン	17	76	17,861	1,273	187	4,278
マレーシア	15	19	6,665	754	164	1,685
ベトナム	61	35	3,416	491	261	603
カンボジア	24	3	4,287	280	90	859
ラオス	17	10	183	30	21	40
ミャンマー	67	4	13,069	457	68	1,917
インド	579	1	25,629	637	332	1,925
バングラデシュ	64	65	5,519	995	924	694
ブルネイ	1	66	66	66	66	
香港	1	6,283	6,283	6,283	6,283	
マカオ	1	17,751	17,751	17,751	17,751	
シンガポール	1	6,222	6,222	6,222	6,222	
全地域	1,789	0	70,528	749	262	2,576

（出所）GEDAより筆者作成。

は日本の 3 万2759米ドルで180倍以上の差がある。各国内で最小値と最大値の比をみると，中国が 1：475，インドネシアが 1：417となり，この 2 カ国が突出して高いが，これには天然資源を豊富に産出すると同時に人口が少ない地域があることが影響している。

　図 4-4 は地域別一人当たりGDPを地図にしたものである。色の濃い地域ほど所得水準が高くなっている。東アジアで所得水準が高いのは，日本，韓国，台湾，中国沿岸部で，加えて，各国首都周辺，その他，天然資源を産出する地域の所得水準が高くなっている。

図4-3 地域別人口密度（2005年，人/平方キロメートル）

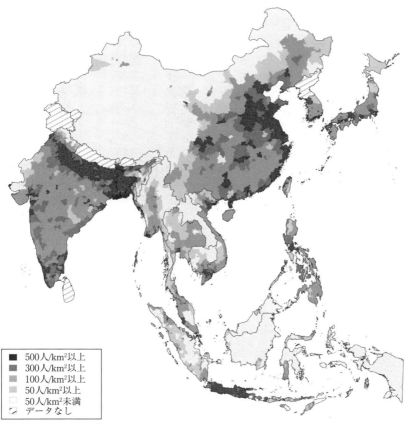

- 500人/km²以上
- 300人/km²以上
- 100人/km²以上
- 50人/km²以上
- 50人/km²未満
- データなし

（出所）GEDAより筆者作成。

表4-7 地域別一人当たりGRPの基礎統計情報 (2005年)

(単位:米ドル)

	地域数	最小値	最大値	平均	中央値	標準偏差
日本	47	24,388	69,892	33,766	32,759	7,001
韓国	16	10,422	29,168	16,134	14,242	4,894
中国	342	70	33,200	1,895	1,283	2,424
台湾	25	11,385	22,108	13,765	13,510	2,388
インドネシア	435	99	41,263	1,230	732	2,666
タイ	76	559	19,746	2,383	1,419	2,970
フィリピン	17	289	3,307	971	837	669
マレーシア	15	1,433	10,186	4,753	4,181	2,267
ベトナム	61	199	7,168	597	396	900
カンボジア	24	249	1,222	463	386	221
ラオス	17	155	993	429	404	218
ミャンマー	67	49	827	229	180	155
インド	579	92	9,173	682	525	639
バングラデシュ	64	317	1,118	422	383	138
ブルネイ	1	25,069	25,069	25,069	25,069	
香港	1	25,375	25,375	25,375	25,375	
マカオ	1	17,887	17,887	17,887	17,887	
シンガポール	1	26,888	26,888	26,888	26,888	
全地域	1,789	49	69,892	2,364	714	6,106

(出所) GEDAより筆者作成。

図 4-4 地域別一人当たり GRP（2005年）

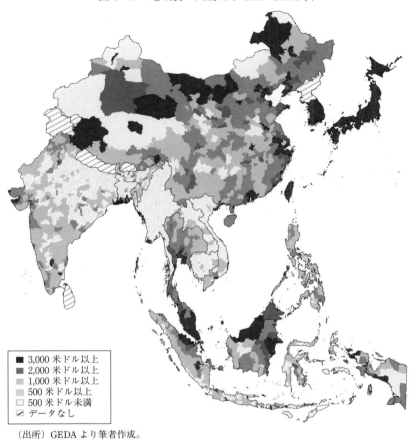

■ 3,000 米ドル以上
■ 2,000 米ドル以上
■ 1,000 米ドル以上
■ 500 米ドル以上
□ 500 米ドル未満
▨ データなし

（出所）GEDA より筆者作成。

第2節　ルート・データ

　IDE-GSM では，地域間の物流ルートを現実に即した形で分析に組み込むため，地域間の交通ネットワークを①道路，②海路，③空路，④鉄道，の4種類の輸送モードに分けて作成している。ネットワークは相互に連結されて

おり，始点から終点までの間で複数の輸送モードを組み合わせることが可能な構造となっている。

1．道路

道路網は，UNESCAPが提供しているAsian Highway Map（UNESCAP 2007）を再現できるように作成した（図4－5）[3]。Asian Highwayとして登録されている道路は主要な国道であるため，これに該当しないルートについては，各国の地図から特定して収録している。道路は，都市と都市をつなぐルートとして定義されている。表4－8はアジア各国の国内ルート数と国境を跨ぐルートの数を示したものである。必然的に国土面積が大きな国はルート数が大きくなっている。

図4－5　Asian Highway Route Map

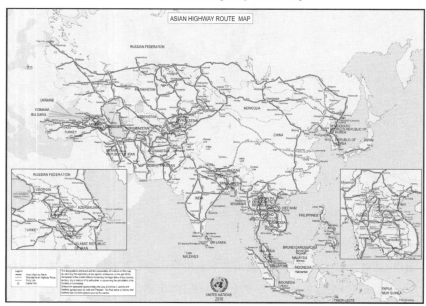

（出所）UNESCAP（2007）．

表4-8　国別道路網

	ルート数	
	国内	国際
バングラデシュ	109	10
ブルネイ	1	4
カンボジア	39	9
中国	1,169	18
香港	0	1
インド	1,546	21
インドネシア	784	4
韓国	47	2
ラオス	40	17
マカオ	0	1
マレーシア	65	14
ミャンマー	107	9
シンガポール	3	2
タイ	253	15
ベトナム	97	14

（出所）筆者作成。

表4-9　国別港湾数

国名	港数
バングラデシュ	2
ブルネイ	1
カンボジア	1
中国	32
香港	1
インド	16
インドネシア	34
韓国	9
マレーシア	9
ミャンマー	6
フィリピン	31
シンガポール	2
台湾	5
タイ	6
ベトナム	9

（出所）筆者作成。

2．海路

　各国の主要港を収録しており，アジア各国については船舶の運航データを集計したものを用いて港間ルートを作成した。表4-9は各国別の港数を示している。国土面積が大きい場合と，島嶼国では港の数が必然的に多くなっている。アジア域内の海路についてはシンガポール大学物流研究所（Logistic Institute, National University of Singapore: TLI-NUS）の協力を得て作成されたデータを基に独自集計したデータを用いて海路を設定している。また，港湾間の距離については，日本海運集会所（1983）のデータをおもに用いている。港湾については，各国で最も荷揚げ総トン数の多い港は必ず組み込むようにしている。ただし，中国やインドのようにいくつかの国際港湾が存在している国においてはそのかぎりではない。

アジア域外の海路については Lloyd's List Intelligence の船舶動静データを集計して作成した。また，*Containerisation International Yearbook* の2005年版を用いて，こちらについても荷揚げ総トン数が最も多い国際港湾を各国の代表点として運航が行われている港間を連結している。結果的に，各国の国際港は各地域のハブとなっている国際港と連結し，その上で世界の各地域とつながるネットワークとなっている。

3．空路

各国の主要空港を収録しており，現実に即した空路を組み込むことを念頭にデータを構築している。航路データの構築にあたって，OpenFlights の公表しているデータを用いた[4]。

空港単位で集計した上で各国ごとに最も旅客航路数の多い空港を第1国際空港としてデータベースに加えた。

ただし，アジア域内については一国内にいくつかの国際空港がある場合もあり，面積の大きな国家を一つの国際空港で代表させることは多様な地域構造を捨象することとなる。そのため，国際空港や地域のハブとなっている相対的に大きな空港を追加している（表4-10）。

空路データは空港間ネットワークとして構築されている。陸路データとの接続に当たっては道路で陸路ネットワークに接続させている。

4．鉄道

中国から東南アジアに至る鉄道網が収録されている。データは各国地図および鉄道省・交通省の地図を利用して路線情報を入手し，鉄道ネットワークを構築している。以上の鉄道ネットワークは各駅から道路によって道路ネットワークに接続されている（表4-11）。

表4-10　国別空港数

国名	ルート数
バングラデシュ	1
ブルネイ	1
カンボジア	2
中国	10
香港	1
インド	7
インドネシア	3
韓国	2
マレーシア	5
ミャンマー	2
フィリピン	8
シンガポール	1
台湾	1
タイ	7
ベトナム	3

(出所) 筆者作成。

表4-11　国別鉄道駅数

国名	ルート数
カンボジア	8
中国	239
香港	1
マレーシア	20
ミャンマー	18
シンガポール	3
タイ	43
ベトナム	29

(出所) 筆者作成。

5．ルート・データの詳細

　前節までにみてきたように交通ネットワークごとにルートが整備されており，それらのデータは定形フォーマットに従って構築されている。たとえば，ある一つのルート・データは以下のような項目から成っている（表4-12）。

　ルート・データには，輸送モードの違いのほかに距離・移動速度・積み替えにかかる時間なども含まれている。これらによって物理的にかかる所要時間を計算することができる。たとえば，まず陸路だけで所要時間の計算をした場合，その一部を異なるモード（たとえば空路）を用いることで，費用はかかるものの所要時間が短く済む可能性がある。現実的には，ジャガイモの輸送とiPhoneの輸送ではその時間費用が大きく異なることが明らかである。このような財ごとの違いを考慮するため，IDE-GSMでは産業別の時間費用を採用している。この時間費用は独自サーベイを用いた推計を行っている

表4-12　ルート・データの構成要素

Start	ルートの始点となる都市名
End	ルートの終点となる都市名
Name	ルートの名称
Distance	始点・終点間の距離
Speed	ルート上の移動速度
Border	ルートが国境をまたぐ場合は1，それ以外は0の値をとる
Overhead	通関や駅，空港等での待ち時間
Loading	主に通関コスト
Mode	道路..0，海路..1，空路..2，鉄道..3
Quality	ルートの質。ルート速度を規定する
Oneway	ルートを一方向にしか通行できない場合は1，それ以外は0の値をとる
Freight	人・貨物の両方を輸送可能..0，貨物のみ輸送可能..1，人のみ輸送可能..2

（出所）筆者作成。

（第3章補論参照）。また，国際的な輸送については次節で解説するように，任意の2国間に存在している関税と非関税障壁が考慮される。

　これらにより，任意の2地域間の輸送費用を産業別に計算することができ，産業によって異なる経路を選択することが内生的に表現できている。現在のところ，IDE-GSMのルート・データに組み込まれているルート数は道路が約6550，海路が約950，空路が約2050，鉄道が約450となっている。図4-6は東アジア地域の道路を示している。

図 4-6 IDE-GSM のルート・データ内の道路

（出所）筆者作成。

第3節　関税・非関税障壁・文化的障壁データ

　本節では，関税，非関税障壁，文化的障壁の出所について明らかにする。より詳しい解説は，補論2および3にて行われる。関税・非関税障壁の合計は，Head and Mayer（2000）による「対数配分比率アプローチ」を用いて，国別産業別で計算される。本アプローチのアイデアは，国内財消費や輸入財消費に影響を与える基本的な要因をコントロールしてもなお残る「両消費額の差」を，関税・非関税障壁とみなすというものである。基本的な要因として，国内・外国の生産能力の差としてGDP格差，生産要素価格の差として一人当たりGDP格差，広義輸送費用として，各国商業中心地間の物理的距離上で計算されている各国商業中心地との物理的輸送費および時間費用の合計，そして当該国と各国との間の言語の共通性，植民地関係の有無，地理的隣接性をコントロールしている。

　データ制約から，推定には2007年のデータを利用し，必要なデータは以下のように入手した。両消費額データはGTAP 8 Data Baseから，GDPおよび一人当たりGDPのデータはWorld Development Indicatorsから，言語の共通性，植民地関係の有無，地理的隣接性はCEPIIのウェブサイトから入手している。この方法で，69カ国の関税・非関税障壁の合計値が計算される。残りの国の関税・非関税障壁は，69カ国における関税・非関税障壁と一人当たりGDPの関係を用いて推定される。こうして推定された関税・非関税障壁は，代替の弾力性を用いて関税等価率に変換される。結果として，195カ国の関税・非関税障壁が計算され，一部は表4-13に示されている。

　こうして計算される関税・非関税障壁の合計から，World Integrated Trade Solution（WITS）から入手した各国の平均関税率を差し引くことで，関税率および非関税障壁を分離する。関税率は，2005年から2010年にかけては，関税番号レベルにおける実際の最低適用税率の産業別単純平均値を，国ペアごとに計算している。関税スキームには，最恵国待遇税率のみならず，一般特

表4-13 アジア主要国・地域における関税・非関税障壁

(単位：%)

国	農業	食品	繊維	電機	自動車	その他製造業	サービス
バングラデシュ	589	488	126	132	218	311	17,933
ブルネイ	268	132	36	43	70	71	1,876
カンボジア	1,713	1,207	252	253	444	780	14,675
中国	176	220	62	69	111	130	3,352
インド	255	297	82	89	144	182	4,230
インドネシア	408	298	82	89	145	183	4,579
日本	106	59	10	17	32	18	2,127
韓国	179	97	23	31	53	45	2,356
ラオス	3,092	1,824	336	333	605	1,172	32,014
マレーシア	462	247	69	76	123	148	3,521
ミャンマー	1,524	787	185	188	319	512	30,744
フィリピン	433	371	100	106	174	232	7,745
シンガポール	46	0	0	0	0	0	1,690
台湾	218	124	32	40	66	63	3,478
タイ	324	283	78	85	138	173	3,253
ベトナム	378	391	105	111	182	246	6,135

(出所) 筆者らによる計算。

恵関税率，自由貿易協定特恵税率など，すべてのスキームを考慮している。2011年以降については，五つのASEANプラス・ワンの自由貿易協定（FTA）における段階的関税撤廃スケジュールを一部反映させている（ASEAN-Australia-New Zealand FTA，ASEAN-China FTA，ASEAN-Japan Comprehensive Economic Partnership，ASEAN-Korea FTA，そしてASEAN-India FTA）。

また，差分として計算された国別・産業別の非関税障壁に対して，国ペアごとにさらなる処置を施している。具体的には，Hayakawa and Kimura（2015）に基づき，FTAメンバー間では6％ポイント低い値を設定している。また，五つのASEANプラス・ワンのFTAメンバー間では，Hayakawa（2014）に基づき，累積規定の効果としてさらに3％ポイント低い値を設定している。実際，Hayakawa（2014）は，ASEAN-Japan Comprehensive Economic Partnershipにおける累積規定の効果が，関税等価率で3％であることを示している。

文化的障壁は，関税・非関税障壁の推定の副産物として入手される。先の対数配分比率アプローチの推定式において，言語の共通性，植民地関係，隣接性を基本的な要因としてコントロールしていた。これら3要素の（国内消費財に比べた）輸入減少効果を文化的障壁とし，代替の弾力性を用いながら，その関税等価率を計算している。

第4節　まとめ

　IDE-GSM で用いる各種データの多くは基本的に公式統計を基にして可能なかぎり詳細な統計の入手に努めてきた。産業別 GRP データが存在しない場合には個票データの入手を試み，これを集計したうえでデータを作成してきた。IDE-GSM によるデータ構築の試みは，入手可能性に依拠する限界を内包しているが，新しい手法を用いるなど，可能なかぎり現実に近いデータを作成する努力を行っている。

　IDE-GSM は2005年時点でのデータを基に開発を始めたが，順次2010年データへのアップデートを進めている。また，時々刻々と変化しているルート・データに関してもアップデートを行っている。経済地理データおよびルート・データを複数時点について作成することができれば，より精度の高いシミュレーションを行うことができるようになるだろう。

　また，アジアにおける国際的な統計整備については，ASEAN が一部統計の公表を行っているが，現時点では各国統計を同一フォーマットで掲載している程度である。EU における EUROSTAT のように ASEAN およびアジアにおける各国統計の国際的協調などを積極的に推し進めていく取り組みがさらに進むならば，われわれの直面する困難は多くが改善されるものだろう。

〔注〕
(1)　なお，本データセットの一部情報は，アジア経済研究所のウェブサイト

(http://www.ide.go.jp/Japanese/Data/Geda/index.html) で公開されている。
(2) 後述の通り，陸路・空路・海路によって交通ネットワークが定義されているため，アジア以外の各国は，代表点（首都）のほかに国際港と国際空港の少なくとも3点で表現される。陸路データはルートを構成する点（ノード）の数が膨大であるため，まだ完成していない。アフリカや南米については，県レベルデータの整備よりもルート・データの整備を先行させたため，経済地理データを伴わない都市が多く組み込まれている。
(3) 国土交通省による Asian Highway の解説は次のウェブサイトを参照。
http://www.mlit.go.jp/sogoseisaku/inter/kokusai/AH2005/
(4) このデータは航空会社・飛行場ごとの発地着地情報が含まれている。データは2012年9月時点のデータベースを用いた。データベースは旅客データであるが，物流データについては存在していなかったため，このデータを用いた。旅客と物流ではネットワークと物流量に違いが存在することが想定されるが，ネットワークとしては類似していると仮定している。また，時系列でも各国内の空港規模はほとんど変わらない点を考慮すると，このデータを用いることは現実から大きな乖離を生じさせるとは言えないだろう。データの詳細については http://openflights.org/ を参照のこと。

〔参考文献〕

＜英語文献＞

日本海運集会所 1983. *Distance Tables for World Shipping* (Eighth edition). 日本海運集会所.

Hayakawa, K. 2014. "Impact of Diagonal Cumulation Rule on FTA Utilization: Evidence from Bilateral and Multilateral FTAs between Japan and Thailand." *Journal of the Japanese and International Economies* 32: 1-16.

Hayakawa, K. and F. Kimura 2015. "How Much Do Free Trade Agreements Reduce Impediments to Trade?" *Open Economies Review* (Forthcoming).

Head, K. and T. Mayer 2000. "Non-Europe: The Magnitude and Causes of Market Fragmentation in the EU." *Review of World Economics* 136(2): 284-314.

UNESCAP 2007. *Asian Highway Map*. Bangkok: UNESCAP.

補論1　経済地理データの作成方法

1．中国

(1) 地理区分

地理区分としては，産業分類が統一されている4直轄市，および，台湾を除く22省と5自治区を扱う。香港とマカオの特別行政区は別に扱う。本データセットでは，国の四つの直轄市と海南省をそれぞれ一つの地理区分として扱った。他の省や自治区については，一つの地理区分として扱うよりも，より小さい行政区分を用いたほうが，他国と中国を合わせた場合に分析しやすいと判断した。省や自治区を一つの地理区分として扱わなかった地域では，第2レベルにあたる6桁の行政区割の番号の下2桁が0の地域をそれぞれ一つの地理区分として扱った。ただし，湖北省と新疆の自治区については，省直轄行政単位の市や区をそれぞれ一つの地理区分として扱った。

(2) 産業別GRP

地域別GRPおよびその第1次・第2次・第3次産業の構成は，『中国城市統計年鑑2006』に収録されている。これらの各産業別GRPを『経済普査年鑑2004』の地域別・産業別雇用者数で按分した。この手続きのなかで，『中国城市統計年鑑2006』に地域別GRPが収録されていない場合，『経済普査年鑑』の地域別総労働者数を用いてシェアを求め，GRPを地域別に按分した。また，『経済普査年鑑』に地域別の産業別雇用者数が収録されていない場合は，省全体の小分類雇用者数を用いて省の産業構造を求め，これを按分に用いた。

(3) 人口・面積

『中国城市統計年鑑2006』または各省の統計年鑑から収録した。

2．香港

(1) 地理区分
全土を1地理区分として扱っている。

(2) 産業別 GDP
製造業以外の産業別 GDP については，*Hong Kong Annual Digest of Statistics* を用いた。製造業の分類は製造業全体の GDP を就業者数で按分した。就業者数は香港政府の "Cencsus and Statistics Department" から入手した "Number of establishments, persons engaged and vacancies (other than those in the Civil Service) analysed by 6-digit industry" の2005年版を用いた。"Cencsus and Statistis Department" のウェブサイトでは，Table E011に該当する。

(3) 人口
香港政府の Census and Statistics Department 発行の *Hong Kong Annual Digest of Statistics* に掲載されているデータを用いた。

(4) 面積
香港政府の Census and Statistics Department 発行の *Hong Kong in Figures* に掲載されている面積のデータを用いた。

3．マカオ

(1) 地理区分
全土を1地理区分として扱っている。

(2) 産業別GDP

GEDAの産業分類に合致する産業別GDPのデータが得られなかったため，該当するデータをIndustrial Surveyから作成した。Industrial Surveyで，分類がされていない製造業の部門については，その他に含まれる。

(3) 人口・面積

*Year book of Statistics*に記載されている推計された2005年末の人口，および Total Land Areaを用いた。

4．台湾

(1) 地理区分

2005年時点の市縣レベルの行政区分を採用しており，25の市縣となる。

(2) 産業別GRP

市縣別付加価値額は，農業部門分を除けば，「工商及服務業普査報告」より入手できる。とくに，製造業部門内は十分細かい業種レベルで入手できる。したがって，問題は，農業部門の市縣別GRPをどのように構築するかという点に絞られる。市縣別のGRP全体もまた利用可能でないため，全体から鉱業，製造業，サービス業のGRPを差し引き，農業部門のGRPを入手するという方法も取れない。そこで，「農林漁牧業普査報告」にて報告されている台湾全体の農業GDPを，同報告書に報告されている市縣別耕作地面積で按分した。さらに，このように計算された農業GRPと，その他業種における付加価値額の質的違いを最小限にするため，その他業種も台湾全体の業種別GRP（『中華民国統計年鑑』）を用いて調整した。具体的には，鉱業，製造業，その他産業それぞれにおける台湾全体のGDPに一致するように，「工商及服務業普査報告」から入手した業種別付加価値額の水準を調整した。

こうして業種別市縣別GRPが作成可能であるが，このようにして作成さ

れたGRPを用いて市縣別に一人当たりGRPを作成すると，最大の市縣と最小の市縣の間で10倍以上の格差が生まれる。そこで，このような異常な市縣間格差を修正するため，以下のような処理を行った。第1に，以下の方程式を仮定する。

$$\frac{GRP_i/POP_i}{GDP/POP} = \frac{HOUSE_i}{HOUSE}$$

ただし，GRP_i は i 県におけるGRP，POP_i は i 県における人口，GDPは台湾全体のGDP，POPは台湾全体の人口，$HOUSE_i$ は i 県における一人当たり可処分所得（平均毎人毎年可支配所得），HOUSEは台湾全体における一人当たり可処分所得である。一人当たり可処分所得は，「縣市重要統計指標」から入手した。この式より，一人当たり可処分所得の分布に一致した，各市縣のGRPが計算できる。そして，各市縣において，このGRPに一致するように，上記の業種別市縣別GRPを調整した。

(3) 人口

市縣別の人口は『人口統計年刊』のデータを用いた。

(4) 面積

面積については，「縣市重要統計指標」から入手した。

5．韓国

(1) 地理区分

韓国の行政区分は，第1級行政区分として1特別市・6広域市・8道・1特別自治道の計16区分となっており，これを地理区分として採用している。

(2) 産業別GRP

農業，その他（製造業は含まない）の地域別GRPは，*Gross Regional Do-*

mestic Product and Expenditure から業種別に入手可能である。しかしながら，細かい製造業レベルの地域別 GRP は利用可能でないため，Report on Mining and Manufacturing Survey を用いて，地域別・製造業業種別の付加価値構成比を計算し，これを基に地域別製造業 GRP を按分した。

(3) 人口

人口については，Population and Housing Census Report の地域別人口数を使用した。

(4) 面積

面積については，Korea Statistical Yearbook から入手した。

6．日本

(1) 地理区分

日本の行政区分は，第1級行政区分として47都道府県に分割され，これを地理区分として採用している。

(2) 産業別 GRP

「県民経済計算」の産業分類は，製造業内で20分類であり，ISIC 2桁レベルの24分類に満たない。したがって，ISIC に準拠した分類を行うためには，県民経済計算を補完するデータが必要となる。とくに，GEDA の共通産業分類では自動車産業を独立の産業として扱っているため，輸送用機械から自動車産業を分類する必要がある。このために，経済産業省の「工業統計，都道府県別産業細分類統計表」を用いて製造業を GEDA の産業分類に沿って按分する。その際，付加価値がある場合はそれを，ない場合には従業員数や事業所数を用いて按分を行った。

(3) 人口

平成17年国勢調査最終報告書「日本の人口」掲載の県別人口のデータを使用した。

(4) 面積

平成17年国勢調査最終報告書「日本の人口」の県別面積のデータを使用した。

7．インドネシア

(1) 地理区分

本データセットでは，州レベルではなく県・市レベルの行政区分を地理区分として採用している。これは，州レベルでは他国に比べ経済単位として大きすぎるためである。ただし，ジャカルタ首都特別州のケプラウアン・セリブ県を除く5市（中央ジャカルタ市，東ジャカルタ市，西ジャカルタ市，南ジャカルタ市，ならびに北ジャカルタ市）をジャカルタ市として合併した形で扱っている。経済地理データセットにおける地理区分数は，2005年440県・市のデータをベースとして作成したため，440－4＝436である。

(2) 産業別GRP

県・市レベルの産業別GRPデータの作成には，インドネシア統計局（BPS）から購入した県・市レベルの産業別GRPデータを用いている。このデータでは，一部産業分類がGEDAの産業分類より粗いため，インドネシア経済センサス2006年の州レベルの産業別付加価値額を用いて按分を行った。公表データでは，州レベルに集計したものを用いている。

(3) 人口

BPSから購入した"Economic Census 2006"を利用したが，公表データで

は *Yearbook of Statistics 2007* のデータを用いている。

(4) 面積

BPS から購入した"Economic Census 2006"を利用したが，公表データでは *Yearbook of Statistics 2007* のデータを用いている。

8．タイ

(1) 地理区分

2005年時点の県レベルの行政区分を地理区分として採用しており，76都県となる。

(2) 産業別 GRP

製造業以外の県別業種別 GRP は，"Gross Regional and Provincial Product"から入手可能である。しかしながら，細かい製造業レベルの県別 GRP は利用可能でないため，"The 2007 Industrial Census"を用いて，地方別業種別の付加価値構成比を計算し，これを基に県別製造業 GRP を按分することで，県別・製造業業種別 GRP を作成した。

(3) 人口

The 2010 Population and Housing Census を用いることで，県別人口数を作成した。

(4) 面積

面積については，*Statistical Yearbook Thailand* から入手した。

9．マレーシア

(1) 地理区分
13州＋3連邦直轄領のうち，プトラジャヤをスランゴール州の一部として扱い，合計15地域としている。

(2) 産業別 GRP
　州別・産業別 GRP のベースとなるのは，マレーシア統計局から発表されている州別 GRP（"National Accounts Gross Domestic Product (GDP), By State 2005-2010"）である。この段階で，GRP は10部門に分割されている。製造業については，マレーシア統計局より入手した，州別に集計された"Annual Survey of Manufacturing Industries (ASMI)"における付加価値額（Value Added）を用いて按分し，部門分割を行った。これにより，製造業を GEDA の産業分類に沿った16分類に分割することができた。一方，サービス業については，GSM 共通産業分類よりも粗い。具体的には，(020) Electricity, gas, and water supply と (022) Trade and transport, Communication，(023A) Accommodation and food service activities と (023C) Other Services，(023B) Financial and insurance activities と (023C) Other Services を分離できない。そこで，国レベルの比率を用いることで，GEDA の産業分類に沿ってサービス業を分類した。

(3) 人口
　マレーシア統計局（Department of Statistics, Malaysia）の "Population Quick Info" のデータを用いた。

(4) 面積
　マレーシア統計局発行の *Yearbook of Statistics 2006* に掲載されている州別

面積のデータを用いた。

10. ブルネイ

(1) 地理区分
全域を一つの地理区分として扱っている。

(2) 産業別 GDP
Brunei Darussalam Statistical Yearbook 2005 により，2005年の産業別 GDP を作成した。ただし，製造業が1部門となっているため，2002年に行われた Economic Census の結果から産業別の付加価値額を用いて製造業を GEDA の産業分類に近づけるように按分している。ただし，(012) Chemical and pharmaceutical Products と (014) Plastic and Rubber products, (018A) Motor vehicles と (018B) Other transport equipment, (023A) Accommodation and food service activities と (023C) Other Services を分離できなかった。

(3) 人口
Brunei Darussalam Statistical Yearbook 2005 のデータを用いた。

(4) 面積
Brunei Darussalam Statistical Yearbook 2005 のデータを用いた。

11. フィリピン

(1) 地理区分
第1級行政区分である17の地方（Region）を地理区分として採用している。他国と比較して一つの地理区分の人口や面積が大きくなっているが，データ作成上の制約から，第2級の行政区分についてのデータを作成することがで

きていない。

(2) 産業別GRP

フィリピンの地域別GRPを作成する際には，NSCBウェブサイトから入手できるデータにより，地方レベルのGRPを農林漁業/製造業/サービス業の3部門にまでは分割できる。これからさらに産業を分割していくためには，*Annual Survey of Philippines Business and Industry*（ASPBI）を用いる必要がある。ASPBIでは，各地域別に，PSIC 3桁レベルで，売上高，付加価値，雇用者数などを知ることができる。ASPBIは製造業のほかに，農林水産業やサービス業についても冊子が発行されている。基本的に付加価値額を使ってGRPを按分していくことで，ほぼGEDAの産業分類に沿ったかたちに按分できる。ただし，サービス業における政府部門の統計がないため，（23C）Other Services と（24）Public administration and defense を按分することができない。

(3) 人口

Philippine Statistics Yearbook 2010 に掲載されている2007年と2000年の数値を用いて地方別の人口成長率を計算し，2005年時点の人口を求めた。

(4) 面積

Philippine Statistics Yearbook 2010 の数値を用いた。

12. シンガポール

(1) 地理区分

全域を一つの地理区分として扱っている。

(2) 産業別 GDP

シンガポールについては，国レベルでの産業別 GDP を作成する。"Economic Survey of Singapore" の部門別 GDP により，製造業以外は GEDA の産業分類に近いかたちで分割できる。ただし，サービス部門における政府部門の数字がないため，(23C) Other Services と (24) Public administration and defence を按分することができない。製造業については，*Performance of Manufacturing Activities* の数字を用いることで，Transport Equipment 以外は分割できる。Transport Equipment については，"Economic Survey of Singapore" 内の Principal Statistics of Manufacturing by Industry Cluster の数字を用いて按分することで，(018A) Motor vehicles と (019) Other Manufacturing Products を分割できる。

(3) 人口

Yearbook of Statistics, Singapore の Mid-Year Population, Total の数字を用いた。

(4) 面積

Yearbook of Statistics, Singapore の Land Area の数字を用いた。

13. カンボジア

(1) 地理区分

"Cambodia Inter-Censal Population Survey 2004" に基づく24の第1級行政区分である州を地理区分として採用している。

(2) 産業別 GRP

当該年（2005年）の産業・地域別のデータがないため，最も近い時点のデータを用いて，以下の手順でこれらのデータを作成した。産業別（25部門）付加価値はアジア開発銀行（Asian Development Bank: ADB）の "Key Indicators for Asia and the Pacific"の産業別付加価値を，それぞれの産業の県別就労者数の割合で按分した。按分に使用した産業・県別就労者数は次のデータに基づく。

 （ⅰ）農林水産業：2008年の人口センサス（"General Population Census 2008"）。

 （ⅱ）その他産業：2011年の経済センサス（"Final Results of Cambodian 2011 Economic Census"）[1]。

 （ⅲ）公務員：2008年の人口センサス。

(3) 人口

県別人口は2005年に最も近い"Cambodia Inter-Censual Population Survey 2004"のデータを使用した。

(4) 面積

県の面積は大きな統廃合がないと想定して，2008年の人口センサスに基づく。

14. ラオス

(1) 地理区分

データの入手可能性を考慮し，2006年に廃止されたサイソムブーン特別区を除く17の県およびそれに相当する行政区分を地理区分として採用している。

(2) 産業別GRP

当該年（2005年）の産業・地域別のデータがないため，最も近い時点のデータを用いて以下の手順でデータを作成した。産業別（25部門）付加価値はADBの"Key Indicators for Asia and the Pacific"の産業別付加価値をそれぞれの産業の県別就労者数の割合で按分した。按分に使用した産業・県別就労

者数は次のとおりである（"Economic Census 2006"による）。

  （ⅰ）農林水産業：2005年の人口センサスと2006年の経済センサス。
  （ⅱ）その他の産業：2006年の経済センサス。
  （ⅲ）公務員：2005年の人口センサス。

(3) 人口

Statistical Yearbook 2005（統計局）のデータを用いた。

(4) 面積

Statistical Yearbook 2005（統計局）のデータを用いた。

15. ミャンマー

(1) 地理区分

ミャンマーの行政区分は，第1級行政区分として七つの管区と七つの州に分かれ，第2級行政区分として64の県に分かれる。GEDA では，Yangon を東西南北に分割した67地域を地理区分として採用した。一方，IDE-GSM では Yangon を一つの地理区分として扱っている。

(2) 産業別 GRP

ADB の "Key Indicators for Asia and the Pacific" の2005年の名目 GDP を総額として，以下の方法で各地域に按分した。上記データから GDP を農業と非農業に分割し，農業は2003年農業センサスのデータにより各地域に按分し，非農業については2005年の衛星画像データに基づく夜間光量によって各地域に按分した。詳しくは，第6章を参照のこと。

(3) 人口

ADB の "Key Indicators for Asia and the Pacific" の2005年の total population

を，ミャンマー政府の資料に基づき各地域に按分した。

16. ベトナム

(1) 地理区分

2003年末時点の行政区分を地理区分として採用しており，61の省・中央直轄市がある。2005年時点では，2004年1月の行政区変更があり，Lai Chau 省が Lai Chau 省と Dien Bien 省に，Dac Lak 省が Dac Lak 省と Dak Nong 省に分割されていることから，合計は63となっている。

(2) 産業別 GRP

GRP は *Socio-economic Statistical Data of 63 Provinces and Cities* に収録されている2005年の農業・工業・サービス業の3分類の省別 GDP を用いた。各省別の産業別 GRP は，"Annual Statistical Censuses & Surveys: Enterprises" の個票データを地域別・産業別に集計したうえで按分した。

(3) 人口・面積

Socio-economic Statistical Data of 63 Provinces and Cities より収録した。

17. インド

(1) 地理区分

インドの行政区分は，第1レベルで35（28州＋6連邦直轄領＋1首都圏）に分割される。これらは，第2レベルでは，さらに640県（District）に分割される（2011年2月時点）。これは，2001年時点の593県から増加している。本データセットでは，2001年時点の行政区画をベースに583県を地理区分として採用した。ただし，Dadra & Nagar Haveli, Daman, Diu, Lakshadweep については，GRP のデータがない。また，Delhi については9区画を1区画に，

Mumbai, Bangalor, Midnapore は2区画を一つに統合している。

(2) 産業別 GRP

現時点で，インドの経済地理データを県レベルで作成するには，Indicus Analytics Pvt. Ltd. が作成している"District GDP of India"から県別 GRP・産業別を利用する必要がある。このデータを用いることで，(1)製造業が1部門となっている，(2) GEDA の産業分類の (22) Trade and transport, Communication と (23A) Accommodation and food service activities が分離できないほかは県別産業別 GRP を作成できる。(2)については，これ以上按分する方法がない。一方で，Manufacturing については，*Economic Census 2005* の県別産業別雇用者数を用いて GEDA の産業分類に沿って按分した。今回作成した県別データは，Indicus から購入したデータに依拠している。

(3) 人口

県別の人口については，インドの"2011 Census"と"2001 Census"のデータを用いて成長率を計算し，2005年時点での人口を求めている。

(4) 面積

"2011 Census"の県別面積を用いた。

18. バングラデシュ

(1) 地理区分

最も大きい行政区分として管区が存在し，その下に地区がある。2005年時点で，管区は六つあり，クルナ管区，シレット管区，ダッカ管区，チッタゴン管区，バリサル管区，ラジシャヒ管区であった。本データでは，第2級行政区分としての64地区を地理区分として採用している。

(2) 産業別 GRP

　District ごとの地域別 GRP および地域別の農業付加価値額のデータは2000年までは公表されていた。これ以降は公表されていないことから，2000年時点での GRP 合計および農業付加価値額の地域間分布が2005年でも同様であると仮定したうえで2005年の GDP レベルに推計した。工業とサービス業の GRP は公式統計が存在していないことから，"Business Registration 2009" の産業別雇用者数を地域別に集計したうえで按分に用いた。

(3) 人口・面積

Statistical Yearbook of Bangladesh に収録されている人口・面積を収録した。

〔注〕
(1) アジア経済研究所・田中清泰研究員集計に基づく。

〔国・地域別データ出所一覧〕

1．中国
＜書籍＞
中華人民共和国国家統計局社会経済調査司 2007．『中国城市統計年鑑2006』．
各省・各市『経済普査年鑑』．

2．香港
＜書籍＞
Census and Statistics Department, Hong Kong. *Hong Kong Annual Digest of Statistics.*
―――― *Hong Kong in Figures.*

＜インターネット＞
香港特別行政区政府（Census and Statistics Department）
　　http://www.censtatd.gov.hk/hkstat/sub/sp452.jsp?productCode=D5250008

3．マカオ
＜書籍＞
Government of Macao Special Administrative Region. *Yearbook of Statistics*.

＜インターネット＞
澳門特別行政区政府（Statistics and Census Service）
　　http://www.dsec.gov.mo/Statistic.aspx?NodeGuid=a520644a-b71a-41c8-9689-88a647063fa6

4．台湾
＜書籍＞
中華民国主計部統計局『中華民国統計年鑑』．

＜電子媒体＞
中華民國内政部「人口統計年刊」（公開データ，CD-ROM 版）．

＜インターネット＞
行政院主計總處「工商及服務業普査報告」
　　https://www.dgbas.gov.tw/np.asp?ctNode=2833
行政院主計總處「農林漁牧業普査報告」
　　https://www.dgbas.gov.tw/np.asp?ctNode=2835
中華民國統計資訊網「縣市重要統計指標」
　　https://www.dgbas.gov.tw/np.asp?ctNode=2835

5．韓国
＜書籍＞
Korea National Statistical Office. *Gross Regional Domestic Product and Expenditure*.
——— *Report on Mining and Manufacturing Survey*.
——— *Population and Housing Census Report*.
——— *Korea Statistical Yearbook*.

6．日本
＜インターネット＞
内閣府「県民経済計算」
　　http://www.esri.cao.go.jp/jp/sna/data/data_list/kenmin/files/contents/main_h24.html
経済産業省「工業統計：都道府県別産業細分類統計表」
　　http://www.meti.go.jp/statistics/tyo/kougyo/result-2.html

政府統計の総合窓口「平成17年国勢調査最終報告書『日本の人口』」
　　http://www.e-stat.go.jp/SG1/estat/List.do?bid=000001025191

7．インドネシア
＜書籍＞
Biro Pusat Statistik (BPS) 2007. *Statistik Indonesia 2007 (Yearbook of Statistics 2007)*.

＜電子媒体＞
Badan Pusat Statistik (BPS) "Provincial GDP by industry."（非公開）.
―――― "Economic Census 2006."

8．タイ
＜書籍＞
National Statistic Office, Kingdom of Thailand. *The 2010 Population and Housing Census*.
―――― *Statistical Yearbook Thailand*.

＜電子媒体＞
National Statistic Office. "The 2007 Industrial Census."（公開データ，CD-ROM版）.

＜インターネット＞
Office of the National Economic and Social Development Board. "Gross Regional and Provincial Product."
　　http://eng.nesdb.go.th/Default.aspx?tabid=96

9．マレーシア
＜書籍＞
Department of Statistics, Malaysia. 2007. Yearbook of Statistics 2006.

＜電子媒体＞
Department of Statistics Malaysia. "Annual Survey of Manufacturing Industries by State."（非公開データ）

＜インターネット＞
Department of Statistics, Malaysia. "National Accounts Gross Domestic Product (GDP), By State 2005-2010."
　　https://www.statistics.gov.my/index.php?r=column/cthemeByCat&cat=102&bul_i

d=a0pvbjVNbHl5TjhVRVBORjA3dkZLQT09&menu_id=TE5CRUZCblh4ZTZMO
DZIbmk2aWRRQT09
―――― "Population Quick Info."
http://www.statistics.gov.my/portal/index.php?option=com_wrapper&view=wrapper&Itemid=129&lang=en

10. ブルネイ
＜書籍＞
Department of Statistics, Economic Planning Unit, Ministry of Finance, Brunei 2006. *Brunei Darussalam Statistical Yearbook 2005.*
Department of Statistics, Brunei 2005. *Report of the 2002 Economic Census.*

11. フィリピン
＜書籍＞
National Statistics Office, Republic of the Philippines 2006. *Annual Survey of Philippines Business* and Industry 2005.
National Statistical Coordination Board, Republic of the Philippines 2011. *Philippine Statistics Yearbook 2010.*

＜インターネット＞
National Statistical Coordination Board. "2005 Gross Regional Domestic Product (GRDP) - levels."
http://www.nscb.gov.ph/grdp/2005/2005conlev.asp

12. シンガポール
＜書籍＞
Economic Development Board, Singapore 2007. *Performance of the Manufacturing activities 2006.*
Department of Statistics, Singapore. *Yearbook of Statistics, Singapore.*（各年版）.

＜インターネット＞
Ministry of Trade and Industry, Singapore. "Economic Survey of Singapore."
https://www.mti.gov.sg/researchroom/pages/economic-surveys-ess.aspx

13. カンボジア
＜電子媒体＞
National Institute of Statistics. "Cambodia Inter-Censal Population Survey 2004."

＜インターネット＞
Asian Development Bank (ADB). "Key Indicators for Asia and the Pacific."（各年版）.
　　http://www.adb.org/publications/series/key-indicators-for-asia-and-the-pacific
National Institute of Statistics. "General Population Census 2008."
http://www.nis.gov.kh/index.php/en/find-statistic/site-administrator/cips-2004/final-pop-
　　cen-2008.html
Statistics Japan. "Final Results of Cambodian 2011 Economic Census."
http://www.stat.go.jp/english/info/meetings/cambodia/e11f_re1.htm

14．ラオス
＜書籍＞
National Statistical Centre. *Statistical Yearbook 2005.*
――― *Results from the Population and Housing Census 2005.* （県別版）.

＜電子媒体＞
National Statistical Centre. "Economic Census 2006."

＜インターネット＞
Asian Development Bank (ADB). "Key Indicators for Asia and the Pacific."（各年版）.
http://www.adb.org/publications/series/key-indicators-for-asia-and-the-pacific

15．ミャンマー
＜インターネット＞
Asian Development Bank (ADB). "Key Indicators for Asia and the Pacific."（各年版）.
　　http://www.adb.org/publications/series/key-indicators-for-asia-and-the-pacific

16．ベトナム
＜書籍＞
General Statistics Office 2009. *Socio-economic Statistical Data of 63 Provinces and Cities.*
　　Hanoi: Statistical Publishing House.

＜電子媒体＞
General Statistics Office. "Annual Statistical Censuses & Surveys: Enterprises."

17．インド
＜書籍＞
Central Statistical Organisation, Ministry of Statistics and Programme Implementation,

Govt. of India 2008. *Economic Census 2005*.

＜電子媒体＞
Indicus Analytics Pvt. Ltd.. "District GDP of India."

＜インターネット＞
Office of the Registrar General & Census Comissioner, India. "2001 Census."
　　http://censusindia.gov.in/Census_Data_2001/Census_data_finder/Census_Data_Finder.aspx
　―――― "2011 Census."
　　http://censusindia.gov.in

18. バングラデシュ
＜書籍＞
Bangladesh Bureau of Statistics 2005, 2009. *Statistical yearbook of Bangladesh*.

＜電子媒体＞
Bangladesh Bureau of Statistics. "Business Registraion 2009."

補論2　関税・非関税障壁，および文化的障壁の推定

1．対数配分比率アプローチ

　関税・非関税障壁の合計は，Head and Mayer（2000）による「対数配分比率アプローチ」を用いて，国別産業別で計算される。本アプローチの基礎は，経済地理シミュレーションで用いられている理論モデルと基本的には同じであるため，シミュレーションモデルと一致したフレームワークのもとで，関税・非関税障壁を推定することができる。ただし，国別産業別で推定されるため，ここで用いられる理論モデルの単位は地域別ではなく，国別となる。具体的には，i 国における，i 国からの製品消費額（X_{ii}）と j 国からの製品消費額（X_{ij}）の比率を考える（産業に関する添え字を省略）。これは以下のよう

に表される。

$$\frac{X_{ij}}{X_{ii}} = \left(\frac{n_j}{n_i}\right)\left(\frac{a_{ii}}{a_{ij}}\right)^{1-\sigma}\left(\frac{t_{ij}}{t_{ii}}\right)^{1-\sigma}\left(\frac{p_j}{p_i}\right)^{1-\sigma}$$

ここで，n はバラエティ数，a は選好バイアスを示すパラメータ，t は広義の輸送コスト，σ は代替の弾力性，p は製品価格である。このように，両者の比率をとることで，価格指数をはじめ，需要関連変数による影響を相殺することができ，シンプルな式が得られる。

本方程式を推定するため，以下の仮定をおく。第1に，バラエティ数はGDPの規模に比例すると仮定し，GDPで代理できるとみなす。第2に，選好バイアスの比率は，言語の共通性（*Language*），植民地関係の有無（*Colony*），地理的近隣性（*Contiguity*）の各ダミー変数の関数で示すことができると仮定する。第3に，広義の輸送コストは以下のように表される。

$$\ln\left(\frac{t_{ij}}{t_{ii}}\right) = Border_i + \alpha \ln\left(\frac{Distance_{ij}}{Distance_{ii}}\right) + \beta \ln Cost_{ij}$$

$Border_{ij}$ は，関税・非関税障壁の合計を示す。$Distance_{ij}$ は i 国と j 国の間の地理的距離を示し，もし同一国であれば，以下のように計算される。

$$Distance_{ij} = \frac{2}{3}\sqrt{\frac{Area_i}{\pi}}$$

ここで π は円周率，$Area$ は i 国の表面積を示す。$Cost$ は本文で述べられている方法で計算された，物理的輸送費および時間費用の合計である。最後に，製品価格は賃金に依存するとし，さらに賃金を一人当たりGDPで代理できるとする。

これらの仮定のもとで，先の式は以下のように示される。

$$\ln\left(\frac{X_{ij}}{X_{ii}}\right) = \gamma_1 \ln\left(\frac{GDP_j}{GDP_i}\right) + \gamma_2 Language_{ij} + \gamma_1 Colony_{ij} + \gamma_3 Contiguity_{ij}$$
$$+ \gamma_4 \ln\left(\frac{Distance_{ij}}{Distance_{ii}}\right) + \gamma_5 \ln Cost_{ij} + \gamma_6 \ln\left(\frac{GDP\ per\ capita_j}{GDP\ per\ capita_i}\right) + u_i + \varepsilon_{ij}$$

ただし，u_i は国 i の固定効果を表しており，これは理論的には，*Border* と

$(1-\sigma)$ の積の対数値を表す。したがって，各国の固定効果推定値と代替の弾力性の値を基に，*Border*，すなわち関税・非関税障壁の合計を求める。推定は，農業，製造業，サービス業別に行われる。そして，製造業では，五つ（食品，繊維，電機，自動車，その他製造業）の業種別データをプールして推定するが，業種間の違いを固定効果でとらえる。

2．データ

本項では，推定に用いるデータを紹介する。対象年は2007年である。本文で述べているとおり，データ・ソースは以下のとおりである。消費額データは GTAP 8 Data Base から入手しており，具体的には次のように両消費変数を構築している。第1に，X_{ijs} は以下のように計算される（s は産業を表す添え字）。

$$X_{ijs} = \sum_k \text{VIWS}_{ij}(s, k)$$

$\text{VIWS}_{ij}(k, s)$ は GTAP データベースから得られる変数であり，j 国で生産された財 s の i 国 k 産業による輸入総額（世界価格表示）である。第2に，X_{iis} は以下のように計算される。

$$X_{ijs} = \text{VDPM}_i(s) + \text{VDGM}_i(s) + \sum_k \text{VDFM}_i(s, k)$$

$\text{VDPM}_i(s)$ は i 国における国内家計による国内貿易財 s の購入総額（市場価格表記）であり，$\text{VDGM}_i(s)$ は i 国における国内政府による国内貿易財 s の購入総額（市場価格表記），$\text{VDFM}_i(k, s)$ は i 国における国内産業 k の企業による国内貿易財 s の購入総額（市場価格表記）である。GDP および一人当たり GDP のデータは World Development Indicators から，言語の共通性，植民地関係の有無，地理的隣接性は CEPII のウェブサイトから入手している。

3．推定結果

以上の方法で，69カ国の関税・非関税障壁の合計値が計算される。推定結果は表4-A1に示されているとおりである。おおむね期待とおりの符号で推

表4-A1　推定結果

	農業	製造業	サービス業
GDP ratio	0.968***	1.346***	0.677***
	[0.020]	[0.011]	[0.008]
Language	1.115***	0.684***	0.146***
	[0.126]	[0.070]	[0.048]
Colony	0.508**	0.173	0.268***
	[0.204]	[0.114]	[0.078]
Contiguity	1.821***	1.090***	0.464***
	[0.186]	[0.103]	[0.071]
Distance ratio	−0.555***	−1.000***	−0.016
	[0.086]	[0.036]	[0.038]
Cost	−0.743***	−0.576***	−0.459***
	[0.194]	[0.206]	[0.068]
GDP per capita ratio	−0.593***	0.134***	0.301***
	[0.024]	[0.013]	[0.009]
産業ダミー　（基準：自動車）			
食品		−0.207***	
		(0.064)	
繊維		1.016***	
		(0.070)	
電機		0.491***	
		(0.053)	
その他製造業		0.981***	
		(0.053)	
観測値数	4,592	23,460	4,692
自由度修正済決定係数	0.6076	0.6192	0.8508

（出所）筆者作成。
（注）***は1％有意，**は5％有意を示す。このほか，定数項や輸入国ダミーが加えられている。[　]内は標準誤差を示す。

定されているが，GDP per capita ratio の係数が，製造業，サービス業において正に有意に推定されている。この推定により，69カ国における国別・産業別の固定効果が得られる。次に，より多くの国の関税・非関税障壁の合計を求めるために，この固定効果が平均的には一人当たり GDP と相関していることを期待し，固定効果の推定値を被説明変数とし，一人当たり GDP の対数値および産業ダミーを説明変数とした推定を行った。結果は以下のように示される。

$$固定効果 = -17.797 + 1.245^* \ln \text{GDP per capita} + 1.365^* 食品 \\ + 2.555^* 繊維 + 2.052^* 電機 + 1.569^* 自動車 \\ + 2.523^* その他製造業 - 1.149^* サービス$$

観測値数は483，自由度修正済決定係数は0.7386，また産業ダミーの基準は農業となっている。この推定結果と一人当たり GDP のデータを用いて，さらに126カ国に対する固定効果を推定した。結果として，195カ国に対する産業別の固定効果を得た。この推定値と代替の弾力性を用いることで，国別・産業別の関税・非関税障壁の関税等価率を計算している。

また，表4-A1で示されている Language, Colony, Contiguity に対する係数，および代替の弾力性を用いることで，文化的障壁に関する関税等価率を産業別・国ペア別に計算する。

補論3　WITS 関税データ

本節では，WITS から入手した関税率の計算方法について解説する。第1に，各国の関税番号レベルの関税データを，WITS から入手する。とくに，2005年から2010年を対象とした TRAINS の詳細データを利用する。第2に，各国ペアについて，関税番号レベルで利用可能な関税スキームを特定する。

ここには自由貿易協定税率など，地域貿易協定税率のみならず，一般特恵関税率も含む。ここでの作業には，WTO や UNCTAD のウェブサイトなどにある情報を用いる。第3に，各国ペアについて，関税番号レベルで最も低率の関税率を特定する。第4に，こうして特定された国ペア別・関税番号別・年別の関税率を用いて，シミュレーションで定義されている産業別に，国ペア別・年別の単純平均を求める。最後に，欠損している年については，直近過去の値を挿入することで，関税率に関するバランスしたデータベースを構築している。

　こうして計算された関税率には以下のような注意がある。第1に，非従価関税は欠損値として扱っている。一般に，非従価関税商品には，高い関税が課されていることを考えると，ここで計算された関税率は過小評価されているかもしれない。第2に，一般特恵関税の利用対象国は，経済発展に応じて年々変化している。上述のとおり，各国が提供している一般特恵関税の対象国は，WTO や UNCTAD のウェブサイト等から特定されており，そこでの情報は一時点に限ったものである。したがって，それ以前，またそれ以後の対象国の変化は反映されていない。また，対象国でもあっても，国際競争力に応じて，一部の製品では一般特恵関税の利用を認められないケースもあるが，そのような対象国間の違いもまた反映されていない。全体として，一般特恵関税に対するこうした扱いもまた，われわれの関税率を過少評価する方向に働くと予想される。第3に，一部の国は，必ずしも利用可能なすべての関税スキームに関する関税率を報告しているわけではない。とくに，地域貿易協定税率に関する情報が完全でないケースがある。この場合，より低い関税率の情報が失われていることになるため，われわれの関税率を過大評価することになる。

第5章

IDE-GSM による分析例

磯野生茂, 熊谷　聡, 早川和伸

　本章では, IDE-GSM を用いた貿易・交通円滑化措置の分析例を紹介する。第1節では, IDE-GSM でどのようなシナリオを実施できるかを解説する。第2節ではインフラ開発の分析例としてメコン＝インド経済回廊（MIEC）をとりあげ, その経済効果の試算を示す。第3節では, 地域貿易協定の分析例として東アジア地域包括的経済連携（RCEP）の経済効果を試算する。第4節では, 自然災害の分析例として2011年にタイで発生した大洪水の中期的な影響を試算する。第5節では本章を総括する。

第1節　IDE-GSM におけるシミュレーション・シナリオ設定

　IDE-GSM では, ルート・データや関税・非関税率データを時系列で変化させていくことで, さまざまな貿易・交通円滑化措置をシミュレートすることができる。ルート・データや関税率・非関税率をいつ, どのように変化させるかをシナリオ・ファイルと呼ばれるファイルに書き込むことで, 複雑な政策の組み合わせをシミュレートすることを可能にしている。以下に述べるさまざまな要素を組み合わせた「開発シナリオ」のシミュレーション結果を「ベースライン・シナリオ」の結果と比較することで, 経済効果を算出する（第1章図1-3参照）。

1．交通インフラ開発

　IDE-GSM で交通インフラ開発をシミュレートするには，新たにルートを追加するか，既存のルートに設定されている平均走行速度を引き上げる。たとえば，河川に新たに橋を架ける場合，河の両岸にポイントを設け，ポイント間を結ぶルート・データを追加する。新たな海路や航空路線を開設する場合は，港湾・空港間を結ぶ新たなルートを追加する。また，既存の一般道を高速道路にアップグレードする場合には，典型的には平均走行速度を時速38.5キロメートルから時速60キロメートルに引き上げる。このように，高速道路の建設，道路の拡幅，混雑ボトルネックの解消，生活道路と自動車道の分離，といった個別のインフラ整備を，ルートの平均走行速度の上昇と読み替えてシナリオに組み込む。IDE-GSM ではこうした新たなルート・データを読み込んで地域間の輸送費を再計算することで，交通インフラ開発をシミュレーションに反映させている。

2．通関円滑化措置

　IDE-GSM では，物品やサービスが国境を通過するとき，通関で金銭的コストと待ち時間を発生させている。また，物品やサービスの生産国と消費国が異なるときは非関税障壁（NTB）が別途加算される。通関円滑化措置をシミュレートする場合，通関にかかる金銭的コストと待ち時間を現状より引き下げるケースと，NTB を下げるケースを使い分ける。たとえば，個別の国境における積み替え場の拡張，係員の増員，国境で 輸出通関・輸入通関と2 回行われる手続きを一本化するシングルストップ，係員のキャパシティビルディングといった施策は，通関にかかる待ち時間を減少させるとみなす。事前教示制度の導入，情報通信技術による輸出入手続き情報提供の強化，ガバナンスの強化，企業の輸出入手続きにかかるキャパシティビルディングな

どの施策は，トラックが工場を出発する前にかかるコストを減らすものとしてNTBの削減とみなす。

通関円滑化措置や空港・港湾の拡張の結果として，通関の混雑解消をシミュレートすることもできる。まず，空港・港湾・通関施設を現状のまま拡張しない場合，どの程度の混雑が生じるかについて，モデル内で計算される現状の交通量と将来時点の交通量の増加率を勘案して決定する。「混雑あり」シナリオでは，国境通関時の待ち時間を，混雑を考慮した時間に増加させる。一方，「混雑なし」シナリオでは，現在と同等の待ち時間を設定する。この二つのシナリオの差をみることで，混雑解消の効果を算出する。

3．自由貿易協定（FTA）/ 地域貿易協定（RTA）

IDE-GSMで自由貿易協定（FTA）/ 地域貿易協定（RTA）の効果をシミュレートする場合，必要に応じて関税率データと非関税障壁データを変更する。まず，関税率データをFTA/RTAの関税撤廃・関税削減を反映したかたちに変更する。また，RTAの場合，メンバー国間で累積効果（cumulation）が生じると想定し，その効果を非関税障壁から差し引く。FTA/RTAを反映した関税率・非関税率データを用いてシミュレーションを行い，ベースライン・シナリオと比較することで，FTA/RTAの効果を算出する。

4．自由貿易区（FTZ）/ 特別経済区（SEZ）の設定

IDE-GSMで自由貿易区（FTZ）/ 特別経済区（SEZ）を擬似的に再現するには，FTZ/SEZが設定される地域の生産性パラメータ A とNTBを変更する。生産性パラメータ A は，立地条件が完全に同一の場合でも生じる域内総生産（GRP）の差を説明するパラメータで，地域別・産業別の生産性の差と解釈できる。生産性パラメータを引き上げることで，産業の生産性を向上させるさまざまな制度・インフラが整ったことを擬似的に再現する。また，

FTZ/SEZ と海外との取引が容易になるような制度が導入される場合，その地域についての NTB のパラメータを引き下げることで，制度の導入をシミュレートする。

5．自然災害

　前項で説明した生産性パラメータ A を特定地域についてある時点から減少させることで，IDE-GSM 内で洪水や地震などの自然災害の影響を擬似的に再現することができる。たとえば，特定地域での震災を再現する場合，当該地域の生産性パラメータ A を震災による産業資本の毀損率などを参考に減少させる。その後，数年かけて，パラメータ A を元の水準に戻すことで，復興をシミュレートする。

第 2 節　メコン＝インド経済回廊の経済効果

　ASEAN は早くから生産ネットワークに組み込まれ，世界の工場の一翼として，また急成長する市場として着目され続けてきた。さらに，メコン地域は，2015年末の ASEAN 経済共同体（AEC）の設立，ミャンマーの改革，タイプラスワンの動きなどで新たな変革期を迎えている。

　とりわけ，大メコン圏（GMS）経済協力と経済回廊は経済発展を牽引する大きな原動力の一つとなってきた。1992年にアジア開発銀行（ADB）によって開始された大メコン圏（GMS）経済協力では，東西経済回廊（EWEC），南北経済回廊（NSEC），南部経済回廊（SEC）のコンセプトが1998年の第 8 回閣僚会議にて提示され，2000年の第 9 回閣僚会議にて具体的なルートが規定された（Ishida and Isono 2012）。このうち，SEC のバンコク・プノンペン・ホーチミンを経てベトナムのブンタウを結ぶ中央サブ回廊にあたるルートを，ミャンマーのダウェイ経由でインドのチェンナイまで延長した MIEC が

第 5 章　IDE-GSM による分析例　121

2009年に東アジア・アセアン経済研究センター（ERIA）によって提唱され（ERIA 2009），アジア総合開発計画では EWEC，NSEC と比較して MIEC の整備効果が最も高いことが IDE/ERIA-GSM の経済効果分析により示されている（ERIA 2010）。

　本節では，IDE-GSM の最新バージョンを用いて MIEC の経済効果を分析するとともに，交通円滑化措置の経済効果分析における IDE-GSM の特徴，また経済回廊整備がもたらす経済的帰結について議論する。

1．シナリオと設定

　ここでは，以下の六つのシナリオを分析する。シナリオ 1 はつばさ橋が開通した場合の経済効果分析である。シナリオ 2 は MIEC 上の道路の改善と，国境における時間・費用の削減である。シナリオ 3 はカンボジアにおける SEZ 開発である。シナリオ 4 はミャンマー・カンボジア・ベトナムの制度改革に伴う NTB の削減である。シナリオ 5 はシナリオ 2〜4 のプロジェクトの組み合わせの経済効果分析であり，シナリオ 6 はシナリオ 5 にダウェイ深海港とダウェイ SEZ の設立効果を追加したものである。

【シナリオ 1】つばさ橋
　MIEC のうち，カンボジアのネアックルンにおけるつばさ橋が2015年に開通する。具体的には，メコン川を渡る両端を道路でつなぎ，橋区間の道路速度を時速60キロメートルと設定する。

【シナリオ 2】道路改善と国境円滑化
　MIEC のうち，2015年にカンボジアのつばさ橋が開通し，橋区間の道路速度が時速60キロメートルとなる。また，2015年にタイのカンチャナブリからミャンマーのダウェイまで道路が開通し，道路速度が時速38.5キロメートルとなる。

2020年にベトナムのブンタウにあるチーバイ・カイメップ港の地点から，ホーチミン，カンボジア国境のモクバイ，カンボジアのベトナム国境であるバベット，プノンペン，タイ国境のポイペトまで，カンボジアのプノンペンからシアヌークビル港まで，またタイのカンチャナブリからミャンマーのダウェイまでの道路を改善し，道路速度が時速60キロメートルとなる。ベトナム・カンボジア国境のモクバイ・バベット間，カンボジア・タイ国境のポイペト・アランヤプラテート間，タイ・ミャンマー国境のプーナムロン・ティキ間の国境通過にかかる時間・費用を半減する。

【シナリオ3】カンボジアでのSEZ開発
以下のカンボジア各州・市においてSEZを2015年に設立する。具体的には，各州・市の製造業・サービス業の生産性パラメータAを5％引き上げる。

バンテイメンチェイ
バッタンバン
プノンペン
シアヌークビル
スヴァイリエン
カンダール
コッコン

【シナリオ4】NTBの削減
ミャンマー・カンボジア・ベトナムにおいて，2015年に追加的な制度改革によってNTBが削減されると想定する。具体的には，2015年にミャンマーは3％，カンボジアは2％，ベトナムは1％，製造業の非関税障壁を削減し，また同じ率でサービス業の障壁を削減する。

【シナリオ5】プロジェクトの組み合わせ
シナリオ2〜4までの措置を組み合わせる。

【シナリオ6】プロジェクトの組み合わせ＋ダウェイの整備効果

シナリオ2〜4までの措置を組み合わせる。さらに，2020年にダウェイ深海港とダウェイSEZを開設する。具体的には，2020年にダウェイ港とインドのコルカタ港，ダウェイ港とインドのチェンナイ港，ダウェイ港とスリランカのコロンボ港を国際主要海上路線と同等の速度のルートでつなぎ，ダウェイにおける製造業・サービス業の生産性パラメータ A を50％引き上げる。また，ダウェイ港を用いた国際海上交通を利用する場合にかぎり，タイ・ミャンマー国境のプーナムロン・ティキ間の国境通過費用をゼロ，国境通過時間を15分とする。これは，タイのトラックが国境で積み替えを要さずに直接ダウェイ港まで到達できることを仮定したものである。

2．シミュレーション結果

シナリオごとの国別の結果は表5-1のとおりである。ベースライン・シナリオにおける2030年の各国GDPと，各シナリオでの2030年の各国GDPを比較し経済効果を％で計算する。

表5-1　MIECの経済効果（2030年）　　　（単位：％）

	シナリオ1	シナリオ2	シナリオ3	シナリオ4	シナリオ5	シナリオ6
カンボジア	0.09	0.73	4.46	0.08	5.27	5.19
ラオス	0.00	0.00	0.00	0.00	0.00	−0.06
ミャンマー	0.00	−0.10	0.00	0.13	0.03	0.59
タイ	0.00	0.01	0.00	0.00	0.01	0.33
ベトナム	0.00	0.01	0.00	0.26	0.27	0.31
中国	0.00	0.00	0.00	0.00	0.00	0.04
インド	0.00	0.00	0.00	0.00	0.00	0.04
日本	0.00	0.00	0.00	0.00	0.00	0.04

（出所）筆者作成。

(1) つばさ橋開通の経済効果

図5-1はシナリオ1,つばさ橋開通の経済効果を図示したものである。図示に際し,2030年におけるベースライン・シナリオから開発シナリオへのGRPの変化分をそれぞれの地域の面積で割った,Impact Densityという指標を用いる。この指標を用いることで,どの地域に経済効果が集中しているかを同じ図上で地域間比較することができる。濃く塗られた地域は高い正の経済効果があり,斜線が引かれた地域は負の経済効果をこうむる。ここで改めて,負の経済効果はベースライン・シナリオの2030年時点と比較したものであり,2015年時点と比べてマイナス成長するということを意味するわけではないことを注記したい。

IDE-GSMは,一つの橋の開通がどの程度の範囲・程度にわたって経済に影響を与えるかを示すことができる。つばさ橋の正の経済効果は,プノンペン,プレイベン,スヴァイリエンに集中する。一方,正の経済効果はカンボジア国内に広く波及する。これは,橋の開通によって時間と費用が削減され,経済活動の活性化を通じて各州のGRPを引き上げるためである。経済効果が集中する3地域において,プレイベンは1.28%,スヴァイリエンは1.2%の経済効果がある一方,プノンペンの経済効果は0.02%にとどまる。この差異は,ベースライン・シナリオにおける経済規模の差が影響している。プノンペン市はもともと経済規模が大きいため,相対的な比率で示される経済効果は小さいものの経済効果が局地的に集中している。一方,プレイベンやスヴァイリエンは経済効果が集中しているだけでなく,相対的な経済効果も大きいことがわかる。

表5-1より,つばさ橋は2030年のベースライン・シナリオに比べて0.09%カンボジアのGDPを引き上げるが,他国に与える影響は0.01%未満である。一方,図5-1から,タイのバンコク周辺,イースタンシーボードエリアにかけてわずかな負の経済効果がみられることがわかる。このようにIDE-GSMは,一つのインフラ開発が国境をまたいだ他の国々に与える影響もみることができる。

図 5-1 【シナリオ 1】つばさ橋開通の経済効果（2030年，Impact Density）

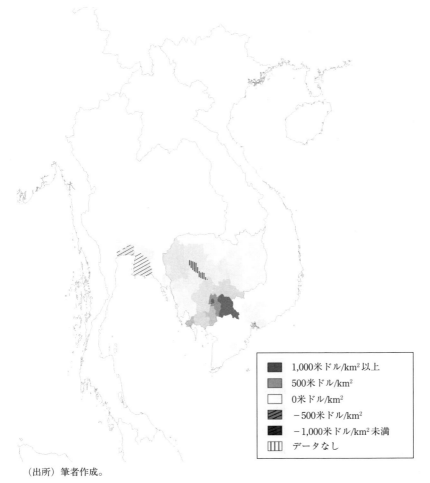

（出所）筆者作成。

(2) MIEC の道路改善と国境円滑化の経済効果

シナリオ 2，道路改善と国境円滑化の経済効果は図 5-2 で示される。このシナリオはシナリオ 1 のつばさ橋の建設を含む。プノンペンからシアヌークビルまでのサブ回廊を含む，ベトナム・ブンタウからミャンマー・ダウェ

図5-2 【シナリオ2】MIECの道路改善と国境円滑化の経済効果（2030年，Impact Density）

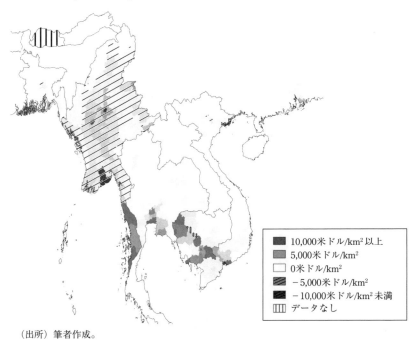

凡例:
- 10,000米ドル/km² 以上
- 5,000米ドル/km²
- 0米ドル/km²
- −5,000米ドル/km²
- −10,000米ドル/km² 未満
- データなし

（出所）筆者作成。

イまでのMIECの道路改善は，道路沿いの地域に正の経済効果をもたらす。カンボジアにおける経済効果は一様ではなく，経済の中心であるプノンペン，ベトナム国境に近いプレイベン，スヴァイリエン，タイ国境に近いバンテイメンチェイ，そして玄関港であるシアヌークビルで比較的高い経済効果の集中がみられる。

　興味深い点は，タイではカンボジア側（アランヤプラテート），ミャンマー側（プーナムロン）への国境での時間と費用の削減のみを仮定し，タイ国内の道路の質の改善は行っていないにもかかわらず，国境から離れたサムット・プラーカーンやイースタンシーボードエリアを中心に正の経済効果がみられる点である。これは，MIECの道路改善が生産ネットワークを通じてバ

ンコク周辺の製造業クラスターに裨益することを意味する。

　ミャンマーでは，タニンダーリ地域（IDE-GSM の地域区分ではダウェイ，メイ，コータウン）に正の経済効果が集中する一方，ミャンマーの他の地域では負の経済効果が発生する。とくに，ヤンゴンに大きな負の経済効果がみられる。これは，経済活動がタニンダーリ地域で活性化されることで，企業や家計の一部がミャンマーの他地域からタニンダーリ地域に移動し，この流出による負の効果が道路改善から得られる波及的な正の効果よりも大きくなるためである。結果，表 5-1 からわかるように，ミャンマー一国の GDP をみた際，MIEC の道路改善はミャンマーに負の経済効果を与えることになる。

　このシナリオから三つの経済的インプリケーションが得られる。第 1 に，道路改善は道路沿いの地域に正の経済効果をもたらす一方，周辺地域への波及は限定的となる。第 2 に，この分析のミャンマーのように，道路改善は必ずしも一国の GDP を引き上げるとは限らない。とくに，道路が最大経済都市を通らない場合，最大経済都市への集積に一定の歯止めをかけ国内の経済活動を分散させることで，場合によってベースラインと比較し GDP に負の影響を与える。ただし，集積による経済成長と，国土の均衡ある発展は一般にトレードオフの関係にあり，この分析から得られる負の効果が即座に政策の失敗とみなすことはできないことに注意が必要である。第 3 に，産業に与える影響は大きく異なる。カンボジアにおいて，道路改善と国境円滑化は GDP に正の影響を与えるが，カンボジアの製造業には負の影響を与える。たとえば，カンボジアの自動車産業はベースライン比で－0.45％となる。これは，タイやベトナムとの貿易が容易になることによって，自動車や自動車部品をカンボジア国内で生産するより，タイやベトナムから購入した方が有利になるケースが発生するためである。この結果は，製造業の発展を考えた際，道路の改善と国境円滑化のみでは不十分であることを示唆する。

(3) カンボジア SEZ 設立の経済効果

シナリオ3，カンボジアにおける SEZ 設立の経済効果は図5-3によって％で示される。バンテイメンチェイ，バッタンバン，プノンペン，シアヌークビル，スヴァイリエン，カンダール，コッコンにおける SEZ の開設はカンボジアに4.46％と比較的高い経済効果をもたらし，またシナリオ2とは異なりカンボジア製造業の発展に寄与する。一方，州ごとにみると，この正の経済効果はプノンペンとスヴァイリエンからもたらされ，それ以外の他州はすべて負の経済効果を受けることがわかる。とくに，バンテイメンチェイ，バッタンバンやシアヌークビルといった SEZ を開設した州でも経済効果が負になっている。これは，SEZ が複数地域で開設されることで，州間の経済依存関係に変化が生じ，企業や家計を多くひきつける地域と，企業や家計が流出してしまう地域に分かれるためである。この分析結果は奇しくも，カ

図5-3 【シナリオ3】カンボジア SEZ 設立の経済効果（2030年）

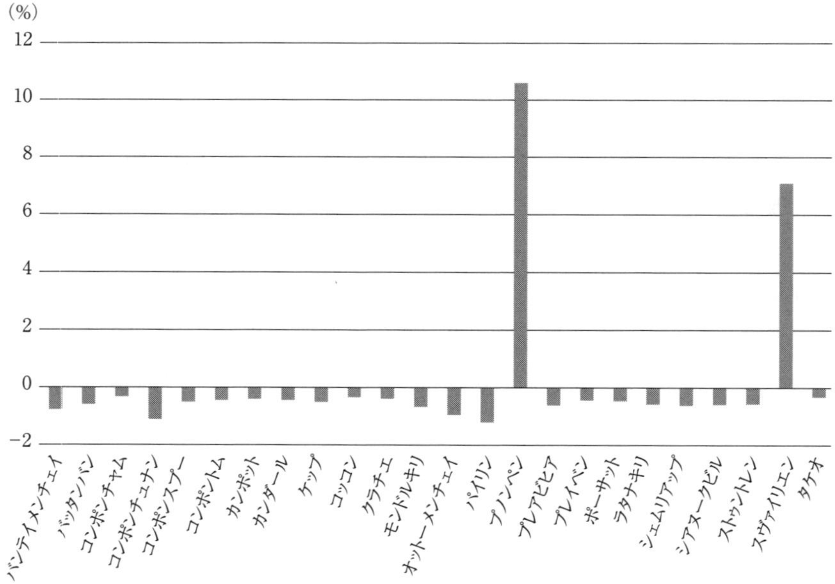

(出所) 筆者作成。

ンボジア国内のSEZの開設および企業誘致においてバベットを有するスヴァイリエンとプノンペンSEZを有するプノンペンが先行した歴史的事実と合致する。

(4) NTB削減の経済効果

シナリオ4，NTB削減の経済効果は図5-4にて表される。カンボジア，ミャンマー，ベトナムにおける製造業のNTB削減とサービス業の障壁削減は，三国に正の経済効果をもたらす。とくに，現在の経済活動の中心である，

図5-4 【シナリオ4】NTB削減の経済効果（2030年，Impact Density）

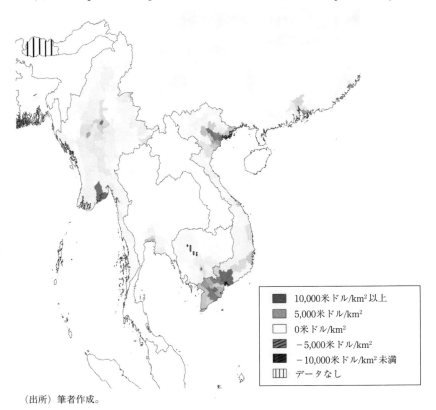

(出所) 筆者作成。

プノンペン，ヤンゴン，マンダレー，ハノイとホーチミン周辺に経済効果が集中する。一つの特徴は，三国において，どの地域も経済効果がプラスになることである。NTB削減，サービス業の障壁削減といった制度改革は国全体に影響し，他国との物品貿易・サービス貿易を活性化し，結果として正の経済効果が広く国内に波及することとなる。同時に，図5-4からは香港・広東地域やバンコク周辺にも正の経済効果が波及することがわかる。これらは，MIEC沿いのミャンマー，カンボジア，ベトナムの制度改革が当該国のみならず周辺国にとっても有益であることを示唆するものである。

(5) MIEC（プロジェクトの組み合わせ）の経済効果

以上で議論したつばさ橋建設を含む道路改善，カンボジアにおけるSEZ開設，そしてNTB削減を組み合わせたものの経済効果は図5-5で示される。このシナリオ5では，ベースライン・シナリオの2030年と比較してカンボジアは5.275%，ミャンマーは0.03%，タイは0.01%，ベトナムは0.27%の正の経済効果を得る。このカンボジアの経済効果5.275%は，シナリオ2，3，4における経済効果の合計5.273%よりも高く，これら政策の組み合わせが補完的で相乗効果をもつことを示唆している。IDE-GSMはこのように，ハード・ソフトのインフラプロジェクトの組み合わせによる経済効果を計ることも可能である。

カンボジアでは，中心経済都市であるプノンペン，タイ国境に近いバンテイメンチェイやバッタンバン，ベトナムに近いプレイベンやスヴァイリエン，国道3号線沿いのタケオ，カンポット，シアヌークビルで正の経済効果がみられる一方，MIECから離れた地域では負の経済効果が発生する。MIEC沿いにあっても，カンダールとコンポンチュナンは負の経済効果が道路改善の正の効果を上回る。カンダールやコンポンチュナンのようなプノンペンに近い地域では，プノンペンに近すぎることで競争上不利になる「集積の影」のような効果が発生している可能性を指摘できる。

ミャンマーではタニンダーリ地域のみに正の経済効果が集中し，その他の

図 5-5 【シナリオ 5】MIEC（プロジェクトの組み合わせ）の経済効果（2030年, Impact Density）

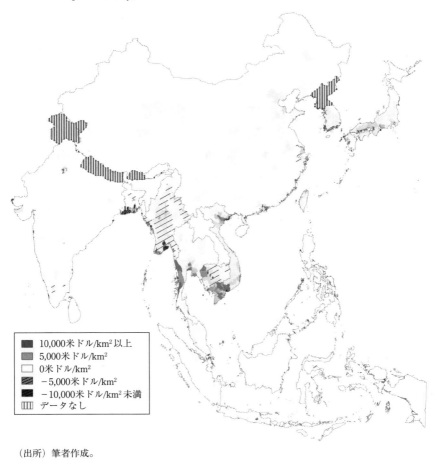

（出所）筆者作成。

地域は負の経済効果が発生する。ミャンマー一国としては，NTB 削減による正の経済効果と，道路改善によって生まれるタニンダーリ地域への経済シフトからもたらされるミャンマーの GDP に対する負の経済効果で大きく相殺され，シナリオ 5 での経済効果は小さくなる。この原因の一つは，ダウェイと他のミャンマー国内地域間の貧弱な道路インフラがボトルネックとなり，

ダウェイまでつながった MIEC の便益が国内に波及しづらいためである。ミャンマーにおいては，ミャンマー総合開発ビジョン（MCDV）（ERIA 2012）で議論されたような国内インフラの整備と MIEC を結びつける必要があり，それら国内インフラが整備されていない仮定の下では経済効果は限定的となる。

(6) MIEC（プロジェクトの組み合わせ＋ダウェイ開発）の経済効果

シナリオ 6 は，シナリオ 5 のプロジェクトの組み合わせに加え，ダウェイ深海港とダウェイ SEZ を 2020 年に開設したものである。結果は図 5-6 で示されるように，図 5-5 とは大きく異なる。シナリオ 5 と比べ，タイの経済効果は 0.01％から 0.33％に，ミャンマーは 0.03％から 0.59％に，中国，日本，インドはそれぞれ 0.00％から 0.04％に大きく上昇する。中国，日本，インドの経済規模を考えれば，経済回廊たる MIEC においてダウェイ深海港とダウェイ SEZ が決定的に重要な意味をもつことがわかる。

同時に，ダウェイ深海港とダウェイ SEZ に潜在的な活用需要が存在することをシミュレーション結果は示唆する。IDE-GSM はこのように，地域的に重要なミッシングリンクを特定することに用いることが可能である。

カンボジアの経済効果はシナリオ 5 と比べ，5.27％から 5.19％に微減する。また，ラオスの経済効果はシナリオ 5 で 0.00％だったものがシナリオ 6 では－0.06％と負に転じる。これらは，ミャンマー，タイの追加的な経済発展，ならびに，メコン地域がインドとつながったことがカンボジアやラオスの競争条件に影響を与えていると考えられる。

国内各地域への効果をみる際，GRP の増減だけでなく，一人当たり GRP の増減も重要な指標となる。図 5-7 は，シナリオ 6 におけるカンボジア各州への経済効果を，GRP，一人当たり GRP について％表示でみたものである。たとえば，MIEC 沿いのコンポンチュナンは GRP に対する経済効果はベースライン比で－0.23％であるが，一人当たり GRP にかかる経済効果は1.03％とベースライン・シナリオよりも高くなる。これは，地域としては企

図5-6 【シナリオ6】MIEC（プロジェクトの組み合わせ＋ダウェイ開発）の経済効果（2030年，Impact Density）

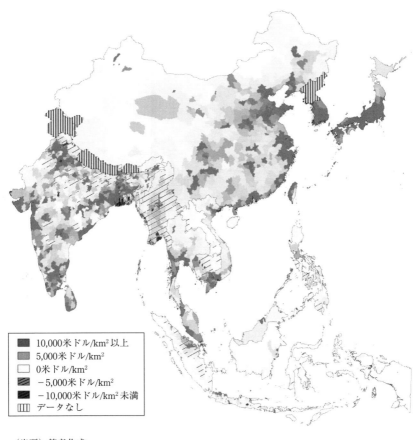

（出所）筆者作成。

業・家計の流出によって経済効果がマイナスになるが，残った住民の一人当たりの単位では，MIEC がプラスに貢献していることを意味する。同様に，カンダールの経済効果も GRP で−0.23％，一人当たり GRP では0.84％と，MIEC 整備によって MIEC 沿いの地域で一人当たり GRP が高くなる傾向が観察できる。このように IDE-GSM では，インフラプロジェクトが国の発展，

図 5-7 【シナリオ 6】MIEC（プロジェクトの組み合わせ＋ダウェイ開発）の
カンボジア各州への経済効果（2030年）

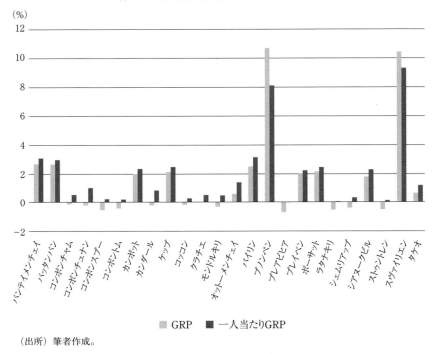

（出所）筆者作成。

地域の発展，地域住民の生活の向上にどのような影響を与えるか，またそれぞれがどのように異なるかを示すことができる。

第3節　東アジア地域包括的経済連携の経済効果

2000年以降，東アジアでは多くの FTA が締結されている。とくに，2010年には，五つの ASEAN プラス・ワンの FTA 締結が完了したことにより，ASEAN をハブとし，日本，中国，韓国，インド，オーストラリア，ニュージーランドをスポークとした FTA 網が形成された。そして2012年の8月，

ASEAN10カ国とそのFTAパートナー6カ国による経済大臣会合において，これら16カ国によるFTAの締結に向けて動き出すことが合意された。いわゆる，東アジア地域包括的経済連携（RCEP）である。これは，30億人以上，170億ドル以上の経済規模をカバーしたFTAであり，その経済規模は欧州連合に匹敵する。本節では，IDE-GSMを用いて，RCEPの経済効果を試算する。

1．シナリオと設定

元来，FTAの経済効果を調べる際には，Global Trade Analysis Project (GTAP) と呼ばれる応用一般均衡モデルが用いられてきた。そこでは，FTAの締結により，メンバー間での取引が直ちに無税で行うことができるようになると想定されている。これに対して，本節では，RCEPメンバー各国がどの品目を自由化するかを予測し，それを基に85％，90％，95％それぞれの自由化率のもとでの，RCEPの経済効果を調べる。さらに，即時に撤廃されるのではなく，10年かけて比例的に関税が低下していく状況を想定する。具体的には，RCEPによる関税低下が2016年より始まり，2025年に完了すると想定する。ただし，第3章で述べたように，IDE-GSMではASEANプラス・ワンのFTAによる関税低下効果はすでにベースライン・シナリオに組み込まれている。そのため，RCEPの自由化率が低い場合，ASEANプラス・ワンのFTAなど，他のFTAによる特恵税率の方が低いケースが起こり得る。この場合は低い税率のほうを採用している。最終的にとる関税率は，先に述べた自由化率に依存する。

自由化率に応じてどの品目を自由化するかを特定化するために，次のような単純なプロビット・モデルを，ASEAN諸国およびASEANプラス・ワンのFTAを対象に推定する。

$$\text{Prob}(Open_{ifp} = 1 | MFN_{ip}, RCA_{ifp}) = \Phi(\beta_0 + \beta_1 MFN_{ip} + \beta_2 RCA_{ifp})$$

i, f, p は国，FTA，そしてHS6桁レベルの商品番号をそれぞれ表す。

$Open_{ifp}$ は当該国が当該 FTA で当該品目を自由化していれば 1, そうでなければ 0 をとる二値変数である。$\Phi(\cdot)$ は累積標準正規分布, MFN_{ip} は MFN 税率, RCA_{ifp} は比較優位指数である。たとえば, AJCEP の場合, タイのある製品における RCA 指数は,「タイの日本に対する当該製品の輸出額－日本のタイに対する当該製品の輸出額」を「タイの日本に対する当該製品の輸出額＋日本のタイに対する当該製品の輸出額」で除したものである。サンプル年は, 各 FTA の交渉基準年とする。$Open$ は, ERIA の FTA Database を用いて構築した。MFN 税率に関するデータは WITS から, RCA を計算するためのデータは UN Comtrade から入手した。

推定結果は以下のとおりである。

$$\text{Prob}(Open_{ifp}=1|MFN_{ip},RCA_{ifp}) = \Phi(1.454 - 0.026 MFN_{ip} + 0.276 RCA_{ifp})$$

すべての係数は0.1％で統計的に有意であり, 観測値数は171,176, 対数疑似尤度および疑似決定係数はそれぞれ－65,669, 0.0612である。結果として, ASEAN 諸国は, MFN 税率のより低い品目, 国際競争力のより高い品目を自由化する傾向にあることがわかる。次に, この推定結果をすべての RCEP メンバー国に適用することで, メンバー各国が RCEP において, 各品目を自由化する確率を求める。MFN および RCA には2010年の値を用いる。とくに RCA は, 各メンバー国に対して計算し, 最も低い RCA を採用する。こうして計算された自由化確率を基に, 自由化率に応じた RCEP 自由化品目を特定する。たとえば, 90％の自由化率が設定されるときには, 各国における自由化確率上位90％の品目が自由化されるとする。こうして得られた自由化品目の関税率をゼロにしたものが, RCEP における最終年（2025年）の特恵税率である。そして, 各年における品目別最低税率を基に計算される業種別の単純平均関税率が RCEP 発効時における関税率となる。

また, 第 3 章で述べたように, IDE-GSM では FTA の効果として, 関税低下のみならず, 非関税障壁の低下も含んでいる。具体的には, Hayakawa and Kimura（2015）に基づき, RCEP メンバー間の非関税障壁が 6 ％ポイント低

下すると設定している。ただし，ASEAN プラス・ワンの FTA などにより，すでに FTA が存在しているメンバー間では据え置きにしている。さらに，RCEP の累積規定の効果として，RCEP メンバー間の非関税障壁をさらに 5 ％ポイント低く設定している。第 3 章で述べたように，累積規定の効果として，ASEAN プラス・ワンの FTA メンバー間では，Hayakawa（2014）に基づき，3 ％ポイント低い非関税障壁が設定されていた。RCEP は ASEAN プラス・ワンの FTA よりも多くの国から構成される FTA のため，累積規定の効果もより大きくなると考えられる。そのため 3 ％よりも大きい，5 ％の低下を採用した。

2．シミュレーション結果

それではシミュレーション結果をみていこう。表 5-2 では，自由化率に応じた経済効果を示している。第 1 に，RCEP メンバー国（ASEAN ＋ 6）に対する総経済効果は正，非メンバー国はそれぞれ負の影響を受ける。第 2 に経済効果は，正負ともに自由化率が高くなるほど大きくなる。第 3 に，ASEAN 以外の RCEP メンバー国はそれぞれ正の経済効果を受けており，とくに日本や韓国における正の効果が大きい。これは，経済規模の大きい中国に対してこれまで特恵スキームがないこと，またその中国に対する市場アクセスがよいことから，相対的に大きな経済効果を享受しているものと考えられる。第 4 に，ASEAN 全体では正の効果を受けているものの，国によっては負の効果を受けている。具体的には，シンガポールとカンボジアが負の効果を受けている。

つぎに，表 5-3 は，95％の自由化率のもとで，業種別の経済効果を示している。総じて，製造業のなかでは，その他製造業に対する効果が大きく，続いて電機，自動車，繊維，食品の順に経済効果が大きくなっている。表 5-2 において負の総経済効果を示していた ASEAN メンバー国では，シンガポールでその他製造業，カンボジアで繊維製品・衣服が負の効果を示して

表5-2　自由化率に応じた経済効果　　（単位：百万米ドル）

	自由化率85%		自由化率90%		自由化率95%	
	値	率（%）	値	率（%）	値	率（%）
ASEAN + 6	170,676	0.39	175,681	0.40	179,496	0.41
ASEAN	5,423	0.10	6,092	0.12	6,711	0.13
ブルネイ	140	0.58	139	0.58	158	0.66
インドネシア	1,859	0.09	1,921	0.09	2,211	0.11
マレーシア	1,543	0.22	1,531	0.22	1,712	0.25
フィリピン	317	0.05	434	0.06	428	0.06
シンガポール	-201	-0.04	-212	-0.04	-220	-0.04
タイ	954	0.15	1,306	0.20	1,292	0.20
カンボジア	-4.7	-0.01	-5.4	-0.01	-7.1	-0.02
ラオス	0.6	0.00	0.4	0.00	0.3	0.00
ミャンマー	8.0	0.01	8.1	0.01	8.8	0.01
ベトナム	807	0.21	971	0.26	1,128	0.30
中国	26,264	0.12	27,556	0.13	28,639	0.13
日本	59,705	0.92	60,402	0.93	61,559	0.95
韓国	55,196	2.60	57,394	2.70	58,165	2.74
インド	13,287	0.20	13,399	0.20	13,547	0.20
オーストラリア	10,421	0.53	10,454	0.53	10,483	0.53
ニュージーランド	381	0.17	383	0.17	392	0.17
バングラデシュ	-39	-0.01	-42	-0.02	-44	-0.02
台湾	-1,375	-0.15	-1,396	-0.16	-1,414	-0.16
アメリカ	-13,243	-0.06	-13,341	-0.06	-13,450	-0.06
EU	-14,264	-0.07	-14,376	-0.07	-14,479	-0.07
その他世界	-5,174	-0.02	-5,201	-0.02	-5,212	-0.02
全世界合計	136,579	0.12	141,325	0.12	144,898	0.12

（出所）筆者作成。

いる。しかし，両国とも正の効果を示している産業も複数あり，産業構造の転換がRCEPで促進されると理解することができる。

　IDE-GSMによるシミュレーションでは，国よりも小さい地域単位が用いられているため，FTA/RTAが一国内の地域間格差に対して与える影響も分析できるという利点がある。図5-8は95%の自由化率のもとでのRCEPの影響を地域別にみたものである。FTA/RTAは国単位での政策変更であるが，産業構造や地理的条件によって，一国内でもその効果が一様ではないことが

表5-3　自由化率95％における業種別経済効果　　　（単位：百万米ドル）

	食品		繊維		電機		自動車		その他製造業	
	値	率(％)	値	率(％)	値	率(％)	値	率(％)	値	率(％)
ASEAN＋6	6,065	0.01	10,104	0.02	33,448	0.08	10,397	0.02	115,398	0.26
ASEAN	282	0.01	508	0.01	1,312	0.03	162	0.00	4,450	0.09
ブルネイ	0.8	0.00	11	0.05	0.6	0.00	0.1	0.00	141	0.59
インドネシア	27	0.00	102	0.00	303	0.01	75	0.00	1,629	0.08
マレーシア	60	0.01	112	0.02	569	0.08	54	0.01	919	0.13
フィリピン	7	0.00	12	0.00	49	0.01	4	0.00	348	0.05
シンガポール	55	0.01	12	0.00	－12	0.00	－2	0.00	－155	－0.03
タイ	72	0.01	118	0.02	301	0.05	24	0.00	757	0.12
カンボジア	0.1	0.00	－5.5	－0.01	0.1	0.00	0.0	0.00	1.6	0.00
ラオス	0.0	0.00	－0.1	0.00	0.1	0.00	0.0	0.00	0.7	0.00
ミャンマー	0.5	0.00	0.5	0.00	0.2	0.00	0.3	0.00	6.9	0.00
ベトナム	60	0.02	147	0.04	101	0.03	5	0.00	802	0.21
中国	445	0.00	1,708	0.01	5,538	0.03	1,390	0.01	19,250	0.09
日本	3,239	0.05	2,901	0.04	10,619	0.16	4,570	0.07	38,492	0.60
韓国	1,531	0.07	4,642	0.22	13,860	0.65	3,322	0.16	33,183	1.56
インド	50	0.00	189	0.00	1,614	0.02	591	0.01	11,160	0.17
オーストラリア	413	0.02	128	0.01	452	0.02	329	0.02	8,682	0.44
ニュージーランド	105	0.05	28	0.01	54	0.02	31	0.01	181	0.08
バングラデシュ	－1	0.00	－10	0.00	－2	0.00	－1	0.00	－25	－0.01
台湾	－33	0.00	－101	－0.01	－452	－0.05	－34	0.00	－647	－0.07
アメリカ	－617	0.00	－141	0.00	－554	0.00	－466	0.00	－10,325	－0.04
EU	－356	0.00	－37	0.00	－821	0.00	－548	0.00	－9,431	－0.04
その他世界	－166	0.00	－32	0.00	－56	0.00	－105	0.00	－4,288	－0.02
全世界合計	4,892	0.00	9,783	0.01	31,563	0.03	9,242	0.01	90,682	0.08

（出所）筆者作成。

わかる。

　表5-4では，RCEPのジニ係数に対する効果を示している。シンガポールおよびブルネイは1地域ずつで構成されているため，ジニ係数は計算されない。総じて，ジニ係数はRCEPにより拡大する傾向が示されている。すなわち，RCEPの発効により，メンバー各国内の地域経済格差は拡大する。その傾向は，自由化率が高いほどみられる。ただし，タイとカンボジアでは，格差は縮小している。

図 5-8 RCEP の経済効果（2030年）

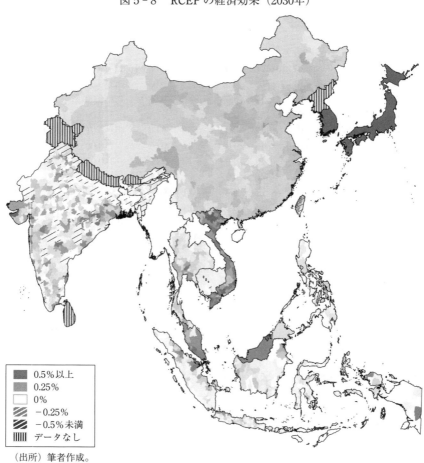

(出所) 筆者作成。

表5-4　自由化率に応じたジニ係数変化

	ベース	自由化率85%		自由化率90%		自由化率95%	
	値	値	差	値	差	値	差
カンボジア	0.24904	0.24904	−0.000001	0.24903	−0.000003	0.24903	−0.000004
中国	0.44164	0.44173	0.000087	0.44173	0.000092	0.44174	0.000097
インド	0.42177	0.42211	0.000347	0.42211	0.000350	0.42212	0.000353
インドネシア	0.45360	0.45380	0.000199	0.45381	0.000206	0.45384	0.000235
日本	0.10887	0.11015	0.001271	0.11015	0.001279	0.11016	0.001285
韓国	0.21654	0.22328	0.006738	0.22327	0.006731	0.22326	0.006721
ラオス	0.29777	0.29777	0.000005	0.29777	0.000005	0.29777	0.000005
マレーシア	0.26053	0.26067	0.000145	0.26067	0.000144	0.26069	0.000157
ミャンマー	0.32899	0.32900	0.000011	0.32900	0.000011	0.32900	0.000012
フィリピン	0.37026	0.37034	0.000083	0.37037	0.000111	0.37037	0.000110
タイ	0.11493	0.11475	−0.000185	0.11475	−0.000181	0.11475	−0.000178
ベトナム	0.51331	0.51368	0.000378	0.51381	0.000506	0.51381	0.000502

（出所）筆者作成。

第4節　2011年タイ洪水の中期的影響分析

1．概要

　2011年7月に始まったタイの洪水は3カ月以上続き，メコン川・チャオプラヤ川流域の各地域に大きな被害を与えた。世界銀行の試算によれば，この洪水による被害額は450億米ドルを超える。本節では，IDE-GSM を用いて，このタイ洪水がタイ経済に与える中期的な影響を試算した。IDE-GSM では，自然災害の影響を，各地域の生産性を規定する生産性パラメータ A が一時的に減少し，その後回復すると想定してシミュレートする。ここでは，A を「産業インフラ」と呼ぶ。産業インフラには，モデル内で GDP 水準等を計算する際に明示的に組み入れられている要素（地域間を結ぶ基幹輸送インフラ，地域の人口，周辺都市の経済規模等）以外の，生産性に影響するすべての人的・物的・社会的要素が包括的に含まれている。

2. 設定

タイの洪水による産業インフラへのダメージを，2011年に表5-5に示す率で各産業の「産業インフラ」が毀損し，翌2012年に洪水前のレベルに回復すると想定する。産業インフラの毀損率は，タイのCurrent Quarter Model（CQM，超短期経済モデル）による2011年12月22日現在の2011年第4四半期までの予測を用い，2011年のGDPの減少が洪水による産業インフラの毀損に起因すると仮定する。超短期を予測するCQMとIDE-GSMを組み合わせることにより，公式のGDP統計が出ていない段階で，洪水の影響が中長期的にどの程度深刻であるかを量的に推定することが可能となる。洪水の影響を受ける地域は図5-9で示された県とする。

表5-5 洪水による各産業の「A」の毀損率

(単位：%)

産業	産業インフラの毀損率
農業	17.6
自動車	19.8
電子・電機	15.0
繊維・衣料	11.1
食品加工	13.6
その他製造業	13.6
サービス	2.8

（出所）筆者らによる推定。

図5-9 洪水により影響を受けた県

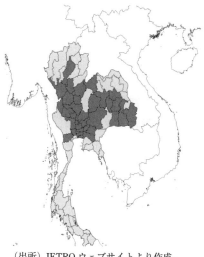

（出所）JETROウェブサイトより作成。

3．分析結果

　図5-10は，タイ洪水の経済的影響をシミュレートし，洪水が発生しなかったと仮定したシナリオとのGRPの差分を2020年時点についてみたものである。最も大きな負の影響を受けるのは，サムット・サーコーン県となって

図5-10　タイ洪水の影響（2020年）

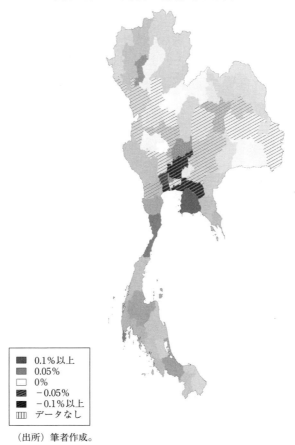

凡例：
- 0.1％以上
- 0.05％
- 0％
- −0.05％
- −0.1％以上
- データなし

（出所）筆者作成。

いる。バンコク周辺のサムット・プラーカーン，アユタヤ，チャチューンサオ，パトゥム・ターニー県も負の影響を受けるが，バンコク自体への影響は非常に小さい。一方で，ラヨン，チョンブリなどの県はプラスの影響を受けている。これは，洪水の被害を受けた県からの企業や人口の流入が起こるためである。

　一方で，タイの国全体への影響は，洪水直後には明確にマイナスであるものの，洪水の直接の被害影響が消える2012年からは，ごく小さいものにとどまる。周辺国については，ベトナムが非常に小さいながらプラスの影響となる以外は，総じてごく小さなマイナスとなる。この結果を解釈するとすれば，洪水による影響は，タイ国内で洪水の被害を受けた地域から，被害のなかった地域への企業や人口の移転にとどまり，国外への移転はきわめて限定的であるということになる。

4．IDE-GSMによる自然災害分析のメリット

　IDE-GSMを用いた自然災害のシミュレーションは，経済的影響の地理的な広がりを一定程度予測できる点でメリットがある。自然災害は多くの場合，一国内の特定地域に大きな被害を与える。したがって，各国内の地域別に災害の影響を予測できることは，政策立案に資する。もちろん，産業インフラが災害時に毀損し，その後復旧するというシナリオの立て方では，自然災害のすべての面を組み込んでいるとはいえない。しかし，自然災害の発生から短期間で，その後の影響をシミュレートできるIDE-GSMの特徴は，早急な政策対応を行うための情報を提供できる可能性を示しているといえるだろう。

第5節　まとめ

　IDE-GSMでは，(1)交通インフラ開発，(2)通関円滑化措置，(3) FTA/RTA，

(4) FTZ/SEZ の設定，(5)自然災害，などがどのような経済効果をもたらすかを試算することができる。GTAP などの経済シミュレーションとの比較で最大のアドバンテージとなるのは，国よりも下位の地域単位で試算することができる点である。交通インフラ開発は言うに及ばず，FTA や RTA の分析においても，それらが地域間の経済格差にどのように影響するか，といった分析が可能である。自然災害の分析についても，地域単位での影響を試算できることが大きな意味をもつ。IDE-GSM は，複雑なシナリオのシミュレーションが，比較的短期間で実施できるというメリットをもっている。経済計画を立案する初期段階において IDE-GSM を利用することで，複数のプランを比較検討し，経済効果の大きさやそれが及ぶ地理的範囲を知り，物理的インフラと制度改善の相互作用を分析できるメリットは大きい。

〔参考文献〕

＜英語文献＞

ERIA 2009. *Mekong-India Economic Corridor Development*. ERIA Research Project Report 2008-4-2. Jakarta: ERIA.

―――― 2010. *The Comprehensive Asia Development Plan*. ERIA Research project Report FY2009, No.7-1. Jakarta: ERIA.

―――― 2012. *Toward CADP3: Regional Connectivity, the Comprehensive Development Plan (CADP) and Myanmar Comprehensive Development Vision (MCDV)*. Jakarta: ERIA.

Hayakawa, K. 2014. "Impact of Diagonal Cumulation Rule on FTA Utilization: Evidence from Bilateral and Multilateral FTAs between Japan and Thailand." *Journal of the Japanese and International Economies* 32: 1-16.

Hayakawa, K. and F. Kimura 2015. "How Much Do Free Trade Agreements Reduce Impediments to Trade?" *Open Economies Review* (Forthcoming).

Ishida, M. and I. Isono 2012. "Old, New and Potential Economic Corridors in the Mekong Region." In Emerging Economic Corridors in the Mekong Region, BRC Research Report No.8. edited by M. Ishida. Bangkok Research Center.

第 6 章

IDE-GSM の課題と将来の方向性

ケオラ・スックニラン，後閑利隆，早川和伸，熊谷　聡

第 1 節　背景

　IDE-GSM は2007年に最初のモデルが開発されて以来，拡張と改良を重ねてきた。モデルを構成する三つの要素，すなわち，モデル，パラメータ，データのそれぞれが拡張・改良されるとともに，シミュレーションの実行スピードの向上，複雑なシナリオをコントロールするための仕組みの実装などが行われてきた（第1章表1-1参照）。

　IDE-GSM の中核をなすモデル部分については，産業部門を3部門から7部門に拡張し，中間財を考慮したモデルへと改良された。パラメータについては，先行研究で多く用いられているものを利用し，さらに独自に推計することで妥当性を高めてきた。データについては，対象とする地域を拡大し，必要な経済地理データおよびルート・データを整備してきた。さらには非関税障壁の水準を推計したことで，その後の IDE-GSM の用途が大きく広がった。

　経済地理データについては，メコン地域を中心とした10カ国からスタートして，現在は18カ国・地域にまで拡大している。また，ミャンマーの域内総生産（GRP）作成には2012年度より衛星画像が利用されている（第4節参照）。ルート・データについては，当初は道路のみからスタートし，海路・空路が加わり，現在では鉄道を含めた4モードでルート・データを作成している。

ルート・データはより現実に即したものにするために見直しが行われており，必要でないと判断されたルートは削除されることもある。アジア地域以外は1国を首都で代表して「その他世界」としてモデルに組み込んでいる。当初，経済規模が大きいEUとアメリカのみを組み込んでいたが，現在ではEUを国別とし，南米やアフリカなども含めた63カ国が「その他世界」として組み込まれている。

その他，複雑なシミュレーション・シナリオを実行できるように開発が続けられており，震災・洪水のような自然災害や特別経済区（Special Economic Zone: SEZ）設置の効果をシミュレートできるようになっている。また，シミュレーションの過程で地域間の物流量が計算されるが，それを出力して分析できるようにし，さらには，計算された物流量のデータを利用して空港・港湾・国境での通関などでの混雑を計算できるようになっている。シミュレーション内の全地域間で，金銭コストと時間コストの両方を考慮した最適輸送ルートを算出するためにGPGPU（General Purpose Computing on Graphics Processing Units）が用いられ，シミュレーション時間の短縮に大きく貢献している。

本章では，モデル，パラメータ，データのそれぞれについて，現在の課題を指摘するとともに，将来の拡張・改良の方向性が示されている。第2節では農業財への輸送費の導入を中心としたモデルについて，第3節ではさまざまなパラメータの妥当性と将来的に計を行う際の課題について，第4節では衛星画像の利用を中心にデータ作成について述べている。

第2節　モデル

今後の課題として，農業財輸送費を導入することで，農業財を含む貿易自由化の分析を可能にする必要がある。また，途上国では農業部門が大きいので，農業財の輸送費を導入することで，より現実に近い交通インフラの効果

分析が可能となる。そのため，第2章のIDE-GSMに農業財の輸送費を導入した場合の変更内容を以下で説明する。また，IDE-GSMの数値計算の結果が空間的な均衡であるようにするために，地域間，および産業間の労働者の移動を決定する自己複製子動学の変更案を紹介する。

1．農業財の輸送費

農業財に輸送費を導入し，農業財の価格が同一となる範囲を特定することを避けるために，Armingtonの仮定（Armington 1969）を設ける。つまり，各地域が一つの農業財のバラエティを生産し，地域ごとに差別化された特産品が農業部門で生産されることを仮定する。以下では，第2章第2節と異なる点のみを説明する。

新たな農業財部門では，独占的競争を想定し，規模に対して収穫一定となる生産技術を用いる。地域rにおける労働の限界生産力と名目賃金が等しいことから，次式が得られる。

$$w_A(r) = \alpha A_A(r) \left(\frac{F(r)}{L_A(r)} \right)^{1-a} \cdot p_A(r) \tag{1}$$

ただし，$p_A(r)$は地域rで生産された農業財の地域rにおける価格を表す。

さらに，農業財の輸送費は，工業財やサービス業財と同様に氷塊型の輸送費とする。地域rにおける農業財の需給一致から，次の式が得られる。

$$p_A(r) = \left[\mu_A \sum_{s=1}^{R} Y(s) G_A(s)^{\sigma_A - 1} T_{sr}^{A-(\sigma_A-1)} / f_A(r) p_A(r) \right]^{\frac{1}{\sigma_A - 1}} \tag{2}$$

ただし，σ_Aは任意の二つの農業財のバラエティ間における代替の弾力性であり，T_{sr}^Aは農業財の地域rから地域sへの輸送費用を表す。$\sigma_A > 1$とすることで，すべての農業財が消費される。

各地域で一つのバラエティが生産されるという仮定から，地域rにおける農業財の価格指数は次式で得られる。

$$G_A(r) = \left[\sum_{s=1}^{R} p_A(r)^{-(\sigma_A-1)} T_{sr}^{A-(\sigma_A-1)} \right]^{\frac{1}{-(\sigma_A-1)}} \tag{3}$$

また，地域 r の農業部門のゼロ利潤条件から，地域 r の所得は次式に置き換えられる。

$$Y(r) = p_A(r)f_A(r) + w_M(r)L_M(r) + w_S(r)L_S(r) \tag{4}$$

ただし，(4)の右辺の第1項は，地域 r の農業部門で投入される労働と土地への支払いを示す。

以上から，第2章第2節で説明した1地域当たり11本の式の中から，第2章(2)を本節(1)と置き換え，(2)と(3)を新たに加え，第2章(9)を本節(4)と置き換えることで，農業財に輸送費を加えた場合が扱われる。

2．労働者の産業間および地域間の移動の費用

労働者の地域間の移動や産業間の移動は，実質賃金や名目賃金の違いだけでなく，地域を移動する際や就業する産業を変更する際に追加的な心理的費用（効用の減少）が発生する。そこで，Tabuchi, Thisse and Zhu（2014）に従い，第2章第5節の労働者の産業間の移動を表す式に追加的な費用を下記のように加えることができる。

$$\dot{\lambda}_I = \begin{cases} \gamma_I(w_I(r) - \overline{w}(r) + m) \sum \lambda_I(r) & 0 \, \lambda_I \leq 1 - \overline{\lambda}_I \\ 0 & 1 - \overline{\lambda}_I \leq \lambda_I \leq 1 + \overline{\lambda}_I \\ \gamma_I(w_I(r) - \overline{w}(r) - m) \sum \lambda_I(r) & 1 + \overline{\lambda}_I \leq \lambda_I \leq 1 \end{cases}$$

ただし，$\overline{\lambda}_I$ は $w_I(r) - \overline{w}(r)$ の絶対値が移動費用 m と等しくなる λ_I の値を表す。同様に，地域間の移動を表す式は下記のように変更される。

$$\dot{\lambda}_L = \begin{cases} \gamma_L(\overline{w}_I(r) - \overline{w}(r) + m) \sum \lambda_L(r) & 0 \, \lambda_L \leq 1 - \overline{\lambda}_L \\ 0 & 1 - \overline{\lambda}_L \leq \lambda_L \leq 1 + \overline{\lambda}_L \\ \gamma_L(\overline{w}_I(r) - \overline{w}(r) - m) \sum \lambda_L(r) & 1 + \overline{\lambda}_L \leq \lambda_L \leq 1 \end{cases}$$

この設定の特徴として，地域間，もしくは，産業間にて，労働者が比較的均

第 6 章　IDE-GSM の課題と将来の方向性　151

等に立地しているときには，地域間もしくは産業間の労働者の移動が生じず，空間的な均衡は広い範囲で生じる。なぜなら，新しい設定では，地域間や産業間を移動する費用を上回るメリットがなければ労働者は地域間を移動しないからである。

第 3 節　パラメータ

　今後の課題として，まず，各種パラメータをより現実に即したものにしていく必要がある。消費シェアや労働投入シェアについては，国ごとに現実的な値を与え，長期的にパラメータを変化させていくことが望ましい。

　また，人口移動パラメータを，IDE-GSM のサンプル国特性に合わせた値に設定する必要がある。そのために，IDE-GSM のサンプル国を対象に，第 2 章で定式化されている人口移動に関する方程式を直接推定することが考えられる。しかしながら，推定にはいくつかの課題をクリアする必要がある。第 1 に，説明変数となる，業種間もしくは地域間の賃金は内生変数であるため，推定には，操作変数法を用いるなどの処理が求められる。第 2 に，推定には，業種別・地域別の労働者数，賃金のデータが必要となるが，とくに途上国でこのようなデータを入手するのは困難なことが多い。第 3 に，そのようなデータが入手可能であるとしても，実際にデータが存在しているのは，当該地域に当該業種が存在するときのみである。そのため，推定に際して，いわゆるサンプル選択バイアスを処理する必要がある。第 4 に，地域間移動の式では，実質賃金のデータが必要となるが，とくに途上国において，名目賃金を実質化できるような価格指数に関するデータを入手できることは稀である。第 5 に，人口移動パラメータは，地域区分の大きさに依存する点である。そのため，以上の問題がすべてクリアできるような特定の国を対象とすることで，人口移動パラメータを推定することができたとしても，そのパラメータ値が他の国の地域区分においても有効である保証はない。

中長期的に農業に輸送費を導入する際に，関連するパラメータおよびデータにおいて，どのような課題が考えられるであろうか。第1に，データ制約から，時間費用に関するパラメータを，農業を対象として独自に推定することは困難である。製造業におけるパラメータは，「Establishment Survey on Innovation and Production Network 2008」（東アジア・アセアン経済センター，ERIA）を用いて推定されているが，本サーベイは製造業を中心に行われたサーベイであるため，本サーベイを用いて農業における時間費用パラメータを推定することは困難である。第2に，農業においては，従価税タイプでない関税が相対的に多く存在している点である。第4章で述べているように，製造業における関税データは，WITSから入手しており，集計において非従価税の関税率を欠損値として扱っている。農業における関税率を計算する際には，非従価税タイプの関税率を従価換算する必要があろう。

　各パラメータがシミュレーション結果に与える影響についても，さらに研究を進める必要がある。現時点では，計算能力の制約から，パラメータは特定の組み合わせで固定しているが，将来的には，複数のパラメータの組み合わせでシミュレーションを実施し，経済効果の試算結果を幅をもたせて発表することも考えられるだろう。

第4節　データ

1．IDE-GSMにおけるデータの整備

　空間経済学の理論モデルを応用し，東アジアを中心とした現実の経済地理のシミュレーションをめざすIDE-GSMにおいて，現実をできるだけ正確にとらえるデータの整備は，モデル，パラメータと並び重要な要素である。これまでのデータの改良は，おもに対象地域の拡大，産業分類の細分化およびルート・データの精緻化がある。地域データがASEANの大陸部から島嶼部，

東アジア，南アジアへと拡大してきた一方，産業分類は3部門から7部門に細分化された（Kumagai et al. 2007; 2008; 2011; 2013）。輸送モードは陸路のみから，現実に合わせ，海路，空路が加わり，また，一部ではあるが，鉄道が追加された。シミュレーションに取り込まれない整備中の地域データを含めれば，対象地域はヨーロッパ，アフリカ，南アメリカに拡大している。これに伴いデータ整備そのものが，格段に複雑なものになり，従来の手作業によるデータ整備では，追いつかなくなりつつある。

IDE-GSMのシミュレーションに必要な地理的要素をもったデータは，経済地理データとルート・データに大別できる。前者はおもに労働力を含む人口や産業別GRPからなっている。ルート・データには，どの地域がどの輸送モード（陸路，海路，空路，鉄道）でどの地域とつながっているかの情報に加え，距離や平均速度などのデータが付加される。以下では，まず経済地理データ，ルート・データの順に，その具体的な整備方法を整理しながら，それらの制約，課題や改善すべきところを明らかにする。そのうえで，これらの制約や課題の解決に役立つと思われるリモートセンシングを取り巻く環境の変化や，それによって生成されたデータの可能性を紹介する。

(1) 経済地理データの整備

経済地理データ整備のなかで最も困難な作業は，通常，全国か大きな行政区レベルでしか存在しないGRPおよび人口をIDE-GSMの地域に合わせ割り振る，つまり，按分することである。これまでのこの按分作業に使われる情報はそれぞれの国について入手可能かどうかの制約に合わせ，おもに，企業調査，企業センサス，大規模家計調査，大規模消費・支出調査の結果が使われてきた（第4章補論参照）。公式データが必要な地域区分で存在しないか，入手できない場合，なんらかの補足データで按分しない限り，地域データは整備できない。先進国や中進国を分析対象と限定すれば，地域数の増加によって作業に必要な時間が長くなるものの，これまでの方法でもデータ作成は可能である。しかしながら，IDE-GSMが今後の応用を考えているアフリカ

などの地域では，地域按分に必要なデータが必ずしも入手できるとは限らない。政情不安などにより，むしろ入手できない地域が多い可能性が高い。

(2) ルート・データの整備

輸送コストは，空間経済学理論の中核をなす最も重要な概念の一つである。IDE-GSMのシミュレーションは，基本的に，ルート・データの有無，距離および速度などを変えることによって産業立地への影響を予測するため，ルート・データは分析結果に決定的な影響を及ぼす要素である。ルート・データは，どの地域がどの地域とどの輸送モードでつながっているかと，その距離を表すデータである。現在ルート・データには，ルートが存在する始点と終点の地域のほか，距離や平均移動速度などの付属情報が入力されている。しかしIDE-GSMのルート・データは，すべての地域間距離などのデータがあらかじめ入力されるものではない。ルート・データにある隣接する地域間距離などのデータから，全地域間のルート・データを生成する，隣接リストによるネットワークの表現方法と呼ばれるものが採用されている。隣接方式では，隣接地域のみのデータで十分なため，ルート・データ量が格段に小さいというメリットがある。IDE-GSMで最も複雑な陸路はこの隣接方式のデータが整備され，シミュレーションを実行する段階で，任意の二地域間の距離が計算される。これに対し，海路と空路は，港湾・空港を1対1のルートとして，整備されている。

陸路に比べれば，海路や空路は港湾や空港の発着データから機械的に決まる部分が多い。これに対し，道路は距離，走行可能な平均速度や地形などのデータが付加されている。距離は，地図から割り出すことができる。走行可能な速度は，道路データに加え，現地調査などから得られたデータが使われる。地形データは，山岳地帯かどうかが一部のルートで入力されている。これまでのシミュレーション結果などから，現行の道路ネットワークデータが，現実から大きくかけ離れていないことが推測できる。

とはいえ，現行のデータ作成方法でとらえきれない現実は存在する。その

第 6 章　IDE-GSM の課題と将来の方向性　155

図 6-1　ラオスにおける標高と道路ネットワーク

標高（最高地点約2,700メートル）

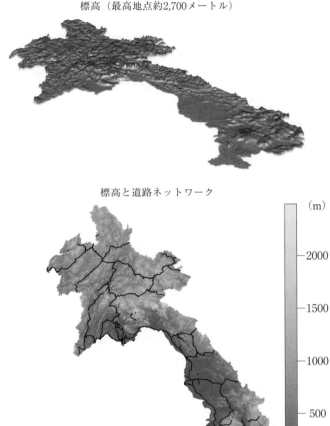

標高と道路ネットワーク

（出所）道路ネットワークはラオス国家地図局，および標高は GTOPO30 に基づく。
（注）標高と距離は縮尺が異なる。

なかでも，改善すべき点は標高の考慮である。同じ距離でも平地と山道では速度も必要なコストも大きく異なることは明らかだが，現行の IDE-GSM のルート・データはこの違いを限定的にしか考慮していない。例として図

6-1にインドシナ半島における山岳国家であるラオスの標高および幹線道路ネットワークが示されている。同じ幹線道路でも，地域によっては標高2000メートル以上の山岳地帯を通過していることがわかる。また標高は道路ごとに一定ではない。図6-1にある標高データは，約1平方キロメートルごとのものであるため，これを生かすことが，ルート・データの効果的な改善方法の一つと考えられる。

　要約すれば，IDE-GSMにおけるデータ整備のおもな課題は，経済地理データについては地上での調査データがない場合があること，ルート・データについては標高などの地理条件が十分に考慮できていないことである。筆者はリモートセンシングやそれによって作成されたデータは，これらの課題の解決に大いに役立つと主張する。地上での調査データがなければ上空で得られるデータを活用するのが自然な流れであり，標高などの網羅的な地理データは，リモートセンシングからしか得られないのがその理由である。

2．リモートセンシングデータの可能性

　リモートセンシングとは，広義には，対象物に接触することなく，離れた場所から観測をすることをいう（日本リモートセンシング学会 2011）。現在では，おもに衛星に搭載されたセンサーによって，光（電磁波），音波，気体分子の情報を集めることを指す。もちろん，衛星である必要はない。Hall (2010) によると，1858年に写真家であるナダールが，気球からパリ（フランス）の写真を撮影して以降，リモートセンシングは土木や軍事における重要な調査ツールとなった。1950年代までは，航空撮影がリモートセンシングのおもな方法であったが，1960年に入ると，より広い範囲を効率的に撮影できる衛星写真に変化する（Hall 2010）。冷戦下，衛星写真は軍事的に活用された一方，地球科学などを中心に民間における利用も発達した。しかし，人文社会科学において，リモートセンシングデータが広く利用されるには至らなかった[1]。

人文社会科学において，リモートセンシングデータが広く利用されるようになるためには，越えなければならない二つの壁が存在する。第1は，少人数の研究が一般である人文社会科学者にとって，高価なリモートセンシングデータを購入することが難しいという，費用の壁である。第2に，これらのデータは，人文社会科学を想定して集められていないため，そのままの形では利用が難しいうえ，処理・変換には専門的な知識が必要であるという，技術の壁である。ところが，これらの壁が近年急速に低下している。日本では，衛星測位によって正確な位置情報が，だれでも安定的に取得できる環境の構築などを目的に，「地理空間情報活用推進基本法」が，2007年に公布された（柴崎・村山 2009）。国外では，2008年ごろから，アメリカを中心に，公共機関が収集した衛星画像の無償公開化が急速に進展する。これにより，たとえば世界規模の分析なら，以前は入手に数億米ドルを必要としたデータが，数十万円で整備できるIT機器とインターネットに接続するブロードバンドの環境があれば，だれでも無償で入手できるようになった。一方，技術面では，衛星写真の画像データを土地被覆データなどに1次加工した大規模データの整備と公開も着実に進展した。パーソナル・コンピュータの性能が向上する一方で価格が大きく低下したことで，大量のデータを保存，処理する環境整備コストも大幅に低下した。小規模の研究予算でも，リモートセンシングデータを利用する環境が整ったといえる。

　現地調査で得られるデータと人工衛星などから得られるデータには，それぞれ長所と短所が存在する。現地調査では，質の高いデータが得られやすい一方，収集費用と時間コストから，頻度および網羅率が低くなる傾向がある。現地調査では，頻度と網羅率は多くの場合，代替的な関係にある。聞き取り調査であれば，どのような内容の情報も入手し得るが，同じ場所で行う頻度を高くすれば，通常は網羅率が低くなる。反対に国勢調査など網羅率が高い調査は，数年に一度しか行われない頻度の低いものになる。これに対し，リモートセンシングは，直接的に得られる情報は，事前に搭載されるセンサーが収集可能なデータに限られるが，はるかに広範囲を高頻度で網羅すること

ができる。具体的にはたとえば，土地被覆データが生成される MODIS であれば，全世界を1～2日で約1回以上網羅する。しかし人工衛星から得られる情報，光の反射などのデータは，そのままでは人文社会科学にとって，分析に使えるとはいえない。聞き取り調査は質問次第でどんな情報も入手しうる質の高い情報である一方で低頻度，低網羅率であり，リモートセンシングは「浅い」情報である一方で高頻度，高網羅率であることから，この二つの情報は補完的な関係にあるともいえる。実際，これまでのリモートセンシングデータの人文社会科学における利用も，現地調査で得られたデータを時間，または空間的に補完するものであった。現地調査データを補完に活用されつつあるいくつかのリモートセンシングデータを紹介したい。

(1) 人工夜間光

Croft（1978）は早い段階で，衛星から観測できる夜間光と地上における経済活動の高い相関関係を指摘していた一人である。図6-2は，気象衛星が雲の状況を調べるために観測したカンボジアの街の人工夜間光である。

ここでいう人工とは，月光，雷，オーロラなど自然の光がフィルター（除外）されたものを意味する。人工夜間光のデータは，一つひとつのグリッド

図6-2 プノンペンの人工夜間光の時空間データ

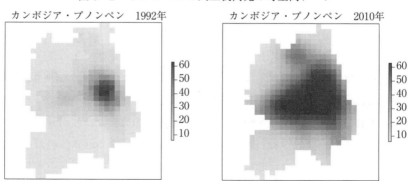

（出所）NOAA に基づき筆者作成。

には，光が観測されてない状態を示す0から，最も強い光を意味する63までの値が入る。その後，Elvidge et al. (1997) が観測された人工夜間光の面積を説明変数として，人口，GDP（PPP $），そして電力使用量の関係を推計した。21カ国に対するクロスセクション分析では，いずれも1前後の非常に高い弾力性を示した。これに対し，Sutton and Costanza（2002）は，観測された光の強さの合計を用い，国よりも下の行政区分でGRPを推計した。分析したのは，EU11カ国およびアメリカの州レベルのGRPと夜間光の強さとの関係である。外れ値を除けば，安定した関係になると結論付けた。Ghosh et al. (2010) は付加価値を工業とサービス業に分け，夜間光の強さとの関係を推計した。農業は，人口分布のデータ（Landscan）を説明変数とした。この結果を使い，全世界の1平方キロメートルごとの地点別GRPデータを推計した。Henderson et al. (2012) は，従来の1年のデータを使ったクロスセクション分析ではなく，パネル分析を駆使し，国や年の固定効果を考慮しながら，夜間光の強さとGRPの関係を推計した。後述するリモートセンシングデータの活用事例では，このHenderson et al. (2012) とこれを拡張したKeola et al. (2015) の枠組みを参考に，夜間光と土地被覆データを使い，地域別のGRPの推計を行っている。

　リモートセンシングデータの特徴は，この人工夜間光データのように，一辺が1～2キロメートルという細かいグリッドであるため，ほとんどの行政レベルに集計することが可能な点である。上述のように，人工夜間光と付加価値のような地上の経済活動規模を表す指標の関係を推定することで，国よりも小さい行政単位別のGRPを推計することが可能にある。

(2) 土地被覆

　人工夜間光と並び，人文社会科学に有用と思われるのは，土地被覆データである。土地被覆データとは，森林，市街地，耕地などの土地被覆を意味する値が，各グリッドに示されるデータである。光の反射などを基に，サンプルサイトのデータ，人間による判断と機械学習を組み合わせ，土地被覆の判

図6-3　ビエンチャン郡の土地被覆の時空間データ

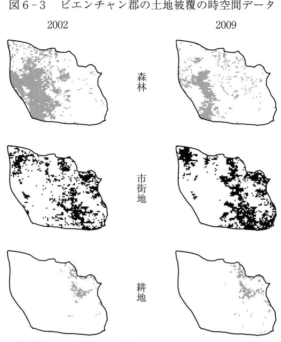

（出所）MODIS の土地被覆データセットに基づき筆者作成。

断をする。実際の土地被覆が複合的であっても，グリッドごとに必ず一つの土地被覆に分類されるため，1次元の強さのデータを含む人工夜間光観測に比べれば，結果が若干不安定である。

とはいえ図6-3にあるように，ラオスの首都のある郡では，2002年に約50％を占めた森林（上）が，2009年には大きく減少した結果が表れている。反対に市街地（中）面積は北部と東部で増加した結果になっている。ラオスには大規模農業があまりないためか，耕地と判断された部分（下）は，あまり変化していない。土地被覆の精度は約70％といわれているが，その判断の間違いに規則性がなければ，たとえば農業の成長を説明する変数としては，十分利用可能であると考えられる。土地被覆データは，人工夜間光よりも細

かく，一辺500メートルのグリッドのデータのため，実質的にどんな小さな行政単位でも，集計することが可能である。したがって，たとえば，国レベルで土地被覆別の面積と農業部門，林業部門の付加価値との関係がわかれば，地域別のこれらの部門別付加価値も，理論的には推計できることになる。

このように，リモートセンシングは現地調査と同様，地域の情報を入手できる効果的な手段として有用であることがわかる。以下にIDE-GSMのデータ整備において，具体的なリモートセンシングデータの活用を実践および考察する。

3．リモートセンシングによる地域データの整備

ここでは，人口と産業別の地域データ作成において，リモートセンシングデータを活用する可能性を検証する。

(1) 地域別人口

人口データは，最も重要な社会経済統計の一つである。人口統計には，通常，時間情報が付加されている。今日の国家であれば，数年に一度全国規模の調査が行われ，総人口のデータが手に入る。しかし，空間的な分解能が低い場合がほとんどである。調査が実際に行われたのならば，最小行政区分別は存在するが，発展途上国では公表されたデータでは全国レベル，または，それより一つ下の行政区分までが多い。後発発展途上国に限れば，そもそも国より下のレベルの人口統計がない場合もある。しかし図6-4のように高精度の時空間データがあれば，必要に応じて，地域別の人口規模，人口密度を再集計することがほぼ自由自在にできる。図6-4は，Landscanにあるカンボジア首都の2005年の人口の空間データである。一辺が約1キロメートルのマスに人口データが入っている。Landscanは2000年から世界を網羅した年次のデータが公開されているため，国やその下の行政区の人口を必要に応じて集計することが可能になる。

図6-4　人口のリモートセンシングデータ（カンボジア・プノンペン，2005年）

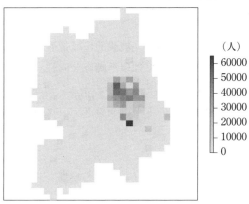

（出所）Landscan に基づき筆者作成。

図6-5　調査および推計によるラオスの県別人口シェアの比較（2005年）

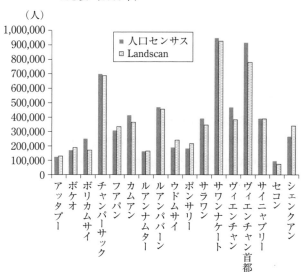

（出所）Steering Committee for Census of Population and Housing 2005 および Landscan に基づき筆者作成。

では，Landscan の数値はどのぐらい正確なものだろうか。図6-5は，ラオスの統計当局が実施した人口センサスで得られた県別人口と Landscan から集計した県別人口を比較したものである。誤差が小さいということがわかる。こういったデータを活用すれば，今後対象地域が拡大する IDE-GSM に必要な地域別人口統計の作成が比較的に容易になろう。

(2) 地域・産業別付加価値

最新版の IDE-GSM で使われる地域別・産業別付加価値データは，農業，サービス業と5部門の製造業で構成される3産業7部門からなっている。製造業は，繊維，電機・電子，自動車などに分かれている。現在網羅している国の地域・産業別 GRP の作成手順は，センサスや調査データの有無，またはそれらが入手可能かによって，作成手順が若干異なる。大まかにいえば，産業別の雇用者数，企業数などで，全国レベルの産業別付加価値を按分する方法がとられている。しかし，現時点で光の反射などが主要な情報のリモートセンシングから7部門の地域・産業別付加価値を作成することは，現実的ではない。ここでは，前項で考察した先行研究を参考に，人工夜間光および土地被覆データを用いて，農業と非農業部門の地域別データの作成方法を検証する。これは，もともと調査が行われていない，または入手できない地域別・産業別付加価値を，なんらかの指標で按分することに変わりはない。按分に用いる指標が企業調査などからリモートセンシングデータに変わっただけである。そのため，留意しなければならない点は引き続き存在する。このなかで最も重要な点を次の三つの点に整理しておきたい。第1は，目的が地域別データの作成である以上，できるだけ多くの行政単位別で観測されている指標が好ましい。先行研究から人工夜間光と GDP に高い，かつ，安定した関係が存在することが確認されている。しかし夜間光は，すべての行政単位で観測されるものではない。先進国以外では，国よりも二つ下のレベルの行政区分まで下がれば，夜間光が観測されない地域の方が多い。行政区があれば最低限の農業，非農業が存在すること考えられるため，観測値がゼロと

図6-6 非農業および人工夜間光シェアの比較（2005年）

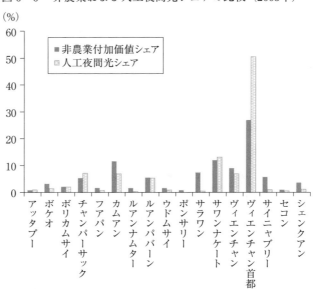

（出所）Steering Committee for Census of Population and Housing および NOAA に基づき筆者作成。

なる指標は避けるか，なんらかの対策が必要といえる。これが第2の留意すべき点である。第3は，安定的に観測される指標かどうかである。同じ行政単位で，特定経済活動が年によって大きく変動することは，考えにくいからである。以下，この三つの点に留意しながら，地域・産業別データ作成に有用と思われるデータの考察を行う。

図6-6から非農業部門の付加価値シェアは，人工夜間光のシェアと強い相関関係をもっていることがみて取れる。これは先行研究などでもすでに確認されている点である。問題は，人工夜間光が観測されていない地域が多く存在していることである。集落規模が小さい場合や，電力供給そのものが少ない発展途上国の場合，地上の光が宇宙に届かないからである。比較的に狭いヨーロッパでは，ほとんどのところで人工夜間光が観測されているのに対

図6-7 農業付加価値および耕地などシェアの比較（2005年）

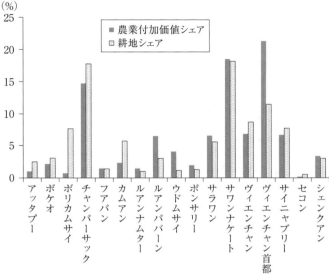

（出所）IDE-GSM および MODIS の土地被覆データセットに基づき筆者作成。

表6-1 ラオスの主要土地被覆種別および観測率（2001～2010年）
（単位：％）

土地被覆	観測率
耕地	81.8
水	31.8
市街地	59.9
草	73.7

（出所）EOSDIS に基づき筆者作成。

し，アフリカでは大陸全体がほぼ真っ暗である。人工夜間光だけで，たとえば非農業の付加価値を按分する場合，それがまったくない行政区が出てくる。厳密な定義では，行政官は農家ではないはずである。つまり行政区があれば非農業部門は必ず存在するため，人工夜間光以外の指標が必要といえる。

図6-7に，耕地など（耕地＋草原＋低密度植生）のシェアと農業付加価値

図 6-8 (a) 農業 GDP 対耕地，人口の散布図（1992〜2009年，124カ国）

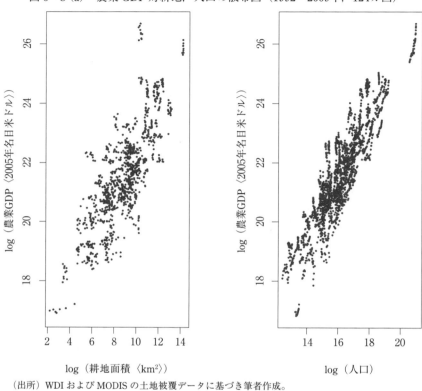

（出所）WDI および MODIS の土地被覆データに基づき筆者作成。

のシェアを示している。緑地の多くが，農業以外に使われ，かつ農業の機械化が比較的に進展したヴィエンチャン首都や旧都のルアンパバーンでは，農業付加価値のシェアが，耕地シェアを大きく上回る。一方，ボリカムサイ，カムアン，チャンパーサックでは耕地シェアが農業付加価値シェアより大きい。しかしそれ以外は，耕地などのシェアと農業のシェアの相関が非常に高い。表6-1に主要な土地被覆種別とその行政区別観測率を示している。行政区別観測率とは，特定のカテゴリーが行政区で観測される率である。行政区別観測率の低下は，二つのケースで起こる。特定の行政区に池などの水が

図6-8(b) 非農業GDP対人工夜間光の散布図（1992～2009年，124カ国）

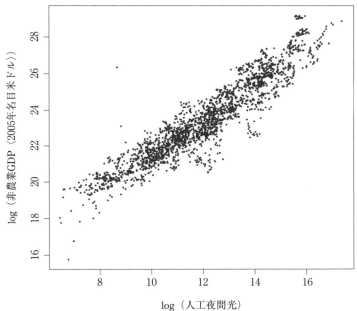

（出所）WDIおよびDMSP-OLSに基づき筆者作成。

あるものの，一つのグリッドを一つの土地被覆のカテゴリーにする必要があるため，結果的に水が土地被覆データに表れない場合と，そもそもそこに水がない場合である。リモートセンシングデータによって地上で得られるデータを補完し，当該のデータがそもそも観測されなければならないため，より多くの地域で観測される指標が望ましい。たとえば，解像度が数百メートルのリモートセンシングでは，それよりも小さい対象が観測されない場合があるのは，当然なことである。土地被覆で地域別の農業データを作成しようとする場合，人工夜間光と同様，「穴」が生じない措置を講じる必要がある。ここまで検討したリモートセンシングデータは，一般に，下層の行政区にいけばいくほど観測されない，つまり，データの「穴」が生じる可能性が高く

なる。

　ここでは，上述したリモートセンシングによって整備されたデータだけを用いて，ラオスにおける最下位の行政区分である郡別の農業と非農業の地域総生産を推計し，従来の方法で整備したアジア経済地理データセット2005（GEDA 2005）と比較し，その有用性を示す。農業と非農業地域総生産の推計には，Keola, Anderson and Hall（2015）を参考に，それぞれおもに耕地および人工夜間光で推計するが，本書の目的に合わせ，以下の2点の修正を加えた。第1は，成長率ではなく付加価値そのものを推計するため，非説明変数は国内通貨の実質値ではなく，米ドルの実質値（2005年ベース）である。第2は，国レベルで推計した係数を使い，それよりも小さい行政区での付加価値を計算するには，国の固定効果を推計式から取り除く必要があった。第3は，係数は世界全体からではなく，農業では一人当たりの農業GDP階層別，非農業では一人当たりの非農業GDPと人工夜間光の弾力性別に推計したうえで，地域別の農業・非農業付加価値を計算したい国に適用する。そうすることにより，実情により近い結果が得られるからである。最後に，大規模な農業が行われない発展途上国における実態を反映するため，農業地域総生産の説明変数に人口を加えた。以下，使ったデータの概要と結果を示す。

　まず図6-8のaとbに農業，非農業付加価値とリモートセンシングデータの相関を示す散布図を示した。耕地面積，そして，人口規模が農業GDPに，人工夜間光が非農業GDPに，非常に高い相関をもっていることが確認できる。それぞれの係数の推計結果は，表6-2のaとbに示す。農業では一人当たり所得が大きくなっていくにつれ，耕地面積弾力性が低くなっていく一方，労働生産性が上昇する結果になっている。これに対し，非農業の人工夜間光弾力性は，光がより多く観察される国ほど，上昇していく傾向である。これらの係数をラオスのケースに適用して，計算した農業および非農業のGRP（郡別）を図6-9のaとbに示す。GEDA2005の17県より大幅に多い139郡別でも，農業GRPの値がない地域がほぼないが，非農業GRPは，周辺郡を中心に値のない地域が散見される。しかし県単位に集計すれば，

第6章 IDE-GSMの課題と将来の方向性

表6-2 (a) 一人当たり農業GDP階層別推計結果（124カ国）

	全階層	0～500	500～1,000	1,000～1,500
定数	7.055***	6.633***	5.752***	6.313***
	[0.256]	[0.882]	[0.284]	[1.038]
耕地	0.192***	0.135***	−0.028*	0.128**
	[0.015]	[0.014]	[0.015]	[0.049]
人口	0.790***	0.839***	1.065***	0.908***
	[0.021]	[0.018]	[0.023]	[0.091]
サンプル数	1,036	916	97	41
修正 R^2	0.839	0.882	0.951	0.874

（出所）筆者推計。
（注）1）***は1％有意，**は5％有意，*は10％有意を示す。[　]内は標準誤差を示す。
2）YFE2000, 2005および2009年は，それぞれ2000，2005および2009年の年効果。
3）すべての推計で年の固定効果が含まれている。

表6-2 (b) 観測された夜間光階層別の非農業GDPの推計結果（124カ国）

	全	8～9	9～10	10～11	11～12	12～13	13～
夜間光	0.957***	0.934***	0.985***	0.971***	0.991***	0.999***	0.932***
	[0.0080]	[0.028]	[0.023]	[0.006]	[0.004]	[0.004]	[0.087]
YFE2000	11.896***	9.835***	9.732***	10.982***	11.566***	12.375***	14.392***
	[0.122]	[0.433]	[0.303]	[0.096]	[0.060]	[0.075]	[1.734]
YFE2005	12.081***		9.674***	11.017***	11.605***	12.438***	14.524***
	[0.122]		[0.325]	[0.100]	[0.061]	[0.069]	[1.728]
YFE2009	12.074***		9.826***	11.023***	11.590***	12.358***	14.093***
	[0.124]		[0.349]	[0.101]	[0.061]	[0.073]	[1.402]
サンプル数	2,052	28	54	482	1,041	416	31
修正 R^2	0.867	0.564	0.637	0.939	0.965	0.946	0.364

（出所）筆者推計。
（注）1）***は1％有意，**は5％有意，*は10％有意を示す。[　]内は標準誤差を示す。
2）YFE2000, 2005および2009年は，それぞれ2000，2005および2009年の年効果。
3）すべての推計で年の固定効果が含まれている。

図6-9(a) ラオスの郡別一人当たり農業地域総生産

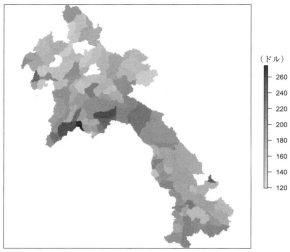

(出所)筆者推計。

図6-9(b) ラオスの郡別一人当たり非農業地域総生産

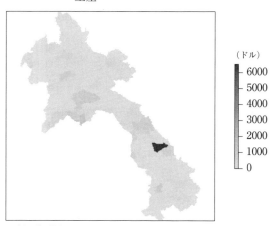

(出所)筆者推計。

第 6 章　IDE-GSM の課題と将来の方向性　171

表 6 - 3　GEDA 2005 との比較

県	人口	GDPA	GDPNA	人口_E	GDPA_E	GDPNA_E	人口誤差	GDPA誤差	GDPNA誤差
アタプー	123,199	21,891,761	38,743,668	128,611	25,351,549	17,927,883	0.04	0.14	-1.16
ヴィエンチャン	465,038	153,997,214	466,023,776	380,088	71,686,099	128,361,417	-0.22	-1.15	-2.63
ヴィエンチャン首都	909,745	505,775,163	1,516,905,544	774,603	131,685,798	913,858,965	-0.17	-2.84	-0.66
ウドムサイ	188,545	89,642,986	82,091,012	239,742	36,547,372	16,500,096	0.21	-1.45	-3.98
カムアン	410,520	52,087,293	580,383,042	362,634	68,022,576	127,129,604	-0.13	0.23	-3.57
サイヤブリー	387,366	147,203,219	283,554,509	385,938	57,043,588	18,822,399	0.00	-1.58	-14.06
サラワン	388,337	147,958,108	395,648,834	343,910	64,066,158	9,370,718	-0.13	-1.31	-41.22
サワナケート	941,102	409,526,905	363,853,880	920,783	170,774,973	239,426,968	-0.02	-1.40	-0.52
シェンクアン	263,682	73,412,888	183,939,880	336,906	71,170,899	21,339,977	0.22	-0.03	-7.62
セコン	93,651	3,544,737	44,061,696	73,629	11,796,372	10,345,713	-0.27	0.70	-3.26
チャンパーサク	693,527	326,489,191	271,731,062	682,443	132,430,758	131,062,775	-0.02	-1.47	-1.07
ファパン	305,004	30,761,698	75,618,201	332,599	53,682,656	14,175,811	0.08	0.43	-4.33
ボケオ	168,901	47,180,519	163,213,963	187,917	34,457,524	26,282,005	0.10	-0.37	-5.21
ボリカムサイ	248,084	15,271,683	98,398,459	169,745	36,857,348	37,849,445	-0.46	0.59	-1.60
ポンサリー	181,506	41,330,135	38,968,844	215,977	32,865,417	0	0.16	-0.26	
ルアンナムター	160,878	30,950,420	62,625,249	163,856	25,453,001	6,519,993	0.02	-0.22	-8.61
ルアンパバン	466,627	143,051,334	278,179,812	453,646	72,206,036	97,493,280	-0.03	-0.98	-1.85

(出所) GEDA2005および筆者推計。

GEDA2005を十分に再現できたと評価できる（表6-3）。ラオスは世界的にも面積が比較的に小さいため，ラオスの郡別で推計が可能ならば，本節で用いられた手法でも，その他の国では欠損値なく推計できる可能性が高いのである。またどんなに小さい行政単位でも観測されるリモートセンシングデータを見つけ，活用していくことにより，今後改善していく余地が大いにある。

4．リモートセンシングによるルート・データの作成

IDE-GSMのルート・データにおける輸送コストは，距離と速度などで表現されている。距離はハード・ソフトの道路地図から道路距離を入力する。速度はさらに道路の質や標高など地形が付加される。しかし，比較的に入手しやすい高速道路かどうかの情報に比べ，標高などの地形データはその連続的な側面から，十分に考慮することが難しい。本項はこれに対して，リモートセンシングデータを用い，標高など地理的コストを付加させる方法を提案する。IDE-GSMのルート・データでは，道路で隣接地域が，整備されている。以下，山間部の多いラオスの一つの県の中心から国境への距離を，道路のシェープファイルおよび標高データデータから作成し，IDE-GSMのルート・データ内の距離データと比較して評価することに加え，速度に大きく影響を及ぼすと考えられる縦方向の累積移動距離の情報が計算可能であることを示す。概念的には，図6-10に示すように，あらかじめ道路が通過するマスのコストを低く設定することにより，AからBまでの移動が，道路沿いになるようなルートを決定する。横方向（平面）縦方向は，このルートの距離，そして，縦方向の累積移動距離は，約1キロメートル間隔にある標高データを用いれば，計算可能である。計算結果の図と詳細を図6-11に示す。IDE-GSMのルート・データにおけるこの2地点間の距離は約90キロメートルであるが，ここでの横方向の総距離は，約78キロメートルである。約10キロメートルの差があるが，これは座標の小さな違いで起こりうる差と考えられる。また，今回の計算では，6種類ある道路のうち，最上の2種類の道路

第6章　IDE-GSM の課題と将来の方向性　173

に限定したことも影響した可能性もある。いずれにせよ，道路のシェープファイルと標高など地理のラスターデータがあれば，機械的に計算できるメリットは，対象地域が今後大きくなっていく IDE-GSM におけるデータ整備に

図6-10　表面コストラスターによる
輸送コスト計算

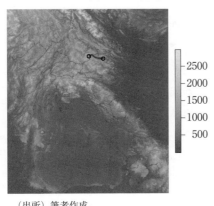

（出所）筆者作成。

図6-11　道路ネットワークと標高を考慮した距離

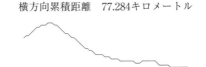

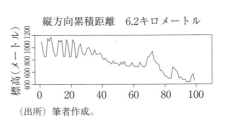

（出所）筆者作成。　　　　　　　　（出所）筆者作成。

活用していく余地は大いにある。一方，縦方向の総移動距離は，約7キロメートルとなっている。これは飛行機の飛行高度に匹敵する高さで，トラックなどのスピードに大きな影響を与えることは明らかである。この縦方向の累積距離をモデルにどのように反映するかは，標高がスピードに与える影響などの先行研究の調査，あるいは実証実験が必要と思われるが，現実を反映するデータを機械的に計算することができることを示した。

第5節　まとめ

　IDE-GSM は，モデルの改良，パラメータの推計，データの整備を同時並行的に進めながら，さらに，その応用について，国際機関などからのニーズを実現するかたちで開発が進められてきた。今後，農業財への輸送費の導入，より多くのパラメータを自ら推計すること，アフリカなど新しい地域への応用を可能にするためのリモートセンシングを利用したデータ整備などが計画されている。

　より長期的には，経済地理データの蓄積と計算能力の向上を利用して，シミュレーションの精度を高めることができる。2時点以上の経済地理データが整備されることで，シミュレーション内のパラメータのいくつかは，シミュレーション内で推計できるようになる可能性がある。また，シミュレーションで予測された人口・産業の分布と実際のデータを比較することで，さまざまな改良の手がかりを得ることができるだろう。計算能力が向上すれば，各種パラメータについて，幅をもたせて複数回のシミュレーションを行い，結果にもまた幅をもたせて公表することが容易になる。

　IDE-GSM には，モデル，パラメータ，データのすべてにおいて，さらなる改善の余地があり，今後もより信頼性の高いシミュレーションモデルとなることをめざして継続的な開発を進めていく必要がある。

〔注〕
(1) 宇宙航空研究開発機構が2011年に発表した資料の中に想定されたリモートセンシングデータの利用者は,資源探査,農林業,環境,そして,防災関連分野であった。

〔参考文献〕

＜日本語文献＞
岡部篤行 1998.「空間情報科学の展開」CSIS Discussion Paper No. 1.
柴崎亮介・村山祐司 2009.『社会基盤・環境のための GIS』朝倉書店.
日本リモートセンシング学会 2011.『基礎からわかるリモートセンシング』理工図書.

＜英語文献＞
Armington, P. 1969. "A Theory of Demand for Products Distinguished by Place of Production." International Monetary Fund Staff Papers, XVI: 159-178
Croft, Thomas A. 1978. "Night-time Images of the Earth from Space." *Scientific American* 239(1): 86–97.
   (http://ngdc.noaa.gov/eog/pubs/Croft_SRI_1979.pdf 2013年3月アクセス).
Doll, Christopher N.H., Jan-Peter Muller and Jeremy G. Morley. 2006. "Mapping Regional Economic Activity from Night-Time Light Satellite Imagery." *Ecological Economics* 57(1): 75–92.
Elvidge, Christopher D., Kimberley E. Baugh, Eric A. Khin, Herbert W. Kroehl, Ethan R. Davis and C. W. Davis 1997. "Relation Between Satellite Observed Visible-Near Infrared Emissions, Population, Economic Activity and Electric Power Consumption." *International Journal of Remote Sensing* 18(6): 1373–1379.
Ghosh, Tilottama, Rebecca L. Powell, Christopher D. Elvidge, Kimberly E. Baugh, Paul C. Sutton and Sharolyn Anderson 2010. "Shedding Light on the Global Distribution of Economic Activity." *The Open Geography Journal* 3: 147-160.
Hall, Ola 2010. "Remote Sensing in Social Science Research." *Open Remote Sensing Journal*. 3. (http://dx.doi.org/10.2174/1875413901003010001)
Henderson, J. Vernon, Adam Storeygard and David N. Weil 2012. "Measuring Economic Growth From Outer Space." *American Economic Review* 202(2): 994–1028.
Keola, Souknilanh, Magnus Andersson and Ola Hall. 2015. "Monitoring Economic Development from Space: Using Nighttime Light and Land Cover Data to Measure Economic Growth." *World Development* 66: 322-334.

Kumagai, Satoru, Toshitaka Gokan, Ikumo Isono and Souknilanh Keola. 2007. "Geographical Simulation Model for ERIA: Predicting the Long-run Effects of Infrastructure Development Projects in East Asia." *Infrastructure Development in East Asia, ERIA:* 360–393.

―――― 2008. "The IDE Geographical Simulation Model: Predicting Long-Term Effects of Infrastructure Development Projects." IDE Discussion Papers No.159.

Kumagai, Satoru and Ikumo Isono. 2011. "Economic Impacts of Enhanced ASEAN-India Connectivity: Simulation Results from IDE/ERIA-GSM." *ASEAN-India Connectivity: The Comprehensive Asia Development Plan, Phase II*, ERIA Research Project Report 2010-7, ERIA: 243–307.

Kumagai, Satoru, Kazunobu Hayakawa, Ikumo Isono, Souknilanh Keola and Kenmei Tsubota. 2013. "Geographical Simulation Analysis for Logistics Enhancement in Asia." *Economic Modelling* (forthcoming).

Sutton, Paul C., and Robert Costanza 2002. "Global Estimates of Market and Nonmarket Values Derived from Nighttime Satellite Imagery, Land Cover and Ecosystem service Valuation." *Ecological Economics* 41(3): 509–527.

Tabuchi, T., J.-F.Thisse and X. Zhu, 2014. "Technological Progress and Economic Geography." ecCEPR Discussion Paper No. 9901.

<ウェブサイト>

DMSP-OLS
　　http://ngdc.noaa.gov/eog/download.html
Geo-Economic Dataset For Asia（GEDA）
　　http://www.ide.go.jp/English/Data/Geda/index.html
Global Administrative Unit Layers（GAUL）
　　http://www.fao.org/geonetwork/
Global 30 Arc-Second Elevation（GTOPO30）
　　https://lta.cr.usgs.gov/GTOPO30
Landscan
　　http://web.ornl.gov/sci/landscan/
MODISの土地被覆データセット
　　http://modis-land.gsfc.nasa.gov/
National Atmospheric and Administration（NOAA）
　　http://ngdc.noaa.gov/eog/services.html
NASA's Observing System Data Observing System（EOSDIS）
　　http://reverb.echo.nasa.gov/reverb/
Social Economic Data and Application Center（SEDAC）

http://sedac.ciesin.columbia.edu/
Steering Committee for Census of Population and Housing 2005（非公開データ）
WDI（World Development Indicators）
   http://data.worldbank.org/data-catalog/world-development-indicators

索引

【数字・アルファベット】

2011年タイ洪水 →（タイ）洪水
ADB 3, 100, 101, 102, 120
AEC 120
ASEAN 3-5, 8, 62, 67, 87, 88, 120, 134-137
ASEAN-Japan Comprehensive Economic Partnership 87
ASEAN経済共同体 → AEC
ASEANプラス・ワンのFTA 87, 134, 135, 137
Asian Highway 80, 89
DMSP-OLS（The Defense Meteorological Satellite Program - Operational Linescan System） 167
EPA 4
ERIA 5, 47, 49, 60, 63, 121, 132, 136, 152
EU 4, 6, 7, 73, 88, 148, 159
EUROSTAT 88
EWEC 120, 121
FDI 3, 4
FTA 4, 10, 18, 21, 87, 115, 119, 134-138, 144, 145
FTZ 119, 120, 145
GDP（Gross Domestic Product） 3, 8, 10, 13, 43, 51, 52, 59, 70, 72, 76, 86, 91-93, 97, 98, 100, 102-105, 111-112, 114, 123, 124, 127, 131, 141, 142, 159, 163, 168
GEDA 8, 10, 20, 59, 67-70, 73, 92, 94, 95, 97-100, 102, 104, 168, 172
GPGPU（General-purpose computing on graphics processing units） 16, 148
GRP（Gross Regional Product） 8, 12, 13, 20, 50-53, 56, 67, 70, 72, 74, 75, 88, 90, 92-97, 99-105, 119, 124, 132, 133, 143, 147, 153, 159, 163, 168
GTAP（Global Trade Analysis Project） 18, 86, 112, 135, 145
IDE-GSM 3, 4, 5, 7, 8, 10-15, 15-21, 23-27, 33, 34, 37-39, 43-45, 49-53, 55, 58, 59, 67, 70, 71, 79, 83, 84, 88, 102, 117-121, 124, 127, 130, 132, 133, 135, 136, 138, 141, 142, 144, 145, 147, 149, 151-156, 161, 163, 172-174
Impact Density 124
ISIC 69, 94
Landscan 159, 161, 163
MIEC 55, 117, 120, 121, 125-127, 130, 132, 133
MODIS 158
NAFTA 6
NSEC 120, 121
NTB 5, 8, 10, 20, 21, 45, 46, 67, 84, 86-88, 110-114, 118-122, 129-131, 136, 137, 147
RCEP 20, 117, 134, 135-139
RTA 10, 21, 115, 117, 119, 138, 144, 145
SEC 120
SEZ 119-123, 128-130, 132, 145, 148
WITS（World Integrated Trade Solution） 86, 114, 136, 152
World Development Indicators 86, 112
UNCTAD 115
UNIDO 59

【あ行】

アジア開発銀行 → ADB
アジア経済地理データセット
　　　　→ GEDA
アジア国際産業連関表 44, 70
アフリカ 148, 153, 165, 174
アメリカ 49, 148, 157, 159
アユタヤ 144
アランヤプラテート 122, 126
按分 70, 90-92, 94-105, 153, 154, 163, 165
イースタンシーボード 124, 126
域内総生産 → GRP
一般均衡理論 6, 23, 25, 38
インド 3, 8, 67, 68, 81, 103, 104, 120, 123, 132, 134

インドネシア　47, 68, 73, 74, 76, 95, 107
インフラストラクチャー(インフラ)
　　3-5, 7, 13, 14, 15, 18, 21, 25, 50, 51,
　　55, 58, 117-119, 124, 130-133, 141,
　　142, 144, 145, 148
オーストラリア　134

【か行】

海外直接投資　→ FDI
解像度　167
価格指数効果　34, 35, 37, 38
確率同値距離　63, 64, 66
雁行形態　3
韓国　8, 67, 76, 93, 134, 137
関税　5, 8, 10, 12, 20, 21, 45, 46, 67, 84,
　　86-88, 110-115, 117, 119, 122, 135-
　　136, 152
関税・非関税障壁データ　8, 10, 20
カンダール　122, 128, 133, 134
カンチャナブリ　121, 122
カンボジア　4, 100, 121, 122, 124, 126-
　　130, 132, 137, 139, 158, 161
カンポット　130
規模の経済　25, 31, 38, 56, 66
行政区分　21, 68, 71, 90, 92-96, 98, 100-
　　104, 159, 161, 163, 168
居住性　72
距離　16, 17, 46-48, 60, 62-66, 81, 83, 86,
　　111, 153-155, 172, 174
空間経済学　4-8, 10, 18, 20, 21, 23-26,
　　34, 38, 152, 154
経済地理シミュレーションモデル
　　→ IDE-GSM
経済連携協定　→ EPA
耕地　159, 160, 165, 166, 168
交通インフラ　7, 13, 14, 15, 18, 21, 50,
　　118, 144, 145, 148
コータウン　127
国際標準産業分類　→ ISIC
国境円滑化　18, 121, 125, 127
コッコン　122, 128
コンテナ　46, 48
コンポンチュナン　130

【さ行】

サムット・サーコーン　143
サムット・プラーカーン　126, 144
産業インフラ　141, 142, 144
シアヌークビル　122, 125, 128
時間費用　17, 43, 45-48, 60, 64, 65, 83,
　　86, 111, 152
自国市場効果　34-39
自然災害　117, 120, 141, 144, 145, 148
実質賃金（率）　8, 10-12, 21, 25, 32, 33,
　　37, 49, 52, 55, 150, 151
シナリオ・ファイル　8, 10, 12, 117
ジニ係数　139
収穫逓増　6, 8, 28, 31
自由貿易協定　→ FTA
自由貿易区　→ FTZ
消費関数　43
消費シェア　43, 44, 151
シンガポール　68, 99, 100, 137
人口移動パラメータ　49, 52, 53, 55, 151
人工衛星　157, 158
人口成長率　99
人口密度　75, 161
スヴァイリエン　122, 124, 126, 128, 130
スリランカ　123
生産関数　28, 29, 43
生産性上昇率　12, 43, 51
生産性パラメータ　12, 43, 50, 51, 119,
　　120, 122, 123, 141
速度　11, 12, 15, 18, 33, 43, 49, 83, 118,
　　121-123, 153-155, 172

【た行】

タイ　4, 20, 44, 47, 49, 52, 53, 55, 56, 58,
　　60, 96, 117, 120-124, 126, 127, 130,
　　132, 136, 139, 141-144
（タイ）洪水　20, 117, 141, 142, 143, 144,
　　148
対数配分比率アプローチ　86, 88, 110
代替の弾力性　8, 28, 31, 41, 43, 45, 56,
　　58, 86, 88, 111, 112, 114, 149
タイプラスワン　120

索　引　181

大メコン圏（GMS）経済協力　120
台湾　8, 67, 74, 76, 90, 92, 93
ダウェイ　120-123, 127, 132-134
タケオ　130
タンニダーリ　127, 130, 131
地域データ　59, 152, 153, 161
地域貿易協定　→ RTA
チーバイ・カイメップ港　122
チェンナイ　120, 123
チャチューンサオ　144
中国　3, 4, 7, 8, 67, 68, 75, 76, 81, 82, 90, 132, 134, 137
チョンブリ　133
地理的隣接性　86, 111, 112
通関円滑化措置　118, 119, 144
つばさ橋　121, 124, 125, 130
積み替え費用　46, 62, 64-66
ティキ　123
天然資源　76
東西経済回廊　→ EWEC
道路距離　172
道路ネットワークデータ　154
独占的競争　26, 28, 29, 31, 39, 149
特別経済区　→ SEZ
土地被覆　157-161, 163, 166, 167

【な行】

南部経済回廊　→ SEC
南北経済回廊　→ NSEC
日本　3, 8, 49, 67, 71, 74, 76, 94, 132, 134, 136, 137
ニュージーランド　134
ネットワーク　4, 15-17, 72, 79, 82, 83, 89, 120, 126, 154, 156
農業　8, 27, 28, 32, 34, 37-39, 44, 45, 59, 67, 92, 93, 102, 103, 105, 112, 114, 148-150, 152, 159-161, 163-168, 174

【は行】

バッタンバン　122, 128, 130
パトゥム・ターニー　144
ハノイ　130
バベット　122, 129
バラエティ　26, 28-32, 35, 37, 39-42, 111, 149
バングラデシュ　8, 67, 68, 75, 104
バンコク　55, 63, 120, 124, 130, 144
バンテイメンチェイ　122, 126, 128
東アジア・アセアン経済研究センター
　　→ ERIA
東アジア地域包括的経済連携　→ RCEP
非関税障壁　→ NTB
非農業　102, 163-165, 168
標高　155, 156, 172-174
費用・便益分析　13
フィリピン　47, 60, 74, 98, 99
プーナムロン　122, 123, 126
物理的輸送費　45-48, 60, 64, 65, 86, 111
プノンペン　122, 124, 126, 128, 130
ブルネイ　68, 98
プレイベン　124, 126, 130
フロイド－ワーシャル（Floyd-Warshall）法　16, 48
文化的障壁　45, 46, 67, 86, 88, 110, 114
ブンタウ　120, 122, 125
ベトナム　4, 47, 60, 103, 121, 122, 125-127, 129, 130, 144
ポイペト　122
貿易・交通促進政策　15, 21
ホーチミン　120, 122, 130
香港　8, 68, 90, 91, 105, 130

【ま行】

マカオ　8, 68, 90, 91, 106
マレーシア　51, 97, 107
マンダレー　130
南アメリカ　153
ミャンマー　4, 68, 70, 75, 102, 103, 109, 120-123, 125-127, 129-132, 147
ミャンマー総合開発ビジョン　132
メイ　127
メコン＝インド経済回廊　→ MIEC
メコン地域　4, 5, 20, 120, 132, 147
メッシュ　15, 16
モクバイ　122

【や行】

夜間光　102, 158-160, 163-165, 167, 168
ヤンゴン　127, 130
輸送費　5, 8, 10, 12, 15, 17, 18, 20, 21, 23-25, 28-31, 34-39, 41, 43, 45-48, 50, 59, 60, 64-66, 72, 84, 86, 111, 118, 148-150, 152, 174
輸送モード　7, 10, 43, 45-48, 60, 63, 64, 66, 79, 80, 83, 153, 154
ヨーロッパ連合　→ EU

【ら行】

ラオス　4, 74, 75, 101, 109, 132, 156, 160, 163, 168, 172
ラヨン　52, 53, 56
リモートセンシング　20, 153, 156-159, 161, 163, 167, 168, 172, 174, 175
隣接方式　154
累積効果（cumulation）　119
ルート・データ　8, 10, 12, 20, 67, 72, 79, 83, 84, 88, 89, 117, 118, 147, 148, 152-156, 172
労働移動　25, 33, 49
労働投入シェア　43-45, 151

複製許可および PDF 版の提供について

　点訳データ，音読データ，拡大写本データなど，視覚障害者のための利用に限り，非営利目的を条件として，本書の内容を複製することを認めます。その際は，出版企画編集課転載許可担当に書面でお申し込みください。

〒261-8545　千葉県千葉市美浜区若葉3丁目2番2
日本貿易振興機構 アジア経済研究所
研究支援部出版企画編集課　転載許可担当宛
http://www.ide.go.jp/Japanese/Publish/reproduction.html

　また，視覚障害，肢体不自由などを理由として必要とされる方に，本書のPDFファイルを提供します。下記のPDF版申込書（コピー不可）を切りとり，必要事項をご記入のうえ，出版企画編集課 販売担当宛，ご郵送ください。折り返しPDFファイルを電子メールに添付してお送りします。

　ご連絡頂いた個人情報は，アジア経済研究所出版企画編集課（個人情報保護管理者－出版企画編集課長 043-299-9534）において厳重に管理し，本用途以外には使用いたしません。また，ご本人の承諾なく第三者に開示することはありません。

　　　　　　　　　　　　　アジア経済研究所研究支援部 出版企画編集課長

PDF版の提供を申し込みます。他の用途には利用しません。

熊谷　聡・磯野生茂編『経済地理シミュレーションモデル——理論と応
　用——』研究双書　2015年

住所 〒

氏名：　　　　　　　　　　年齢：
職業：
電話番号：
電子メールアドレス：

熊谷　　聡	（アジア経済研究所新領域研究センター上席主任調査研究員）
後閑　利隆	（アジア経済研究所新領域研究センター経済地理研究グループ）
坪田　建明	（アジア経済研究所在ロンドン海外派遣員）
早川　和伸	（アジア経済研究所新領域研究センター経済地理研究グループ）
磯野　生茂	（アジア経済研究所新領域研究センター経済地理研究グループ）
ケオラ・スックニラン	（アジア経済研究所新領域研究センター経済地理研究グループ）

―執筆順―

経済地理シミュレーションモデル
――理論と応用――

研究双書No.623

2015年12月22日発行　　　　　定価［本体2300円＋税］

編　者　　熊谷　聡・磯野生茂

発行所　　アジア経済研究所
　　　　　独立行政法人日本貿易振興機構
　　　　　〒261-8545　千葉県千葉市美浜区若葉3丁目2番2
　　　　　研究支援部　　電話　043-299-9735
　　　　　　　　　　　　FAX　043-299-9736
　　　　　　　　　　　　E-mail syuppan@ide.go.jp
　　　　　　　　　　　　http://www.ide.go.jp

印刷所　　日本ハイコム株式会社

Ⓒ独立行政法人日本貿易振興機構アジア経済研究所　2015
落丁・乱丁本はお取り替えいたします　　　　　無断転載を禁ず
ISBN978-4-258-04623-2

「研究双書」シリーズ

(表示価格は本体価格です)

622 アフリカの「障害と開発」
SDGs に向けて
森 壮也編　2016年　近刊

「障害と開発」という開発の新しいイシューを，アフリカ大陸の5つの地域・国と域内協力について論じた。SDGsでアフリカの開発を念頭に置く際に，障害者たちの問題を取り残さないために必要な課題を整理。

621 独裁体制における議会と正当性
中国，ラオス，ベトナム，カンボジア
山田紀彦編　2015年　196p.　2,400円

独裁者（独裁政党）が議会を通じていかに正当性を獲得し，体制維持を図っているのか。中国，ラオス，ベトナム，カンボジアの4カ国を事例に，独裁体制が持続するメカニズムの一端を明らかにする。

620 アフリカ土地政策史
武内進一編　2015年　275p.　3,500円

植民地化以降，アフリカの諸国家はいかに土地と人々を支配しようとしたのか。独立や冷戦終結は，その試みをどう変えたのか。アフリカの国家社会関係を考えるための必読書。

619 中国の都市化
拡張，不安定と管理メカニズム
天児慧・任哲編　2015年　173p.　2,200円

都市化に伴う利害の衝突がいかに解決されるかは，その都市または国の政治のあり方に大きく影響する。本書は，中国の都市化過程で，異なる利害がどのように衝突し，問題がいかに解決されるのかを政治学と社会学のアプローチで考察したものである。

618 新興諸国の現金給付政策
アイディア・言説の視点から
宇佐見耕一・牧野久美子編　2015年　239p.　2,900円

新興諸国等において貧困緩和政策として新たな現金給付政策が重要性を増している。本書では，アイディアや言説的要因に注目して新たな政策の形成過程を分析している。

617 変容する中国・国家発展改革委員会
機能と影響に関する実証分析
佐々木智弘編　2015年　150p.　1,900円

中国で強大な権限を有する国家発展改革委員会。市場経済化とともに変容する機能や影響を制度の分析とケーススタディーを通じて明らかにする。

616 アジアの生態危機と持続可能性
フィールドからのサステイナビリティ論
大塚健司編　2015年　294p.　3,700円

アジアの経済成長の周辺に置かれているフィールドの基層から，長期化する生態危機への政策対応と社会対応に関する経験知を束ねていくことにより，「サステイナビリティ論」の新たな地平を切り拓く。

615 ココア共和国の近代
コートジボワールの結社史と統合的革命
佐藤章著　2015年　356p.　4,400円

アフリカにはまれな「安定と発展の代名詞」と謳われたこの国が突如として不安定化の道をたどり，内戦にまで至ったのはなぜか。世界最大のココア生産国の世紀にわたる政治史からこの問いに迫る，本邦初のコートジボワール通史の試み。

614 「後発性」のポリティクス
資源・環境政策の形成過程
寺尾忠能編　2015年　223p.　2,700円

後発の公共政策である資源・環境政策の後発国での形成を「二つの後発性」と捉え，東・東南アジア諸国と先進国を事例に「後発性」が政策形成過程に与える影響を考察する。

613 国際リユースと発展途上国
越境する中古品取引
小島道一編　2014年　286p.　3,600円

中古家電・中古自動車・中古農機・古着などさまざまな中古品が先進国から途上国に輸入され再使用されている。そのフローや担い手，規制のあり方などを検討する。

612 「ポスト新自由主義期」ラテンアメリカにおける政治参加
上谷直克編　2014年　258p.　3,200円

本書は，「ポスト新自由主義期」と呼ばれる現在のラテンアメリカ諸国に焦点を合わせ，そこでの「政治参加」の意義，役割，実態や理由を経験的・実証的に論究する試みである。

611 東アジアにおける移民労働者の法制度
送出国と受入国の共通基盤の構築に向けて
山田美和編　2014年　288p.　3,600円

東アジアがASEANを中心に自由貿易協定で繋がる現在，労働力の需給における相互依存が高まっている。東アジア各国の移民労働者に関する法制度・政策を分析し，経済統合における労働市場のあり方を問う。

610 途上国からみた「貿易と環境」
新しいシステム構築への模索
箭内彰子・道田悦代　2014年　324p.　4,200円

国際的な環境政策における途上国の重要性が増している。貿易を通じた途上国への環境影響とその視座を検討し，グローバル化のなか実効性のある貿易・環境政策を探る。

戦前期東アジアの情報化と経済発展

台湾と朝鮮における歴史的経験

李昌玟 ――［著］
Lee Changmin

東京大学出版会

本書の刊行に当たっては，学術書刊行基金の助成を受けた．

TELECOMMUNICATIONS AND ECONOMIC
DEVELOPMENT IN PRE-WAR EAST ASIA:
The Historical Experience of Taiwan and Korea
Lee Changmin
University of Tokyo Press, 2015
ISBN978-4-13-046116-0

目　次

序　章 …………………………………………………………………… 1
　第 1 節　問題の所在　1
　　1. 情報化の原動力　1
　　2. 情報化と市場経済　7
　第 2 節　分析視角と構成　12

第 I 部　政府主導の情報化

第 1 章　台湾総督府による情報化の開始 ……………………… 19
　第 1 節　中国通信網から日本通信網へ　19
　　1. 清朝時代の台湾における電信事業　19
　　2. 日清戦争と野戦電信時代　25
　第 2 節　1896〜1919 年の情報化　30
　　1. 電信・電話の普及過程　30
　　2. 台湾植民地征服戦争と台湾通信網　38
　第 3 節　電信・電話需要の分析　41
　　1. 電信需要　41
　　2. 電話需要　46
　第 4 節　小　括　50

第 2 章　朝鮮総督府による情報化の開始 ……………………… 53
　第 1 節　中国通信網から日本通信網へ　53
　　1. 朝鮮の電信事業をめぐる日本と中国の対立　53
　　2. 大韓帝国の通信事業とその限界　57
　　3. 日露戦争と日韓通信合同　63

第2節　1906〜1919年の情報化　65
 1．電信・電話の普及過程　65
 2．警備電話事業と公衆通信網の拡張　69
第3節　電信・電話需要の分析　73
 1．電信需要　73
 2．電話需要　77
第4節　小　括　82

第Ⅱ部　民間主導の情報化

第3章　台湾における情報化主体の変化　87

第1節　台湾総督府の通信政策とその限界　87
第2節　民間主導の情報化Ⅰ——電信　92
 1．三等郵便局の発展　92
 2．電信需要の特徴　99
第3節　民間主導の情報化Ⅱ——電話　104
 1．加入者電話の時代　104
 2．市外電話の時代　111
第4節　小　括　116

第4章　朝鮮における情報化主体の変化　119

第1節　朝鮮総督府の電信政策とその限界　119
 1．電信政策の概観　119
 2．植民地経営と電信事業　129
第2節　電信架設運動と請願・寄付電信施設　136
 1．電信架設運動の特徴　136
 2．請願電信施設と寄付電信施設　148
第3節　小　括　154

第 III 部　情報化と市場経済の発展

第 5 章　台湾糖の取引制度の変化と糖商の対応 …………………… 159
第 1 節　近代移行期における砂糖取引　159
 1. 輸出台湾糖の島内取引　159
 2. 台湾糖の島内流通における売込商　162
 3. 台湾糖の海外貿易における輸出商　166

第 2 節　砂糖取引の変化　170
 1. 近代的生産組織の出現　170
 2. 近代的砂糖取引の定着　176

第 3 節　近代電気通信網と台湾糖取引　180
 1. 糖商の手数料商人化　180
 2. 日本系糖商の対応　186

第 4 節　小　括　191

第 6 章　朝鮮米の取引制度の変化と米穀商の対応 ………………… 195
第 1 節　米穀取引構造の変化と米穀商の成長　195
 1. 開港場客主の流通支配（1890 年代）　195
 2. 米穀商の生産組織化と開港場客主の衰退（1900～1910 年代）　198
 3. 米穀商の流通支配（1920 年代以降）　201

第 2 節　米穀取引における最適契約問題　204
 1. 理論的検討　204
 2. 歴史的検討　209

第 3 節　米穀取引制度の変化と電気通信需要　213
 1. 電信・電話の登場と米穀取引制度の変化　213
 2. 市場取引における電気通信需要　216
 3. 場外取引における電気通信需要　219

第 4 節　小　括　223

終　章 ……………………………………………………………………… 227
第 1 節　本書の総括　227

1. 分析視角　227
　　2. 考　察　231
　第2節　今後の課題　239

参考文献　243
図表一覧　256
あとがき　259
索　引　266

序　章

第1節　問題の所在

1. 情報化の原動力

　本書の目的は，低開発地域の情報化過程とそれが促す市場経済の発展について歴史的な考察を行うことである．具体的には，電信・電話といった電気通信を基盤とする情報化が，19世紀末から20世紀半ばにかけての台湾と朝鮮でいかに展開され，それがまた同地域の市場経済の発展にいかなる影響を与えたのかについて分析を行う．

　ここ十数年の間でもっとも携帯電話の普及が進み，政治，経済，社会，文化のあらゆる面で大きな変化が起きつつあるのは，アフリカ大陸である．1999年現在，アフリカで携帯電話が利用可能な地域（Mobile Phone Coverage，以下MPC）を見ると，比較的所得水準の高い北アフリカ[1]と南アフリカ共和国では，人口の40%がサービス圏内に入っていたが，その他の地域では，ごく一部の都市だけが携帯電話サービスを受けることができた．とくに，サブサハラ（Sub-Sahara）と呼ばれるサハラ砂漠以南のアフリカでは，ほとんどの地域に携帯電話の電波が届かず，アフリカ大陸のなかでも情報化の不均等性が非常に高かった．しかし，2000年代に入ってからMPCは急速に拡大し始めた．1999年のMPCは，アフリカの総人口のわずか10%をカバーするだけであったが，2008年のMPCは，総人口の65%をカバーするまでに拡大した．北アフリカでは人口の93%が，サブサハラ・アフリカでも人

---

[1] アルジェリア，エジプト，リビア，モロッコ，チュニジアの5カ国.

口の60%が，携帯電話の電波を利用することができるようになった[2]．

携帯電話サービスの圏域拡大は，携帯電話加入者の爆発的な増加をもたらした．携帯電話加入者数は，早くも2000年に有線電話加入者数を追い抜き，その後も増加を続け，2003年には43.3%，2005年には71.8%，2007年には34.7%という急成長を成し遂げた．その結果，2000年に1,100万人だった携帯電話加入者は，2008年には2億4,600万人まで増加し[3]，2014年には6億人を突破した[4]．

十数年という短期間でこれだけの急激な情報化を実現した原動力は，どこにあるのであろうか．研究者の間で広く受け入れられている仮説は，次の2つである．第1は，技術革新である．アフリカの情報化のもっとも大きな特徴は，有線電話網の建設が遅々として進まないなか，携帯電話サービスの圏域拡大がそれを追い越す形で進行している点である．有線電話を利用するためには，まず電話線網を万遍なく建設する必要があり，そのためには莫大な資本が投入されなければならない．しかし，アフリカの多くの国は，政府が大規模な資本を動員する能力に乏しく，さらに電話線網工事に必要な社会資本が不足しているため，有線電話網の建設費用が先進地域よりかえって高くなる．このような高費用構造のため，有線電話網の建設が遅延していたアフリカであったが，携帯電話の登場は，情報化の様相を一変させた．大々的な電話線網工事を必要とする有線電話に比べ，携帯電話は半径5～10 kmをカバーする基地局を立てるだけで通話サービスを受けることができる[5]．こうした大幅な費用削減が，アフリカで携帯電話をたちまち普及させる起爆剤となったのである．

第2は，民営化による外資導入である．もともとアフリカの電気通信事業

---

[2] Aker, Jenny C. and Isaac M. Mbiti, "Mobile Phones and Economic Development in Africa," *Journal of Economic Perspectives*, Vol. 24(3), 2010, pp. 207-210.

[3] International Telecommunication Union, *Information Society Statistical Profiles 2009. Africa*, Geneva, Switzerland: International Telecommunications Union, 2009, pp. 1-2.

[4] ITU World Telecommunication/ICT indicators database. http://www.itu.int/en/ITU-D/Statistics/Pages/publications/wtid.aspx（2015年7月1日閲覧）

[5] Aker and Mbiti, *op. cit.*, p. 4.

は，ほとんどの国家で国営または独占的な公企業によって経営されていた．ところが，2000年代から一部の国家が自国の通信サービス市場を開放し，多国籍通信企業の投資を誘致し始めた．その結果，ヨーロッパの通信会社をはじめとする民間資本の参加が拡大し，民間資本同士の競争的な投資によって通信インフラが整備され，ネットワーク外部性が働き始めたため，携帯電話加入者数が一気に増加したのである．このような先駆的国家の成功から学んだ後発国家も，次々と電気通信事業の民営化を断行し，現在は9割以上の国家が通信サービス市場を開放し，複数の通信会社が市場シェアを争っている[6]．民営化という政策転換をきっかけに，外資の導入が活発化され，外国系通信会社が牽引する情報化がアフリカで成果を上げているのである．この過程において，飽和状態となった先進地域の通信市場から脱皮し，低開発地域への進出を図った多国籍通信企業の経営戦略もまた，アフリカの情報化を促進させる重要な要因となった．

しかし，順調に進んでいるように見えたアフリカの情報化にも，近年，いくつかの問題点が浮上してきた．例えば，携帯電話サービスの圏域拡大の速度が，2000年代後半から鈍化している点である．アフリカでは電気施設，舗装道路などの社会資本が不足しており，基地局を立てることさえままならない地域が多くあり，携帯電話サービスの圏域拡大においてネックとなっている．また，都市と農村の間で広がりつつある情報化の格差も問題である．自由な市場競争に基づく通信政策は，所得と人口密度が低い地域を情報化の置き去りにしている[7]．政府介入の縮小を前提に，通信市場の開放と競争体制の維持を通じて一定の成果を上げてきたここ十数年間のアフリカの通信政策は，今後さらなる情報化を進めていくうえでは見直されなければならない．それは，言い換えれば，持続的な情報化を可能にする原動力を探る作業でもある．この点において，歴史的なアプローチは非常に有用である．例えば，現在の低開発地域の状況と類似した地域事例を過去の歴史から見つけることができれば，その時系列的な変化を観察することで，長期間にわたる情報化に対する政策的な示唆を得ることができる．これは，経済史研究のもっとも

---

6) ITU database, pp. 18-19.
7) 同上，p. 13, 18.

表 序-1　1人当たり GDP の相対的比較

(指数：朝鮮／韓国＝100)

		1913年 GDP Per Capita (1990 international $)		2013年 GDP Per Capita (Current US $)	
			指　数		指　数
ヨーロッパ と北米	フランス ドイツ イタリア イギリス アメリカ	3,485 3,648 2,564 4,921 5,301	390 409 287 551 594	42,999 44,999 34,714 39,567 53,101	177 185 143 163 218
東アジア	日　本 台　湾 朝鮮／韓国	1,387 747 893	155 84 100	38,491 20,930 24,328	158 86 100
アフリカ	ニジェール ルワンダ セネガル ウガンダ	n.a.		443 698 1,072 626	2 3 4 3

注：朝鮮／韓国の場合，1913年は朝鮮半島，2013年は大韓民国のGDPである．
出典：(1) Maddison, Angus, *The World Economy: A Millennial Perspective*, Development Centre Seminars, Appendix A, 2001.
　　　(2) International Monetary Fund Data (http://www.imf.org/external/index.htm)

大きな意義の1つである．

　そこで，本書の第1の課題は，かつての低開発地域の情報化過程を分析し，長期間にわたる持続的情報化を実現する原動力を探り，そこから現在の低開発地域の情報化に対する政策的含意を提示することである．その際，本書では19世紀末から20世紀半ばまでの台湾と朝鮮の情報化過程に焦点を当てる．表序-1は，1913年と2013年の各国の1人当たりGDPによって，その相対的な豊かさを表したものである．2013年の台湾と韓国の所得水準は，先進国と呼ばれる国々の60～70％に近づいているが，およそ100年前には，欧米先進地域の所得水準の1/3～1/6にすぎなかった．台湾と韓国が，いわゆるマルサスの罠（Malthusian Trap）から脱却したのは，20世紀初頭になってからである[8]．20世紀初頭から台湾と朝鮮では，人口が減少せず，1人当たりGDPが持続的に増加する近代的経済成長（Modern Economic Growth）が始

---

[8]　朝鮮経済の19世紀危機説については，李栄薫編『数量経済史で見る朝鮮後期』ソウル大学出版部，2004年を参照．

まった[9]．表序-1 によると，2013 年のアフリカの所得水準は台湾と韓国の 1/30 にすぎないが[10]，20 世紀初頭の台湾と朝鮮は現在のアフリカ大陸のように，近代的経済成長が始まったばかりの低開発地域であったのである．

このような台湾と朝鮮は，19 世紀末から 20 世紀半ばにかけて，電信・電話を基盤とする急速な情報化を経験した．台湾の場合，1895 年と 1940 年の時点を比較すれば，電報通数は 15 倍，電話加入者数は 60 倍以上増加した[11]．朝鮮の場合，1905 年と 1940 年の時点を比較すれば，電報通数は 20 倍，電話加入者数は 30 倍以上増加した[12]．現在の低開発地域における携帯電話加入者の増加スピードに比べれば，このような数字はむしろ緩慢な印象を与えるかも知れない．しかし，電信・電話を基盤とする情報化が，前述のように大量の公共投資を必要とするものであることを想起すれば，低開発地域でこれだけの実績を上げることがいかに困難なものであるかというのは想像に難くない．

台湾の情報化は，1877 年の安平—高雄間の電信開通を嚆矢(こうし)とする．清朝時代の台湾の情報化については，台湾省の初代巡撫劉銘伝の活躍がよく知られている．しかし，この時期（1877～1895 年）の台湾の電気通信網は，電信施設が 10 カ所，電話施設が皆無であるなど，普及水準自体は極めて低いものであった．むしろ日清戦後から電信・電話の普及水準は急速に上がり始め，

---

9) 1900～1940 年の間の台湾の 1 人当たり GDP の年平均成長率は 1.68%（GDP の年平均成長率 3.45%−人口増加率 1.77%）であり，1911～1940 年の間の朝鮮の 1 人当たり GDP の年平均成長率は 2.38%（GDP の年平均成長率 3.70%−人口増加率 1.32%）である（溝口敏行編『アジア長期経済統計 1 台湾』東洋経済新報社，2008 年，231-233 頁；金洛年編『韓国の経済成長 1910-1945』ソウル大学出版部，2006 年，360-361 頁より計算）．

10) 1913 年の GDP の推計が 1990 年のインターナショナル・ドルを基準としているため，所得格差を過小評価している側面がある．

11) 台湾における日本時代（1895～1945 年）の情報化を見るために 1895 年と 1940 年の時点を比較する．その際，日本時代の始まりは日清戦争がその基準となるが，台湾で電話が登場するのは 1900 年であるため，電話加入者は 1900 年を基準とする．

12) 朝鮮における日本時代（1905～1945 年）の情報化を見るために 1905 年と 1940 年の時点を比較する．その際，大韓帝国の存続期間（1897 年 10 月 12 日～1910 年 8 月 29 日）と大韓帝国の通信自主権保持期間（1897 年 10 月 12 日～1905 年 3 月 31 日）との時間差による混同を避けるため，本書では，日韓通信合同を締結する 1905 年以降を日本時代とみなす．

約25年後の1919年には電信施設が166カ所,電話施設が129カ所にも上った.

一方,朝鮮の情報化の歴史は,台湾より10年ほど遅く,1885年に開通したソウル―仁川間の電信線を嚆矢とし,大韓帝国政府の下で1905年まで独自の電気通信網を構築した.従来,朝鮮の電気通信網に関する研究は,主にこの時期(1885~1905年)を対象としてきた[13].しかし,これらの先行研究が注目してきた約20年間における電信・電話の普及水準は,極めて低いものであった.例えば,もっとも普及が進んだ1905年でさえ,電信施設は35カ所,電話施設は7カ所にすぎなかった[14].むしろ,日韓通信合同が締結される1905年から電信・電話の普及水準は格段に上がり始め,約15年後の1919年には,電信施設が625カ所,電話施設が484カ所にも上った[15].

このように台湾と朝鮮で電気通信を基盤とする情報化が軌道に乗ったのは,台湾総督府と朝鮮総督府という強力な中央政府が,官業として電気通信産業を牽引し始めてからである.とりわけ,1900~1910年代は,これらの政府によって近代的制度の導入と社会資本の拡充が重点的に行われた.ところが,1910年代末に至り,このような政府の積極的な介入による情報化は原動力を失い,電信・電話の普及スピードも著しく頓化し始めた.そして,このような政府主導の情報化の限界を乗り越えたのは,成長した民間部門のコーディネーション能力であった.電信・電話架設運動が広がり,民間の資金と運用能力を担保とする制度が新設され,郵便局電話の時代が幕を閉じ,加入者

---

13) 内容的には大きく2つのグループに分類される.第1に,東アジアにおける朝鮮半島の地政学的な重要性に着目し,電気通信網の政治・軍事的な役割に焦点を当てた研究である(山本義照「朝鮮電信線架設問題と日朝清関係」『日本歴史』第587号,1997年,76-91頁;斎藤聖二「日清開戦時の軍事通信――釜山・ソウル間電信線架設の経緯」『茨城キリスト教大学紀要』(II社会・自然科学),第33号,1999年,31-49頁).第2に,電気通信網の展開過程を外国勢力の侵略とそれに対する民族的抵抗,あるいは近代技術の導入とその内在化というキーワードで把握する研究である(金正起「西路電線の架設と反清意識の形成」『金哲俊博士華甲記念史学論叢』知識産業社,1983年,799-822頁;金正起「清州支線の架設と忠清道の東学農民運動」『湖西文化論叢』第11号,1997年,89-104頁;金延姫「高宗時代における近代通信網の構築事業――電信事業を中心に」ソウル大学大学院博士論文,2006年).

14) 朝鮮に設置されていた日本の通信機関は除外した数値である.

15) 電信施設は和文電報取扱局所を基準とし,電話施設は通話施設を基準とした.

電話の時代が始まった．公共財としての電信・電話施設が減少し，受益者負担原則に基づいた電信・電話施設が増加した．つまり，情報化の主体が政府から民間へと転換したのである．しかし，それは単に政府の介入を縮小し，資源配分を市場に任せるような情報化を意味するものではなかった．以前とは異なる形態の，政府の役割が要求されるようになった．この点を明らかにすることこそが，本書の第1の課題である．持続的な情報化を実現する原動力を探るカギになると考える．

2. 情報化と市場経済

電気通信を基盤とする情報化が経済成長をもたらすことは，よく知られている．OECD加盟国のなかで21カ国を選び，1971～1990年にわたって電気通信部門の投資額と経済成長率との関係を分析したラルス＝ヘンドリック・ルーラー（Lars-Hendrik Röller）とレナード・ウェイバーマン（Leonard Waverman）は，両者の間に強い正の相関関係があることを確認した．また，すでに情報化が進んでいる先進地域の方が，低開発地域より電気通信部門の投資がもたらす経済成長効果が大きいと主張した[16]．しかし，このような主張は，OECD加盟国という先進地域の観察から導いた結論であり，低開発地域のデータを直接用いた結果ではない．低開発地域のデータを直接用いた研究は，低開発地域に携帯電話が浸透していく2000年代に本格化した．ウェイバーマン，メローリア・メスキ（Meloria Meschi），メルヴィン・フス（Melvyn Fuss）は，1980～2003年にかけて先進地域と低開発地域を合わせて92カ国のサンプルを分析した．その結果，携帯電話の普及率と経済成長率の間には強い正の相関関係があり，とくに携帯電話の普及が低開発地域の成長率に与える影響は先進地域の2倍以上であることが明らかになった[17]．

---

16) Röller, Lars-Hendrik and Leonard Waverman, "Telecommunications Infrastructure and Economic Development: A Simultaneous Approach," *American Economic Review*, Vol. 91(4), 2001, pp. 909-923.

17) Waverman, Leonard, Meloria Meschi and Melvyn Fuss, "The Impact of Telecoms on Economic Growth in Developing Countries," *The Vodafone Policy Paper Series*, No. 2, 2005, pp. 10-23.

しかし，情報化がもたらすさまざまな経済的効果を見る際に，このようなマクロ的な分析だけでは十分とは言えない．情報化を原因とすれば，経済成長は時間差を持ちながら最終的に現れる結果である．つまり，情報化がいかなるメカニズムを通して最終的に経済成長につながるのかは，ブラックボックスのまま残ってしまうのである．この点，ロナルド・コース（Ronald H. Coase）が提起した取引コストの概念は，その間隙を埋める重要な手がかりを提供する[18]．経済取引を行う際には，探索費用，交渉費用，監視費用，契約強制費用などのさまざまな取引コストが発生し，このような取引費用が高ければ高いほど，市場の発展は妨げられる．とりわけ，社会資本が不備である低開発地域では，先進地域より取引費用が高く，市場における効率的な資源配分はより難しくなる．したがって，低開発地域における情報化は，取引費用を削減し，市場取引を拡大，深化させ，市場取引における効率性を上げる．それは，市場経済の発展をもたらし，結局のところ経済成長につながるのである．

近年，このような視点に立ち，低開発地域の情報化が，商品市場や労働市場に及ぼした影響に注目する研究が活発に発表されている．そのような研究の1つとして，携帯電話の普及とインドの魚市場の関係に注目したロバート・ジェンセン（Robert T. Jensen）が挙げられる．漁業を主産業とするインドのケーララ州では，1997年から携帯電話が普及し始め，2001年には60％以上の漁船が携帯電話を持ち，魚問屋や卸小売業者と取引を行うようになった．その結果，各地域の魚市場間の価格差が縮小し，各地域の価格の変動係数は60〜70％から15％以下に減少した．さらに，毎日の取引量の5〜8％を占めていた廃棄物がほぼなくなった[19]．携帯電話を使い始めた漁師たちは，以前より市場需要に敏感に反応するようになり，その結果，腐敗して廃棄処分しなければならない魚の量が劇的に減少した．携帯電話が漁師と流通業者の間で円滑な情報交換を促し，魚市場における需要と供給を調整する役割を

---

18) Coase, Ronald H., "The Nature of the Firm," *Economica*, Vol. 4(16), 1937, pp. 386-405.

19) Jensen, Robert T., "The Digital Provide: Information (Technology), Market Performance, and Welfare in the South Indian Fisheries Sector," *Quarterly Journal of Economics*, Vol. 122(3), 2007, pp. 879-924.

果たしたのである[20]．

　一方，表序-1に登場するアフリカのウガンダとニジェールも，最近携帯電話の普及が進んでいる代表的な低開発地域である．武藤めぐみと山野峰によると，ウガンダでは携帯電話が普及してから，（トウモロコシ農家に比べて）バナナ農家の所得が10%以上上昇した．バナナのように腐りやすい農産物の固有の取引費用が，携帯電話の普及によって節約できたためであった[21]．また，ニジェールの穀物市場に注目したジェニー・アッカー（Jenny Aker）は，2001～2006年にかけての携帯電話の普及が，同期間の穀物市場の価格分散を10～16%まで減少したことを明らかにした．ニジェールの穀物商人は，携帯電話を利用して遠く離れた地域の米価を察知し，米穀取引も携帯電話を利用して行った．携帯電話の普及が，穀物取引の際に発生する取引コストを節約し，そのことは，伝統的な穀物取引のシステムを大きく変えることとなった[22]．

　このような研究を踏まえ，本書の第2の課題は，電信・電話という電気通信を基盤とする情報化が，台湾と朝鮮の市場経済の発展にいかなる影響を与えたのかを明らかにすることである．その際，本書では，電信・電話の普及が，台湾糖と朝鮮米の取引制度に及ぼした影響に注目する．台湾糖と朝鮮米は，19世紀末から20世紀半ばにかけての台湾と朝鮮において，もっとも生産額の大きい商品作物であり，主要な輸出商品でもあった．同期間の台湾での砂糖は，農業生産額の10～20%（第2位），輸出額の20～50%（第1位）を占めていた[23]．また，同期間の朝鮮での米は，農業生産額の40～50%，輸出

---

20) Abraham, Reuben, "Mobile Phones and Economic Development: Evidence From the Fishing Industry in India," *Information Technology and International Development*, Vol. 4(1), 2007, pp. 5-17.
21) Muto, Megumi and Takashi Yamano, "The Impact of Mobile Phone Coverage Expansion on Market Participation: Panel Data Evidence from Uganda," *World Development*, Vol. 37(12), 2009, pp. 1887-1896.
22) Aker, Jenny, "Information from Markets Near and Far: Mobile Phones and Agricultural Markets in Niger," *American Economic Journal: Applied Economics*, Vol. 2(3), 2010, pp. 46-59.
23) 台湾の統計は，溝口『アジア長期経済統計1　台湾』280頁；Ka, Chih-ming, *Japanese Colonialism in Taiwan: Land Tenure, Development, and Dependency, 1895-1945*, Westview Press, 1995, p. 64より計算．

額の30〜50%を占めており,農業生産額と輸出額の両方で第1位であった[24].このように,台湾糖と朝鮮米は,当時の台湾経済と朝鮮経済におけるもっとも重要な生産物であった.本書が台湾糖と朝鮮米の取引に注目する理由はそこにある.

本書の第2の課題は,これまで広く関心を持たれてきた次のような論点と関連している.1890年代までの台湾糖は,製糖業者→仲介商→売込商→輸出商といった流通経路を経て輸出されていた.なかでも輸出商の多くは,欧米系糖商が占めていた.すなわち,甘蔗農家が生産した砂糖は,島内流通を担当する台湾商によって買い集められ,最終的には外国商社が海外へ輸出していたのである.ところが1900年代にこのような構造に大きな変化が生じた.これまで台湾糖の輸出を担っていた欧米系糖商が,日本系糖商にとってかわられ,また台湾糖の島内流通を担当していた伝統的な商人の力も衰退し始めたのである.従来,このような変化は,日本の台湾領有がもたらした結果として考えられてきた.つまり,日本系糖商の進出が欧米系糖商の駆逐をもたらし,一方では近代製糖業の勃興が,台湾土着資本の没落を促したという説明である[25].

しかし,日本系糖商の進出による欧米系糖商の駆逐という説明には疑問がある.開港以来,40年間にわたって台湾糖の輸出の担い手として確固たる地位を築いてきた欧米系糖商が,日本系糖商の進出をきっかけに一挙に輸出市場から消えてしまうのは不自然だからである.日本系糖商が進出する前の台湾糖市場は,いくつかの欧米系の巨大商社(欧米系糖商)が寡占的競争を繰り広げていた.そのなか,相対的に貿易実務経験に乏しく,資本規模も小さい日本系糖商が,輸出市場の新規参入を達成し,その後次々と欧米系糖商を追い払うことに成功したのである.後発者である日本系糖商が台湾糖市場に参入できた決定的な要因は,1880年代末から始まった糖商の手数料商人化にあった.そして,この手数料商人化こそ,電気通信網の登場と深い関係

---

24) 朝鮮の統計は,高麗大学亜細亜問題研究所『統計で見る韓国近現代史』亜研出版部,2004年,40-41,206-207頁;朴ソプ『韓国近代の農業変動』一潮閣,1997年,269頁より計算.

25) 矢内原忠雄『帝国主義下の台湾』岩波書店,1988年;涂照彦『日本帝国主義下の台湾』東京大学出版会,1975年を参照されたい.

をもっていた．本書では，この関係を明らかにすることで上記の疑問に対する答えを提示する．

　さらに，本書の第2の課題は，朝鮮米取引に関する文献とも関連している．1890年代まで，朝鮮米は開港場客主（米穀問屋）と米穀商（貿易業者）の取引によって輸出されていた．その過程で開港場客主と米穀商は，流通利益と貿易利益を両分していた．ところが，1900〜1910年代に開港場客主が流通部門から退き，その代わりに米穀商が流通経路を掌握し始めた．従来，この変化は外商による民族商人の排除として理解されてきた．すなわち，日本帝国主義による貨幣・財政整理が，民族資本（開港場客主）の金融基盤に甚大な打撃を与え，さらに京釜線，京義線に代表される交通機構の近代化が，日本商（米穀商）の内陸進出に対して有利に働きかけたという説明がなされてきた[26]．

　しかし，上記の論理は必ずしも歴史的な事実と符合しない．貨幣・財政整理と近代交通手段によって，日本商の商売環境が以前より有利になったことは確かであるが，その結果，成長したのは日本商だけではなかった．米穀商のなかには朝鮮商も多数含まれており，1920年代以降は，朝鮮商の数が日本商を圧倒する．つまり，開港場客主の衰退と米穀商の成長は，民族間対立の結果ではなかった．本書では，開港場客主の衰退原因を説明する代替的な論理を提示する．それは，輸出朝鮮米の流通と取引の際に発生する，情報レントの帰属問題に結び付いている．情報の非対称性が存在するなかで，開港場客主と米穀商がいかなる契約を結び，電信・電話の登場がこうした契約形態にいかなる変化をもたらしたのかを明らかにすることによって，開港場客主の衰退と米穀商の成長の背景を，一貫して説明することができると考える．

---

26)　1980年代に入ってから，李炳天「居留地貿易機構と開港場客主」『経済史学』第7号，1984年，51-121頁；李炳天「開港期外国商人の内地商圏侵入」『経済史学』第9号，1985年，295-331頁；洪淳権「開港期客主の流通支配に関する研究」『韓国学報』第11巻第2号，1985年，83-117頁を筆頭に，開港場客主に対する研究はその実証水準が格段に上がり，個別事例研究が進んできた．最近20年間の研究のなかには，①客主の特権性，買弁性に焦点を当てるものと，②近代化の衝撃を能動的に乗り越えた民族資本の活動を強調するものが多い．しかし，いずれにしても日本商による朝鮮商の駆逐が開港場客主の衰退原因であったという視角においては大差がない．

第2節　分析視角と構成

以上に述べた問題に取り組むにあたって，本書では3つの分析視角を設定する．第1の視角は，政府主導の情報化である．電気通信産業は他産業にはないさまざまな特徴を有しており，それは電気通信産業に対する伝統的な規制の根拠となってきた．例えば，電気通信産業は，初期に莫大な固定費用が発生するのに対して，可変費用は相対的に少ないため，規模の経済性が大きく，市場に新規参入するための最小効率規模（Minimum Efficient Scale）が非常に大きい．また電気通信需要はネットワーク外部性をもつため，すでに多くの加入者を確保している先導企業に新規加入申込が集中しやすい．このような規模の経済性とネットワーク外部性の存在は，電気通信産業における自然独占を発生させる原因となり得る[27]．独占に伴う弊害を是正する1つの方法は，政府が独占事業者として電気通信事業を管理することである．財政資金を投入し，電気通信網を建設し，公共財として電気通信サービスを独占的に供給すれば，国民は誰でも低廉な費用で普遍的な電気通信サービスを享受することができる．とくに低開発地域では，市場の発展が不完全であるがゆえに市場の失敗が起こりやすく，その結果，電気通信の供給は社会厚生的に過小水準に止まる可能性が高い．低開発地域であるからこそ，政府の積極的な介入によるコーディネーションが要求されるのである．

他方，市場を代替して政府が権威的に資源配分を行おうとしても，政府のコーディネーション能力に限界がある場合，それはコーディネーションの失敗（政府の失敗）に終わってしまう．2000年代以前のアフリカで有線電話事業が遅々として進まなかった理由は，政府のコーディネーション能力に限界があったためである．これに対し，明治時代の日本政府が見せたコーディネ

---

27) Wenders, John T., *The Economics of Telecommunications: Theory and Policy*, Cambridge, Mass.: Ballinger, 1987; Mitchell, Bridger M. and Ingo Vogelsang, *Telecommunications Pricing: Theory and Practice*, New York: Cambridge University Press, 1991.

ーション能力は注目に値する．日清戦争で勝利し，巨額の賠償金を手に入れた日本政府は，大規模な富国強兵政策を実施した．「日清戦後経営」と呼ばれる一連の政策には，海運・造船業の奨励，鉄道の改良，電信・電話の拡張などの交通・通信インフラの整備が含まれていた[28]．産業革命の最中にあり，その意味ではまだ発展途上にあった日本は，政府の積極介入を通じて全国を覆う電気通信網を建設したのである．明治時代の日本のように，台湾と朝鮮も政府が牽引する急速な情報化を経験した．とりわけ，1900～1910年代に政府のコーディネーション能力がもっとも発揮された．そこで，第Ⅰ部（第1章と第2章）では，台湾と朝鮮の歴史的な経験から，政府主導の情報化に焦点を当てる．その際，台湾は1896～1919年，朝鮮は1906～1919年を中心に，政府（台湾総督府と朝鮮総督府）の集中的な資源配分によって推進された情報化過程を検討する．

第2の視角は，民間主導の情報化である．低開発地域の経済開発における政府の役割は，経済学でもっとも異論の多い課題の1つである．なかでも，開発国家的見解（Developmental-State View）と市場友好的見解（Market-Friendly View）は，政府の役割を両極端に位置付けるものである．低開発地域の情報化を課題とする場合，低開発地域では市場の失敗が起こりやすく，そのため政府が積極的な介入を通じて情報化を推進すべきであるというのが，開発国家的見解である．他方，政府の役割はあくまで市場のコーディネーションを強化することのみに限定されるべきであるという市場友好的見解に従えば，情報化は民間部門に任せ，政府は最小限のルール作り（法制度整備）に専念する必要がある．1900～1910年代に展開された台湾と朝鮮の情報化は，開発国家的見解が当てはまり，2000年代のアフリカの情報化については，市場友好的見解の方が説得的である．

ところが，より長いタイムスパンで見ると，最適な政府の役割はより可変的なものである．例えば，低開発地域の経済水準が上がると，民間部門のコーディネーション能力も向上するが，発展初期段階の政府介入を続けるとかえって政府失敗に陥る可能性がある．または，最初から政府の失敗を恐れて

---

28) 石井寛治「日清戦後経営」『岩波講座日本歴史16 近代3』岩波書店，1976年．

政府がすべての資源配分を民間部門に任せると，低開発地域の市場環境では，市場失敗や組織失敗を起こしかねない．そこで，本書では，青木昌彦等が提唱する市場拡張的見解（Market-Enhancing View）を受容する．これによると，政府の主要な役割は，資源配分への直接介入ではなく，制度発展の促進とそれとの相互関係である．また，政府は市場失敗，組織失敗を是正する万能な中立的存在ではなく，政府自体も個別権益とインセンティブを持ち，特定の発展と歴史的条件の下で民間部門との相互作用を通じて形作られる経済主体である[29]．台湾と朝鮮の情報化過程で見られる政府は，このような市場拡張的見解がもっともよく当てはまる歴史的事例である．そこで，第Ⅱ部（第3章と第4章）では，第Ⅰ部で検討して政府主導の情報化が限界を露呈したことを確認し，民間が牽引する情報化が台頭する過程について検討を行う．その際，政府がいかなるインセンティブを持ち，また民間主導の情報化を助長するためにいかなる制度配置を講じたのかに注目する．

第3の視角は，情報化と市場経済の発展である．携帯電話の登場という技術革新が取引コストの節約を通じ，アフリカの市場経済の発展に大きな影響を及ぼしていることは前述の通りである．ダグラス・ノース（Douglass C. North）は，取引コストを引き下げる歴史的な技術革新としては，資本移動性を高めた技術革新，情報費用を引き下げた技術革新，不確実性をリスクに転換させた技術革新などがあり，特定の技術革新と制度的手段の相互作用の結果が市場経済の発展をもたらしたと述べている．例えば，為替手形と会計手続きの発展（資本移動性を高めた技術革新），商品価格とマニュアルの印刷（情報費用を引き下げた技術革新）[30]，海上保険の登場（不確実性をリスクに転換させた技術革新）は，制度変化との結合を通じて中世と近世ヨーロッパの遠隔地貿易を発展させたのである[31]．

19世紀半ば以降，情報費用を引き下げたもっとも重要な技術革新の1つ

---

29) 青木昌彦・金瑩基・奥野（藤原）正寛編『東アジアの経済発展と政府の役割——比較制度分析アプローチ』日本経済新聞社，1997年，序章，第1章「「東アジアの奇跡」を超えて——市場拡張的見解序説」を参照．
30) マニュアルには，重量，尺度，習慣，仲介手数料に関する情報が記された．
31) ノース，ダグラス著，松下公視訳『制度・制度変化・経済成果』晃洋書房，1994年，165-172頁．

は，電気通信の登場である．なかでもアメリカ及びヨーロッパ経済史分野では，情報化と市場統合に注目する研究が多い．例えば，ケネス・ガーベッジ（Kenneth D. Garbade）とウィリアム・シルバー（William L. Silber）は，ロンドンとニューヨークの資本市場を対象に，アメリカ国債の価格が海底ケーブルの開通（1866年）を境に収束傾向に転じたことを明らかにした[32]．ロナルド・ミッキー（Ranald C. Michie）もまた，1860年の鉄道債価格と1870年の国債価格を比較し，大西洋ケーブルが市場統合度を高めたと主張した[33]．さらに，クリストファー・ホーグ（Christopher Hoag）は，ロンドンとニューヨークの資本市場における情報ラグを測定し，大西洋ケーブルが情報ラグを平均10日から1日以内に短縮し，ロンドンの市場価格がより速やかにニューヨークの市場価格へ収斂したことを証明した[34]．他方，日本経済史については，情報化と市場統合の過程におけるプレーヤーの動きに着目する研究が注目に値する．例えば，藤井信幸は，明治前期まで日本国内の商人の主な利益源は地域間価格差であったと述べ，電信の登場によって急速な国内市場統合が行われた結果，多くの商人は成長の道が閉ざされ，また生き残った商人も業態を変えざるを得なかったと主張した[35]．そこで，第III部（第5章と第6章）では，プレーヤーの動きに注目しつつ，電信・電話の登場がいかに情報費用を引き下げ，市場経済の発展を促すのかについて検討を行う．その際，第5章では，台湾糖の取引制度の変化と糖商の対応について，第6章では，朝鮮米の取引制度の変化と米穀商の対応についてそれぞれ焦点を当てる．

---

[32] Garbade, Kenneth D. and William L. Silber, "Technology, Communication and the Performance of Financial Markets: 1840-1975," *Journal of Finance*, Vol. 33(3), 1978, pp. 819-832.

[33] Michie, Ranald C., *The London and New York Stock Exchange, 1850-1914*, London: Allen and Unwin, 1987.

[34] Hoag, Christopher, "The Atlantic Telegraph Cable and Capital Market Information Flows," *Journal of Economic History*, Vol. 66(2), 2006, pp. 342-353.

[35] 藤井信幸『テレコムの経済史――近代日本の電信・電話』勁草書房，1998年，157-176頁．

第Ⅰ部　政府主導の情報化

第1章　台湾総督府による情報化の開始

第1節　中国通信網から日本通信網へ

1．清朝時代の台湾における電信事業

　西洋の民間電信会社による国際電信網が，1870年代にとうとう東アジアまで到達し，香港，上海などの中国の東部沿岸都市は，ヨーロッパと電信網で結び付けられるようになった．イギリス系の中国海底電信会社（China Submarine Telegraph Co. Ltd.）は，ヨーロッパとインドを結ぶ既存の電信線を延長し，インドからシンガポールを経由して香港まで至る海底電信線（以下，海底線）を1871年に完成した[1]．他方，シベリアを横断してウラジオストクまで至る陸上電信線（以下，陸上線）を1867年に架設したロシアも，東アジアへの電信網拡張を試みた．とはいえ，海底線敷設の技術と経験に乏しかったロシアは，デンマークの大北電信会社（Great Northern Telegraph Company）に海底線敷設を依頼した．それを受けた大北電信会社は，1871年から上海―香港間の海底線工事に着手し，1872年にウラジオストク―長崎―上海―香港に至る海底線を完成した[2]．かくして，インド経由とシベリア経由の2本の陸上・海底線が開通し，1870年代から，中国はヨーロッパや（大西洋ケ

---

[1]　1867年に設立された中国海底電信会社（China Submarine Telegraph Co. Ltd.）は，1873年に他の2社と合併され，東方拡張オーストラリア中国電信会社（The Eastern Extension Australia and China Telegraph Co. Ltd.）になった（ケーブル・アンド・ワイヤレス会社編『ケーブル・アンド・ワイヤレス会社百年史1868-1968年』国際電信電話株式会社，1972年，7-8頁）．

[2]　大北電信株式会社編『大北電信株式会社　1869-1969年会社略史』国際電信電話株式会社，1972年，14-17頁．

ーブルを経由して）北アメリカと電信連絡ができるようになった．本国と世界中の植民地を連結する世界通信網を試みた西洋諸国の思惑と，国の戦略的な支援の下で莫大な経済的利益を見据えた民間電信会社の積極的な投資によって建設された中国の国際電信網は，開放したばかりの中国市場をより高い水準の国際化に導くものであった[3]．

　1870年代に西洋の民間電信会社による国際電信時代が幕を開けると同時に，中国政府の内部からも電信事業に対する議論が始まった．そのきっかけとなったのは，1874年に発生した日本の台湾出兵であった．対外危機の発生から近代的国家通信網の必要性を痛感した中国政府は，その第一歩として大陸と台湾を結ぶ海底線敷設を試みた．この計画は，当初福建省より大北電信会社の請負で敷設が始まったが，途中で日本側との撤兵交渉が成立したため中止された[4]．その後，台湾で電信線建設が再開するのは，3年後の1877年であった．福建省巡撫丁日昌は，福建省管轄の台湾で各種の近代化政策を施したが，そのなかには台湾南部の高雄から北部の基隆までの縦貫電信線を架設する計画も含まれていた．しかし，資金不足のために全線開通までは至らず，高雄から安平までの区間のみが1877年に開通した[5]．この高雄―安平間の陸上線が，台湾における電信線の嚆矢である．以上のように，1870年代の中国は，商業的利益を見据えた西洋の民間電信会社による海底線敷設と，近代的国家通信網の構築を試みた中国政府による陸上線架設が同時に行われた[6]．そのような状況下で，日本の出兵を直接経験した台湾では，中国の他

　　3）　Ahvenainen, Jorma, *The far Eastern Telegraphs: The History of Telegraphic Communications between the Far East, Europe, and America before the First World War*, Helsinki: Suomalainen Tiedeakatemia, 1981, pp. 35-36; Headrick, Daniel R., *The Invisible Weapon: Telecommunications and International Politics, 1851-1945*, New York: Oxford University Press, 1991, pp. 56-62.
　　4）　この際，福州―馬尾の区間工事は完成した．
　　5）　千葉正史『近代交通体系と清帝国の変貌――電信・鉄道ネットワークの形成と中国国家統合の変容』日本経済評論社，2006年，59-60頁．
　　6）　陸上線の架設においても，海底線と同じく外国資本が参与した．しかし，海底線の場合，中国政府の許諾を得ないまま西洋の電信会社が敷設し，また中国政府も，公的な情報伝達手段として電信を用いる発想をもっていなかった．このような海底線と違って，陸上線の場合，近代的国家通信網の構築計画の下で中国政府が外国資本を積極的に導入して架設し，運営権も中国政府が保持していた．

表1-1 清朝時代の台湾における主要電信事業

時　期	区　　間	主　要　事　項
1876年	台湾官電局設立	福建巡撫官弁　→　1885年から台湾巡撫官弁へ
1877年	高雄―安平	初の陸上線
1887年	淡水―福州，安平―澎湖島	初の海底線
1888年	基隆・淡水―台北―台南	南北縦貫陸上線の完成
1889年	淡水―福州，安平―澎湖島	海底線を電報総局に売却

出典：千葉正史『近代交通体系と清帝国の変貌――電信・鉄道ネットワークの形成と中国国家統合の変容』日本経済評論社，2006年，75頁．

地域より早い時期から電信事業が始まった．

中国政府によって意欲的に推進された電信事業は，1880～1890年代に，中国全域を網羅する通信ネットワークを形成した[7]．西南部の局地的な区間に止まっていた台湾の電信線拡張工事も，1880年代後半から本格化した．清仏戦争で改めて台湾の地政学的な重要性を認識した中国政府は，1885年に福建省から台湾省を分離新設した．そして，台湾省の初代巡撫劉銘伝は，さまざまな近代化事業に取り組み，電信事業もその重要な施策の1つであった．この時期（1885～1895年）の電信事業における主要成果を挙げれば，①国際電信網との連結，②島内縦貫線の完成，③電報学堂の設立などである．

この時期に行われた電信線工事のなかでもっとも注目に値するのは，大陸との海底線敷設工事であった．劉銘伝は，長年の課題だったこの台湾―福建間の海底線敷設に直ちに着手し，福建省の福州より台湾海峡を渡って台湾北部の淡水まで至る海底線を1887年に完成した．この海底線によって台湾は，ヨーロッパや北アメリカとの電信連絡ができるようになった．その後も劉銘伝は次々と電信線拡張工事を行い，表1-1からもわかるように，台湾海峡の澎湖島と安平を連結する海底線を敷設し，1888年には台湾の西部地域を縦貫する，淡水・基隆―台北―台南の間の陸上線も完成した．かくして，北部の主要港である淡水と基隆をはじめ，台北，新竹，彰化，嘉義，台南，安平，澎湖島，高雄の10カ所に電報局が設置され，公私の電報を取り扱うようになった（図1-1参照）．それに加えて台北の大稲埕には電報学堂が設立され，専門的な電報通信技術者が養成され始めた[8]．この時期の台湾電信網は，政

---

7) 千葉『近代交通体系と清帝国の変貌』68頁．
8) 台湾総督府交通局通信部『台湾の通信』1935年，23頁．

図 1-1　台湾の電信線路（1895 年）
出典：筆者作成．

府の近代的国家通信網の構築計画のなかで，中国電信網に織り込まれる形で発展し，その中心的な機能は，中央政府との連絡事務を迅速かつ安定的に行うことであった[9]．

　1885〜1895 年にかけて完成した台湾の電信網は，主に行政通信網の役割を果たし，商業・貿易通信網としては制限的に機能していたと思われる．電信網がネットワーク外部性を発揮するためには，ある水準（Mass Critical Point）以上の電信施設の供給が必要となる．しかし，当時の台湾に建設された電信施設はわずか 10 カ所にすぎず，その供給水準ではネットワーク外部性が十分発揮できたとは考え難いからである．商業・貿易の目的をもって電信を利用する商人にとっては，電信施設へのアクセスが容易でなければ，商売に電信を採り入れることでかえって取引費用が高くなる可能性がある．そうすると，商業・貿易用の電信利用は地域的に限られてしまう．つまり，通信施設の供給が万遍なく進まない限り，通信需要の伸びには限界があるので

　9）　千葉『近代交通体系と清帝国の変貌』87 頁．

ある.

　とはいえ，台湾─福建間の海底線は，当時の台湾通信網のなかでは，商業・貿易通信網としても比較的重要な意味があった．中国が台湾統治を始める1683年から台湾が開港する1860年までの間において，中国大陸は台湾のほぼ唯一の交易相手であった[10]．とりわけ，華南地方は台湾と密接な経済関係をもっていた．台湾には福建省と広東省から移住した人が多く，自然に対岸部との交易を基礎とする経済構造が形成された．台湾に居住する人々は，栽培した農産物を福建省と広東省に輸出し，福建省と広東省からは，日常用品を輸入する対岸貿易を行った[11]．このような台湾海峡を挟んだ貿易は，台湾と中国華南地方の間で社会的な分業関係を形成した[12]．天津条約及びその付帯条約の規定によって台湾の主要港が開港すると，従来の対岸貿易とともに対外貿易が，台湾経済を牽引する両輪となった．開港をきっかけに台湾に進出した西洋商人は，茶，砂糖，樟脳などの台湾の特産品を世界市場に輸出し始めた[13]．開港がもたらした外国資本の進出と，それに触発された特産品輸出産業の勃興は，貿易を担う洋行と仲介を行う華商はもちろん，生産者の農民にまで貿易利益をもたらした[14]．外国との接触によって貿易依存度が高まった台湾は，輸出特産品の生産を通じて外貨を獲得し，上昇した購買力を基に，対岸から日常用品を購入することで台湾独特の経済構造を創出した．したがって，開港以前の台湾と対岸における密接な経済関係は，西洋との対外貿易によって衰えることなく，台湾経済は対岸との社会経済的な分業体制のなかでより成長を続けた[15]．

　この対岸貿易と対外貿易の両方において重要なインフラとなったのが，台

---

10) 林満紅『台湾海峡両岸経済交流史』財団法人交流協会，1997年，27頁．
11) 清朝時代の中国大陸と台湾間の交易，また日本時代の日本と台湾間の交易は，通常「移出」，「移入」と表記するが，本書では用語の混乱を避けるべく，以下「輸出」，「輸入」に統一する．
12) この点については，劉進慶「清末台湾における対外貿易の発展と資本蓄積の特質（1858-1895年）」『東京経済大学会誌』第138号，1984年，53-75頁を参照されたい．
13) 林『台湾海峡両岸経済交流史』34頁．
14) 河原林直人『近代アジアと台湾──台湾茶業の歴史的展開』世界思想社，2003年，11頁．
15) 林『台湾海峡両岸経済交流史』34-35頁．

湾—福建間の海底線であった．台湾総督府事務官藤井恭敬の報告によると，「電報ヲ利用シテ多ク通信往復ヲナスモノハ従来本島ニ居留セル英独両国ノ商人ニシテ概ネ茶，砂糖，樟脳等ヲ取引スルモノニ係リ又支那人民シテ通信往復ヲナス者ハ只上海ノ商人ニ過ギサリキ[16]」と記されている．ここから台湾で商売を営むイギリス，ドイツ商人と，上海を拠点とする中国商人などが，茶，砂糖，樟脳の取引の際に電報を利用していたことがわかる．他の文献からも，台湾の茶商が厦門と台北間で電報連絡を頻繁に交わし，糖商が海底線を利用して，海外の糖価を把握していたとの事実を確認することができる[17]．

そこで，開港から日本が台湾を領有するまでの期間（1860~1895年）において，もっとも成長した産業である茶業を中心に，台湾—福建間の海底線がもつ経済的意義を少し詳しく見てみよう．加工工程の異なる2種類の台湾茶，すなわち烏龍茶と包種茶は，両方とも福建省の厦門を中継地とし，アメリカ（烏龍茶）と東南アジア（包種茶）へ輸出された[18]．烏龍茶の輸出業を掌握していたイギリス洋行は，厦門に拠点を置き，同じく厦門に支店を設けていた香港上海銀行から低利融資を受け，その資金を基に台湾茶を買い付ける中国商人や茶農に対して，商品を担保に前貸しを行っていた．商業インフラが整っている厦門に本拠を置き，台湾茶産地の台北に支店を置くという戦略は，当時の外国商社（洋行）にとっては常識的なものであった．一方，包種茶の輸出業を掌握していた中国商人も，厦門と台北の両方に店舗を有し，そのなかで厦門の店舗を輸出拠点とした[19]．

このような台湾茶の輸出構造は，日本時代に入ってから大きく変わる．淡水港から厦門を経由してアメリカに輸出する既存の流通経路が，港湾整備によって基隆港からアメリカへ直輸出するようになった．また台湾銀行の金本位制実施を契機に，台湾での決済機能が強化され，台湾銀行が厦門にある欧米系金融機関の機能を代替するようになった[20]．その結果，イギリス洋行は

---

16) 台湾総督府民政部通信局『台湾郵政史』1918年，197頁．
17) 台湾銀行経済研究室『台湾交通史』1955年，12頁．
18) 台湾茶の加工工程については，河原林『近代アジアと台湾』19-21頁を参照．
19) 同上書，21-27頁．
20) やまだあつし「台湾茶業における台湾人資本の発展——1910年代を中心に」『社会経済史学』第61巻第6号，61頁．

厦門から台北へ本拠を移し，台湾から烏龍茶を直輸出するようになった．中国人茶商も，新しく加わった台湾人茶商とともに台北に本拠を置き，厦門と東南アジアの各処に店舗を構えて包種茶を輸出した[21]．日本の台湾領有をきっかけに大陸との経済的断絶が発生したため，茶商は台湾茶輸出の拠点を厦門から台北に移し，その結果，厦門を経由する従来の輸出経路は，台湾から直接仕向け地へ輸出する形に変わったのである．

ところで，台湾茶業の中心が厦門から台北へ移動するためには，その前提条件が必要であり，それは日本時代以前からすでに助成されていた．その条件とは，1887年に開通した台湾―福建間の海底線であった．清朝時代に台湾通信網の骨格を完成した劉銘伝は，台湾が中国7省の門戸であるがゆえに，台湾―福建間の海底線が国防上重要であることを強調し，一方では台湾―福建間の海底線が，台湾茶商にもっとも利益をもたらすことを予想した（「臺灣為中國七省藩籬」，「臺地安設電報・於茶商最為利益」）[22]．海底線が開通する2年前の1885年の海関報告にも「間もなく台湾と大陸が電信で結ばれるので，茶館は本店を淡水に移して厦門には単に支店を置くだけになるだろう．台湾北部での茶業の拡大は，厦門の衰退を不可避にする[23]」との記述が登場する．台湾―福建間の海底線の敷設は，厦門の輸出業者が台北の代理人を通じて茶葉を買い入れる際に発生する取引コストを大幅に節約した．そのようななかで，台湾に他の社会資本（港湾，金融機関）が整備されたため，多くの台湾茶の輸出業者が本店を厦門から台北に移動し，茶葉の流通経路を垂直統合化したのである．

2. 日清戦争と野戦電信時代

台湾省が新設された1885年以来，10年近く展開されてきた台湾の電信事業は，日清戦争の勃発とともに新局面を迎える．朝鮮で発生した東学農民運

---

21) 同上，64頁．
22) 徐耀南・洪兆鉞編『台北電信史略』交通部台湾北区電信管理局，1995年，序．
23) China. Imperial Maritime, *Customs, Returns of trade and Trade reports for the year 1885*, Shanghai: Statistical Dept. of the Inspectorate General, 1859-1886, p. 294（河原林『近代アジアと台湾』29-30頁から再引用）．

動の鎮圧をめぐり，日中両国は朝鮮出兵を敢行し，1894年6月に日清戦争は勃発した．そして1895年4月の下関条約によって日清戦争は終結したが，その結果，中国は朝鮮に対する宗主権を失うとともに，日本に遼東半島，台湾，澎湖列島の割譲を認めた．しかし，ロシア，フランス，ドイツの3国の要求により，日本は遼東半島を返還し，台湾と澎湖列島のみを植民地化した．この日清戦争の終結とそれに続く三国干渉は，台湾と朝鮮の通信事業にも大きい影響を与えた．

　近代的国家通信網の構築を目指した中国政府によって，中国通信網に織り込まれた台湾と朝鮮は，日清戦争の結果，中国通信網から切り離されることとなった．とはいえ，中国通信網から切り離された台湾と朝鮮が，そのまま日本通信網へ編成替えされたわけではない．三国干渉によって，日本は朝鮮での鉄道，鉱山，通信などの利権事業から撤退せざるを得なくなり，1897年から大韓帝国政府は独自の通信網構築を開始した．一方，台湾では1895年5月から1896年3月までのおよそ10カ月間にわたり，日本軍による野戦電信網の構築が始まった．

　野戦電信時代と呼ばれるこの10カ月間の電信網構築は，台湾で発生した反日武装闘争を鎮圧するための軍事通信施設の整備過程であり，同時に台湾を日本通信網へ織り込むための基礎作業でもあった．台湾の日本への割譲は，台湾人の強い不満を招き，1895年5月25日に台湾の中部では台湾民主国が成立した．台湾民主国の背後には，日本の台湾占領に対してのフランスの反対を利用し得るという判断が働いていた[24]．台湾民主国は，およそ半年間にわたる武装闘争を展開したが，日本軍による台湾西部の武力制圧とともに1895年10月に崩壊した．同期間に日本軍は総計5万人以上の軍事力を動員し，台湾西部の平原地帯を征服した．このような台湾植民地征服戦争の遂行にあたって，軍事通信施設としての電信網の構築工事は急速に行われたのである．

　1895年5月に日本軍が台湾に上陸した際に，独立野戦電信隊も台湾北部の三貂角に上陸した．6月6日に野戦電信隊は，基隆に最初の電信通信所を

---

24) 台湾民主国に関する研究は，黄昭堂『台湾民主国の研究――台湾独立運動史の一断章』東京大学出版会，1970年が詳しい．

開き，8 日には台北に電信通信所を設置し，電信連絡を開始した．また，台湾住民の反日運動で切断された台北―淡水間の電線修繕に着手し，同月 16 日には，台北―淡水間の電信線路を復旧した．武装闘争がゲリラ式戦闘様相を帯びつつ，「匪賊各地ニ出没シ電線ヲ断チ以テ通信ヲ杜絶[25]」する事件が頻繁に発生した．しかし，野戦電信隊の電信線架設と修繕は間断なく続き，6 月 17 日には断絶されていた淡水―福州間の電信連絡も再開した．上陸して間もなく，台湾北部の通信施設をすべて接収した野戦電信隊は，南進する日本軍とともに台湾の中南部へ移動していった．野戦電信隊は，7 月から台湾民主国が崩壊する 10 月までの間に，新竹，彰化，嘉義，台南，安平，澎湖島，高雄などの台湾西部の主要拠点に電信通信所を設置した．そして 12 月末には，台湾の最南端に位置する恒春にも電信通信所を設置し，台湾西部を縦貫する野戦電信網を完成した．

　台湾総督府陸軍局電信部（及び台湾臨時兵站電信部）によって管掌されていた野戦電信網は，当然のことながら軍用電信を最優先とする軍事施設であった．「討伐上最敏速ノ通信必要ナルヲ認メ野戦郵便及兵站電信[26]」を運用する，という明確な目標があるがゆえに，「軍用電信ノ要ハ最モ快速ニ軍事上ノ通信ヲ為スニ有リ其通信ハ必要欠クヘカラサルモノニ止メサル可ラス[27]」と，軍用以外の電信利用についてはある程度の制限があった．しかし，すべての区間において民間の電信利用が禁止されたわけではなかった．淡水―福州間の海底線は，復旧工事が終わったばかりの 1896 年 6 月から公衆用電報を許容した．この淡水―福州区間を皮切りに陸軍局は，「（電報は：引用者）公務ニ関スルモノニ限レリト雖爾来内地人民ノ渡台スルモノ漸ク多数ニ上リタルヲ以テ公務電報ノ取扱上支障ナキ限リ電信条例ニ依リテ公衆電報ヲモ取扱[28]」うと，1895 年 12 月から台北，基隆，淡水の 3 カ所の電信通信所で，島内電報における公衆業務を実施した．さらに 1896 年 2 月からは，新竹，彰化，嘉義，台南，安平，澎湖島，高雄の 7 カ所の電信通信所でも，公衆電

---

25) 台湾総督府民政局通信部『台湾野戦郵便電信略史』1897 年，41 頁．
26) 台湾総督府民政局通信局『台湾通信事務成績』1896 年，5 頁．
27) 台湾総督府民政局通信部『台湾野戦郵便電信略史』44 頁．
28) 台湾総督府民政部通信局『台湾通信事務成績』12 頁．

表 1-2 野戦電信時代の電信事業

		電信局 [a]	公衆業務	電線延長 (km)	発着信電報 [b] (通)	[b]／[a]
1895 年	7 月	10		112	14,051	1,405
	8 月	21		216	28,401	1,352
	9 月	25		272	43,219	1,729
	10 月	37		492	59,091	1,597
	11 月	32		492	98,550	3,080
	12 月	32	3	588	51,467	1,608
1896 年	1 月	45	3	724	44,822	996
	2 月	36	10	724	58,446	1,624
	3 月	36	10	788	76,293	2,119

出典：台湾総督府民政局通信部『台湾野戦郵便電信略史』1897 年，付録．

報の取扱事務を開始した[29]．かくして，日本の台湾領有前に公衆電報業務を実施していた 10 カ所の電報局は，野戦電信隊が接収してから 1 年も経たないうちに公衆電報業務を再開することとなった．

　野戦電信時代の電信網構築の実績について，表 1-2 と表 1-3 を通じて確認してみよう．表 1-2 からわかるように，10 カ月の間に電信線はおよそ 7 倍延長され，電信通信所は 36 カ所（閉鎖機関を含めば 50 カ所）が開設された．野戦電信隊は，中国政府が約 10 年間にわたって構築してきた台湾の電信網を，たった 10 カ月間で何倍も拡張させたのである．それは，台湾の電信網が軍事施設であったため可能なことであった．では，このような電報の中身はいかなるものであったのか．毎月の発着信電報数は上下の変動はあるものの，1 局所当たり発着信電報数（b/a）を見れば，平均的に 1,500〜2,000 通に達した（表 1-2）．電報には公務用の無料電報と，公衆用の有料電報があったが，表 1-3 は台北電信局を除いた全体電信局の有料電報通数を表したものである[30]．この表 1-2 を表 1-3 と突き合わせてみると，台北電信局を除外しているものの，有料電報が全体電報数の 10〜20% にすぎないことがわかる．言い換えれば，公務用の無料電報が 80% 以上であったことになる．野戦電

---

29) 日本電信電話公社電信電話事業史編纂委員会編『電信電話事業史』第 6 巻，電信通信協会，1960 年，299 頁．
30) 公務用電報のすべてが無料電報ではなく，一部は有料電報であった．

第1章　台湾総督府による情報化の開始　29

表 1-3　電信局の有料電報数（台北電信局除外）

単位：通

	海外欧文			島内欧文			島内和文		
	発信	着信	中継信	発信	着信	中継信	発信	着信	中継信
1895年　7月	373	354	231						
8月	342	268	399						
9月	458	438	632						
10月	387	293	461						
11月	306	250	689						
12月	475	456	813	50	49		1,156	1,156	
1896年　1月	448	435	899	47	47		1,550	1,547	
2月	759	671	538	290	297	43	2,862	2,908	1,749
3月	955	814	675	565	530	51	4,522	4,495	1,691

出典：台湾総督府民政局通信部『台湾野戦郵便電信略史』1897年，付録．

信時代の電報の多くは，軍事通信と官報連絡に使われていたのである．

　ただし，このような非常時ないし戦時にもかかわらず，民間の電報利用が芽生え始めていることも注目に値する．再び表1-3を見れば，主に商業・貿易用に使われる有料電報が，わずかに増加していることがわかる．とくに，段階的な（1895年12月と1896年2月）公衆電報業務の実施拡大によって，有料電報数が増加していったことが読み取れる．淡水―福州間の海底線を利用して行われた海外欧文電報は，台湾で商売を営んでいた西洋商人が主な利用層であった．19世紀の海外電報の95％は，商人と新聞社が利用しており，政治・軍事上の目的での海底電信の利用は5％にすぎないと言われている[31]．渡台した日本人を中心に利用された和文電報は，公衆電信業務の実施地域が拡大する1895年12月からもっとも著しく増加する．他方，日本の台湾領有前に使われていた漢文電報は廃止され，上海や香港に拠点を置く華商の活動は一時的に打撃を受けたと思われる．治安維持という明確な目的の下で集中的な資源配分を受けて構築された野戦電信網は，以後拡張していく台湾通信網の基礎工事としても大きな意味があった．野戦電信時代の軍事通信施設は，日本時代の台湾通信網構築の出発点となった．

---

31)　日本電信電話公社海底線施設事務所編『海底線百年の歩み』電気通信協会，1971年，12頁．

第 2 節　1896～1919 年の情報化

1. 電信・電話の普及過程

　中国政府の近代的国家通信網の構築過程で生まれた最初の台湾通信網は，中国政府の行政通信網とはいえ，商業通信網としての役割も部分的に果たしていた．しかし，前述のように，この時期はまだ電信施設が 10 カ所にすぎなく，大都市と主要港の貿易商のみが電報を利用していた．それゆえ，外国商社と上海や香港を拠点とする一部の中国商人が主な電信利用層であり，台湾人の電信利用はほとんどなかった．台湾の会社，工場，商店と台湾に本拠地を置く商人などが台湾通信網を利用するのは，通信施設が急速に増え始めた日本時代からである．野戦電信時代の軍政による電信事業は，1896 年 3 月の「台湾総督府郵便及び電信局官制」の発布によって民政に受け継がれ，それに伴い電信・電話の取扱局所も漸次全島に広がっていった．とりわけ 1896 年から第 1 次世界大戦期までの間に電信・電話の普及はもっとも早く展開され，1910 年代末までに政府主導の情報化が一定の水準に到達した．その主な内容は，①日本から移植した電信・電話制度の定着，②全島を覆う陸上線の完成と日本との海底線の新設，③電信・電話施設を備えた郵便局による全域的な電気通信網の完成などである．

　この時期に日本の電信・電話制度になぞらえた通信制度が，台湾に導入・定着した．1896 年 4 月 1 日の民政施行と同時に，日本の電信条例が台湾でも同様に適用された．1900 年に日本で新しい電信法が制定されると，同法は台湾でも準用されるようになった．また，1915 年に発布された無線電信法も，そのまま台湾で施行された．その結果，台湾の電信制度は有無線を問わず，日本とその軌を一にすることとなった[32]．台湾最初の電話施設は，

---

32) ただし，台湾では実施しなかった日本の制度（同報電信規則，気送電報），日本にはない台湾だけの制度（電報取次制度），日本より先に台湾で実施した制度（年賀状電報制度，新聞電報制度）など，多少の例外はあった（日本電信電話公社電信電話事業史編纂委員会『電信電話事業史』300 頁）．

1897年3月に澎湖島で使い始めた軍事通信施設であった．澎湖島の電話施設は，澎湖島守備隊の通信手段であり，また澎湖島郵便電信局と澎湖島灯台間の通信手段であった．その後，台湾総督府は，総督府と基隆の運輸通信支部との電話設置を筆頭に，総督府各局部課と各支部との通信連絡のために電話施設を設置し始めた[33]．台湾での電話は，官庁用通信手段として導入・定着したのである．電話が公衆用通信手段となったのは，日本の電話制度に準じた「電話交換局官制」が定められ，また「電話交換規則」，「電話交換支局規程」，「電話交換局長処務規定」などが制定される1900年である．このような制度の移植に伴い，台北，台中，台南には電話交換局が，基隆，斗六には支局が設置され，公衆通信業務が始まった．その後，加入者以外の人も通話サービスを利用することができる呼出規定が設けられ，電話交換加入区域外の重要地域においては特設電話所が設置されるなど，1900〜1910年代に日本の電話制度とほぼ同様の形で台湾の電話制度の骨格が完成した．

　1896年から第1次世界大戦期までは，島内通信のための陸上線工事と，内外国通信のための海底線工事が，両方とも急速に進んだ[34]．とりわけ，険しい山が密集している東部地方は，1910年代から電信線架設が本格化した．台湾東部の羅東を起点として，蘇澳を経由し花蓮港までの東部海岸を縦走する電信線架設工事が1915年までに完了し，これによって台北―花蓮港間の直通通信が可能になった．1919年には台南―台東間の電信線も全通し，台北から花蓮港までの区間と，台南から台東までの区間がつながり，これで台湾島の主要拠点をほぼ結び付ける電信網が完成した[35]．表1-4からもわかるように，1896年から1919年にかけて電信線路は20%弱（204 km）増加し，電信線條は3.3倍（3,600 km）以上増加した．線路と線條の定義から鑑みれ

---

33) 台湾総督府交通局逓信部『通信志　通信編』1928年，202-203頁．
34) 内外国通信とは，内国通信と外国通信を意味する．例えば，電信の場合，内国電報と外国電報があり，そのうち内国電報は，台湾島内で発着信する電報と，台湾と日本及び台湾と日本の植民地（朝鮮，樺太，満州，南洋諸島など）の間で発着信する電報を指す．また外国電報は，日本領土を除いた中国大陸を含み，外国との間で発着信する電報を意味する．
35) 日本電信電話公社電信電話事業史編纂委員会『電信電話事業史』302頁；台湾総督府交通局逓信部『通信志　通信編』138頁．

表 1-4 電信施設の供給水準

年　度	電信施設 (カ所)	電信線 (km)			
		線　路		線　條	
			海底線		海底線
1896	29	1,128	208	1,548	208
1897	40	1,148	204	1,660	204
1898	43	1,296	204	1,932	204
1899	52	1,320	216	2,408	216
1900	62	1,420	216	3,636	432
1901	73	1,488	208	5,112	412
1902	73	1,448	208	4,384	412
1903	75	1,276	208	4,920	412
1904	81	1,232	208	4,416	412
1905	88	1,212	224	3,972	428
1906	95	1,648	224	6,284	428
1907	106	1,684	224	4,492	428
1908	110	1,324	224	3,964	428
1909	117	1,096	224	3,320	428
1910	118	1,112	224	3,352	428
1911	131	1,112	228	3,268	228
1912	131	1,120	228	3,920	228
1913	141	1,128	228	4,556	228
1914	153	1,212	228	4,704	228
1915	160	1,212	228	4,720	228
1916	165	1,220	228	4,720	228
1917	165	1,364	372	5,000	372
1918	165	1,360	368	5,124	368
1919	166	1,332	368	5,152	368

出典：(1) 台湾総督府交通局通信部『通信志　通信編』1928 年，通信統計．
　　　(2) 台湾総督府民政局通信部『台湾通信事業要覧』各年版．

ば[36]，電信線路の延長距離がたった 200 km 程度であったことは，東部地方の新設電信線路を除き，ほとんどの電信線路がすでに野戦電信時代に完成していたことを意味する．また，延長距離が 3,600 km もあった電信線條から推し量れば，同期間の電信線架設工事の重点が，既存区間の複線化などの補強工事に置かれていたことがわかる．すなわち，野戦電信時代に台湾陸上線の骨作りが終わり，以後 1910 年代までの電信線架設は，既存区間の補強が主軸となったのである．

---

36) 線路は区間の水平距離を意味し，線條は電線中心の長さ，すなわち電線そのものの長さを意味する．

これまで台湾経済を支えたのは，中国沿岸部との対岸貿易，および外国との対外貿易であり，それゆえ，台湾―福建間の海底線は重要な経済的意義をもっていた．ところが，日本時代になってから中国沿岸部との経済的紐帯は弱体化し，その代わりに日本との経済的紐帯が強化され始めた．それは，台湾―日本間の海底線新設にも表れた．しかし，最初の台日海底線の工事計画は，経済的理由よりはむしろ軍事的理由が大きく作用した．日本軍が台湾に上陸した1895年5月には，まだ台湾―日本間の直通通信施設がなく，日本から発信する軍事連絡はすべて「上海，福州ヲ経テ本島ヘ著スル電報[37]」によって行われた．すなわち，デンマークの大北電信会社が管理する長崎―上海間の海底線と，中国が管理する淡水―福州間の海底線を利用して，台湾との軍事通信を行っていたのである．このような現状を打破すべく，日本政府は陸軍省内に臨時台湾電信建設部を設置し，総予算331万円を投じて台日海底線工事に着手した．その結果，1897年5月には，鹿児島の大隈半島，奄美大島，沖縄の那覇，石垣島を経由し，台湾の基隆に達する海底ケーブル工事が完了した．「邦人ノ手ニヨリテ初メテ経験セラレタル遠距離海底電線敷設ノ嚆矢[38]」となったこの淡水―那覇線によって，1897年6月1日から台湾―日本間の電報が開始された．この海底線は，もともと軍事通信施設であるがゆえに，政府連絡事務が優先され，電報利用は官報の発着信のみに限られていた．しかし，3カ月後の9月1日より軍用電信線を普通電信線として開放する措置が講じられ，台湾―日本間の公衆電報サービスが始まった[39]．

　淡水―那覇間の海底線が開通してから，台湾経済の発展とともに日本経済との紐帯関係はさらに深化し，海底線を通じた通信利用量も増加した．1898年に日本は中国が管理していた淡水―福州間の海底線を買収した．この区間は，台湾と諸外国との商取引に欠かせないものであったために，障害を起して不通状態に陥ると，「本島外国間ノ取引関係ヲ有スル者ニ対シ頗ル不便[40]」をもたらした．そうすると，本来なら淡水―福州間の海底線を通じて中国へ

---

37) 台湾総督府交通局通信部『通信志　通信編』13頁.
38) 台湾総督府交通局通信部『通信志　通信編』140頁.
39) 末光欣也『日本統治時代の台湾――台湾の歴史1895年-1945/46年五十年の軌跡』致良出版社，2004年，78-79頁.
40) 台湾総督府民政部通信局『台湾通信事業要覧』1913年，36頁.

向かうべき商談電報が，故障のためにすべて淡水―那覇間の海底線に集中し，それが日本から中国へ向かう商談電報とともに長崎―上海線を経由し，中国全域へ発信されたため，電報連絡の到達遅延問題が起こり，渋滞によるさらなる故障を招くこともしばしばあった．また，台湾と日本間の交易量が増えれば増えるほど，淡水―那覇線の通信能力では台日間の通信量を処理しきれない状態となった．その打開策として日本政府は，工事費114万円を投じて淡水―長崎1番線を1910年に完成した．しかし，それにもかかわらず，台日間の通信量は増え続けた．さらに，第1次世界大戦中には一時的に長崎―上海間の海底線が不通状態となり，通常の日本―中国間の電報がすべて台湾を経由することとなったため，台湾電信網の渋滞現象はさらに激しくなった[41]．したがって，1917年には淡水―長崎2番線が開通し，これらの海底線（日本との3回線，中国との1回線）は，1928年10月に台湾―日本間の無線電信が開通するまで，台湾と内外国間の貿易取引における重要なインフラとして機能した．

　台湾の通信機関体系は，郵便，電信，電話業務を担う現業機関と，その現業機関を管理監督する中央機関によって構成されていた．1896年3月の勅令第90号「台湾総督府民政局官制」によって，台湾総督府民政局通信部が中央機関となった[42]．また，勅令第95号「台湾総督府郵便及電信局官制」によって，県庁所在地である台北，台中，台南に一等郵便電信局が，その他の25カ所に二等郵便電信局が設置され，合計28カ所に現業機関が設けられた．当初一等郵便電信局は，その管轄区域の二等郵便電信局以下の現業機関の管理監督業務を兼ねていた．しかし，1907に郵便電信局が郵便局に改称され，1908年には一等郵便局の管理監督機能が中央機関に移管され，中央機関

---

41) 台湾銀行経済研究室『台湾交通史』87頁．
42) 通信中央機関の名称変更は，以下の通りである．

名称変更日	通信中央機関
1896年4月1日	台湾総督府民政局通信部
1897年10月28日	台湾総督府民政局通信課
1901年11月9日	台湾総督府民政部通信局
1919年6月27日	台湾総督府民政局通信部
1924年12月25日	台湾総督府交通局通信部

(民政部通信局)と現業機関(郵便局)の業務分担が明確となった．一方，請負通信機関制度である日本の三等郵便局制度が，1898年から台湾にも導入された．三等郵便局制度とは，中央機関から支給されるわずかな手当と経費を除き，郵便局長が個人事業として郵便局を経営する制度である．初めて抱える植民地に対し，さまざまな公共投資を行っていた日本政府は，財政的負担の軽減を図ると同時に通信機関の増設を促すために，民間の資金と経営能力を担保とする日本の請負通信機関制度を台湾に早期導入したのである[43]．

一，二，三等郵便局を中心とするいくつかの現業機関を，郵便，電信，電話の業務ごとに再分類したのが図1-2である．郵便業務を取り扱っている現業機関は，1896～1901年の間に急激に増加し，その後は1910年代後半まで緩慢な増加傾向を見せている．電信業務を取り扱っている現業機関は，1896年から1916年までの20年間にわたって，毎年平均6.8カ所のスピードで増加し，その後はしばらく横ばい状態が続く．もっとも劇的な変化を見せているのは，電話業務を取り扱っている現業機関である．電話事業が開始された1900年から日露戦争までの最初の5年間は，沈滞状態が続いた．ところが，日露戦後から電話業務を取り扱う現業機関は劇的に増加し始め，1910年代後半には一定の水準に達する．ただし，図1-2の電話施設のなかには，個人宅，会社，商店，旅館などで利用する加入者電話が入っておらず，郵便局電話のみが対象となっていることに注意を払う必要がある．

郵便，電信，電話の順に急増時において時間差が発生する理由は，当初郵便業務しか取り扱っていなかった現業機関が次第に電信，電話施設を備えていったためである．ここから台湾通信網の展開過程を推察すれば，領台直後からの数年間は，郵便業務だけを取り扱う郵便局が台湾全島の100カ所以上に張られ，しばらく経ってからその郵便局に電信施設が追加的に設置され，

---

43) 日本の請負通信機関制度は，明治維新直後に考案された．維新直後の明治政府は，各地に郵便局設置を図ったが，発足したばかりの明治政府にはその資金が捻出できなかった．そこで明治政府は，各宿駅の取扱人を判任官として郵便事業を任せ，郵便取扱役は自ら土地や建物を無償で提供し，俸給は支給されず，わずかな手当てで一切の経費を賄わなければならなかった．この請負局が1886年から三等郵便局と称せられるようになった(藤井信幸「三等郵便局長と地域社会」『メディア史研究』第17号，2004年，58-59頁)．

36　第Ⅰ部　政府主導の情報化

図1-2　業務別の通信現業機関数

注：(1) 電信業務を取り扱う通信現業機関数は，1896～1926年（『通信志　通信編』）と1927～1942年（『台湾総督府通信統計要覧』）の間に集計方法の変化による断絶が存在．
　　(2) 同一の通信現業機関において複数の業務を取り扱う場合は，重複計算した．
出典：(1) 台湾総督府交通局通信部『通信志　通信編』1928年，通信統計．
　　　(2) 台湾総督府交通局通信部『台湾総督府通信統計要覧』各年版．
　　　(3) 台湾銀行経済研究室『台湾交通史』1955年，95頁．

　最終的には電話施設が後を追いかける形で郵便局に設置されたことがわかる．このような過程を通じて郵便，電信，電話の３つの業務をやりこなす郵便局が，1910年代末まで台湾全域に普及していったのである．これが，1910年代末までに政府主導の情報化によって達成された，台湾通信網の１つの到達点である．
　次に，電話施設の普及と電話線拡張工事について見てみよう．一般に，加入者電話による市外通話は，流通と取引のあり方を大きく変えることで経済全体に影響を及ぼす．しかし，この時期はまだ郵便局電話の増加が著しく，電話需要においても市外通話より市内通話が中心であった．表1-5からもわかるように，1900年から1919年にかけて，電話施設は5ヵ所から130ヵ所近くまで増加した．電話交換業務を行っていた郵便局の数も，70ヵ所にまで増えた．日露戦後から電話線工事も本格的に進み，1900年から1919年にかけて線路は2.4倍，線條は10倍以上伸びた．既存線路の補強を中心とし

表1-5 電話施設の供給水準

年度	電話施設（カ所）		電話線 (km)	
		交換	線路	線條
1900	5	5	688	1,508
1901	6	5	792	1,812
1902	6	4	620	2,164
1903	10	4	504	2,384
1904	12	4	360	2,368
1905	21	4	540	2,912
1906	51	14	440	4,340
1907	68	25	388	5,216
1908	78	28	772	6,012
1909	88	34	1,056	7,904
1910	91	36	1,124	9,368
1911	98	45	1,236	10,536
1912	101	48	1,240	11,512
1913	106	52	1,292	11,812
1914	116	66	1,392	12,888
1915	120	67	1,520	13,000
1916	124	68	1,572	13,424
1917	126	69	1,596	13,928
1918	127	71	1,616	14,332
1919	129	71	1,668	15,468

出典：(1) 台湾総督府交通局通信部『通信志 通信編』1928年，通信統計．
(2) 台湾総督府民政局通信局『台湾通信事業要覧』各年版．
(3) 台湾銀行経済研究室『台湾交通史』1955年，95頁．

た電信線工事に比べ，電話線工事は新設区間の拡張と既存区間の補強が同時に行われたのである．このような1900～1910年代の電話線拡張工事は，都市内部の市内線工事が中心となった．市外線工事においては，遠距離区間はまだ少なく，都市と都市周辺部を結ぶものが多かった．それでも工事の進捗が遅い東部の都市と都市周辺間の通話は，1915年まで待たなければならなかった[44]．台北―高雄間の直通電話線が完成するのは1921年であり，東部の台東―花蓮と台北―花蓮間の電話線は1928年に完成するなど[45]，遠距離市外電話線が本格的に機能し始めるのは1920年代からである．すなわち，1900～1910年代の電話施設は，市内通信手段ないし都市と周辺部間の通信手段

---

44) 台湾総督府民政部通信局『台湾通信事業要覧』1914年，35頁．
45) 台湾総督府交通局通信部『台湾の通信』60頁．

であった.

2. 台湾植民地征服戦争と台湾通信網

　1910年代末の台湾通信網が，政府主導の情報化における1つの到達点であったことは前述した．台湾領有直後から日本政府の政策課題は，まずは台湾の治安を安定化させることにあり，したがって官業としての電信・電話事業の目標もそれに当てられていた．その結果，1910年代末に完成した台湾通信網は，政府主導の情報化における1つの到達点，すなわち，治安・行政網として完全な機能を果たせるものであった．そして，治安・行政網の構築は，野戦電信時代から始まった．日本軍とともに台湾に上陸した野戦電信隊は，台湾西部を縦貫する電信線を架設し，各部隊と行政機構の間に円滑な通信連絡を企図した．このような野戦電信時代を通じて電信通信所が急増し，電信線拡張工事も急進したため，これらは後に台湾全島を覆う電気通信網へ発展していく基礎となった．ところが，野戦電信時代が幕を閉じ，電信事業の主体が兵站電信部から台湾総督府民政局通信部に切り替わってからも，電信・電話事業の重点は，引き続き治安維持と行政効率の上昇に置かれていた．その理由は，台湾植民地征服戦争とも呼ばれる20年間（1895〜1915年）に及ぶ泥沼化した反日武装闘争とその鎮圧過程にあった．

　大江志乃夫は，日清戦争の終息はもう1つの戦争，すなわち台湾植民地征服戦争の開始を意味し，台湾植民地征服戦争は大きく3つの時期に区分することができると述べた．それによると，第1期は，下関条約発効後の1895年5月から台湾民主国が崩壊し，一応台湾全島が軍事的に制圧される1896年5月までの1年間である．第2期は，平地住民のゲリラ的抵抗が続く1902年までである．そして，第3期は，山地原住民に対する軍と警察の包囲縮小が図られる1915年までである[46]．このなかで死傷者が多かった第1期と第2期を合わせれば，殺害された台湾人が3万人に上るほど台湾人による反日武装闘争は激しかった．武力抵抗を続ける台湾人を日本軍は「匪徒」と

---

46)　大江志乃夫「植民地領有と軍部――とくに台湾植民地征服戦争の位置づけをめぐって」『歴史学研究』第460号，1978年，12頁．

呼び，逮捕された「匪徒」は総督府法院と臨時法院で裁判を受けた．台北，台中，台南の3つの地方法院における「匪徒」の処刑件数を見れば，1900年をピークに徐々に減少する[47]．すなわち，慢性的，持続的な武装抵抗は1900年代半ばまでにほぼ終息したのである．しかし，臨時法院での処刑件数は，むしろ1915年にもっとも多く，ここから散発的，突発的な武装抵抗は1910年代までも続いたことがわかる．

　このような状況下で民政初期に建設された電信・電話施設は，明らかに土匪討伐用あるいは警察用であった．時代をさかのぼるほどその傾向は強く，電信・電話線は「匪徒」の主要な攻撃目標でもあり，領台直後から電線の切断事故が相次いだ．民政初期の通信需要も，商業・貿易網ではなく，治安・行政網としての特徴が目立った．例えば，軍部隊が駐屯する地域の通信量が一時的に増加し，その地域から軍部隊が撤退すると，一気に通信量が減少するなど，軍部隊の有無が地域の通信需要を左右していた[48]．台湾の通信事業は，武装闘争が沈静化する1910年代まで，治安網の構築を最優先課題としていたのである．一方，官業としての通信事業は，行政網の構築も図った．行政網として電信網の代表的な機能は，行政機構間で交わされる官報である．1896年から1919年にかけて台湾で発着信する電報のなかで官報は30%を占めていた[49]．そして，本来「官庁用ヲ目的トシ創立セシモノ[50]」であった電話は，事業草創期には行政網としての性格が電信よりも強かった．

　治安維持と行政効率の上昇を図るために急設された台湾の通信施設は，台湾の産業開発にとって不可欠な条件でもあり，結果的に台湾経済の発展を促す重要な社会資本となった．治安・行政網の構築という政策目標は，集中的な資源配分による公共投資をもたらし，短時間で台湾全島を覆う電気通信網を完成させた．そして，このように完成した治安・行政網は，公衆網通信施設としても開放され，商業・貿易網の機能を併せもつようになった．電信線

---

47) 同上，15頁．
48) 台湾総督府交通局通信部『通信志　通信編』23頁．
49) 同時期には，有料電報が75%，無料電報が25%の割合を維持していた．通常，官報は無料電報であるが，有料電報の10%は官報として利用されていたため，そこから計算すると，全体の電報通数のなかで官報の割合は約30%に至る．
50) 台湾総督府民政局通信課『台湾通信事業成績』1900年，93頁．

の場合，まず主要拠点に警察専用線が張られ，その線路を公衆兼用線として開放すると同時に複線化，補強工事が行われた．

例えば，台湾でもっとも電信線工事が遅れていた東部地方は，山地原住民の武装闘争を鎮圧するための警察線工事が先に進んだ．1914 年に蘇澳―花蓮港間に警察専用線が開通し，この警察線を使って決められた時間帯に一般公衆電報も取り扱い始めた．ところが，公衆電報の利用量が予想を超えて多く，その一方で「警察線ハ一時ノ急ニ応シタルモノナルヲ以テ国用線トシテ永久ノ使用ニ堪ユヘクモアラヌ[51]」とし，翌年に羅東―蘇澳間の電信線を急設し，東部地方の電信需要に対応した．そして，この羅東―蘇澳線を既存の警察線に接続することで台北―花蓮港間の直通線も完成した．電話線も例外ではなく，とりわけ，市内線路の場合，電話業務の開始当初から土匪討伐用あるいは警察用として急設したものをそのまま継承したものが多かった[52]．

治安・行政網の公衆兼用方案は，財政的な負担から生まれた苦肉の策として考えられる．経済的に立ち遅れていた台湾に対してさまざまな公共投資を同時に行っていた政府は，台湾開発を進めていくだけの十分な資力をもっていなかった[53]．したがって，傍受の危険を認知しながらも，同一区間に対する重複投資を防ぐべく，警察線と公衆線を併用せざるを得なかったのである．ところが，政府が警察線を公衆線として開放したことは，民間の商業，貿易における通信需要がそれほど大きかったことの裏返しでもある．1900 年代から台湾経済は，本格的な近代経済成長の軌道に乗り始めた．1900 年代半ばから慢性的，持続的な武装闘争が治まり，このような治安確立は台湾への投資リスクを大きく減少させ，友好的な投資環境を助成した．また，道路，鉄道，港湾，通信などの社会資本の拡充は，農林業を中心に日本から資本輸出を活発化させ，糖業資本を筆頭とする日本資本の台湾進出が本格化した．このことが台湾の農業生産の商品化をさらに促進させ，台湾経済の近代経済成長を加速化するきっかけを作ったのである．その過程において民間の通信

---

51) 台湾総督府民政部通信局『台湾通信事業要覧』1915 年，30 頁．
52) 日本電信電話公社電信電話事業史編纂委員会『電信電話事業史』306 頁．
53) 林鐘雄『台湾経済発展の歴史的考察 1895-1995』財団法人交流協会，2002 年，41-42 頁．

第 1 章 台湾総督府による情報化の開始 　41

需要が日々増加したため，政府は警察線と公衆線を併用する方法を講じたと考えられる．

第 3 節　電信・電話需要の分析

1. 電信需要

　では，日本が台湾を領有してから 1910 年代末までの民間の通信需要は，いかなるものであったのか．具体的な通信需要の分析に入る前に，この時期の台湾経済について簡単に述べておきたい．よく知られているように，第 4 代台湾総督児玉源太郎と民政長官後藤新平が施した各種の政策は，市場経済の土台作りとして大きな意義があった．児玉・後藤期（1898〜1906 年）に着手された近代化事業の 1 つは，人口，土地，林野などの資源調査であった．とくに 1898 年から 1905 年にかけて行われた土地調査事業は，土地の権利関係を確定し，その結果，安全な土地取引が可能となった[54]．市場経済の導入において重要な幣制改革と度量衡統一も，この時期に行われた．1899 年には台湾銀行が設立され，それを基に 1904 年に金本位制を導入することで幣制改革が完了した．また，度量衡計器の製造，修理，販売は，1906 年から官営となり，商業活動における混乱は収束した[55]．一方，鉄道，港湾などの公共投資も積極的に行われた．1899〜1908 年の間に南北縦貫鉄道が完成し，貿易でもっとも重要な港湾整備も，基隆港（1899〜1902 年）と高雄港（1908〜1912 年）の第 1 期工事が完成した．これらの交通インフラは，電信・電話と同じくもともとは治安及び軍事的用途が付帯していたが，台湾の産業開発に

54）　矢内原忠雄は，土地調査事業の効果を次の 3 つに整理した．第 1 に，地理地形が明らかになることで治安上便利になる．第 2 に，隠れた田畑が整理され，土地面積が増加し，その結果，地租の増徴改訂が可能となるため財政収入が増加する．第 3 に，土地取引が安全に行われ，これが資本の誘因となり，日本の資本家が安心して土地投資と企業設立を行うことができる（矢内原忠雄『帝国主義下の台湾』岩波書店，1988 年，18 頁）．

55）　張漢裕「日據時代台湾経済之演変」『台湾経済史ニ集』台湾銀行経済研究室，1955 年，76 頁．

とって不可欠の条件でもあった[56]．上記の土地調査事業をはじめ，縦貫鉄道建設，港湾整備事業は，台湾事業公債法に基づく3大事業であった[57]．

児玉・後藤期に市場経済の土台が作られ，投資環境が整備されるにつれて新しい近代的組織（会社，工場，商店）が登場した．台湾人と台湾在住日本人による小規模な新式製糖会社が，旧式糖廍や改良糖廍の代わりに次々と設立された．また，日露戦後の企業熱の波に乗って，明治製糖，大日本製糖，東洋製糖などの日本製糖各社の台湾工場進出が本格化した[58]．このような製糖会社は，1910年代後半まで改良糖廍と小規模の新式製糖会社との吸収合併を繰り返し，経営規模を拡大していった．一方，茶業では商人資本の成長が目立った．ほとんどを日本へ輸出した砂糖と異なり，欧米と東南アジアへ輸出した台湾茶の場合，茶輸出業で蓄財した台湾人茶商による商店が多数出現した[59]．茶業以外にも日本との経済関係が深まっていくなかで，製帽業，籾摺・精米業の分野から，台湾人が主体となる農村工業が繁盛し[60]，1900～1910年代には，台湾人または台湾在住日本人が多くの会社，工場，商店を設立した．

台湾における市場経済の発展と近代的組織の登場は，必然的に通信需要の増加をもたらした．1896年から1916年までの間に，毎年平均6.8カ所のスピードで電信施設が増え続けたことはすでに述べたが，電信需要はこのような電信供給とは異なる動きを見せた．1900年代までの電信需要は，沈滞状態が続いた．表1-6からもわかるように，電信事業の開始直後から2年間を除けば，発信電報数は毎年平均50万通前後で1909年まで伸び悩んでいた．

---

56) 林『台湾経済発展の歴史的考察 1895-1995』18頁．
57) 小林英夫「日本帝国主義下の植民地――日清・日露戦後期以後の台湾」『駒沢大学経済学部研究紀要』第45号，1987年，144頁．
58) 社団法人糖業協会編『近代日本糖業史 上』勁草書房，1962年，298頁．
59) やまだ「台湾茶業における台湾人資本の発展」62-65頁．
60) 茶業については，やまだ「台湾茶業における台湾人資本の発展」；河原林『近代アジアと台湾』を参照．籾摺・精米業については，堀内義隆「日本植民地期台湾の米穀産業と工業化――籾摺・精米業の発展を中心に」『社会経済史学』第67巻第1号，2001年，23-46頁を参照．製帽業については，四方田雅史「模造パナマ帽をめぐる産地間競争――戦前期台湾・沖縄の産地形態の比較を通じて」『社会経済史学』第69巻第2号，2003年，169-188頁を参照．

表 1-6 発信電報の内訳

単位：千通

年度	発信電報 [a]	内国電報 (無料)	内国電報 (有料)	島内 (%)	日本 (%)	その他 (%)	台湾人利用 [b]	b/a (%)
1896	199	49*	147*	80.5*	18.3*	1.2*	n.a.	n.a.
1897	408	101*	303*	78.7*	20.2*	1.1*	5	1.3
1898	479	119*	356*	76.8*	22.1*	1.0*	15	3.1
1899	469	116	349	74.6	24.4	1.0	16	3.5
1900	509	126	378	69.2	29.8	1.0	20	3.9
1901	492	122	366	71.3	27.7	1.0	25	5.1
1902	469	116	348	68.5	30.5	1.0	32	6.9
1903	514	127	382	64.3	34.7	1.0	43	8.3
1904	501	124	372	63.2	35.8	1.0	50	10.0
1905	494	122	367	61.6	37.4	1.0	53	10.7
1906	479	118	355	60.0	39.0	1.0	52	10.8
1907	479	119	356	58.4	40.6	1.0	53	11.1
1908	498	123	370	54.4	44.6	1.0	50	10.0
1909	507	126*	377*	54.4*	44.7*	0.9*	47	9.2
1910	649	161*	482*	52.5*	46.6*	0.8*	51	7.9
1911	829	192	625	48.7	50.7	0.5	69	8.3
1912	903	224	664	50.1	49.3	0.6	82	9.1
1913	936	220	699	48.8	50.3	0.9	91	9.8
1914	936	249	671	57.3	41.6	1.1	96	10.3
1915	865	209	641	51.2	47.9	0.9	105	12.2
1916	926	216	688	46.4	52.4	1.2	138	12.3
1917	1,104	253	829	42.2	56.7	1.1	166	15.0
1918	1,207	264	917	37.9	60.9	1.1	180	14.9
1919	1,493	310	1,154	47.1	52.1	0.8	196	13.1

注：(1) *は推定値である．
(2) 1899～1908年，1911～1919年のデータを基に1896～1898年と1909～1910年の電報量の推定を行った．その際，有料島内電報の推定式は，$y=-1.87x+74.93$ ($R^2=0.974$)，有料台日電報の推定式は $y=1.89x+23.97$ ($R^2=0.974$) である．
(3) 1899～1908年の有料内国電報のなか，その他の比重は1911～1919年を基準として1％に仮定した．
(4) 内国電報の有無料割合は，1899～1908年，1911～1919年を基準として3：1に仮定した．
出典：(1) 台湾総督府交通局通信部『通信志 通信編』1928年，通信統計．
(2) 台湾総督府民政局通信局『台湾通信事業要覧』各年版．

このような電信需要は，1910年を起点として3年間で倍近く増加し，1912年から1916年にかけて，90万通台の水準を維持するようになった．「本島殖産興業ノ発展ニ依リ本島内ハ勿論本島内地間，本島外国間ノ商取引関係ヲ頻繁ナラシメタル[61]」との記述からもわかるように，台湾経済の発展が電信

---

61) 台湾総督府民政部通信局『台湾通信事業要覧』1913年，36頁．

需要の直接的な増加要因であった．その後の電信需要は，第1次世界大戦がもたらした好況の影響によって1917年から再び急増し始め，1919年には1900年代の電信需要の3倍に該当する150万通にまで成長した．「本島ノ産業力著シク勃興シ商取引関係カ内外ニ発展シタルニ（中略）大正八，九両年度ハ本島電信ノ黄金時代トモ称スベク[62]」と，大戦ブームは電信需要を大きく吊り上げた．逆に，戦争勃発直後の一時的な不況が訪れた1915年には，電信需要も減少した（表1-6参照）．このような景気循環寄りの電信需要は，電報の多くが商取引に利用されていたことを物語っている．

　台湾から発着信する電報には，内国電報と外国電報があった．そのなかで内国電報は，台湾島内で発着信する電報（以下，島内電報）と，台湾と日本（以下，台日電報）及び台湾と日本の植民地（朝鮮，樺太，満州，南洋諸島など）の間で発着信する電報である．それに比べ，外国電報は日本領土を除いた中国大陸をはじめ，その他の外国と発着信する電報を指す．内国電報は，また無料電報と有料電報に分けられ，無料電報は主に官報などの治安・行政上の通信手段であり，有料電報は商報などの民間の利用が多い[63]．

　再び表1-6を見れば，無料電報は少しずつ増加しているものの，その増加幅は有料電報より大きくないことがわかる．1910年と1917年に発信電報数が急増するときは，無料電報ではなく有料電報の増加がその原因であったのである．この有料電報の98%以上を占めていたのは，島内電報と台日電報であった．1900年代までの島内電報は台日電報を上回っていたが，1910年代からは両方の比率がほぼ対等となる．これは，1905〜1910年の間に台湾と日本の経済的紐帯が強化され，台湾と日本間の電信需要が増加したためである．この時期の内国電報の主な利用層は，台湾在住日本人であった．表1-7からわかるように，1910年代の台湾人の内国電報利用率は15%以下であった．1900〜1910年代に日本企業の台湾進出が本格化し，台湾に支店を設けた日本企業が台日電報を頻繁に利用したため，内国電報の利用量が急増したのである．例えば，同時期に台湾糖の貿易業に進出した三井物産の場合，

---

62)　台湾総督府交通局逓信部『逓信志　通信編』135頁．
63)　通常，有料電報の10%は官報であった．

表 1-7　台湾人の電信需要

単位：千通

年　度	内国電報[a]	台湾人利用[b]	b/a (%)	外国電報[c]	台湾人利用[d]	d/c (%)	台湾人利用電報の内訳		
							中国(%)	香港(%)	その他(%)
1911	817	50	6.1	11.6	1.3	11.4	42.7	33.7	23.5
1912	888	80	9.0	15.0	2.5	16.4	39.8	27.4	19.3
1913	919	90	9.8	12.5	1.7	13.3	47.9	30.6	21.0
1914	920	74	8.1	13.3	1.8	13.3	52.1	24.1	21.2
1915	850	103	12.1	15.0	2.3	15.3	52.5	13.4	16.9
1916	1,103	133	12.1	22.1	5.1	22.9	49.9	13.6	12.3
1917	1,082	160	14.8	21.9	5.7	26.0	60.1	22.8	13.6
1918	1,181	169	14.3	25.8	10.5	40.7	61.0	23.0	13.0
1919	1,464	190	13.0	29.0	5.3	18.2	62.9	17.4	16.1

出典：台湾総督府民政局通信局『台湾通信事業要覧』各年版．

日本の本支店と台北や台南の支店との間で頻繁に電報を交わしていた[64]．

　台湾人の電信需要の低位性に対する1つの可能な説明は，漢文電報の廃止である．日本の台湾領有とともに漢文電報が廃止され，新しく和文電報が加わった．この措置は，台湾人の電報利用率を短期的に引き下げることとなった．しかし，当該期の電信施設がもっぱら台湾在住日本人の通信手段であったわけではない．そもそも当時の電報は，一般公衆が安否連絡のために手軽に使えるものではなく，商売用に使われる高コストの通信手段である．要するに，電信利用層は商取引や貿易を行う商店や会社などに限られていた．したがって，産業構造や貿易構造によって電信需要の性格は大きく左右される．中国大陸との対岸貿易と，東南アジアを対象とする包種茶貿易などで活躍していた台湾人の場合，外国電報の利用率が，内国電報の利用率より遥かに高かった．

　表1-7から確認してみると，大戦ブームが訪れた1916年から1919年にかけて，外国電報における台湾人利用は，多いときは40％にも達した．外国電報の中身を見ると，1900年代までは，「外国電報中第一位ヲ占ムルモノハ清国，之ニ次クモノハ米国及韓国等トス就中米国トノ関係ハ本島特産ノ一ナ

---

64)　三井文庫監修『三井物産支店長会議議事録2　明治三十六年』丸善，2004年，89-99頁．

ル製茶ノ取引上ヨリ来レル[65]」と,中国大陸との対岸貿易と,アメリカを仕向け地とする烏龍茶貿易において電報が多く利用されていた.この烏龍茶貿易は,イギリス洋行が掌握していたため,外国電報の利用層のなかにはイギリス商人が多かった.しかし,1910年代からは,次第に「支那,香港,爪哇,海峡植民地及比律賓等ノ所謂南支南洋方面ノ通信著シク増加[66]」し,表1-7からもわかるように,中国と香港が80%を占め,東南アジアとの電報も増加していった.1910年代からは,対岸貿易とともに東南アジアを仕向け地とする包種茶貿易が活発となり,それに従事する台湾人商人の電報利用も増加していったのである.

2. 電話需要

電話施設は日露戦後から劇的に増加し始め,第1次世界大戦期までに約130カ所の通話施設が設置され,また70カ所の交換施設が設置された.事業草創期に伸び悩んでいた電話需要も,日露戦争の終結とともに大幅に増加し始めた.電話通話サービスは,市内通話と市外通話に分けられ,またそれぞれは加入者電話を利用する加入者間通話と,郵便局電話を利用する加入者外通話に区分することができる.これら4つの電話通話の利用実態を通じて,1900～1910年代の台湾の電話需要の特徴を見てみよう.事業開始時の1900年から1919年までの間に,市内通話は約70万度数から3,460万度数に増加し,一方で市外通話は7,000度数から103万度数に増加するなど,市内外を問わず通話量が大幅に増加したことが表1-8から見て取れる.時系列で見れば,日露戦後と大戦ブームが訪れた時期に市内外通話度数が急増し始めたことがわかる.言うまでもなく,電話需要も電信需要と同様に景気変動の影響を受けていたのである.

　一般に,市内電話は都市内部の近距離通信手段であり,市外電話は都市と都市の間を結ぶ遠距離通信手段である.したがって,地域間の物流と連携して価格情報を頻繁に交わさせ,全国的な市場統合をもたらす情報交換は,市

---

65) 台湾総督府民政部通信局『台湾通信事務成績』1907年,301頁.
66) 台湾総督府民政部通信局『台湾通信事業要覧』1918年,32頁.

表1-8 通話度数の内訳

単位：千度数

年度	市内通話度数 [a]	加入者間 [b]	加入者外 [c]	c/b (%)	市外通話度数 [d]	加入者間 [e]	加入者外 [f]	f/e (%)	d/a (%)
1900	657	656	1	0.2	7	4	3	78.8	1.1
1901	2,833	2,827	6	0.2	18	10	8	77.6	0.6
1902	3,687	3,679	8	0.2	18	10	8	76.3	0.5
1903	3,550	3,542	8	0.2	20	11	8	74.9	0.6
1904	3,682	3,674	8	0.2	20	12	9	73.2	0.6
1905	4,279	4,270	10	0.2	51	30	21	71.4	1.2
1906	5,040	5,029	11	0.2	76	45	31	69.1	1.5
1907	7,427	7,410	17	0.2	161	97	64	66.4	2.2
1908	9,332	9,311	21	0.2	229	141	89	62.9	2.5
1909	11,513	11,487	26	0.2	272	172	100	58.0	2.4
1910	13,354	13,324	30	0.2	350	234	116	49.5	2.6
1911	15,158	15,124	34	0.2	417	289	128	44.3	2.7
1912	17,164	17,126	38	0.2	491	347	144	41.4	2.9
1913	19,229	19,191	38	0.2	530	375	156	41.6	2.8
1914	19,669	19,632	38	0.2	493	366	127	34.9	2.5
1915	20,706	20,664	42	0.2	513	379	133	35.1	2.5
1916	24,431	24,383	48	0.2	567	435	131	30.2	2.3
1917	27,600	27,555	44	0.2	703	577	127	22.0	2.5
1918	29,490	29,460	30	0.1	878	720	158	22.0	3.0
1919	34,632	34,600	32	0.1	1025	871	155	17.7	3.0

出典：(1) 台湾総督府交通局通信部『通信志　通信編』1928年, 通信統計.
　　　(2) 台湾総督府民政局通信局『台湾通信事業要覧』各年版.

外電話によるところが大きい[67]. ところが, 表1-8を見る限り, 1900～1910年代の台湾では, 市内通話度数が市外通話度数を圧倒し, 市外通話度数は市内通話度数の3%以下にすぎなかった (d/a). つまり, 同時期の台湾の電話需要は, ほとんどが市内電話であったのである. 市内電話に比して市外電話の利用実績が低調な理由は, 市外電話線の整備がまだ十分ではなかったためである. 1900～1910年代の電話線工事は, 主に都市内部と都市周辺部が中心となり, 台湾全島の主要都市を連結する市外電話線工事が本格化するのは1920年代に入ってからである. 一方, このように増加の一途をたどった市内電話需要は, 都市内部の近距離通信手段としての電信需要を吸収し始めた. 1914年の『台湾通信事業要覧』では,「本島ニ於ケル電信業務ハ電話通信ノ

---

67) この点については, 藤井信幸『テレコムの経済史——近代日本の電信・電話』勁草書房, 1998年, 第5章「電信と市外電話」を参照されたい.

発達ニ依リ島内短距離間ノ電報ハ稍々減少[68]」したとの記述が登場する．郵便と同様の逓送システムをもつ電報は，もともと近距離通信に適した通信手段ではない．都市内部の電信連絡の場合，電報の配達速度が郵便とほぼ変わらず，郵便料金より遥かに高い電報料金まで考慮すれば，市内通信手段としての電信は郵便に劣るものであった[69]．そのため，都市部を中心とする電話加入者が増加すると，市内通信需要の一部を賄っていた市内発着電報は，市内電話に吸収されたのである．

次に，加入者間通話度数と加入者外通話度数を市内外通話で見てみよう．加入者間通話は，個人宅，会社，商店，旅館などに設置した加入者電話を利用する通話であり，加入者外通話は，郵便局電話を利用する通話である．再び表1-8を見ると，市内通話においては，加入者間通話度数が加入者外通話度数を圧倒し，加入者間通話度数に対する加入者外通話度数の割合がわずか0.1〜0.2％にすぎないことがわかる（c/b）．ここから市内電話需要が，ほとんど電話加入者間の通話であったことが確認できる．市内通話における加入者外通話度数は，1916年の約4万8,000度数をピークに漸次減少するが，これは「通話ノ状況ハ漸次各地ニ交換事務開始セラレ加入者ノ増加ヲ見ルニ至レル結果，加入者外ノ通話ハ自然減少ヲ免レサルモ加入者ノ通話度数ハ益々増加シ[70]」たためである．他方，市外通話においては，市内通話に比べ，加入者外通話度数の比重が非常に高く，加入者間通話度数に対する比率が50％を超える時期もあった（f/e）．しかし，市外電話線の増設と電話加入者の増加により，市外通話における加入者外通話度数の比重は，1900〜1910年代にかけて徐々に下がっていった．

表1-8のd/a値から，1900〜1910年代の台湾では，市内通話度数が市外通話度数を圧倒し，同時期の電話需要がほとんど市内通話であったことは既述した．かくして，1900〜1910年代の台湾では，市内電話が近距離通信手段として，島内電報や台日電報が遠距離通信手段としてそれぞれの通信需要に対応していた．ところが，市外電話線工事が進み，電話加入者がさらに増

---

68) 台湾総督府民政部通信局『台湾通信事業要覧』1914年，31頁．
69) 藤井『テレコムの経済史』43-47頁．
70) 台湾総督府民政部通信局『台湾通信事業要覧』1917年，30頁．

加した 1920 年代には，市内通話はもちろん市外通話も加入者電話によって行われるようになる．すなわち，島内における近距離通信（都市内部）と遠距離通信（都市と都市）が，両方とも加入者電話によって行われる．これを時系列で整理すると，1900〜1910 年代は，市内電話による近距離通信と内外国電報による遠距離通信がそれぞれの通信需要に対応し，1920 年代からは，市内外電話による島内通信と内外国電報による島外通信へと通信需要の中身が変わるのである．

このように，1910 年代までと 1920 年代以降の時期を区切るもっとも核心的な変化は，島内電報需要が市外電話需要に吸収される点である．そして，その変化は，1910 年代半ばから始まったと思われる．例えば，『台湾通信事業要覧』1915 年版には，「本島ニ於ケル電信業務ハ近年電話通信ノ発達ニ依リ島内往復電報通数ノ減少セル傾向ヲ示セルモ本島内地間ニ於ケル商取引関係ハ日々密接ヲ加ヘ倍々電報ノ増加ヲ来シ[71)]」との記述が登場する．このような記述は，1910 年代後半に台湾総督府の通信中央機関が発刊した他の文献からもよく見かける．

いずれにせよ，1920 年代以後，台湾島内通信において郵便局電話より加入者電話の方が，より重要性を増していったことは間違いない．そこで，最後に表 1-9 を通じて 1900〜1910 年代の電話加入者，とくに台湾人電話加入者について見てみよう．電話加入者数も電話通話度数と同じく日露戦後と大戦ブームを契機に大きく増加した．電話業務を開始したときに 400 人にすぎなかった電話加入者数は，1919 年には 7,000 人を超えるほど増加した．台湾人加入者の増加も著しく，統計がわかる 1904 年に 26 人にすぎなかった台湾人電話加入者は，1919 年には 1,800 人まで増加した．全体の電話加入者に対する台湾人電話加入者の割合は，1904 年の約 4% から 1919 年には約 26% まで伸びた．同期間の台湾人の電信利用率が，15% 以下であったことに比べ，台湾人電話加入者の割合は相対的に高いことが見て取れる．台湾人の低調な電信利用と相対的に高い電話加入者の比率は，いかに説明すべきであろうか．日本の台湾領有とともに実施された漢文電報の廃止が，一時的に

---

71) 台湾総督府民政部通信局『台湾通信事業要覧』1915 年，27 頁．

表 1-9 台湾人電話加入者

単位：人

年度	電話加入者	台湾人加入者	(%)
1900	431	n.a.	n.a.
1901	625	n.a.	n.a.
1902	686	n.a.	n.a.
1903	693	n.a.	n.a.
1904	685	26	3.8
1905	840	33	3.9
1906	1,133	80	7.1
1907	1,473	147	10.0
1908	1,738	178	10.2
1909	2,161	231	10.7
1910	2,648	329	12.4
1911	3,139	437	13.9
1912	3,758	549	14.6
1913	4,115	617	15.0
1914	4,417	719	16.3
1915	4,620	739	16.0
1916	4,869	864	17.7
1917	5,365	1,023	19.1
1918	6,163	1,366	22.2
1919	7,146	1,843	25.8

出典：台湾総督府交通局通信部『通信志　通信編』1928年，通信統計．

台湾人の電報利用を減少させたことは前述の通りである．しかし，もともと台湾人の通信需要は外国との貿易の際に発生し，したがって外国電報においては台湾人の電信利用が相対的に高かった．一方，台湾島内での輸出商品の取引と流通が増えたため，台湾人の島内通信需要も当然高まり始めた．それに合わせて，折よく電話線拡張工事が進み，加入者電話が増え始めたため，島内通信における台湾人の通信需要は，電話需要へと急速に収束したと思われる．

第4節　小　括

第1章では，清朝時代（1877〜1895年）と日本時代（1895〜1919年）におけ

る台湾の情報化過程を明らかにした．その際，中国政府による情報化がいかなる限界を露呈し，その後，台湾総督府がいかなるインセンティブを持ち，その限界を乗り越えたのかについて検討を行った．

　1877年の高雄―安平間の電信開通を皮切りに，中国政府の下で推進された電信事業は，台湾省が福建省から分離新設される1885年から本格化した．その後，1895年に台湾が日本の植民地になるまでのおよそ10年間，台湾の電信事業は，中国政府の近代的国家通信網の構築計画のなかで中国通信網に織り込まれる形で発展した．したがって，その中心的な機能は，中央政府との連絡事務を迅速かつ安定的に行うことにあった．このような台湾通信網は，日清戦争の勃発とともに新局面を迎えた．日清戦争の終結は，台湾を中国通信網から切り離し，その後，展開された10カ月間の野戦電信時代は，台湾を日本通信網へ織り込む基礎作業となった．反日武装闘争を鎮圧するために，日本軍が軍事通信施設として始めた野戦電信事業は，短時間で野戦電信網を台湾西部に張り巡らせた．治安維持という明確な目的の下で，集中的な資源配分によって構築された野戦電信網は，日本時代の台湾通信網構築の出発点となった．

　軍政から民政へ移り，1896年4月から台湾総督府の社会資本に対する積極的な公共投資が始まった．1896年から第1次世界大戦期までの間に電信・電話の普及はもっとも早く展開され，1910年代末には政府主導の情報化が一定の水準に達した．具体的には，まず日本から移植した電信・電話制度がほぼ日本と同様の形で台湾に定着した．また，東部山岳地方まで拡張した陸上線によって，1919年頃には全島を一周する電信網が完成した．海底線においては，中国から淡水―福州線を買収し，淡水―那覇，淡水―長崎1番線，淡水―長崎2番線が敷設され，台湾と日本の経済的紐帯がさらに強まった．一方，電信・電話施設の普及速度は，1910年代まではもっとも早かった．なかでも電信施設は，1896年から1916年までの間に急成長し，電話施設は日露戦後から劇的に増加し始めた．このような政府主導の情報化における到達点は，台湾通信網が治安・行政網として完全な機能を果たす水準に他ならなかった．日本が台湾を占領してから20年間（1895～1915年）にわたる台湾植民地征服戦争は，公共投資の優先順位を治安維持に置き，台湾では

警察線が優先的に建設された．そして，主要拠点に張られた警察線は，補強工事とともに公衆線として併用されることとなった．政府の財政的な負担から生まれたこの方法は，立ち遅れていた台湾の情報化水準を一気に吊り上げる効果をもたらした．

　台湾の電信需要は，1900年代までの低調期を経て1910年代から急増し始めた．台湾と日本間の経済的紐帯が強くなるにつれて，台湾―日本間の電報通数が島内電報を凌駕するほど増加した．日本企業の台湾進出が本格化し，台湾在住日本人が増えることで，台湾―日本間の電報通数は持続的に増加した．一方，台湾人の場合，漢文電報が廃止されたため，電信利用率は台湾在住日本人に比べて低調であった．それでも外国電報の利用は相対的に多く，貿易業に従事する台湾商人などが商取引に電報を利用していた．1900～1910年代の電話需要においてもっとも重要な特徴は，電話需要のほとんどが加入者間通話を中心とする市内電話であった点である．市外通話が市内通話の3%以下であるほど，市内通話が市外通話より圧倒的に多かった．また非加入者が市内電話を利用する場合はほとんどなく，最初こそ高かった市外通話における非加入者の比率も徐々に下がっていった．電話加入者のなかには，台湾人加入者の伸び率が著しかった．相対的に低調だった台湾人の電信利用率に鑑みれば，電話線工事の拡張と電話加入者の増加は，島内通信における台湾人の電信需要を速やかに電話需要へ収束させていったと考えられる．

第2章　朝鮮総督府による情報化の開始

第1節　中国通信網から日本通信網へ

1. 朝鮮の電信事業をめぐる日本と中国の対立

　1876年の開港以来，朝鮮に対する宗主権をめぐって日本と中国の対立が表面化していくなか，1882年7月に待遇改善を要求する兵士たちの不満が反政府・反日的な暴動に発展し，日本公使館が襲われる事件（壬午軍乱）が発生した．当時の朝鮮には通信施設が皆無であったため，この事件が日本や中国に伝わるまではかなりの時間がかかった．仁川沖で停泊中だったイギリスの測量船に乗り，長崎に到着した花房義質弁理公使が，事件を知らせる電報を井上馨外務卿に送り，日本政府が壬午軍乱の全貌を把握するまでは1週間もかかった[1]．さらに，中国政府が壬午軍乱の真相を知ったのは，日本政府よりも遅く，事件発生から9日目のことであった[2]．朝鮮に対する政治的な影響力を拡大してきた日本と中国にとって，このような情報時差の存在は決して好ましいものではなかった．壬午軍乱をきっかけに，日本と中国は朝鮮との直接通信の必要性を痛感した．その後，壬午軍乱は中国軍の出兵によって鎮圧され，暴動の背景として指目された興宣大院君は天津に連行された．このような中国の軍事行動は，日中間における緊張感をより高める結果をもたらした．

　そのなか，事態が急変したのは，2年後の1884年12月であった．日本軍

---

1) 海野福寿編『韓国併合　外交史料　上』不二出版，2003年，150頁.
2) さらに，その情報は日本政府から入手したものであった（金正起「西路電線の架設と反清意識の形成」『金哲俊博士華甲紀念史学論叢』知識産業社，1983年，801頁）．

の支援を基に開花派がクーデター（甲申政変）を引き起こしたのである．しかし，朝鮮に駐留していた中国軍が直ちに鎮圧に乗り出したため，新政権はたった3日で崩壊してしまった．この事件をきっかけに，朝鮮に対する日本の影響力は著しく低下した．一方，甲申政変の経験から中国本土との緊密な軍事連絡の必要性を再び痛感した中国政府は，中国通信網のなかに朝鮮半島を織り込む計画を立てた．同時期の中国国内では，近代的国家通信網の構築事業が活発に行われていた[3]．1885年6月に中国と朝鮮は，「義州電線合同」という条約を締結した．同条約は，中国が借款と技術を提供する代わりに中国政府が電信線路の経営権を確保するという内容であった．それに基づき，1885年9月には漢城（以下，ソウル）―仁川間の電信線が開通し，その線路を管理する中国通信機関の「漢城電報総局」が開設された．このソウル―仁川間の電信線が，朝鮮最初の陸上電信線（以下，陸上線）である．その後，ソウル―仁川区間は平壌にまで拡張され，義州を経由し，国境を越えて中国国内まで延長された．かくして，朝鮮半島を中国通信網に結び付ける西路電線が完成した．

　他方，日本―朝鮮間の電信架設を図っていた日本政府は，1882年12月にデンマークの大北電信会社に，海底電信線（以下，海底線）の釜山陸揚げを許可する免許状を交付した．そして，翌年の1883年3月には，朝鮮と上記内容を骨子とする「釜山口設海底電線條欵」を締結した[4]．そのなか，中国の西路電線計画を聞いた日本政府は，「韓清ノ条約ハ廃止スヘシ」と，中国と朝鮮が締結した条約の不当さを強く批判した[5]．1885年7月には駐朝臨時代理公使高平小五郎が，統理交渉通商事務衙門督弁[6]金允植と面会し，中国との条約が「釜山口設海底電線條欵」の第2条に違背すると主張した[7]．第2

3）　千葉正史『近代交通体系と清帝国の変貌——電信・鉄道ネットワークの形成と中国国家統合の変容』日本経済評論社，2006年，89頁．
4）　朝鮮での国際電信網の架設をめぐって日本政府が大北電信会社と交わした契約については，大野哲弥「大北電信会社に対する国際通信独占権付与の経緯」『メディア史研究』第21号，2006年が詳しい．
5）　外務省編『日本外交文書』第18巻，日本国際連合協会，1950年，78文書，147-148頁．
6）　外務大臣に相当する職位である．
7）　海野『韓国併合　外交史料　上』151頁．

条とは,「朝鮮政府ハ該海陸電線竣工後通信ノ日ヨリ起算シ満二十五年ノ間ハ朝鮮政府ニテ該海陸線路ト対抗シテ利ヲ争フノ電線ヲ架設セズ[8)]」と,朝鮮における日本の独占的な電信事業権を保障するものであった.しかし,甲申政変以来,朝鮮で政治的な影響力を強めてきた中国に比べ,相対的に劣勢に立っていた日本は,結局のところ,中国の西路電線計画を容認せざるを得なかった.

その代りに,日本はソウル—釜山間の陸上線,すなわち南路電線の新設を朝鮮政府に要求した.そこには,「釜山口設海底電線條欵」の第3条に関わる日本側の思惑が潜んでいた.第3条とは,「朝鮮郵程司官線ヲ架設スルノ時海外ノ電報ハ釜山ノ日本通信局ト通聯シテ辦理スヘシ[9)]」と,朝鮮から海外へ発信するすべての電報は,釜山にある日本通信局からもその内容を確認することができるという内容であった.つまり,ソウル—釜山間の陸上線が建設されれば,日本は朝鮮の国内事情はもちろん中国の動向も詳細に把握することができるのである[10)].しかし,財政状況や技術的な問題から朝鮮政府が南路電線の架設工事に難色を示したため,日本との交渉は難航を繰り返し,その結果,第三者の中国が仲裁案を提示した.それは,朝鮮の代わりに中国側が費用と技術を提供し,ソウル—釜山間の陸上線を架設するというものであった[11)].このような仲裁案には,西路電線の既得権を維持しつつも,南路電線をめぐる交渉に介入して日本を牽制する,という中国の計算が背後にあった[12)].しかし,南路電線の着工は遅れるばかりであった.日本を牽制していた中国は,工事を急ぐ理由がなかった.また,日中両国の政府同士の協約

---

8) 外務省編『日本外交文書』第16巻,日本国際連合協会,1951年,111文書付属書,290頁.

9) 同上書,290頁.

10) 金延姫「高宗時代における近代通信網の構築事業——電信事業を中心に」ソウル大学大学院博士論文,2006年,67頁.

11) 高平臨時代理公使と金允植督弁および中国の譚賡堯副総弁との詳細な交渉経過については,外務省『日本外交文書』第18巻を参照されたい.

12) こうした中国の思惑は,1886年1月に締結した「中国代辦朝鮮陸路電線續款合同」によく表れている.これによると,南路電線は朝鮮政府の組織である「朝鮮電報総局」の管理下にあったものの,電信線の監督権は中国政府の電信事務管理機構である「華電局」がもっていた(逓信省通信局『朝鮮電信誌』1895年,182-183頁).

ではなく，朝鮮を挟んだ約束であったため，日本はこのような状況を打破するために朝鮮政府を圧迫するしかなかった．かくして，朝鮮は日本の圧力から逃れると同時に電信事業の主体的な運営を目論み，南路電線の自力架設を推進した．1887年3月に「朝鮮電報総局」の開設とともに，朝鮮は南路電線の建設に拍車をかけ，1888年6月には全区間が開通した．

　朝鮮は南路電線の自力架設を通じ，独自的な電信事業の可能性を確認した．さらに，朝鮮は中国と日本を牽制すべく，ロシアを引き込み，ソウル―ウラジオストク間の北路電線の架設も推進した．この北路電線の最初発案者は，当時外交顧問であった米国人デニー（Owen N. Denny）であった．彼の構想は次のようなものであった．

　　ロシアに連接する北路電線が完成すれば，日本及び中国から欧米に発送するすべての電報は，インド方面を迂回せず，朝鮮を経由することとなる．そうすると，北路電線が東洋でもっとも重要な線路になることは間違いなかろう．そして，競争力を失った西路電線は中国との交信だけにあてられ，現在の威力を失ってしまう[13]．

　しかし，当然ながら北路電線計画は，中国と日本の反発を買った．日本は「釜山口設海底電線條欵」の第3条を挙げ，ロシアの南下を警戒した．中国も表面的には西路電線の収入減少を理由に反対したが，朝鮮の電信事業にロシアが進出することを厭っていた．シベリア鉄道の終着地問題をめぐって中国と交渉中であったロシアも，朝鮮国内の問題に関しては，中国の意見を支持する立場であった[14]．このような周辺国の反対に直面した北路電線の建設計画は当初より縮小し，1891年6月にソウル―元山間の開通となった．以上，日清戦前の朝鮮通信網の状況を概観したが，架設に至った電信線路をまとめると，①西路電線（仁川―ソウル―義州―中国連接），②南路電線（ソウル―釜山―日本連接），③北路電線（ソウル―元山）の3幹線と，④清州支線（清州―公州）として整理することができる．これらはいずれも，名目上朝鮮政

---

13) 大韓民国通信部『韓国電気通信100年史』1985年，105頁．
14) 崔文衡『韓国をめぐる帝国主義列強の角逐』知識産業社，2001年，76-82頁．

府の官線であったが，実質的には中国政府の管理下に置かれており，事実上，中国通信網の一部として機能していた[15]．

2. 大韓帝国の通信事業とその限界

　1885年のソウル―仁川間の電信線が開通して以来，10年近く中国が掌握していた朝鮮の電信事業は，日清戦争の勃発とともに大きな転機を迎える．日清戦争の宣戦布告は1894年8月1日であったが，日本軍による軍用電線架設はそれ以前からすでに始まった．電信線修理を名目に上陸した日本軍は，1894年7月19日にソウル―仁川，ソウル―釜山間の軍用電線の架設工事に着手し[16]，7月21日と26日には西路電線と北路電線を武力占拠した[17]．情報戦で有利な位置を先占した日本は，大本営の下で統一的な戦争指導体制を有効に機能させ，日清戦争を勝利に導いた[18]．朝鮮通信網から中国の勢力を完全に追い払った日本は，直ちに日本通信網のなかに朝鮮を織り込む作業に着手した．しかし，その計画はすぐに西洋諸国の反対に直面した．日清戦後，日本の勢力膨張を懸念していたフランス，ロシア，ドイツは，中国が日本に割譲した遼東半島の返還を勧告した．また，これらの3カ国にイギリスとアメリカを加えた5カ国は，「朝鮮国内ニ於ケル鉄道，電信及鉱山事業ヲ挙テ単一国人ニ任托スルハ不可ナリトスルコト[19]」と，日本による朝鮮内の電信事業の独占を阻止した．その結果，朝鮮は1896年に電信事業の自主権をほぼ取り戻すことに成功した．その1年後の1897年10月，高宗は皇帝に即位し，国号を「大韓」に改正し，大韓帝国の誕生を宣布した．

　大韓帝国政府が推進した光武改革のなかには，産業振興事業として通信網の整備も含まれていた．大韓帝国が樹立してから日韓通信合同が締結される

---

15)　海野『韓国併合　外交史料　上』154頁．
16)　高麗大学亜細亜問題研究所「日案」『旧韓国外交文書』文書番号2926, 2939, 1965年．
17)　大韓民国通信部『大韓民国通信沿革』1971年, 42頁．
18)　斎藤聖二「日清開戦時の軍事通信――釜山・ソウル間電信線架設の経緯」『茨城キリスト教大学紀要』(II　社会・自然科学) 第33号, 1999年, 39頁．
19)　国史編纂委員会『駐韓日本公使館記録』第3巻, 第198号, 1988年, 267-271頁．

までの1897～1905年の間において，大韓帝国政府が行った代表的な電気通信事業は，①通信事業を総轄する中央機構として通信院を発足，②電報司と電信線路の増設，③電信技術者の養成，④電話事業の実施などを挙げることができる．このなかで，まず通信院は郵便，電信，船舶，海員業務を管掌する機構として，1900年3月に設立された後，同年9月には農商工部の管轄から分離されて独立機構となった．この通信院の下で大韓帝国政府が意欲的に取り組んだのが，電報司と電信線路の増設であった．1905年4月末現在，支司3カ所を含めて合計35カ所の電報司が全国に設置されていたが，これは1896年7月に電信事業が再開して以来，9年間にわたって電信施設が毎年2カ所ずつ増加したことを意味する[20]．

電信線路の増設については，3路（西路，南路，北路）電線の再開とともに幹線路の延長工事が行われた．なかでも進捗程度がもっとも遅れていた北路電線は，1900年までに咸興，北清，城津，鏡城などの東北地方をすべて貫通するようになった．南路電線のソウル―大邱区間においては，既設の全州経由の線路以外に忠州経由の線路が1901年に完成し，釜山方面の電信疎通がさらに円滑となった．かくして，図2-1から確認できるように，1905年の時点でほとんどの主要都市をカバーするX字の幹線路が完成した．

大韓帝国政府は電信技術者の養成にも力を入れた．1900年11月には「電務学徒規則[21]」を公布し，全国から選ばれた優秀な学徒を対象にお雇い外国人技師が打電，翻訳，電理学，電報細則，算術を教えた[22]．そして，同時期の通信事業のなかでもっとも注目に値するのが電話事業の開始であった．

1902年3月にソウル―仁川間で開始した電話業務は，その後，都市部を中心に拡大していった[23]．最初から外国による利権事業として展開されてき

---

20) これは当初の目標だった「電報司66カ所の設置」には遥かに及ばない成績でもあった（大韓民国通信部『韓国電気通信100年史』180頁）．
21) 通信院令第7号（大韓民国通信部『電気通信事業80年史』1966年，353-354頁．原資料はソウル大学奎章閣所蔵『通信院来文（巻一）』）．
22) 大韓民国通信部『韓国電気通信100年史』190-192頁．
23) 公衆電話事業とは別に電話機の実物が朝鮮に紹介されたのは1882年頃であり，1898年には初めて宮内部に電話が設置された（大韓民国通信部『韓国電気通信100年史』207-211頁）．

第 2 章　朝鮮総督府による情報化の開始　59

図 2-1　韓国の電信線路（1905 年）
注：●は鉱山の電信施設である．
出典：筆者作成．

た電信事業とは異なり，電話事業は通信主権の回復とともに最初から公衆通信事業として始まったのである．しかし，当時の電話施設の数は非常に少なく，朝鮮人の電話加入者はほとんどいなかった．電話施設を具備していた通信機関は，ソウル，仁川，開城，平壌といった大都市の通信機関だけであり，電話加入者はソウルと仁川を合わせて 80 人程度（1905 年 4 月末現在）で，そのほとんどは日本人と中国人の商人であった[24]．以上のような大韓帝国政府の電気通信事業は，従来の研究において高く評価されてきた[25]．しかし，こ

24)　通信記念館所蔵，関商鎬の遺品「各電話所請願人表」のうち別紙記録．
25)　このような視座に立つ代表的な研究は，金延姫「高宗時代における近代通信網の構築事業――電信事業を中心に」がある．同氏によると，中国の干渉を逃れた朝鮮の電気通信事業は，その後，急速な発展を遂げたが，1905 年の日帝による通信自主権侵奪により，その間の成長は踏みつぶされた．さらに，植民地期に入ってからの電気通

のような評価は再考の余地がある．

　後述する通信合同の直後に統監府通信監理局が1906年に発刊した『統監府通信事業第一回報告』には，「日韓通信合同以前ニ於ケル現在韓国ノ電信線路ハ京釜線，京城元山鏡城線，京城義州線，京城仁川線ヲ幹線トシ尚鎭南浦，群山，木浦，馬山等ノ開港地，雲山，殷山等ノ金鉱所在地ニ通スル支線ヲ有ス[26]」という記述が登場する．ここからわかるように，通信合同以前の朝鮮の電信施設は，幹線網，開港場，鉱山の3地域に集中的に分布していた．そのなかで幹線網と開港場の電信施設は人口の多い都市とも重なり，治安・行政上の要衝地をもほぼ網羅していた．しかし，当時の電信施設（電報司）は，その数（35ヵ所）が非常に少なく，したがって経済取引のために市場参加者が電信を利用する誘因は極めて低かった．というのも，電信・電話はそもそも取引コストを節約するものであるがゆえに，通信施設へのアクセスが顕著に悪い場合は，情報獲得に要するコストが高くなるため，経済取引のために電信・電話を利用する誘因が小さくなる．そして，このアクセスを左右するものは，電信・電話の普及水準である．電信・電話のような電気通信産業は，ある程度の利用者が確保できなければ，互いの効用を増進することができない，すなわち，利用者が増えれば増えるほど互いの効用が高まるという特徴をもっている[27]．当時の電気通信網は，社会全体の取引コストを削減できるものではなく，したがって市場参加者が電信を利用する誘因も希薄であったと思われる．

　また，このような量的不足に加えて，電信施設の質的欠陥も看過することができない．元来，前近代社会では通信と交通の機能が未分離の状態であり，近代社会に移行すると同時に，通信は情報伝達に，また交通は貨物運送におのおの特化する．ところが，このように通信が情報伝達に特化するためには，通信手段のスピードが交通手段のそれを遥かに超えなければならない．しかし，当時の朝鮮で電報の逓送速度は非常に遅く，交通手段の速度を超えるも

　　信網は，単に朝鮮人を収奪，抑圧する道具に転落してしまった．
26)　統監府通信監理局『統監府通信事業第1回報告——明治39年上期』1906年，2頁．
27)　このような特徴を「ネットワーク外部性」と呼ぶ（O・シャイ，吉田和男監訳『ネットワーク産業の経済学』シュプリンガー・フェアラーク東京，2003年，121-122頁）．

のではなかった．例えば，通信事業の引受けのために1905年に朝鮮を訪れた岡本桂次郎[28]は，当時の通信状況について次のように証言する．

> 当時韓国の通信機関の実状の一端を申すと朝鮮の電信は非常に不整頓で，木浦で船が仁川へ着く予定を電報で知らせて置いたのですが，仁川へ船が着いて見ますと，誰も迎へに来ないから取敢えず領事館に行かうといふて行ったら，そこへ電報が只今着きましたといふてもつて来たのでした[29]．

彼の証言からわかるように，1905年頃の電報の逓送速度は，船の速度にも及ばないものであった．電信は通信機関が発信者から受け取った電文を電気信号に変換して送り，この電気信号を受け取った他の通信機関が再び電気信号を元の電文に変換して受信者に配達する仕組みである．それゆえ，電報の逓送速度は郵便逓送体系に大きく依存しており，したがって逓送速度は汽船や鉄道の速度に規定されていた．つまり，当時の朝鮮では交通体系の未発達が，迅速性という通信手段としての電報の特長を封殺していたのである．

次は，鉱山の電信施設であるが，これは最初から一般大衆の利用とは程遠いものであった．鉱山開発は，朝鮮に進出した外国人が早くから興味を示していた代表的な利権事業の1つであった．1886年に日本人が昌原の金鉱採掘権を獲得したことを皮切りに，1895年にはアメリカ人が雲山金鉱の採掘権を，1896年にはロシア人が鐘城鉱山の採掘権を，1897年にはドイツ人が堂峴金鉱の採掘権を，1898年にはイギリス人が殷山金鉱の採掘権を，1900年には日本人が稷山金鉱の採掘権を，1901年にはフランス人が昌城金鉱の採掘権をそれぞれ獲得した．このうち雲山金鉱，堂峴金鉱，殷山金鉱の3カ

---

28) 1867年10月17日，石川県松任町で生まれた岡本桂次郎は，東京帝国大学工科大学を卒業し東京電話交換局の技師となり，1905年に通信事業の引受作業のために渡韓した．その後，岡本は朝鮮総督府通信局電気課長を経て勅任技師を最後に退官するまで，朝鮮の電信・電話事業においてさまざまな足跡を残した．退官後は金剛山電気鉄道株式会社の専務取締役，朝鮮電気協会会長を歴任するなど，1938年に他界するまで朝鮮の電気事業にも深く関与した（阿部薫編『岡本桂次郎伝』岡本桂次郎伝記刊行会，1941年）．

29) 朝鮮総督府通信局編『通信拾遺』1936年，12頁．

所に電信施設が架設された[30]．

　以上のように，1897〜1905年にかけて大韓帝国政府が推進した電信・電話の普及政策は，情報化と直接に結び付くものとは言い難い．朝鮮通信網は，通信自主権の回復によって中国の政治・軍事的な情報通路としての役割が縮小したものの，依然として大韓帝国政府の治安・行政網として機能しており，商業・貿易網としての機能は制限的であった[31]．もちろん，当時から民間の電信利用も徐々に増加していた．代表的な電信利用者は『独立新聞』，『帝国新聞』，『皇城新聞』などの新聞社であった．これらの新聞社は外国の通信社と契約を結び，電送されてくる世界各地のニュースを報道していた．しかし，一般民衆にとって電信はまだ馴染みの薄い新文物にすぎなかった．新聞記事によると，消息を伝えるために垂れている電線を直接耳に当てて感電死する事故が多発していた[32]．また，東学農民運動においては電信施設の弊害が指摘されるなど[33]，当時の電信は民間が利用するものではなく，むしろ民間を取り締まるものというイメージが強かった．

---

30) これらの有力民営鉱山の電信架設における所要経費は，大韓帝国政府が全額を負担し，鉱山側は毎年の使用料金のみを2回にわけて納入した．政府による個別民間企業への補助金的な性格を有する無償敷設を外国人所有の鉱山を対象に行ったことは，一見，理解し難い．このことを理解するためには，当時の大韓帝国政府が「通信自主権維持」という目下の課題を抱えていたことに留意する必要がある．堂峴金鉱電信架設をめぐってドイツ人が経営していた世昌洋行と大韓帝国政府の間で行われた交渉過程は，このような大韓帝国政府の立場がよく表れている．1899年1月にドイツ公使館を通じて堂峴金鉱電信架設を要求した世昌洋行は，最初は材料と経費をすべて自己負担とする条件で，大韓帝国政府に電信架設権の許可を迫った．ところが，当時の朝鮮の世論は，外国による電信架設権の独占を憂慮する声が非常に高く，政府も同様の認識をもっていた．したがって，同年3月6日に大韓帝国政府は堂峴金鉱電信施設を直接架設することをドイツ公使館に通知し，4月4日には7,439元の架設費支出を決定し，5月25日には金城電報司（堂峴金鉱）の設置を正式に公告した（大韓民国逓信部『電気通信事業80年史』170-171頁）．

31) 金延姫「高宗時代における近代通信網の構築事業――電信事業を中心に」も朝鮮通信網を大韓帝国政府の「行政通信網」として評価している．

32) 『皇城新聞』1901年6月13日付．

33) 金正起「西路電線の架設と反清意識の形成」805-808頁．

3. 日露戦争と日韓通信合同

　1904年2月4日に臨時閣議で御前会議が開かれ，ロシアとの開戦に踏み切った日本は，同月6日に公文を送り，ロシアとの国交断絶を知らせる一方で，佐世保を出発した陸軍と護衛艦隊は，早くも8日に仁川に上陸し，9日にはソウルに入城した．その過程において，仁川に停泊していたロシアの艦船2隻と汽船が日本の護衛艦隊によって撃沈されたが，これは朝鮮に設置した日本電信局がロシア軍の電報を傍受した成果であった[34]．このように，戦争の勝敗が情報戦に大きく左右されたため，開戦と同時に日本軍は朝鮮通信網を専用する権利を大韓帝国政府に要求した[35]．しかし，このような要求に対し，大韓帝国政府が難色を示したため，日本軍は朝鮮の通信機関と線路を武断占拠し始めた．そして，戦争勃発から間もない1904年2月23日に強制的に締結した「日韓議定書」に基づき，日本は朝鮮で軍事通信網を一挙に拡張していった．この際，新設された通信機関は70カ所にも上り，野戦郵便局と軍用通信所も57カ所が設置された[36]．一方，ロシアも1904年2月21日に義州，寧辺，安州電報司の器物を破壊し，同年4月20日には城津電報司を占領するなど，朝鮮の西北地域の電信施設を武断占拠し始めた[37]．その渦中に日露の両国軍隊と通信機関の職員たちとの武力衝突が数百件も発生したが[38]，日露両軍による電気通信網の争奪戦は戦争開始後もしばらく続いた．

　ここで，朝鮮の通信事業に対する日本政府の方針を確認しておこう．1904年3月に渡韓した伊藤博文に公使林権助が提示した「対韓私見概要」を基に，元老会議では対韓方針の審議が開かれ，同年5月31日の閣議では「対韓施設綱領決定ノ件」が決定された[39]．全6項目で構成されている「対韓施設綱

---

34)　大韓民国通信部『韓国電気通信100年史』237頁．
35)　『皇城新聞』1904年2月14日付．
36)　水原明窓『朝鮮近代郵便史 1884-1905』日本郵趣協会，1993年，383頁．
37)　『皇城新聞』1904年4月22日付．
38)　日露の両国軍隊と通信機関の朝鮮人職員たちとの武力衝突については，韓国通信『要覧日記　天・地合本』1993年を参照されたい．
39)　水原『朝鮮近代郵便史 1884-1905』384頁．

領決定ノ件」のなかで第5項が「通信機関ノ掌握」に関する内容であり，それを見ると「通信機関のなかでも電信線を我が方で所有するか，または管理下におくことは絶対的に必要である」と記されている．ここから，戦争遂行にあたって朝鮮の電信網を掌握することが，日本軍にとっていかに重要な課題であったのかを窺うことができる．また「韓国の通信事業は極めて不完全で，収支も悪く現に年々30万円内外の損失を出している．もしこのまま放置しておくと，いたずらに財政上の困難を増すだけで，一般公衆の便利に供することはできない」と記されており，さらに「この問題を解決する最良の方法は，韓国政府にその通信業務を，わが帝国政府に委託させ，帝国政府は本国の通信事業と合同経営して，両国共通の一組織とすることである」という記述から，日本は短期的には戦争のための電気通信網の掌握を課題としながら，長期的には終戦後の通信合同まで視野に入れていたことがわかる．

かくして，公使林権助の指示を受けた日本通信省の外信課長池田十三郎は，1904年7月にソウルに派遣され，実地調査を行い，次のような2つの案を作成した．第1案は，日韓の通信事業の併合案であり，第2案はそれよりも緩やかで，日本が大韓帝国政府の通信事業に対する監督権をもつという案であった．このなかで日本政府は，第1案を1904年11月に大韓帝国政府に提示した[40]．これを受けた大韓帝国政府は即答を避け，戦況を注視しながら時間を稼いだが，結局1905年4月1日には「日韓通信協定」に調印することとなった．この条約に基づき，日本政府は，戦争がまだ終わらないうちに東京郵便電信局長池田十三郎をはじめとする7名の引受委員を派遣し，1905年7月1日までに朝鮮の通信事業の引受作業を完了させた[41]．その後，日本逓信省による通信機関の直轄時期を経て，1905年11月18日の「第二次日韓協約」（乙巳保護条約）に基づき，同年12月には通信官署官制が公布され，翌年1月10日には統監府通信管理局が設置された[42]．

このような日韓通信合同の結果，420カ所の旧韓国（大韓帝国）の通信機

---

40) 水原『朝鮮近代郵便史 1884-1905』384-391頁．
41) 日本電信電話公社電信電話事業史編纂委員会編『電信電話事業史』第6巻，電信通信協会，1960年，331頁．
42) 朝鮮総督府逓信局『朝鮮通信事業沿革小史』1914年，19頁．

表 2-1　合同前後における電気通信機関数の比較

単位：カ所

合同以前						合同以後		
日本通信機関			韓国通信機関			通信機関		
	電信	電話		電信	電話		電信	電話
郵便局	5	3	電報司	31	3	郵便局	12	3
郵便局出張所	3	2	電報支司	4	4	郵便局出張所	21	6
郵便電信取扱所	1	—				郵便電信受取所	1	—
電信取扱所	10	—				電信受取所	10	—
電話所	—	1				電話所	—	1
計	19	6		35	7		44	10

出典：(1) 日本電信電話公社編『外地海外電気通信史資料 4　朝鮮の部 1』1956 年，24 頁．
　　　(2) 大韓民国通信部『電気通信事業 80 年史』1966 年，413，442 頁．

関は，日本居留民団の通信機関 71 カ所と統廃合され，445 カ所の郵便局，郵便局出張所，郵便電信受取所，郵便受取所，電信受取所，臨時郵逓所に改編された．このうち，電信・電信業務を実施していた通信機関の再編結果を表 2-1 から確認してみよう．まず，電信施設は日本政府が運営していた 19 カ所と大韓帝国政府が運営していた 35 カ所が統廃合され，合計 44 カ所の電信取扱局所に再編された．このうち，郵便電信受取所と電信受取所は文字通り電文の発信ができず，受信だけが可能な通信機関であるため，双方向の電報サービスを提供していた通信機関はわずか 33 カ所にすぎなかった．電話施設は日本政府が運営していた 6 カ所と大韓帝国政府が運営していた 7 カ所が統廃合され，合計 10 カ所の電話取扱局所に再編された．合同直後，郵便業務を実施していた通信機関が 435 カ所もあったことに対し，電信・電話施設を備えている通信機関は，その 10% にも至っていなかったのである．

第 2 節　1906～1919 年の情報化

1. 電信・電話の普及過程

1906～1919 年の間における朝鮮の電信・電話の普及過程は，①統監府通信監理局による通信機関整備期（1906～1910 年），②朝鮮総督府通信局（後の逓信局）の積極財政期（1911～1915 年），③財政独立計画による緊縮財政期

表2-2 電気通信施設の供給水準

年度	電信施設 (カ所)			電信線 (km)		電話施設 (カ所)		電話線 (km)	
	和文	諺文	欧文	線路	線條	交換及び通話	通話	線路	線條
1905	81(35)	32(33)	65(30)	4,708	9,660	6(5)	7(1)	128	1,364
1906	117	35	77	4,992	10,564	10	12	208	4,992
1907	146	40	95	5,228	11,076	15	24	256	6,628
1908	172	110	115	5,268	11,544	20	44	324	8,976
1909	259	199	203	5,468	12,680	24	49	404	12,768
1910	309	248	250	5,556	12,688	32	185	496	16,592
1911	370	303	303	5,628	13,568	43	235	4,052	25,648
1912	440	366	373	6,128	15,600	45	299	4,088	29,032
1913	510	427	434	6,736	18,152	45	365	4,200	30,336
1914	537	453	460	6,992	18,932	45	395	4,376	32,508
1915	590	503	510	7,820	21,980	45	448	4,596	34,316
1916	610	518	526	7,972	23,180	45	466	4,756	35,176
1917	612	518	526	7,992	24,264	45	467	4,876	35,864
1918	625	518	526	7,976	25,460	45	476	4,960	36,820
1919	625	527	535	7,984	26,332	46	484	5,340	41,008

注：(1) ( ) は合同当時の数値，他は年度末が基準である．
　　(2) 電信・電話線は陸上線，地下ケーブル，水底線の合計である．
　　(3) 1910年までの電信線路には警備電話線を包含していない．
出典：(1) 朝鮮総督府通信局『朝鮮通信事業沿革史』1938年，202-203, 223-224頁．
　　(2) 日本電信電話公社編『外地外地電気通信史資料4　朝鮮の部1』1956年，447-449, 482-487頁．

(1916～1919年) の3期に細分化することができる．以下，これらの時期に即して電信・電話の普及過程を見てみよう．

　陸海軍の軍用通信施設を含め，朝鮮における全ての通信機関を統合し，一元的な管理体制を築き上げた統監府通信監理局の通信政策は，通信施設の量的増加より質的向上に焦点を当てたものであった．合同直後から1910年までの間に通信機関は，445カ所からわずか58カ所増加して506カ所となったものの，表2-2からもわかるように，同期間に和文電報を取り扱う通信機関は35カ所から309カ所に，諺文電報は33カ所から248カ所に，欧文電報は30カ所から250カ所におのおの8～10倍にも増加した．このなかで諺文電報は朝鮮語電報を意味するものとして，日本勢力圏内で朝鮮だけが施行していた電信サービスであった．また電話施設の場合，同期間において交換及び通話が5カ所から32カ所に，通話は1カ所から185カ所に大幅に増加したことが確認できる．このような電信・電話施設の拡充は，局所の新設によるものではなく，既設局所の業務領域を拡大することによって推進された．

統監府通信監理局は利用量が少ない通信機関を廃止，あるいは他機関と統合する一方で，郵便業務のみを取り扱っていた通信機関に電信・電話施設を追加的に設置していった．

　1910年8月22日の日韓併合を機に，これまで通信事業を推進してきた統監府通信監理局は廃止され，同年10月1日からは朝鮮総督府通信局に通信業務が移管された．この朝鮮総督府通信局は，1912年4月の「総督府及び所属官署官制改編」の際に朝鮮総督府逓信局に改称され，以後1945年まで朝鮮における通信機関の管理機構として存続する．このような朝鮮総督府通信局が併合直後から力を入れたのが，新しい統治構造の構築と殖産興業政策の双方においてインフラとなる通信機関の新設であった．とりわけ1911～1915年にかけて，電信施設は毎年平均60～70カ所，電話施設は毎年平均40～50カ所ずつ増加したが，これは1906～41年の間における電気通信施設の平均増加速度（毎年平均，電信は28カ所，電話は18カ所）を遥かに上回るスピードであった．それゆえ，通信財政は年々増加する一方で，朝鮮総督府は「通信事業ノ本質ハ他ノ行政事務ト大ニ其ノ趣ヲ異ニシ一面ニ於テハ公衆ノ利益ヲ図ルヲ以テ目的ト為スト同時ニ他ノ一面ニ於テハ常ニ事業ノ収支ニ著眼スルヲ遺ルヘカラス所為国家ノ営業トモ称スヘキモノ[43]」と，収支状況を通信政策の視野に入れてはいたが，1915年まで通信財政が確固たる黒字体制に定着することはなかった．

　ところが，一方では日本の一般会計からの補助金を段階的に減らし，最終的には廃止するという「財政独立五ヶ年計画」が1914年に立てられ，通信インフラ拡張においても財政投入の縮小が余儀なくされた．翌1915年は「本年度ニ於テハ之カ増設ニ当ツル経費予算ナカリシカ為汎ク各地ノ要望ヲ充タスコト能ハサリシハ頗ル遺憾トスル所ナリシモ[44]」と，予算不足の問題が浮き彫りにされるなか，電信・電話施設はともに53カ所ずつ新設された．しかし，緊縮財政が顕著化する1916年からは通信施設の新設も毎年20カ所以下に低下し，その後もしばらく新設通信施設の規模は縮小していった．表2-2を見ると，電信・電話施設の数や電信・電話線の延長が1915年まで急

---

43) 朝鮮総督府通信局『朝鮮総督府通信年報——大正2年』1914年，12頁．
44) 朝鮮総督府通信局『朝鮮総督府通信年報——大正4年』1916年，51頁．

速に拡大し，1916年からはほぼ横ばいの状態が続いていることが確認できる．これは言うまでもなく「財政独立五ヶ年計画」による公共投資規模の縮小がその原因である．

その結果，通信財政は1916～1919年の4年間において黒字を記録したが，その一方で第1次世界大戦がもたらした好況が，電信・電話需要を急増させたため，1916年以降は電信・電話施設の需給不均衡が明らかになる．それが表面化したのが，地元の有力人士が主軸となり，結成され始めた電信電話期成同盟会や施設請願委員会のような各種の民間組織であった．電信・電話は公共財としての性格をもっているため，このような電信・電話架設運動は地域振興策の一環として展開され，また商業・経済圏が重なる（競合関係にある）地域同士が競争的に行う場合もあった．後述する第4章で詳しく検討するが，最初に名望獲得という動機から電信・電話架設運動を率いた地域有志は，制度的な環境が変化する1920年代からは，収益を目当てに通信施設を経営するようになる．

以上，1906～1919年にかけて朝鮮総督府が主導した電信・電話の普及過程を概括したが，この時期の電信・電話施設の量的増加以上に重要な，もう1つの変化を指摘しておきたい．それは，電信・電話の普及における地域差の縮小である．1906～1919年にかけて電信施設は5.4倍増加したが，人口増加を考慮した13道の地域別の電信普及指数（京畿道＝100）の平均と分散の変化を見ると，同期間において平均は上昇（38→62）し，分散は減少（856.5→319.4）した．同様の結果は電話施設からも求められる．同期間において電話施設は26.5倍増加したが，地域別の電話普及指数（京畿道＝100）の平均は増加（15→48）し，分散は減少（694.6→246.3）した．このことは，電信・電話の普及が地域的により均等度を高める方向に進んできたことを意味する．

興味深い点は，咸鏡北道における電信普及指数の変化である．1906年に全体のなかで4位（71）だった咸鏡北道の電信普及指数は，1919年に最下位の13位（26）まで落ちる．咸鏡北道はロシアや中国と国境を接している朝鮮半島の最北端であるがゆえに，かつてから重要な軍事的拠点として電信施設の普及も他地域より進んだ．しかし，日露戦後「軍隊引揚後落莫タル状況ニ陥[45]」る地域を中心に，通信機関の統廃合と移動が行われるなかで，咸鏡

北道における電信施設の増加速度は鈍化し始めた．その後，1910年代の電信新設地域は，軍事的な要衝地ではなく，「沿岸船舶ノ寄港地又ハ物資ノ集散地等ニシテ電信開始ノ急要ナル[46]」地域が優先されたため，電信増加速度はさらに停滞したのである．

2. 警備電話事業と公衆通信網の拡張

しかし，もとより電気通信インフラが果たしていた治安・行政的な機能が，完全に消滅したわけではなかった．その代表的な事例が警備電話事業の開始である．当初反日武装蜂起を鎮圧するために始まった警備電話事業は，比較的短期間で朝鮮半島を覆う電気通信網を完成する出発点となった．警備電話は朝鮮総督府の通信事業のなかで，もっとも特徴的な事業として指摘することができる．以下では，このような警備電話事業の展開過程と，その性格について見てみよう．

1907年8月に日本は朝鮮半島で武装解除を標榜し，朝鮮の軍隊を強制的に解散した．その結果，解散を命じられた軍人を中心とする反日蜂起が起こり，それは次第に全国に広がり始めた（京城事件）．そのなか，通信機関は主要な襲撃目標となり，1907年は閉鎖に追い込まれた通信機関が一時的に全体の23％にも達し，通信官署の所属職人のなかでも20名（日本人15名，朝鮮人5名）の死亡者と25名（日本人13名，朝鮮人12名）の負傷者が発生した[47]．この事件をきっかけに統監府の歳出規模は拡張し，なかでも警察費の増加がもっとも顕著となった[48]．翌年の1908年には「地況ノ発展又ハ暴徒ノ討伐警備其ノ他ノ聯絡上電気通信ノ機関ヲ設備スルノ必要ヲ認メタルニ依ル[49]」と，統監府は治安施設としての電信新設を明示し，また電信回線につ

---

45) 統監府通信監理局『統監府通信事業第3年報——明治41年』1909年，31頁．
46) 朝鮮総督府通信局『朝鮮総督府通信年報——大正3年』1915年，79頁．
47) 統監府通信監理局『統監府通信事業第2回報告——明治39年下期』1908年，171-190頁．
48) 堀和生「日本帝国主義の朝鮮植民地化過程における財政変革」『日本史研究』第217号，1980年，25頁．
49) 統監府通信監理局『統監府通信事業第3年報——明治41年』6-7頁．

いても「暴徒ノ討伐守備上必要ノ為配置セラレタル軍隊ノ急要ニ応シテ建設[50]」することを明確にした．さらに，統監府は大韓帝国政府の傘下に警備電話建設部を設置し，統監府通信監理局職員を嘱託する形で1908年から1910年までの3年間にわたって朝鮮に警備電話網を構築した．ところが，この警備電話は日本側が建設及び維持を管掌しているものの，建設費用はすべて朝鮮側が負担するという不平等な仕組みとなっていた．これに対し，当時警備電話建設に直接携わっていた岡本桂次郎は次のように語る．

> さうして四十年の八月暴徒蜂起の為，その九月，日本政府より取敢えず予備金十三万円を電信線路施設の為に支出したのであります．併しながら之では到底警備が足りないので困ったのでありますが，もうその時は日露戦争も済んだので，予算が却々取れないのであります．（中略）とうとう韓国政府が四十一年五月に二十八万八千五百円，電信線路の建設費，即ち警備電話の建設費と申しましたが，それを出すことになりました．（中略）さうして皆韓国政府から嘱託を受けたのであります．詰り韓国政府がやったのですけれども，事実は矢張り通信局でやったのであります[51]．

　ここからわかるように，日露戦後の窮屈な財政状況に苦しんでいた日本は，警備電話が一般公衆施設ではなく暴徒鎮圧を目的とするため，日本政府による費用負担は不可であると主張し，その費用をすべて大韓帝国政府に押し付けたのである．1907年から始まった反日武装闘争は，交戦回数が1,451回にも上った1908年をピークに1910年から急速に減少し始め，1913年以後にはほぼ消滅したが，警備電話網の拡張はその後も続いた[52]．
　ここで注目したいのは，朝鮮の警備電話が日本の警察用通信施設とは異なる性質をもっていた点である．日本の警察用通信線が警察専用回線であった反面，朝鮮の警備電話線は公衆用回線としても活用された．すなわち，朝鮮

---

50)　統監府通信管理局『統監府通信事業第2年報――明治40年』1909年，73頁．
51)　朝鮮総督府通信局『通信拾遺』16-17頁．岡本桂次郎の回想より．
52)　大韓民国逓信部『韓国電気通信100年史』260頁．

第2章 朝鮮総督府による情報化の開始　71

表2-3　警備電話回線

年度	線路延長 (km)		線條延長 (km)		使用料年額(円)
		累計		累計	
1908	2,272	2,272	3,176	3,176	—
1909	792	3,064	1,032	4,208	40,000
1910	136	3,200	180	4,388	68,000
1911	232	3,432	428	4,816	69,959
1912	—	3,432	—	4,816	72,900
1913	24	3,456	120	4,936	73,750
1914	144	3,600	148	5,084	75,450
1915	200	3,800	200	5,284	77,096
1916	124	3,924	128	5,412	80,280
1917	88	4,012	92	5,504	82,560
1918	56	4,068	56	5,560	84,360
1919	284	4,352	968	6,528	84,900

注：年度末基準．
出典：黒松秀太郎「警備電話に就て」『朝鮮通信協会雑誌』朝鮮通信協会，第136号（1929年9月号），35-36頁より作成．

の警備電話網は半ば治安用，半ば公衆用という特徴をもっていたのである[53]．そもそも反日武装軍の鎮圧のために登場した警備電話線は，全国の警察組織を結ぶ治安施設であった．それにもかかわらず，警備電話線を傍受の危険が高い公衆用回線として割り当てたことは，一見，理解し難いかも知れない．その理由は明らかではないが，おそらく設備投資資金の乏しさがもたらした窮余の一策として考えられる．反日武装蜂起がほぼ消滅した1913年以降にも，電気通信網の治安施設としての役割は依然として重要であり，一方で同時期に推進された殖産興業政策としての電気通信網の構築も急がれたため，朝鮮総督府は財政的な圧迫を警備回線と公衆回線の併用という形で解決しようとしたのであろう．

表2-3からわかるように，1908年に2,000km以上増設された警備電話回線は，その増加幅は違うものの，1919年まで毎年持続的に延びていく．前掲表2-2の電話線と線路基準で対比して見ると，1911年以降の電話線の8割は警備電話線が占めていることがわかる[54]．このような警備電話線は，

---

53) 日本電信電話公社電信電話事業史編纂委員会『電信電話事業史』第6巻，331頁．
54) 他方，線条基準では3割弱を占めており，その後さらに比率は減少するが，その理由は線路が区間の水平距離を意味する反面，線条は電線中心の長さ，すなわち電線そ

1919年まで警備専用回線と公衆兼用回線が区分されることはなかった．これについて当時の『逓信協会雑誌』の論説では，「之（警備電話線：引用者）を公衆兼用線と警備専用線に区別処理は甚だ困難なので警備電話機の新規装置又は移転の如きは兼用又は専用の何れに属するのか判明しないやうなことが生ずる虞があり」と，公衆兼用と警備専用の区別がつかない問題を指摘している[55]．

当時は電信・電話が同一の回線を利用する場合が多かったため，このような兼用回線を利用し警備電話網に連接する電信取扱局所は，1910年代半ばまでに毎年70カ所以上の速いスピードで増加した[56]．その結果，従来，西路，南路，北路の幹線と全羅道沿岸地方に偏っていた電信網は，朝鮮半島を万遍なく覆うようになった．かくして，朝鮮半島全域をカバーする電気通信網が短期間で構築され，民間の電気通信施設に対するアクセス度（接近性）も一層高まった．このような警備電話事業については，当時の文献でも肯定的に評価されている．例えば『朝鮮通信事業沿革史』では，「尚此の線路を利用して公衆電報の取扱及電話通話事務を開始したもの多く，而して此等の箇所大部分僻遠邊陬の地に在るので普通の事情では容易に電信電話の設備を見ることが出来ないのであるのに，偶々本線路の施設があった為に之を利用して開始したのであるから，之等地方民衆の享ける利便は一層大なるものがあった[57]」と，記されている．また『逓信拾遺』でも，「当時内地では迚も電信のないやうな僻陬の地が随分あったのに，朝鮮では酷い田舎にまでも電信の普及したのは，全く警備電話のおかげで，大変便宜を得たのであります[58]」と，評価しており，警備電話事業が採算性の低い地域までも通信施設の普及させ

のものの長さを指すためである．言い換えれば，線条は複数の回線はもちろん地形により垂れている部分や埋設されている部分までも包含する長さである．警備電話線はその趣旨からも明確であるが，早速全国的な通信網を建設するために単線中心の線路を拡張していった．その結果，後から一般電話線の複線化が進むことによって線条基準での割合は徐々に減少するようになったのである．

55) 黒松秀太郎「警備電話に就て」『朝鮮通信協会雑誌』朝鮮通信協会，第136号（1929年9月号），36頁．
56) 大韓民国通信部『電気通信事業80年史』414頁．
57) 朝鮮総督府通信局編『朝鮮通信事業沿革史』1938年，232頁．
58) 朝鮮総督府通信局『通信拾遺』21頁．

る結果をもたらしたことが読み取れる．

第3節　電信・電話需要の分析

1. 電信需要

　では，1906～1919年の間に電信・電話需要はいかに変化したのか．まず，電信需要から見てみよう．表2-4からわかるように，合同直後から1919年にかけて和文，諺文，欧文を合わせた全体発信電報通数は，80万通から500万通以上に増加した．このような電信需要の急増原因を考える際に，まず指摘できるのは，第1次世界大戦が招いた景気ブームである．第1次世界大戦の勃発は，1911年1月からおよそ10年間にわたって実施されてきた会社令に変化をもたらした．会社令とは，朝鮮で会社を設立する際に朝鮮総督の許可を必要とする法令として，日本での会社設立の際の商法に基づく「届出制」に比べて格段に厳しく，同じく植民地である台湾のそれとも異なる法令であった[59]．大戦好況は，朝鮮への資本投資を招き，日本企業の朝鮮進出が本格化するなかで，会社令は日本人企業家の反撥と圧力に直面した．その結果，会社令は2度にわたる改正で緩和され，次第にその施行の意味がなくなり，1920年には廃止となった．また，1918年の土地調査事業の終了とともに，土地所有権の確定をみた多数の朝鮮人は，会社令の緩和のなかで銀行，商店，製造会社の設立へと向かった．このような「企業勃興」は，当然のように電信需要の急増をもたらした．

　表2-4からも明らかなように，1916～1919年の間において和文電報と諺文電報の年間増加率の伸びはもっとも著しく，1905年以来，毎年10%水準で横ばい状態を続けていた朝鮮人の電報利用（b/a）も，1916年から上昇し始め，1919年には全体電信需要の20%を占めるようになる．電信需要の内

---

59) 朝鮮の会社令が朝鮮人だけでなく，日本人や外国人の会社設立までも規制していたことに対し，台湾の会社令は台湾人，中国人の会社設立だけを規制し，日本人や他の外国人の会社設立については基本的に規制しなかった（小林英夫編『植民地への企業進出——朝鮮会社令の分析』柏書房，1994年，80-81頁）．

表 2-4 電信需要の変化

単位：千通

年度	発信電報							朝鮮人利用 (b)	
	和文	増減率(%)	諺文	増減率(%)	欧文	増減率(%)	計(a)		b/a(%)
1905	736	—	59	—	10	—	805	88	10.9
1906	951	29.3	75	27.5	14	36.9	1,040	114	10.9
1907	1,092	14.8	80	5.9	19	37.5	1,191	121	10.2
1908	1,232	12.7	105	31.3	26	35.9	1,362	158	11.6
1909	1,474	19.7	123	17.3	29	13.1	1,626	204	12.5
1910	1,855	25.8	175	42.7	29	1.2	2,060	231	11.2
1911	1,969	6.2	205	17.0	27	-8.8	2,201	227	10.3
1912	2,040	3.6	247	20.6	27	1.8	2,315	271	11.7
1913	1,989	-2.5	238	-4.0	23	-14.7	2,250	270	12.0
1914	2,006	0.8	224	-5.6	28	19.7	2,258	265	11.7
1915	2,086	4.0	246	9.9	40	43.6	2,373	291	12.3
1916	2,376	13.9	327	32.7	40	0.4	2,744	427	15.6
1917	3,041	28.0	519	58.6	40	-1.8	3,599	645	17.9
1918	3,701	21.7	752	45.1	37	-7.1	4,491	882	19.6
1919	4,455	20.4	981	30.4	38	2.5	5,474	1,119	20.4

出典：(1) 朝鮮総督府通信局編『朝鮮通信事業沿革史』1938年，211-212, 255-256頁．
　　　(2) 日本電信電話公社編『外地海外電気通信史資料 4　朝鮮の部 1』1956年，151-156, 168-170頁．
注：年度末基準．

容においてもかつて多かった政治・軍事並びに治安・行政上の利用が減少し，経済・商業的利用が急増した．1906年に私報の24%を占めていた官報は，1919年には6%まで減少し，私報の中身は相場電報や商取引に関するものがもっとも多かった[60]．

　ところが，このような電信需要の急増が大戦好況という外生変数に触発されたとはいえ，それ以前の1906〜1915年における急速な電信普及過程がなければ，このような電信需要の急増は十分説明することができない．情報化（電信の普及）は景気上昇局面を迎えると市場化の進展を促し（情報化による市場化），市場化の進展により市場参加者が増加し経済取引が複雑化すると，高まる取引コストのためにさらなる情報化が求められる（市場化による情報

---

60) 1906年の統計は，統監府通信監理局『統監府通信事業第2回報告——明治39年下期』78頁．1919年の統計は，朝鮮総督府通信局編『朝鮮総督府通信統計要覧』1919年，41頁より計算した．

化)[61]．1916〜1919 年は 1911〜1915 年の情報化により，市場化が加速化すると同時に，さらなる情報化が求められた時期であった．その結果，1918〜1919 年には「財界の繁忙により朝鮮全土の電報が激増[62]」し，内国電報においても「米価，砂糖，綿糸布，株式の浮動高低が激しく，京城—東京間の商況電報が激増[63]」するなど，電信渋滞がピークに至ったが，それとは逆の方向に，同時期に行われた公共投資規模の縮小による新設電信施設の減少と相まって，やがては全国から電信架設運動が繰り広げられたのである（第 4 章参照）．

次は，電信需要関数を用いた定量分析を通じてこのような歴史的事実を確認してみよう．

電信需要 $_{it}$ ＝f(電信普及水準 $_{it}$，実質工業生産額 $_{it}$，実質電報料金 $_{t}$)

まず，被説明変数の電信需要は 1 人当たり発信電報量を利用する．ただし，年次データではサンプル不足よるバイアスが生じ得るため，13 道ごとの時系列データを用いて Pooled-OLS で推定を行う．これは他の変数においても同様である．したがって，電信需要は，t 期の 1 人当たり発信電報量（道ごとの発信電報量／道ごとの人口）である．説明変数としては，供給要因である電信普及水準と，需要要因である実質工業生産額と実質電報料金を利用する．電信需要は電信施設の普及程度によって大きく規定され，また電信需要層の

---

61) その際，以下の点に留意したい．本書では，基本的に情報化を電信・電話の普及と同義に用いているが，それは単に電信・電話の量的増加のみを意味するものではない．近代産業社会への移行期において電信・電話の普及は「情報化と市場化の相互作用」を通じて社会全体に多大なる影響を及ぼす．例えば，電信・電話の普及は，社会全体の経済主体の情報コストを引き下げて市場参加への誘因を増幅させ，経済取引の拡大と深化をもたらす（情報化による市場化）．また，このような市場の発展は取引関係を複雑にして不確実性を増大させるため，さらなる情報インフラ（電信・電話）の充実が求められる（市場化による情報化）．このように情報化と市場化が相互に発展を促すことが，前近代社会を産業化や近代化へと導くのである．したがって，電信・電話の普及それ自体が情報化を意味するものとして置き換えられるかどうかは，「市場化と情報化の相互作用」の有無によるのである．この点，藤井信幸『テレコムの経済史——近代日本の電信・電話』勁草書房，1998 年，序章を参照されたい．

62) 『毎日申報』1918 年 5 月 4 日付．

63) 『毎日申報』1919 年 7 月 21 日付．

表 2-5 電信需要分析

被説明変数：電信需要

	1911〜1919 年	1916〜1919 年
定数項	8.28*	18.68**
AR(1)	0.89**	0.79**
電信普及水準	−1.02**	−2.05**
実質工業生産額	0.52**	0.31*
実質電報料金	−0.02	−0.39**
adR^2	0.82	0.72
DW	1.67	1.99
N	117	52

注：(1) ** は 1% 水準，* は 5% 水準で有意．
(2) 変数はすべて対数値を用いた．
(3) 推定には AR タームを用い，過小推定バイアスと系列相関問題を調整した．例えば，次のような系列相関モデルを想定する場合，

$$Y_{it}=\beta X_{it}+v_i+\varepsilon_{it}$$
$$\varepsilon_{it}=\rho\varepsilon_{it-1}+\mu_{it} \quad |\rho|<1, \quad \mu_{it}\sim N(0,\sigma^2)$$

横断面共通の ρ を仮定し系列相関モデルを以下のように変形し，非線形最小二乗法で β と ρ を同時に推定する．

$$Y_{it}=\rho Y_{it-1}+v_i(1-\rho)+(X_{it}-\rho X_{it-1})\beta+\mu_{it}$$

出典：(1) 朝鮮総督府『朝鮮総督府統計年報』各年版．
(2) 朝鮮総督府通信局編『朝鮮総督府通信年報』各年版．
(3) 金洛年編『植民地期朝鮮の国民経済計算 1910-1945』東京大学出版会，2008 年，392 頁．

行動変化をもたらす要因（景気変動，電信料金）にもよる．ここでは，電信施設の普及程度を表すため，t 期の 1 局所当たり人口（道ごとの人口／道ごとの電信取扱局所数）を用いる．電信施設の普及が進むほど 1 局所当たり人口は減少するため，回帰結果の係数値は負の符号が予測される．実質工業生産額は，t 期の道ごとの実質工業生産額（工業生産額／GDP deflator），実質電報料金は，t 期の実質電報料金（市内，市外，内国電報料金の加重平均／GDP deflator）として計算し，回帰結果の係数値はおのおの正と負の符号は予測される．

推定結果は表 2-5 の通りである．まず 1910 年代の全体期間（1911〜1919 年）を対象とした左側の推定式では，予測通り電信普及水準と実質電報料金の符号が負で，実質工業生産額の符号は正で推計された．ただし，実質電報料金の係数値は統計的に有意ではない．このことは，1910 年代の電信需要が電信施設の普及程度に大きく規定され，工業生産水準からも影響を受けていたことを示す．ところが，大戦ブームによる会社令の緩和や土地調査事業の終了による私的財産権の確立などがもたらした「企業勃興」は，前述のよ

うに1916～1919年の間の出来事である．そこで，1916～1919年のみの電信需要の回帰分析を行ったが，その結果は同表の右側の推定式である．ここからは，まず電信普及水準，実質工業生産額，実質電報料金の係数値の符号がすべて予測と一致し，統計的にも有意であることがわかる．1911～1919年の推計と異なる点としては，電信普及水準の係数値が大きく，実質電報料金の係数値が統計的に有意であることなどが指摘できる．このことは，電信需要が前の時期より電信施設の普及水準や電報料金に弾力的に反応するようになったことを意味する．

1911～1915年における電信施設普及は，同一の道のなかでも主要地域だけでなく郡単位まで広がり，都邑を問わず電信需要の平準化が進むなかで[64] 電信需要層である商人，会社，工場ではコストとしての電報料金にも敏感に反応するようになった．そのなか，第1次世界大戦がもたらした好況が電信需要を急増させたが，「財政独立五ヶ年計画」による公共投資規模の縮小は，電信新設の増加速度を遅らせた．その結果，電信の超過需要は，電信施設の供給に対してより弾力的に反応するようになったのである．したがって，1910年代後半から起こり始めた電信架設運動は，このような状況下では当然の帰結ともいえよう．

2．電話需要

情報伝達の迅速性と同時的な双方向通信という優れた機能をもつ電話は，最初は都市内部の通信手段として利用され始め，商工業が発達するに従い，周辺の中小都市にも普及していった．当時の電話1台は家1軒にも匹敵するほどの高価なものだったが，商人，会社，旅館，飲食店などを中心に電話加入者は年々増加した．しかし，1906～1919年の間における電話利用は，ま

---

64) 朝鮮総督府が日韓併合直後から目標として掲げた「一郡一局政策」は，その後順調に進み，1930年代末には2面当たり1カ所の郵便局所の設置を見た．電信施設は1915年までに朝鮮全域をほぼ万遍なく覆うようになった．それは発信電報量の地域的な集中度からも確認することができる．『通信事務概況』各年版から道ごとに通信機関の発信電報量を上位5位まで合算し，全体のなかでその比重を計算して見ると，1906年にはその割合が80％以上を占めるが，1915年には50％台まで低下する．

表 2-6 電話

年度	電話加入者数				市内通話	
	日本人	朝鮮人	割合(%)	外国人	加入者間 [b]	加入者外 [c]
1905	—	—		—	4,649	4
1906	2,229	101	4.28	32	8,352	6
1907	3,066	189	5.73	41	11,155	14
1908	3,990	298	6.88	43	12,235	18
1909	4,943	508	9.23	55	16,305	20
1910	6,114	254	3.94	80	20,668	18
1911	7,516	418	5.21	90	28,312	26
1912	8,353	483	5.39	125	35,388	41
1913	8,746	592	6.25	131	37,509	52
1914	8,783	585	6.16	135	37,347	49
1915	8,918	594	6.15	147	38,087	50
1916	9,190	677	6.75	156	37,877	50
1917	9,576	795	7.54	174	41,749	56
1918	9,960	1,048	9.37	180	48,003	63
1919	10,242	1,369	11.61	177	55,723	67

出典：(1) 統監府通信管理局『統監府通信事業第1回報告――明治39年上期』1906年.
(2) 統監府通信管理局『統監府通信事業第2回報告――明治39年下期』1908年.
(3) 統監府通信管理局『統監府通信事業第2年報――明治40年』1909年.
(4) 統監府通信管理局『統監府通信事業第3年報――明治41年』1909年.
(5) 朝鮮総督府通信局編『朝鮮総督府通信統計要覧』各年版.
(6) 朝鮮総督府通信局編『朝鮮総督府通信年報』各年版.

だ都市内部に限られており，とりわけ同時期の朝鮮人の電話需要は相対的にも少なかった．表2-6 からもわかるように，1906～1919年の間に電話加入者数は，日本人が5倍，朝鮮人が13倍以上と大幅に増加したが，絶対的な人数は日本人の方が圧倒的に多く，朝鮮人加入者は1919年になっても 1,369 人と，全体加入者の12%程度を占めていた[65].

次は，表2-6 から市内通話度数と市外通話度数の比較を通じて電話需要の特徴を見てみよう．当時の電話利用方法は，通話区間によって市内通話と市外通話にわけられ，また電話加入者同士の通話である加入者間通話と通信機関などで電話施設を利用する加入者外通話に区分された．まず市内通話度数を見ると，合同直後から1919年にかけて加入者間通話は約500万度数から5,600万度数に，加入者外通話は約4,000度数から7万度数に増加する．同

---

65) その後，電話加入者は徐々に増え続け，1940年には1万7,620人で全体加入者の30%程度を占めるようになる．

需要の変化

単位：人，千度数

度数[a]			市外通話度数[d]				d/a (%)
増減率 (%)	c/b (%)	加入者間 [e]	加入者外 [f]	増減率 (%)	f/e (%)		
—	0.09	88	7	—	7.89		2.04
33.65	0.07	118	24	68.28	19.97		1.69
9.70	0.12	208	30	30.22	14.50		2.13
33.24	0.15	260	50	47.04	19.10		2.53
26.71	0.13	386	69	26.06	17.83		2.79
36.99	0.09	472	102	40.66	21.51		2.77
25.02	0.09	631	176	22.41	27.84		2.85
6.02	0.12	804	184	10.43	22.86		2.79
−0.44	0.14	776	315	3.19	40.64		2.90
1.98	0.13	769	357	4.87	46.38		3.01
−0.55	0.13	770	411	38.71	53.38		3.10
10.22	0.13	885	753	30.23	85.12		4.32
14.98	0.13	1,069	1,064	17.80	99.45		5.10
16.07	0.13	1,252	1,260	15.51	100.61		5.23
2.99	0.12	1,538	1,364	−13.41	88.70		5.20

時期に市外通話度数は，加入者間通話が約9万度数から150万度数に，加入者外通話が約7,000度数から140万度数に増加する．増減率においては市内通話，市外通話の両方とも1913年頃を底に第1次世界大戦期に上昇するという動きを見せ，前述した電信の動きと同じく景気変動に連動していることがわかる．

興味深い点は，市内通話と市外通話において，加入者間通話と加入者外通話の割合が異なることである．例えば，市内通話において加入者間通話と加入者外通話の割合 (c/b) は，0.07〜0.15% の範囲で動く．一方で市外通話において加入者間通話と加入者外通話の割合 (f/e) は，1905年の7.89% から徐々に上がり，1918年には加入者外通話が一度加入者間通話を上回る (100.61%)．要するに，市内通話の大部分が加入者間通話である反面，市外通話は最初こそ加入者間通話が多かったが，次第に加入者外通話が増えてくるのである．しかし，市内通話と市外通話の割合 (d/a) を見れば，5%以

下の年度が多く，したがって電話度数の9割以上は市内通話度数であることが見て取れる．総じて言うならば，1906〜1919年の間の朝鮮における電話利用は市内電話，なかでも加入者間通話がほとんどであったといえよう．

このような電話需要の特徴は，先に検討した電信需要と大きな差を示すものである．前述のように都邑を問わず普及水準が上がった電信施設は，全国的な電信需要の平準化をもたらした．しかし，電話の場合，加入者のほとんどが都市に居住しており，電話施設も都市部を中心に普及したため，電話需要は加入者間の市内電話がもっとも多かったのである．『通信事務概況』1919年版より計算すると，1919年の各道における上位5位までの通信機関の電話度数合計は，13道全体において例外なく通話度数の9割を超える[66]．

このような電話需要も電信需要と同様に，1915年までの急速な情報化（電話の普及）を成し遂げ，軍事・治安施設としての機能が弱化し，商業用通信手段として定着した．また，第1次世界大戦がもたらした景気好況局面において，電話普及は市場化を促進する一方で，さらなる情報化を求めるようになった．1910年代の『皇城新聞』[67]と『毎日申報』[68]には，電信・電話関連記事が600回以上掲載されるが，そのうち，警備電話や軍用電話線のように軍事・治安と直接関連する電話記事（Ⓐ）は1911〜1915年に集中的に登場し（Ⓐ30回，Ⓑ6回），財界状況や商取引実績などに直接関連する電話記事（Ⓑ）は1916〜1919年に頻繁に登場する（Ⓐ6回，Ⓑ11回）．また電話加入を希望する申請待機者が急増する1916年からは，「特設電話」申請に関する記事が度々登場する．この「特設電話」とは，郵便局から加入者の自宅までの電線材料と電話機に所要する経費をすべて加入者が負担するという高コストの電話施設であった[69]．このように，加入者の経済的負担を加重させる電話

---

66) 京畿道（98.45%），忠清北道（97.93%），忠清南道（91.64%），全羅北道（91.87%），全羅南道（91.71%），慶尚北道（93.12%），慶尚南道（90.08%），黄海道（95.63%），平安南道（99.40%），平安北道（98.14%），江原道（96.70%），咸鏡南道（97.84%），咸鏡北道（92.98%）．

67) 『皇城新聞』1910年1月7日付〜1910年8月29日付．

68) 『大韓毎日申報』1910年1月22日付〜1910年8月29日付．『毎日申報』1910年8月30日付〜1919年12月30日付．

69) 『毎日申報』1919年5月11日付，服部京城郵便局長の談話より．

表 2-7　職業別電話加入者

単位：％

職　業	1906 年	1917 年
商　業	36.5	41.3
官公署，官吏	21.5	18.0
金融業	5.1	12.5
旅館，飲食店	11.3	10.6
仲介業	10.4	2.3
交通業，通信業	8.9	6.5
医薬業	4.8	6.2
学校，寺社	1.6	2.6

出典：(1)　統監府通信管理局『統監府通信事業第2回報告――明治39年下期』1908年，106-107頁．
　　　(2)　延原生「電話加入の消長」『朝鮮通信協会雑誌』朝鮮通信協会，第7号（1918年7月号），46-47頁．

制度が登場したことは，それほど情報化を求める民間の電話需要が高かったことの裏返しである．

　最後に，電話利用層について見てみよう．ただし，管見の限り，1900～1910年代の電話加入者の全体像がわかる資料は皆無であるため，ここでは1906年[70]と1917年[71]という限られた時期の統計に基づき，同時期の電話利用層について推察を行う．表2-7は両年度の電話加入者をいくつかの類似職業別に束ねたものである．1906年は京城，龍山，仁川，永登浦，水源，釜山，馬山，大邱，鎮南浦，元山の10都市，1917年は京城，龍山，仁川，水原，群山，大田，全州，光州の8都市における職業別電話加入者の割合である．ここからわかるように，電話加入者の職業は1906年，1917年ともに商業がもっとも多く（36.5％，41.3％），次が官公署，官吏（21.5％，18.0％）である．商業のなかには日用雑貨・飲食商が多く，続いて土木建築材料商，貿易商，呉服・洋服商の順であった．前述のように，朝鮮人電話加入者はまだ全体の10％にすぎず，そのなかには官公署と官吏の割合がもっとも高かったが，朝鮮人商人の電話加入者も徐々に増加していた．

---

[70]　統監府通信監理局『統監府通信事業第2回報告――明治39年下期』106-107頁．

[71]　延原生「電話加入の消長」『朝鮮通信協会雑誌』朝鮮通信協会，第7号（1918年7月号），46-47頁．

第4節　小　括

　第2章では，朝鮮時代（1885〜1905年）と日本時代（1905〜1919年）における朝鮮の情報化過程を明らかにした．その際，朝鮮政府と大韓帝国政府による情報化がいかなる限界を露呈し，その後，朝鮮総督府がいかなるインセンティブを持ち，その限界を乗り越えたのかについて検討を行った．

　1885年にソウル―仁川間の電信開通を皮切りに朝鮮政府の下で推進された電信事業は，3つの幹線（西路電線，南路電線，北路電線）の部分的な完成を見た．これらはいずれも名目上朝鮮政府の官線であったが，事実上中国通信網の一部として機能していた．そのなか，日清戦争の勃発とともに朝鮮通信網は中国通信網から切り離され，急変する国際環境のなかで朝鮮は通信自主権を取り戻した．その後，1897〜1905年の間に大韓帝国政府は意欲的に電気通信事業を推進し，いくつかの注目に値する実績を残した．しかし，この時期の情報化は，ネットワーク外部性を発揮するものではなかった．その数が少なかった電信施設は，速度においても情報通信網としての機能を果たせるものではなかった．また電話施設や電話加入者の数も非常に少なかった．朝鮮通信網は，以前のような中国の政治・軍事通信網としての機能からは脱却したものの，依然として政府の治安・行政通信網として機能し，貿易・商業通信網としての発展は見られなかった．

　このような状況は，日露戦争を機に大きく変わることとなった．1906〜1910年の間に統監府通信監理局は，通信機関の整備を行った．朝鮮にとって通信自主権の喪失を意味する日韓通信合同は，電気通信事業それ自体にとってはむしろ安定的な発展の契機となった．1905年以降，戦争などの政治的な危険が減少し，電気通信事業の主要な目的は，政治・軍事及び治安・行政のインフラ整備から殖産興業政策におけるインフラ整備へと変わった．このような状況下で統監府通信監理局は，通信機関の新設より既存の通信機関に電信・電話機能を付け加える形で，社会資本の拡充に力を入れた．

　1911〜1915年の間に朝鮮総督府は，積極的な公共投資を行い，通信機関

の量的な膨張と質的な向上を同時に達成した．この間，電信・電話は地域的により均等に普及し，通信インフラの整備における優先順位は，従来の政治・軍事並びに治安・行政の中心地から，貿易・商業の中心地へと変わった．一方，1907年の反日武装蜂起を機に登場した警備電話は，治安施設であったものの，電気通信網の拡張にも大きく寄与した．設備投資資金の乏しさから公衆兼用回線として利用された警備電話網は，短期間で朝鮮半島の隅々まで電気通信網を張り巡らせた．

　1916～1919年の間には，「財政独立五ヶ年計画」の影響で公共投資規模が縮小したが，第1次世界大戦が招いた好況が電信・電話需要を急増させたため，供給不足による電信・電話の超過需要が深刻化した．やがては地域有志が率いる電信・電話架設運動が全国で発生し，電気通信の需給不均衡が表面化した．

　1906～1915年の情報化は，1916～1919年にかけて大戦ブームがもたらした市場化を加速させ，さらなる情報化を求めるようになった．会社令の緩和と土地調査事業の終了が触発した「企業勃興」によって電気通信需要が急増するなかで，電信需要層は電信施設の普及水準や電報料金にさらに弾力的に反応するようになり，電話需要層も「特設電話」のような高コストも厭わなかった[72]．このように1900～1910年代の朝鮮では，先に情報化が進み，それは第1次世界大戦が招いた市場化を促進し，市場化の進展はさらなる情報化を促した．

72）　当時の電信需要層と電話需要層はほぼ重なる．ただし，電話の場合，1920年代以前には市外通話に限界があり，主に都市内部の通信手段として利用されていたため，利用者はそれぞれの需要に合わせて電信と電話を使い分けていた．

第Ⅱ部　民間主導の情報化

第3章　台湾における情報化主体の変化

第1節　台湾総督府の通信政策とその限界

　日本の台湾領有から第1次世界大戦期までの間に台湾総督府は，市場経済制度の土台作りとしてさまざまな社会資本の建設に力を入れた．電信・電話を基盤とする電気通信網の構築は，この20余年間にもっとも画期的な成果を成し遂げた．この間，たった10カ所しかなかった電信施設は160カ所以上に，皆無だった電話通話施設は約130カ所にまで増加した．

　政府主導の情報化として評価すべき同期間の情報化過程は，具体的に次のような3つの方向から行われた．まず第1に，近代的な通信制度の実施である．1896年4月から適用された電信条例を筆頭に，1900～1910年代にかけて日本の電信・電話制度に準用した通信制度が台湾に導入・定着した．第2に，台湾島内を覆う陸上線と，対外通信を図る海底線の整備である．電信架設が遅れていた台湾東部を含め，1910年代末には台湾全島を一周する電信網が完成を見た．また，従来の台湾―福建間の海底線の補強とともに，新たに台湾―日本間の海底線が新設され，これらは台湾と内外国間の貿易取引における重要なインフラとなった．第3に，郵便局による全域的な電気通信網の完成である．領台直後から数年間は，郵便のみを取り扱う郵便局が台湾島内の100カ所以上に張り巡らされ，それぞれの郵便局に電信施設と電話施設が追加的に設置される形で，1910年代末までに台湾全島にわたる電気通信網が形成された．以上のような政府主導の情報化の結果，台湾に進出していた欧米商人と一部の中国商人に限られていた電気通信の利用層が，会社，工場，商店など，民間の経済組織全体に拡散していくようになったのである．

　ところが，領台直後の台湾総督府における至急課題は，台湾の治安安定と

行政効率の上昇であった．そのため，情報化の進め方も，なるべく早く治安・行政網を完成することに重点を置いていた．領台直後の電信事業の主体は兵站電信部であり，電信施設は軍事施設に他ならなかった．その後，電信事業の主務官庁が民政局通信部に変わってからもしばらくの間，電信事業の重点は治安維持に置かれていた．他方，1900年に開始した公衆向けの電話事業は，そもそも行政組織間の連絡手段の構築事業から始まった．このように事業草創期の電気通信事業の重点が治安・行政網の整備に置かれていた最大の理由は，台湾植民地征服戦争とも呼ばれる台湾人の反日武装闘争にある．日本の台湾領有が決定された下関条約の発効後から，山地原住民による武装蜂起が沈静化する1915年頃まで，台湾住民の武力闘争は激しく展開された．したがって，事業草創期の電信・電話施設は，軍事用あるいは警察用のものがほとんどであった．そして，治安・行政網の構築といった政策目標は，集中的な公共投資をもたらし，短期間で台湾全島を覆う電気通信網を完成させたのである．

　政府主導の情報化を実現させた財源は，台湾総督府財政，すなわち中央財政の官業費から調達された．そこで，特別会計が成立した1897年から第1次世界大戦期までの間において，中央財政の歳入と歳出を概観し，官業としての電気通信事業の地位を確認しておきたい．中央財政の歳入は租税収入，官業収入，公債金収入，補充金，前年度剰余金繰入によって構成され，同期間を平均すると，全体歳入のなかで租税収入が2割，官業収入が5割，剰余金繰入が2割程度を占めていた[1]．なかでも官業収入はその額がもっとも大きく，主要官業としては専売業，鉄道業，通信業などがあった．一方，中央財政の歳出は中央行政費，地方行政費，司法警察費，産業経済費，教育・医療費，官業費，事業費，国債整理基金繰入費によって構成され，専売局，交通局，通信費などの官業費がそのなかの4割を占めていた．こうした官業費を除き，中央財政の歳出を見ると警察関連費がもっとも多く，第1次世界大戦期までの台湾は，いわゆる警察費主導型財政であった[2]．電信・電話は郵便とともに逓信業に分類され，このような逓信業は収入または支出の規模か

---

1) 平井廣一『日本植民地財政史研究』ミネルヴァ書房, 1997年, 42, 47頁.
2) 地方行政費は見方によって警察費としてみなされる（同上書, 53頁）.

ら台湾総督府の3番手の官業として位置付けられた．

　他方，専売事業，鉄道事業，通信事業を中心とする官業収入の増加と，地税・関税の増税，砂糖消費税の新設などによる税収増加は，台湾の中央財政が日本政府の一般会計からの経費補充金を返上するという財政独立を可能にした．政策目標として掲げられたこのような台湾の財政独立は，早くも日露戦後にも達成された．では，台湾の財政独立は，官業としての電信・電話事業にいかなる影響を与えたのであろうか．図3-1と図3-2を通じ，通信事業の収入と支出の関係を見てみよう．

　その前に，同図の解釈にあたっていくつかの注意点を述べておきたい．電信・電話事業は前述の通り，郵便とその他の燈台，気象観測とともに通信事業の範疇に包含され，収入面については比較的把握しやすいが，支出面については他事業と入り組んでいるために非常にわかり難い．それは，電信・電話事業に関する支出を簡単に通信費だと言いきれないことを意味する．また，1925年度を境に電信・電話事業を管掌する中央機関が，民政部から交通局に変わったため，統計上の断絶が発生する問題点もある．要するに，1924年度までの決算書の通信費項目には，通信事業費をはじめとして通信官僚の俸給，電信・電話線の修繕費，庁舎修理費などが含まれているが，1925年度からは通信費項目がなくなり，通信事業費を除くその他の費用はすべて鉄道，道路などとともに交通局全体の俸給，修繕費に含まれるようになる．電信・電話施設の多くは郵便局の施設であり，当然ながら郵便局職員の俸給と庁舎の修理費は，電信・電話事業の費用として考えるべきである．この問題点は，同図における通信事業費が，通信事業全体のコストを過小評価している可能性を意味する．

　これらの問題点を念頭に置きつつ，図3-1を通じて官業のなかで通信事業の比重を見てみよう．ここからまずわかることは，事業草創期に該当する日露戦前において，通信費が官業費の50％を超えるほど通信事業に対する集中的な公共投資が行われた点である．通信事業の民政移管初年度の1896年度は，燈台，測候所の経費が通信費から支弁され，1897〜1898年度は，台北—期隆間の鉄道建設費用も通信費から支出されたため，同期間の通信費決算額は膨張した[3]．このことが官業費のなかで通信費の比重を高める原因と

90　第Ⅱ部　民間主導の情報化

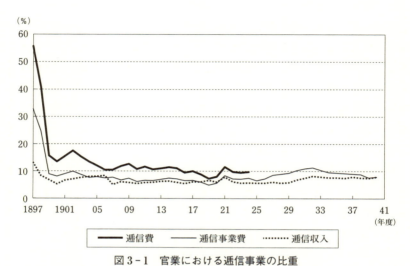

図3-1　官業における通信事業の比重

注：1924年までは通信費と通信事業費を別途に集計，1925年からは通信事業費のみを集計．
出典：(1) 平井廣一『日本植民地財政史研究』ミネルヴァ書房，1997年，50-51，94-95頁．
　　　(2) 台湾総督府『台湾総督府統計書』各年版，「決算書」．

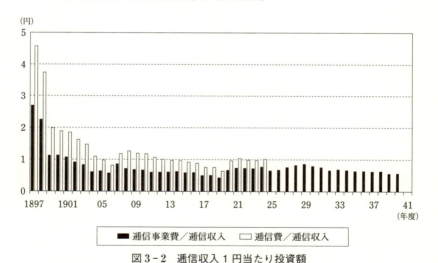

図3-2　通信収入1円当たり投資額

注：1924年までは通信費と通信事業費を別途に集計，1925年からは通信事業費のみを集計．
出典：図3-1に同じ．

なったのである．1889年度の予算編成からはこれらの支出項目が分離されたため，逓信費は主に郵便・電信・電話事業費として充てられるようになった．その後，1925年度から逓信事業の管掌機関が民政部通信局から交通局逓信部に変わり，再び電気，ガスなどのさまざまな事業部門が入り混じることとなるが，日露戦後の逓信収入と逓信支出は一貫して官業収入と官業費の10％前後で動く（図3-1参照）．財政独立を達成した日露戦後の逓信事業は，専売，鉄道とともに主要官業の1つではあったものの，収入面と支出面の両方において大きな比重を占める事業ではなかった[4]．

とはいえ，逓信収入それ自体は順調に伸び続け，事業草創期こそ赤字経営が続いたが，1900年代半ばからは黒字へ転じ，第1次世界大戦期までわずかな黒字を出し続けた[5]．その後は不況による収入減少が起きる時期を除き，概ね黒字経営が続いた．逓信事業の発達は逓信収入の自然増加をもたらし，そのことはさらなる情報化を求めて循環的に逓信予算の拡大につながる．しかし，当時の台湾総督府が掲げていた財政独立という目標に合わせ，公共事業に対する全体的な予算節約の方針がとられたため，支出額の増加率は漸次減少した[6]．この点を図3-2から確認してみよう．図3-2は逓信収入1円当たりの逓信費用を表したものである．同図での1円の値は，逓信収入1円に対して逓信費用も同額の1円が支出されたことを意味する．したがって，この値が1円を上回る場合は，逓信収入額を超過する逓信費（逓信事業投資）が支出され，その不足分は他の財源から充当されたこととなる．逆に，その値が1円を下回る場合は，逓信収入の剰余分が発生し，それは財政収入としての意味をもつ．図3-2を見れば，日露戦前には収入額1円に対してそれ以上の費用額が支出されたことがわかる．また財政独立が達成される日露戦後には，大概1円以下の年度が多く，逓信事業における剰余分が財政収入として政府側に収められたことが推測できる．台湾総督府の逓信事業は，財政独

---

3) 日本電信電話公社編『外地海外電気通信史資料3　台湾の部』1956年，22-25頁．
4) 収入と支出の両方においてもっとも大きな比重を占めていたのは専売業であり，第1次世界大戦期までは阿片と樟脳が重要な専売事業であった．
5) 平井『日本植民地財政史研究』50-51，94-95頁．台湾総督府『台湾総督府統計書』各年度版より計算．
6) 日本電信電話公社編『外地海外電気通信史資料3　台湾の部』26頁．

立が達成されてからもコスト節約的な経営を続けたのである．

　電信・電話事業は自然独占が発生しやすく，そのため供給量が社会厚生的に過小状態に止まる可能性が高い．このような市場失敗を避ける1つの方法は，政府介入を通じて短期的な赤字経営を甘受しながら，社会的に好ましい水準まで供給量を引き上げることである．電信・電話事業に対する台湾総督府の運営原則は，基本的に官業という国営の形をとりながらも事業草創期から黒字経営を目論んでいた点で，社会的に過小供給が起こり得る状態であったといえよう．

　前述の通り，政府主導の情報化が目指していたのは，台湾の治安安定と行政効率の上昇を図るための治安・行政網の完成であった．そしてその目標は，台湾住民の反日武装闘争が終息する第1次世界大戦期にはほぼ達成された．政府にとって通信インフラに対する追加的な投資インセンティブは，この時点で非常に低くなったのである．その結果，第1次世界大戦期の電信・電話施設の供給量は停滞するが，それとは裏腹に公衆用通信施設に対する民間の需要は増加する一方であった．このように，急増する民間の通信需要に対応すべく，台湾総督府は財政的な負担を増やさない方法として警察線を公衆兼用線として開放する措置を講じた．しかしこれは弥縫策にすぎず，社会的に好ましい水準まで電信・電話の供給水準を引き上げることはできなかったのである．1910年代末には，このような政府主導の情報化の限界が浮き彫りにされ始めた．

第2節　民間主導の情報化 I ── 電信

1．三等郵便局の発展

　これまで台湾総督府のコーディネーションによって牽引されてきた情報化とその限界について検討したが，ここからは，社会厚生的な過小供給という政府主導の情報化の限界を乗り越え，さらなる情報化を進めていった民間部門のコーディネーションについて見てみよう．まず，電信施設の供給においてその限界を克服する突破口となったのは，民営の性格をもつ三等郵便局の

第3章　台湾における情報化主体の変化　93

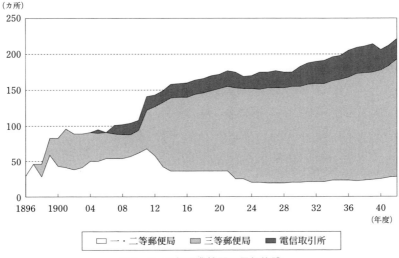

図3-3　通信現業機関の電信施設
出典：(1) 曹潜『中華郵政史台湾編』交通部郵政総局，1981年，196-198頁．
　　　(2) 台湾総督府交通局通信部『通信志　通信編』1928年，通信統計．
　　　(3) 台湾総督府交通局通信部『台湾総督府通信統計要覧』各年版．

存在であった．電信施設の普及と三等郵便局の発展との間には，深い関係があった．図3-3は，電信施設を有している主要通信現業機関の数を表したものであるが，ここからもわかるように，時代を下って行けば行くほど，全体の通信現業機関のなかで三等郵便局が占める割合は高くなる．電信施設を有している三等郵便局は，1910年代に急激に増え始め，さらに1920年代からは全体電信施設の80％を占めるようになる．日本時代の台湾における電信施設の普及過程は，この三等郵便局の拡大過程そのものであったといっても過言ではない．

　このような三等郵便局が，一・二等郵便局と異なるもっとも特徴的なところは，その運営主体にある．一・二等郵便局は，中央機関である台湾総督府交通局の直轄組織であり，したがって一・二等郵便局長は通信官吏であった．一方，三等郵便局は，台湾総督府交通局の請負組織であり，三等郵便局長の地位は半官半民の特殊なものであった．三等郵便局長は判任官として定められたが，給料がなく昇進もできなかった．その代わりに，三等郵便局長は自

己勘定の下で郵便局を経営することができた．このような台湾の三等郵便局制度は，日本の三等郵便局制度を移植したものであったが，さらに日本の三等郵便局制度はもともとイギリスの請負局（比例報酬制副郵便局）制度を1871年の郵便法の制定とともに導入したものであった[7]．日本におけるイギリスの請負局制度の導入は，維新直後の窮屈な財政状況がその背景にあった．維新直後の日本政府は，全国各地に郵便施設の設置を図っていたが，発足したばかりの政府にはそれを叶える十分な資金がなかった[8]．そこで日本政府は，各宿駅の取扱人を判任官として郵便事業に取り込み，彼らは自ら土地や建物を無償で提供し，俸給は支給されず，わずかな手当てで一切の経費を賄う請負局制度を作り出した[9]．この請負局が1886年から三等郵便局と称せられるようになったのである[10]．

　このような日本の三等郵便局制度を原型とする台湾の三等郵便局制度は，その基本的な運用方式においては日本のそれと大差はなかった．台湾で最初の請負局が登場したのは，日本領有が始まって間もない頃であった．1898年6月に勅令第109号によって「三等郵便及電信局設置規程」が定められ，同年7月に府令第46号によって「三等郵便及電信局長採用規制」が制定された．これらを基に台湾全土にわたって16カ所の三等郵便局が設置された[11]．「本島ノ趨勢ハ益々通信機関ノ増設ヲ要スルモノアリ経費削減ノ実ヲ挙クルト同時ニ通信力ノ発達ハ之ヲ期セサルヘカラス[12]」と，民間資金の導入を通じて植民地に対する公共投資費用の節約を目論んだ日本政府の意図が，

---

7)　郵政省編『郵政百年史』1971年，81頁．
8)　藤井信幸「三等郵便局長と地域社会」『メディア史研究』第17号，2004年，58頁．
9)　日本の三等郵便局長は判任官として定められたが，一般の判任官とは違って給料がなく恩給制度の適用対象外であり，他機関への転任はもちろん昇進もできない特殊な身分であった．その代わりに，郵便局長の地位は定年がなく相続も可能であり，官制上の定員の制約もなかった．三等郵便局長は，郵便局敷地内の土地や建物を提供し，自ら職員を雇い，自己勘定の下で郵便局を経営した．もちろん三等郵便局長の任命権が逓信大臣にあり，三等郵便局長に手当と渡切経費が政府から支給された点においては，三等郵便局長の身分が完全に私的なものではなかった（朴二澤『韓国通信産業における支配構造と雇用構造　1876-1945』韓国学術情報（KSI），2008年，117-118頁）．
10)　郵政省編『通信事業史』第2巻，1961年，70-71頁．
11)　曹潜『中華郵政史台湾編』交通部郵政総局，1981年，186頁．
12)　台湾総督府交通局通信部『通信志　通信編』1928年，25頁．

三等郵便局制度の早期実施を可能にしたのである．その結果，「経費ニ於テ克ク一箇年二十七万余円ヲ節約シ得タリ[13]」と，三等郵便局の経費節約効果は徐々に現れた．

　1920年代以降，電信施設の80％を民営の性格をもつ三等郵便局が占めていたことは，通信現業機関の普及において政府の政策意図だけでなく，民間の経営動機も強く作用したことを意味する．では，このような三等郵便局の経営主体は，いかなる性格をもっていたのであろうか．三等郵便局を新設する際の局長資格は，①20歳以上の男性，②相当の財産をもっている者，③相当の知識と才能がある者として定められ，さらに1924年から，④通信事業の経験がある者という条項が加わった．制度導入の初期には，通信需要の見通しがつかめないうえに郵便局敷地内の土地や建物を提供し，さらに相当額の身元保証金まで払わなければならなかったため，志願者は少なく，とりわけ「地方三等局長ノ任ニ当ルモノアルヤ否ヤ疑問トセラレル[14]」状態であった．そのため台湾総督府は，郵便局庁舎の提供義務を免除し，身元保証金の分割払いを認めるなど，三等郵便局長の負担を緩和した．その結果，三等郵便局長の志願者は徐々に増え，「三等局長ハ常ニ志望者余リアリ（中略）常ニ志望者中ヨリ人選ヲ厳ニシツツアルノ状態[15]」となった．三等郵便局長の収入は，政府から支給される手当と郵便局経営から得られる逓信収入という2つの収入源から構成された．職員数や業務量によって政府が見積もった手当は，1から10までの等級ごとに月30円から100円までの開きがあった[16]．しかし，三等郵便局長にとってこの手当は，固定費用の補填額にすぎず，主な収入源は郵便・電信・電話業務で収める逓信収入であった．1930年代の三等郵便局長の月収は平均1,000円を超えたが，これは当時の台湾総督府総務長官の給料よりも多い金額であった[17]．

　このような台湾の三等郵便局長に任命されたのは，ほとんどが台湾在住日本人であった．50年間にわたる日本時代を通じて台湾人が局長を務めた三

---

13) 同上書，25頁．
14) 同上書，26頁．
15) 同上書，26頁．
16) 曹潜『中華郵政史台湾編』190頁．
17) 同上書，189頁．

等郵便局は10カ所にすぎず，それさえも1940年代になってから任命されるところが多かった[18]．表3-1からわかるように，三等郵便局長職は日本人逓信官吏の退職後のポストとして利用されていた．主に台湾総督府交通局通信部出身の日本人官吏が，退職後に三等郵便局長に任命された[19]．三等郵便局長の志望条件のなかで1924年に付け加えられた条項，すなわち「通信事業の経験がある者」は，すでに存在した傾向を明文化したものにすぎなかったのである．

このような台湾の三等郵便局長は，日本の三等郵便局長とはかなり違う存在であった．日本の三等郵便局長は，明治前期までは経済的な見返りのない名誉職の色彩が強く，三等郵便局の経営は，地域名望家の名望獲得行為の一環であった．明治前期の三等郵便局長は，江戸時代以来の有力資産家として地域社会において指導的立場にあり，郵便局設立と郵便業務を通じて地域に献身的に奉仕する存在であった．三等郵便局長に就任する資産家は，地域近代化への貢献として郵便局を経営し，それを名望獲得手段の1つとして考えていた．しかし，手当の増額が行われた明治後期以降の三等郵便局長は，経済的な動機をもって郵便局経営に臨むようになった[20]．明治前期と後期においてその経営動機は変化したものの，日本の三等郵便局長が地域名望家である点では一貫しており，その点において日本人逓信官吏の退職後のポストであった台湾の三等郵便局長とは大きな差があった．

台湾の三等郵便局長は，同じく日本の植民地であった朝鮮の郵便所長（台湾の三等郵便局長に該当）とも違った．1905年の日韓通信合同以来，朝鮮の郵便所長は台湾と同様に退官した日本人逓信官吏が独占していた．しかし，1919年の独立運動は，朝鮮総督府の植民地政策に大きな変化をもたらし，1920年代からは朝鮮人郵便所長も登場し始めた．この朝鮮人郵便所長については，第4章でまた詳しく検討するが，朝鮮人郵便所長のなかには，朝鮮

---

18) 同上書，189頁．
19) 日本の三等郵便局長は他機関への転任はもちろん昇進もできなかったが，その代りに定年がなく相続も可能であった．しかし，台湾の三等郵便局長は複数の三等郵便局を転任する場合が多く，その地位を相続することもなかった．つまり，台湾の三等郵便局制度は，日本の三等郵便局制度より官営的な色彩が強かったのである．
20) 藤井「三等郵便局長と地域社会」68頁．

表 3-1　三等郵便局長の経歴（1936 年現在）

入船町局（1897 年開局）			
初代	金子圭介	1897 年～	台北局支局長
2 代	瀬田重吉	1909 年～	同　上
3 代	都島愛太郎	1917 年～	同　上
4 代	斎藤龍太郎	1921 年～	同　上
		1923 年～	入船町局長へ改称
5 代	鈴木盛藏	1907 年	渡　台
		1907 年～	台湾総督府勤務
		1927 年	退　官
		1927 年～	入船町局長

卓蘭局（1901 年開局）			
初代	松井清一	1901 年～	**卓蘭局長**
? 代	宮城宗徳	19 ? 年～	麻豆局長
		1936 年～	**卓蘭局長**

永楽町局（1904 年開局）			
初代			
2 代			
3 代	斎藤圧治	1897 年	渡　台
		1897 年～	民政局通信部勤務
		1921 年	退　官
		1921 年～	龍日街局長
		1923 年～	**永楽町局長**

北門町局（1914 年開局）			
初代	大戸安重	1914 年～	**北門町局長**
2 代	正本定		
3 代	志摩甫易		
4 代	坪田多次郎	1903 年	台湾協会学校卒業
		1903 年	渡　台
		1903 年～	民政部通信局勤務
		1926 年	退　官
		1926 年～	**北門町局長**

御成町局（1922 年開局）			
初代	山本可男	1914 年	郵便電信学校卒業 大阪，神戸局勤務
		1919 年	渡　台
		1919 年～	通信部管理課勤務
		1922 年	退　官
		1922 年～	**御成町局長**

下奎府町局（1926 年開局）			
初代	小野岐	1926 年～	**下奎府町局長**
2 代	宇野川藏六	1901 年	渡　台
		1901 年～	民政部通信局勤務
		1913 年	退　官
		1913 年～	台南市本町局長
		193? 年～	**下奎府町局長**

出典：台湾通信協会『台湾通信協会雑誌』171，173 号，1936 年．

人の地域名望家が多数含まれていた．財政圧迫を受けていた朝鮮総督府は，民間資金の導入を通じて通信インフラへの投資を拡大するため，地域名望家が郵便所長になり得る制度を設けたのである．その結果，1920年代以降の朝鮮では，退官した日本人逓信官吏及び朝鮮人官吏，そして朝鮮人の地域名望家が郵便所長としてそれぞれ郵便所を経営するようになった．

このような朝鮮人地域名望家の郵便所長は，地元に電信施設を誘致する際に，地方と中央政府の間で重要なパイプ役を担っていた．朝鮮では1910年代末から電信架設運動が全国的に繰り広げられたが，地域名望家は電信架設運動の請願主体となり，相当額の寄付を通じて電信架設運動を直接率いた．郵便業務だけを扱っていた郵便所で新たに電信施設を導入する場合，郵便所長は地元の有志者とともに中央政府に対する積極的なロビー活動を行った．その過程において地元の朝鮮人地域名望家の郵便所長は，地域との紐帯が希薄な日本人元逓信官吏の郵便所長に比べ，その地域により密着した形で電信架設運動を展開することが可能であった[21]．

このような朝鮮人郵便所長の役割に鑑みれば，台湾では電信施設の導入において台湾人による行政的チャンネルに欠けていたといえよう．先述のように，朝鮮では1910年代末から朝鮮人による電信架設運動が繰り広げられたが，台湾ではそのような電信架設運動に対する文献記録が一切ない．電信架設運動の求心点となり得る台湾人三等郵便局長の不在が，その１つの原因として考えられる．だが，さらに時代をさかのぼると，領有初期の制度設計がこのような差異をもたらした側面もある．日本の領有が始まると，台湾では漢文電報が廃止され，和文電報だけが取り扱われたが，朝鮮では諺文電報（朝鮮語電報）が和文電報とともに利用される電信制度が設けられた[22]．この初期条件は，当然ながら台湾人と朝鮮人の間で電信需要における差異を生じさせた．前章（第１章と第２章）で検討したように，1910年代末に朝鮮人の

---

21) 住民を代表する地域名望家が電信架設運動を推進する場合，退職した通信官吏が郵便所長を務めている地域では，請願主体（郵便所長）と資金提供者（地域名望家）の間にズレが生じ，郵便所長と住民の間に葛藤が発生することもあった．
22) 日本の領有とともに導入された電信制度が，なぜ台湾と朝鮮で異なる形態で定着したのかは不明である．この点，両地域に対する日本政府の植民地政策を含め，多様な角度から綿密な検討が必要であろう．

電報利用は，全体電報利用量の20%を占めていたが，同時期の台湾人の電報利用は，その半分の10%を占めていた[23]．朝鮮人の高い電信需要を基に朝鮮では朝鮮人の地域名望家が率いる電信架設運動が積極的に展開され，朝鮮総督府は既存の請負局制度を見直し，朝鮮人の地域名望家が通信施設を直接経営できるように制度を改めた．しかし，台湾人の電信需要が相対的に低かった台湾では，日本人の元逓信官吏が郵便局を経営するという初期の請負局制度がそのまま最後まで維持されたのである．

2. 電信需要の特徴

図3-4を通じて戦前台湾の電信需要の全体像を描いてみよう．まず，全体発信電報量の推移を見れば，1900年代までの発信電報量は50万通で伸び悩んでおり，1910年代から増加し始めることがわかる．100万通近くまで増加した発信電報量は，第1次世界大戦の勃発直後の一時的な景気後退によって若干落ち込んだものの，大戦ブームの影響を受ける1919年には150万通に至る．その後，発信電報量は戦後不況の影響で一時的に急落するときもあるが，1920年代全体を通じて安定的な増加傾向を見せる．1930年代に入ってからの発信電報量は，毎年増加幅を拡大し，1930年代後半には200万通を超えるようになる．さらに，1937年以後の発信電報量は，これまでの増加幅を遥かに上回ってドラマチックに増加していることが見て取れる．

このような発信電報量の急増は，景気変動の影響だけでは説明できない．発信電報のなかには，主として公務用に用いられる無料電報と公衆用に用いられる有料電報がある．商取引などでよく使われるものは有料電報である．この有料発信電報は全体発信電報の8割を占めており，図3-4からもわかるように，有料発信電報の動きは全体発信電報のそれとほぼ一致している．言い換えれば，有料発信電報が全体発信電報の動きを規定し，無料発信電報（全体発信電報―有料発信電報）は景気変動と関係なく毎年一定の量が利用されていたのである．とろこが，1937年以後の無料発信電報量を見れば，以前

---

23) 台湾人の電信利用については，前掲表1-6を，また朝鮮人の電信利用については，前掲表2-4を参照されたい．

図 3-4 電信需要の推移

注：(1) 有料電報のデータが得られるのは 1910 年からである．
　　(2) 1896～1910 年の間の島内電報は推定値による．
出典：(1) 台湾総督府交通局通信部『通信志　通信編』1928 年．通信統計．164 頁．
　　　(2) 台湾総督府民政局通信局『台湾通信事業要覧』1913～1921 年．
　　　(3) 台湾総督府交通局通信部『台湾総督府通信統計要覧』1922～1942 年．

に比べて急増していることがわかる．これは，日中戦争と太平洋戦争の勃発とともに軍事・行政関連の通信量が激増したためである．

　他方，有無料電報の区分とは別途に，発信電報をその受信先によって内国電報と外国電報に区分することもできる．台湾島内，台湾と日本，台湾と他の植民地との電報を意味する内国電報は，通常全体電報利用量の 95～99% を占めており，台湾と諸外国との電報を意味する外国電報は 1～5% を占めていた．では，表 3-2 と 3-3 を通じて内外国発信電報の内訳を見てみよう．まず，内国電報のなかには，島内電報と台日電報が内国電報の 97% 以上を占めていることがわかる．その他に満州，朝鮮，樺太，南洋との電報があるが，もっとも高いときの満州，朝鮮との電報量が 1% 台であり，樺太，南洋とは 1% にも至らない微々たるものである．とりわけ，台湾糖と蓬莱米に対する日本の需要が増大し，台湾と日本間の砂糖取引と米取引が頻繁に行われたため，内国電報のなかでも台日電報量がもっとも多い．他方，外国電報の

第3章 台湾における情報化主体の変化　101

表3-2　内国電報の内訳

単位：％

	台湾島内	台湾―日本	台湾―満州	台湾―朝鮮	その他
1910年	48.7	50.7	0.2	0.3	0.0
1920年	42.2	57.0	0.6	0.3	0.0
1930年	35.4	62.6	0.9	1.1	0.0
1940年	45.4	51.8	1.6	1.1	0.1

出典：(1) 台湾総督府民政局通信局『台湾通信事業要覧』各年版．
　　　(2) 台湾総督府交通局通信部『台湾総督府通信統計要覧』各年版．

表3-3　外国電報の内訳

単位：％

	中国	香港	欧米	東南アジア	その他
1910年	46.2	31.8	12.8	9.2	0.4
1920年	64.9	20.8	4.8	9.0	0.6
1930年	63.5	20.6	7.0	8.5	0.3
1938年	47.6	24.7	9.1	16.6	2.0

出典：表3-2に同じ．

　なかには，上海，福州，廈門，香港などの大陸沿岸部との通信が7〜8割を占めていた．満州事変と日中戦争によって中国との経済関係が希薄化するまで，台湾と中国の対岸貿易は，台湾人商人の活発な活動に支えられ発展し続けた[24]．台湾人商人は，大陸沿岸部との取引において頻繁に電信連絡を交わしていた．

　それ以外に注目に値するのは，東南アジアとの通信量が増えていったことである．第1次世界大戦まではほとんど経済的関係のなかった台湾と東南アジアの貿易額は，開戦直後である1915年の230万円から，1925年には1,082万円へと4.7倍拡大した[25]．ジャワから常に国際砂糖市場における糖価を把握するために，また東南アジアへの包種茶輸出においても電報は重要な役割を果たしていた．

　台湾の電報利用の95％以上を内国電報が占めており，さらにその内国電報の97％以上を島内電報と台日電報が占めていたことは前述の通りである．

---

24)　日本時代の台湾で展開された対岸貿易と台湾人の活躍ぶりについては，林満紅『台湾海峡両岸経済交流史』財団法人交流協会，1997年が詳しい．

25)　谷ヶ城秀吉「台湾・中国間貿易の変容と台湾総督府――1910年代から第1次世界大戦期を中心に」『日本史研究』第513号，2005年，28頁．

表3-4 用途別電報利用状況

単位：％

項　　目	割　　合
商取引	41.5
家庭関係	24.0
銀行・会社	19.0
官公署・公共機関	3.4
相場関係	2.6
その他	9.5

出典：台湾総督府交通局通信部『台湾の通信』1935年，31頁．

　すなわち，島内電報と台日電報は，全体電信需要の動きを規定するものであったのである．

　再び図3-4を見てみよう．興味深いことに，1910年代にかけて島内電報量と台日電報量の間に逆転が起こることが見て取れる．それは，台日電報が持続的に増加していった反面，島内電報は横ばい状態が続いたためである．1919年に50万通に達した島内電報は，1934年代半ばまで大きな変化もなく横ばい状態が続いた．これに対し，台日電報は最初こそ島内電報を下回っていたが，第1次世界大戦期に島内電報を確実に上回るようになった．このような逆転現象は，なぜ発生したのか．

　まず，島内電報と台日電報が互いに代替関係にあるのではなく，それぞれ異なる電信需要に対応する補完関係にあることに注目する必要がある．島内電報が台湾島内の遠距離通信手段であった半面，台日電報は文字通り台湾と日本間の通信手段であった．島内電報は，島内の流通・取引に利用され，価格情報の交換による市場統合を高める役割を果たし，台日電報は，日本との貿易・取引に利用され，台湾を日本市場にリンクさせる役割を果たした．したがって，台湾で輸出商品の流通・貿易に携わる者は，島内電報と台日電報をおのおのの通信需要に合わせて使い分けていた．島内電報が伸び悩むなかで台日電報が持続的に増加したことは，島内電報に対する通信需要が他の通信手段に吸収された可能性を示唆する．後述するが，島内電報を代替したのは市外電話であった．市外電話網の拡張によって，遠距離取引における島内電報の利用は徐々に減少した．このように島内電報にとってかわった市外電話とは異なり，1930年代半ばになっても台日電報を代替できる台日電話は

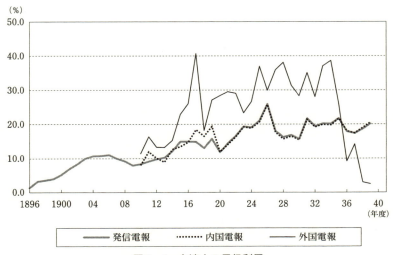

図3-5 台湾人の電信利用
出典：(1) 台湾総督府交通局通信部『通信志 通信編』1928年，通信統計．
(2) 台湾総督府民政局通信局『台湾通信事業要覧』各年版．
(3) 台湾総督府交通局通信部『台湾総督府通信統計要覧』各年版．

まだ十分機能していなかったため，台湾経済における台日電報は引き続き有用性が高かった[26]．

電報の用途を具体的に見れば，表3-4からもわかるように，商取引，銀行・会社，相場関係など，経済活動に関わる電報利用が60%を超えていた．家庭関係の電報利用も20%以上であったが，電報利用の多くは商用通信であった．台湾人の電報利用量は，図3-5から確認することができる．台湾人の発信電報量は，1910年代まで全体の10%前後を占めており，1920〜1930年代にも20%を下回る年が多い．ところが，外国電報に対する台湾人の利用率は，内国電報のそれに比べて相対的に高かった．外国電報の利用率は，第1次世界大戦中に一度40%を超え，その後も30%台で動いた．外国電報の発着信先は，すでに述べたように，上海，福州，厦門，香港などの大陸沿

---

26) 1934年6月に国際電話会社による送受信所が設置され，台北─東京間の電話業務が開始した．その後，通話区域は徐々に拡大していった（台湾総督府交通局通信部『台湾の通信』1935年，74-77頁）．

岸部と東南アジアであった．対岸貿易と東南アジア貿易は，多くの台湾人商人が活躍しており，彼らは外国電報を利用して取引を行っていたのである．このように台湾人商人が利用していた外国電報は，1930年代半ばから急減する（図3-5参照）．満州事変から日中戦争までの間に台湾の対外経済状況は大きく変わったが，それは台湾人の電報利用にも影響を与えた．つまり，満州事変から日中戦争までの間に台湾と中国との経済関係が希薄化し，日本経済圏（日本，台湾，朝鮮，満州）との結束力が強くなったため，自然に台湾人による中国向けの電報が減り，それは台湾人の外国電報の利用量を大きく減少させたのである．

第3節　民間主導の情報化II——電話

1．加入者電話の時代

　市内外通話のためには2つの方法がある．郵便局と公衆電話所などの公衆用電話を利用する方法と，電話加入者が加入者電話を利用する方法がそれである．電話施設の供給側面からすると，政府の政策意図がより表れやすいのは公衆用電話であり，民間の通信需要が強く作用するのは加入者電話である．図3-6は，このような公衆用電話と加入者電話の供給水準を比較したものである．ここからわかるように，1920年以前の時期において公衆用電話の増加速度は逓減的であったことに対し，加入者電話の増加速度は逓増的であった．公衆用電話は日露戦後から急増し，第1次世界大戦期までに次第にその増加幅が縮小していった．逆に，同時期の加入者電話は徐々に増加幅を拡大していった．1920年代に入ってから公衆用電話の増加幅は緩慢な動きを見せたが，加入者電話の増加幅はさらに加速化した．つまり，1910年代までに政府が主導した「郵便局電話の時代」が終わり，1920年代からは民間が主導する「加入者電話の時代」が始まったのである．

　しかし，これが電話供給における政府の役割の終焉を意味するものではなかった．電話加入者が増加するためには，それに先んじて電話交換局の増加が1つの必要条件である．電話交換機能を有する郵便局は，1910年に全体

第3章　台湾における情報化主体の変化　　105

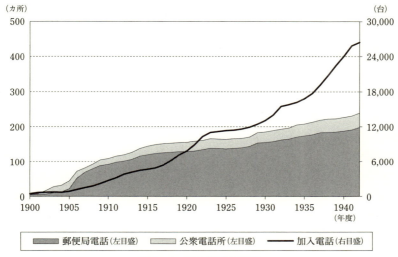

図3-6　電話供給の推移

注：(1) 電話施設を有する郵便局のみを対象にした．
　　(2) 加入者電話の数は電話加入者数を利用した．
出典：(1) 曹潛『中華郵政史台湾編』交通部郵政総局，1981年，196-198頁．
　　　(2) 台湾総督府交通局通信部『通信志　通信編』1928年，通信統計．
　　　(3) 台湾総督府交通局通信部『台湾総督府通信統計要覧』各年版．

の郵便局のなかで40%を占めていたが，1940年には70%にまで増加した．加入者間通話のためには電話交換局の普及がもっとも重要であり，交換局数の増加は電話加入者の拡大をもたらす土台となった．政府の財政支出の焦点は，最初の公衆用電話施設の増設から，加入者電話の質的向上に移っていった．情報化の主体が政府から民間に変わり，政府は情報化を直接率いる存在から民間主導の情報化を側面支援する存在になったのである．

電話加入者の拡大のためには，交換局数のような供給条件だけでなく，需要条件もまた重要である．つまり，潜在的な電話加入者の所得水準，電話料金などによって電話加入者数は変動するのである．なかでも台湾の電話料金については，特記しておきたい[27]．

---

27)　電話料金の設定方式に対し，簡略に触れておきたい．理論的に社会的厚生を最大化する電話料金は，ラムゼイ価格と呼ばれる限界費用価格設定である．つまり，限界費用に近似する料金設定によってパレート的厚生を改善することができる．しかし，通

台湾の通信事業は，官業として政府が独占的に経営し，特徴的な価格設定システムを有していた．日本の場合，通信事業がネットワーク外部性を十分発揮することができるまで低廉な料金制度を適用した[28]．したがって，通信事業の草創期には赤字経営が続いたが，通信利用者と利用量が増加するにつれて黒字経営に転じたのである．事業草創期の赤字経営が，途中から黒字経営へ転じたことは台湾の通信事業においても同様であった．しかし，台湾の電話料金制度は，日本のそれとは異なる側面をもっていた．台湾では，加入者の市内電話において均一料金制が適用された[29]．利用通話量によって料金が課せられる度数制とは違って，均一制は利用通話量と関係なく，毎月一定額を支払う料金制度であった．電話加入者の立場から見れば，電話利用頻度が高ければ高いほど有利な料金制度であったのである．1940年8月現在，単独加入の使用料月額は，もっとも高い1級局の20円からもっとも安い6級局の9円までの6つの等級があった[30]．1級局の台北を基準とすれば，10銭の市内電報を月に200回以上利用する場合，算術的には市内電話の方が電

　　信事業のように規模の経済性がある産業においては，限界費用に価格を設定する場合，事業初期において赤字経営を免れない．通信事業は，初期投資の固定費用が高く，生産技術に規模の経済性があるため，長期平均費用が右下がりになる．このような平均費用曲線が右下がりのところで需給均衡が実現する場合，平均費用が常に限界費用を上回るため，市場競争に基づいて限界費用と一致する水準で価格を決定すると，参入企業は赤字となる．この問題の解決策は，政府が独占を許可し，価格規制を施すことである．価格規制の1つは，電話料金を平均費用に設定することである．手数料主義とも呼ばれるこのような平均費用価格設定は，通信サービスの提供に必要な実費を徴収する料金制度である．また，平均費用価格より電話料金を高く設定する方法もあるが，この場合，その余剰は政府歳入に帰属する．すなわち，通信事業の収益が租税の性格をもつのである（Mitchell, Bridger M. and Ingo Vogelsang (1991), *Telecommunications Pricing: Theory and Practice*, New York: Cambridge University Press, Ch.4）．

28) ネットワーク外部性とは，電話などのネットワーク型サービスにおいて加入者が増えれば増えるほど，利用者の便益が増加するという現象である．ネットワーク外部性が存在する場合，新規加入者にとっての便益は既存加入者の数に依存するため，加入者数の少ない間はなかなか普及しないが，加入者数がある閾値（threshold）を越えると一気に普及する現象が発生する．

29) 日本時代を通じて台湾の電話料金制度が，一貫して均一制であったことに対し，日本は1920年より，朝鮮は1937年より電話料金が均一制から度数制へと切り替わった．

30) 日本電信電話公社電信電話事業史編纂委員会編『電信電話事業史』第6巻，電信通信協会，1960年，305頁．

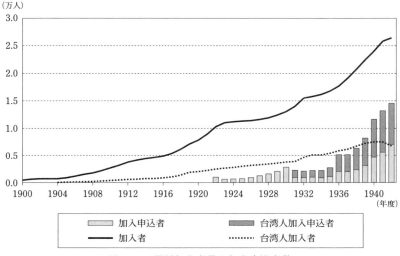

図 3-7　電話加入者数と加入申込者数

出典：(1) 台湾総督府交通局通信部『通信志　通信編』1928年，通信統計．
　　　(2) 台湾総督府民政局通信局『台湾通信事業要覧』各年版．
　　　(3) 台湾総督府交通局通信部『台湾総督府通信統計要覧』各年版．

報より低廉な通信手段であったのである．情報伝達の速度とともにこのような料金面でのメリットのため，すでに1900～1910年代にかけて市内電話は近距離通信手段としての電信を代替していた[31]．

　1900～1910年代の台湾では，市内電話が近距離通信手段として，島内電報と台日電報が遠距離通信手段としてそれぞれの通信需要に対応していた．しかし，市外電話線工事が進捗する1920年代には，市内通話はもちろん市外通話も加入者電話によって行われるようになった．そして，この過程はさらなる電話加入者の増加をもたらした．ここで電話加入者数と加入申込者数の推移を図3-7から確認してみよう．全体電話加入者数は，第1次世界大戦後の好況期に大幅に増加し，1922年には1万人を超える．そして，10年後

---

31)　郵便と同じ逓送システムをもつ電報は，もともと近距離通信に適した通信手段ではない．都市内部の電信連絡の場合，電報の配達速度は郵便とほぼ変わらず，郵便より遥かに高い電報料金まで考慮すれば，むしろ通信手段としての電信は郵便に劣る面もある．そのため，都市部に電話加入者数が増加すると，市内通信需要の一部を処理していた市内電報は，急速に市内電話に吸収されるのである．

の1932年には1万5,000人を超え，さらに6年後の1938年には2万人を突破する．また，加入申込者数も年々増加し，1920年代に入ってから毎年1,000から2,000件程度の新規申込が発生する．

さらに，1930年代半ばからは，加入申込者数が急増し始め，その規模は5,000人を超えるようになる．このような電話需要の増加に対し，予算制約を受けていた政府は1932年5月から「特別開通制度」を実施した[32]．「特別開通制度」とは，加入希望者が電話架設に必要な資材を無償提供すれば，優先的に電話開通を許可する制度である．しかしそれにもかかわらず，加入申込の渋滞が続いたため，1940年代の加入申込者数は毎年1万人以上に達した[33]．この「特別開通制度」からもわかるように，郵便局電話をはじめとする公衆用電話の増設という政府主導の情報化のあり方は，電話加入者の増加を基に，適切な制度配置を通じて民間主導の情報化をサポートするものへと変わったのである．

一方，台湾人の電話需要は，電信需要に比べて相対的に高かった．前述の通り，台湾人の電報利用水準は，もっとも多いときも20%前後に止まった．それに対し，台湾人の電話加入者は，第1次世界大戦期まで全体の20%を占めていたが，その後も持続的に増加し，1930年代には30%を超えるようになった．また，台湾人の電話加入者とともに台湾人の電話加入申込者も持続的に増加した（図3-7参照）．とりわけ，1930年代の電話加入申込者における台湾人の割合は，全体申込者の50%以上を占める程度であった．それほど台湾人の電話需要は，潜在的な部分まで含めて非常に高い水準であったのである．ただし，それにしても台湾人の電話加入者の比重が30%台で伸び悩んでいた点と，台湾人の加入申込者が全体の50%も占めていた点については，今後さらなる解明が必要であろう．

ところで，台湾における加入者電話の利用者はいかなる人々であったのか．言い換えれば，いかなる職種の人々が電話加入者となり，電話を利用して頻繁に情報交換を行っていたのか．このような疑問について表3-5は重要な手がかりを提供する．電話加入者を職業別にまた地域別に分類すると，いずれ

---

32) 台湾総督府交通局通信部『台湾の電気通信』1941年，35頁．
33) 同上書，36頁．

表3-5　電話加入者の職業別分類（1937年6月現在）

単位：％

	台北局	新竹局	台中局	嘉義局	台南局	高雄局
米	33.4	36.0	45.6	26.1	27.0	37.2
果物，野菜	2.4	11.2	13.1	4.5	3.7	7.2
海産物	3.1	5.6	2.9	4.5	5.6	10.3
茶	6.1	1.1	1.5	3.4	1.4	1.3
味噌，醤油，豆腐	2.9	2.2	2.4	2.3	2.8	1.8
乳製品，卵	3.5	3.4	2.9	4.5	2.3	1.8
肉類	2.1	n.a.	1.9	3.4	1.4	n.a.
氷，飲料	6.0	5.6	5.3	15.9	7.9	8.5
酒類	2.4	5.6	1.5	4.5	2.8	2.7
菓子類	11.8	13.5	10.2	12.5	7.4	8.1
砂糖	1.5	3.4	1.9	6.8	6.0	1.3
食料品店	7.3	10.1	3.4	6.8	16.3	3.6
食料雑貨店	14.5		4.4			13.9
その他	3.1	2.2	2.9	4.5	5.1	2.2

注：(1) 台北局の電話加入者数は1936年6月現在，嘉義局は1939年6月現在の数値である．
　　(2) 米関係の職業とは，米輸出商，籾摺・精米業者，米仲介商，米問屋などである．
出典：(1) 台湾総督府交通局通信部『台北州下各局電話帖』1936年6月．
　　　(2) 台湾総督府交通局通信部『新竹州電話帖』1937年6月．
　　　(3) 台湾総督府交通局通信部『台中州電話帖』1937年6月．
　　　(4) 台湾総督府交通局通信部『嘉義州電話帖』1939年6月．
　　　(5) 台湾総督府交通局通信部『台南州電話帖』1937年6月．
　　　(6) 台湾総督府交通局通信部『高雄州電話帖』1937年6月．

の地域においても米関係の仕事に従事している電話加入者がもっとも多いことが，同表を見てわかる．ここでいう米関係の仕事とは，米輸出商をはじめ，籾摺・精米業者，米仲介商，米問屋など，島内消費米または輸出台湾米の流通・取引に関わる職種のことを指す．すでに述べたように，加入者数と加入申込者数の割合から見れば，台湾人の電話需要が相対的に高いという事実と，電話加入者のなかには米関係の従事者がもっとも多いという事実は，いかにつながるのか．この問いに答えるにあたって，台湾米の流通・取引過程を綿密に検討する必要がある．

　島内消費米と輸出台湾米は，それぞれ異なる流通経路をたどり，最終消費者の手にまで届く．農民が生産した籾は，籾摺・精米業者によって玄米または白米に加工され，玄米は米輸出商を通じて日本へ輸出され，島内向け白米は米問屋などを経由して消費者のところまで到達する．その際，農民と籾摺・精米業者の間，籾摺・精米業者と米輸出商の間に米仲介商が介入し，米取引を斡旋する場合もある．以上が，台湾米（島内消費米と輸出台湾米）にお

ける大概の取引・流通経路である．このような台湾米の取引・流通過程においてもっとも中枢的な役割を果たしたのは，米輸出商と籾摺・精米業者であった．なかでも米輸出商は，台湾米の対日輸出において欠かせないプレーヤーであり，1920年代まで米輸出商のほとんどは台湾人商人であった．日本品種である蓬莱米の栽培が普及し，それに伴い対日輸出が拡大したため，新たなビジネスチャンスを迎えた台湾人商人は，米輸出商として成長を成し遂げた．1930年代に入り，台湾米の輸出市場が日本企業の最大手4社による寡占市場になるまで，台湾米輸出は台湾人商人によって握られていた[34]．

1920年代に台湾米輸出を掌握していた台湾人輸出商は，1930年代に日本企業によってその地位を失ったが，台湾人の籾摺・精米業者は1930年代にも繁盛し続けた．台湾工業化の特徴の1つは，職工数の増大以上に工場数の増大が急速であり，その結果，職工数5人未満の零細工場が全体工場のなかで占める割合が非常に高い点である[35]．とくに零細工場のなかで籾摺・精米工場は，1930年を基準とした場合，81％という圧倒的な比率を占めていた．このような籾摺・精米工場は，個人経営ないし血縁関係を基盤とする合資会社あるいは共同経営が多く，そのほとんどの経営者がもともと土壟間と呼ばれる台湾人であった[36]．籾摺・精米業は，農民から籾を買取り，加工した玄・白米を米輸出商または米問屋に販売する，商人的な性格が強い加工業者であった．籾摺・精米業は，台湾人が大多数を占めていた代表的な製造部門であり，長期的な技術と制度の変化にも適応しつつ発展を続けた．

以上のように，台湾米の取引・流通に関わるさまざまな職種，すなわち米輸出商，籾摺・精米業者，米仲介商，米問屋のなかには多くの台湾人商人が活動していた．そして，表3-5からも確認したように，電話加入者の職種のなかでもっとも多いのは，台湾米の取引・流通に携わる仕事であった．要す

---

34) 谷ヶ城秀吉「戦間期における台湾米移出過程と取引主体」『歴史と経済』第52巻第4号, 2010年, 3-5頁.

35) 職工数5人未満の零細工場の割合は, 1918年に21.1％から1925年に37.2％, 1930年に53.5％, 1937年には60.7％にまで増加した (堀内義隆「日本植民地期台湾の米穀産業と工業化——籾摺・精米業の発展を中心に」『社会経済史学』第67巻第1号, 2001年, 25頁).

36) 同上, 26-27頁.

るに，相対的に高い台湾人の電話需要から鑑みれば，多くの台湾人商人が台湾米の流通・取引関係の仕事において電話を利用していたことがわかるのである．

2. 市外電話の時代

ところで，台湾米取引における電話の利用は，遠隔地間の取引をその前提とする．産地の籾摺・精米業者と，輸出港の米輸出商が取引する場合，また，全国に散在する米穀業者が，遠く離れている米穀取引所を利用する場合においても，必要なのは遠距離通信手段である．そして，遠距離通信手段として電話が機能し始めたのは，市外電話網とその施設が完備されてからである．とりわけ1920年代に入ってからは，市外電話線工事が本格的に進み，市内通話と市外通話が両方とも加入者電話によって行われるようになった．1920年代以前の市外電話線は，非常に貧弱なものであった．電話事業が開始した1900年において市外通話が可能な区間は，台北―基隆間が唯一であった．日露戦争期までに北部は台北を中心に基隆，台中，淡水の相互間に，南部は台南を中心に嘉義，高雄の相互間に市外電話線が架設された．その後，1921年に台北―高雄間の直通線が竣工し，ついに南北を縦貫する市外電話線が完成した[37]．

しかし，東部の山間地方まで市外電話線が建設されるには，さらに時間がかかった．1928年4月に台東―花蓮港と台北―花蓮港の間に市外電話線が竣工し，これによって台湾全島の主要都市間を連結する電話回線が完成を見た[38]．かくして，「市外電話線ハ主要都市間ニハ殆ンド直通線ヲ有シテ居ル（中略）今ヤ全島ヲ覆フ電話網ハ殆ンド完備シテ番地近クマデ及ビ電話ノ施設ナキ地ハ稀デアル[39]」と，1920年代末に至って台湾全島の主要都市が市外電話線でつながるようになった．

市外電話線の完備は，島内における遠距離通信手段に変化をもたらした．

---

37) 台湾総督府交通局通信部『台湾の通信』60頁．
38) 台湾総督府交通局通信部『台湾の電気通信』40頁．
39) 台湾総督府交通局通信部『台湾総督府通信統計要覧』1929年，14頁．

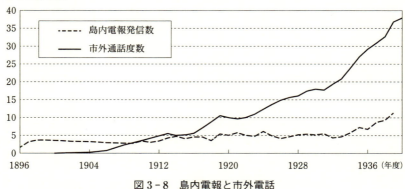

図3-8 島内電報と市外電話
出典：(1) 台湾総督府交通局通信部『通信志 通信編』1928年，通信統計．
(2) 台湾総督府民政局通信局『台湾通信事業要覧』各年版．
(3) 台湾総督府交通局通信部『台湾総督府通信統計要覧』各年版．

前掲図3-4で確認したように，日本との貿易比重が高くなるにつれ，台日電報が島内電報を上回るようになった．もっとも厳密に言うと，これは台日電報の増加原因であり，島内電報の低迷を説明する原因ではない．島内電報が1930年代半ばまで横ばい状態を続けた理由は，島内通信需要が電信から電話へと切り替わったためである．通信事業の開始直後から1910年代までの電信・電話の使い分けを見ると，都市間の遠距離通信手段としては電信が，都市内部または都市とその周辺部を結ぶ近距離通信手段としては電話が，それぞれの通信需要に対応していた．

しかし，1920年代に主要都市を連結する市外電話線が完成する一方で，島内の遠距離通信手段は島内電報から市外電話へシフトしていった．図3-8は，このような状況をよく物語っている．1896年から1930年代半ばまでの間に50万通付近の小幅なレンジで動いていた島内電報発信数とは正反対に，市外電話度数はサービス開始直後の低迷期を除き，日露戦後から上昇し始め，その後はさらに増加幅が大きくなっていく．島内電報と市外電話は，遠隔地間の商取引に利用される競合関係にある通信手段であり，供給条件（通信手段へのアクセシビリティ，利用の便利性）と需要条件（所得水準，通信料金）の変化によって，片方が他方の通信需要を吸収することが起こり得る．島内電報と市外電話は，その利用が便利な方へ，通信料金が安い方へ通信需要が集中

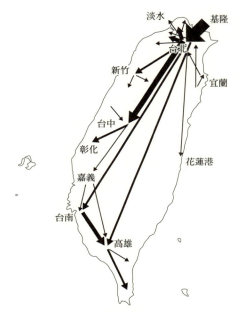

図 3-9 通話度数で見る市外電話
注：1940 年 9 月現在，1 日平均 100 度数以上の区間．
出典：筆者作成．

するのである．1920 年代の台湾では，加入者電話の普及，市外電話線の拡充，電話料金の相対的な低廉さなどの理由から，島内電報の需要が市外電話の方へシフトしたと考えられる．

そこで，遠距離通信手段としての市外電話の地域間利用状況を，図 3-9 から確認してみよう．これによると，1940 年 9 月を基準として 1 日平均通話度数がもっとも多い区間は，基隆→台北であり，1 日平均 914 度数にも達した．基隆→台北に次ぐ区間は，台北→北投（334 度数），台北→台中（225 度数），台北→士林（217 度数），台南→高雄（206 度数）の順である．これらの区間以外に 1 日 50 度数以上の区間は全部 44 回線であった．

以上からは，次のような特徴を見出すことができる．第 1 に，貿易中心地の基隆が，情報中心地としても機能していた点である．台湾製品（砂糖と米）の対日本輸出港であり，日本製品（綿布，マッチ，海産物）の対中国輸出の中

継地であった基隆は，従来の貿易中心地の香港と競合関係を形成するほど成長した[40]．基隆郵便局の電報発着信量は，大都市にある台北郵便局（後の台北電信局）と高雄郵便局に並ぶ3番手であり，とくに基隆から台北への通話量はもっとも多かった．第2に，台北を中心とする一極体制情報網が形成された点である．1日50度数以上が利用される44回線のなかで台北発信の市外通話は15回線であり，台北着信の市外通話は4回線であった．台湾の中心都市であった台北は，情報発信地としても圧倒的な地位を占めていたのである．第3に，都市部とその周辺部の間に通話量が多い点である．例えば，台北と1日50度数以上の通話量のある地域は，もっとも通話量の多い基隆をはじめ，北投，士林，松山，板橋，新店，草山，淡水など，台北州ないし台北付近の地域が多い．これは他の主要都市も同様であり，新竹は竹東，竹南と，高雄は岡山，鳳山との通話量が1日平均50度数を超える．

　公衆用電話と加入者電話は，両方とも市外通話サービスを提供していた．ところが，1920年代に入ってから加入者電話を利用する市外通話量が，公衆用電話を利用する市外通話量を遥かに上回り，全体市外電話度数の90%を占めるようになった．この点を念頭におきつつ，図3-10を通じて台湾人の市外電話利用状況を見てみよう．台湾人の電話加入者による市外通話度数は，最低でも全体市外通話度数の30%を超え，1930年代には50%を超えるときもある．これは，最高でも30%程度だった台湾人の電話加入者の割合を大きく上回る水準であり，台湾人加入者の市内通話度数の割合よりも高い数値である[41]．さらに公衆用電話を利用した市外通話の場合，台湾人利用者が平均的に70%を超えており，いずれにしても台湾人の市外電話に対する需要が高いことがわかる．

　前掲図3-7からも確認した通り，台湾人の電話加入申込者は全体申込者の50%を超えるほど，台湾人の電話利用者は深刻な渋滞を経験していた．その事実とこの図3-10を照らし合わせてみると，電話加入申請が解消できな

---

40) この点，林満紅「アジア・太平洋経済における台湾・香港間の競合関係　1895-1945」藤善眞澄編『福建と日本』関西大学出版部，2002年を参照されたい．

41) 台湾人加入者の市内通話度数について，同図からは1922〜1927年の割合しかわからないが，いずれの年も市外電話度数を下回っていることがわかる．

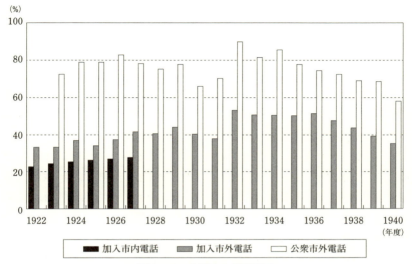

図 3-10 台湾人の電話利用

注：市外電話には加入市外電話と公衆市外電話があり，さらに公衆市外電話のなかには郵便局電話と自動電話（公衆電話）がある．ところで『台湾総督府通信統計要覧』を見ると，1931年までは郵便局電話と自動電話の度数をそれぞれ区別しているが，1932年度からは合計値のみが記載されている．したがって，1932～1942年間における郵便局電話と自動電話の度数は推定値を利用する．その際の推定式は，自動電話を基準として Yt＝3338.4Xt＋17656（R²＝0.9745）である．他方，台湾人の電話利用実績がわかるのは，郵便局電話のみである．そのため，同図における公衆市外電話とは，台湾人が郵便局電話で市外通話サービスを利用する割合である．

出典：台湾総督府交通局通信部『台湾総督府通信統計要覧』1922～1942年より作成．

かった分，台湾人の市外通話需要は公衆用電話に分散していたことが見て取れる．電信事業の開始とともに実施された漢文電報の廃止が，台湾人の電信需要を伸び悩ませる1つの原因であったことはすでに述べた．島内電報需要が伸びないなか，遠距離通信手段として島内電報と競合関係にある市外電話が普及すると，遠距離通信手段に対する台湾人の通信需要は，急速に市外電話の方へ収斂した．その過程で加入者電話が消化しきれなかった市外通話における超過需要は，公衆用電話へ流れ込んだのである．

第4節 小 括

　第3章では，日本時代における台湾の情報化過程に焦点を当てた．その際，台湾総督府が牽引してきた情報化が限界に直面し，その結果として政府主導の情報化が民間主導の情報化へと変わっていく過程を明らかにした．
　台湾総督府が積極的な公共投資を通じて推進してきた政府主導の情報化は，陸上線と海底線をはじめとする電気通信網を建設し，郵便局をはじめとする通信現業機関を全島に普及させた．このような政府主導の情報化における到達点は，台湾通信網が治安・行政網として完全な機能を果たす水準に他ならなかった．第1次世界大戦期までに治安・行政網の完成という所期の目的を達成した政府は，過度な財政支出を減らし，通信事業の黒字経営を企図した．したがって，事業草創期の通信財政は赤字経営が続いたが，1910年代に入ってからは黒字経営に転じ，第1次世界大戦後もわずかな黒字を出し続けた．一方，台湾経済の成長とともに民間の通信需要はますます増加し，その結果，限られた通信財政のなかで行われてきた政府主導の情報化は限界を露呈した．
　電信施設においてその限界を打破したのが，民営の性格をもつ三等郵便局であった．1920年代から電信施設の80％以上を占めていた三等郵便局は，局長が自己勘定の下で経営する事業体であった．この三等郵便局長に任命されたのは，ほとんどが退職した元通信官吏の日本人であった．朝鮮人の地域名望家が経営者として参加することができた朝鮮の請負局制度に比べ，台湾の請負局制度は台湾人による行政的なチャンネルに欠けていた．具体的な電報の利用においては，内国電報（島内電報と台日電報）が97％以上を占めていた．なかでも日本との貿易量の増加による台日電報の増加が目立った．外国電報のなかには，中国沿岸都市との電報量がもっとも多かった．台湾人の電報利用率は，全体の10〜20％台であったが，それでも外国電報の利用率は30〜40％台に至った．この点，台湾人の経済活動と深い関係があるが，多くの台湾人商人が沿岸貿易と東南アジア貿易に従事していたからである．
　他方，政府から民間への情報化主体の変化は，電話においてより鮮明に表

れた．電話加入者の増加により，政府が主導してきた「郵便局電話の時代」は幕を閉じ，民間が主導する「加入者電話の時代」が本格的に展開された．とはいえ，政府も適切な制度配置を通じて民間主導の情報化をサポートした．電話交換局の増加，相対的に低廉な料金制度，民間資金の導入を促す「特別開通制度」，持続的な市外電話線の拡充などが，さらなる電話加入者の増加を招いた．その結果，1910年代までは近距離通信手段としての市内電話が，1920年代からは遠距離通信手段としての市外電話が，それぞれ電信（島内電信）を代替し，島内の通信手段として定着し始めた．その過程において台湾人の電話需要は，電信需要に比べて相対的に高く，とくに市外電話に対する需要は非常に高かった．漢文電報の廃止という初期条件が，相対的に低い電信需要をもたらし，その潜在的な通信需要が後に電話需要へ収斂したのである．とりわけ，多くの台湾人商人が携わっていた台湾米の流通・取引において電話の利用は際立った．台湾米の輸出拡大とともに市外電話線の完成によって大量の輸出台湾米が電話によって取引されるようになったのである．その結果，市外電話に対する台湾人の超過需要は，常に加入申込の渋滞を引き起こし，加入者電話で処理しきれなかった市外電話需要は公衆用電話に流れ込んだ．

第4章　朝鮮における情報化主体の変化

第1節　朝鮮総督府の電信政策とその限界

1. 電信政策の概観

(1)　1910年の日韓併合〜1919年の3.1独立運動

　朝鮮を併合した直後に日本政府がもっとも急いだのは，新しい統治構造の構築と殖産興業であった．1910年代における殖産興業政策の重点は，交通機構整備に置かれ，鉄道建設・道路開設・港湾修築が3大目標として設定された[1]．交通機構の整備とともに急がれたのが，統治と殖産興業の両面のインフラとなる通信施設，すなわち郵便・電信・電話の整備であった．通信施設整備への積極的な投資は，1915年まで続いた．電信事業においては，1907年に起きた反日武装蜂起[2]をきっかけに拡張し始めた警備通信網を基に，電信取扱局所[3]の新設が1915年まで急増した．日韓通信合同の直後にはわずか44カ所にすぎなかった電信取扱局所は，毎年平均50カ所以上増え続け，1915年には約590カ所に至った[4]．

---

1)　堀和生「朝鮮における植民地財政の展開——1910〜30年代初頭にかけて」飯沼二郎・姜在彦編『植民地期朝鮮の社会と抵抗』未来社，1982年，200頁．
2)　1907年8月に日本は朝鮮半島の武装解除を標榜し，朝鮮の軍隊を強制的に解散した．その結果，解散を命じられた軍人を中心に反日蜂起が起こり，それが次第に全国へ拡散していった．
3)　電信業務を取り扱っていた通信機関には，郵便局，（電信施設を有している）郵便所，鉄道駅の電信取扱所，電信電話所（1931年より電信電話取扱所に改称），電信局（京城中央電信局及び無線電信局）などがあった．本書では，便宜上電信事務を実施していた上記の通信機関すべてを通称し，以下電信取扱局所と称する．
4)　併合以前については，統監府通信監理局『統監府通信事業報告』1906〜1909年を

財政面では,合同直後から通信事業の収支改善が図られ,1910年には収入252万円,支出217万円となり,一時的に通信財政が黒字を記録した.しかし,殖産興業政策の本格的な展開にともない,通信財政は再び赤字に転じた.1911年の通信事業費の支出額は,前年度より大幅に増加した274万円となり,1915年には344万円を記録した.もっとも,一方で,通信使用量の急増がもたらす通信収入の増加(1911年の259万円から1915年の342万円へ)のため,通信財政は赤字とはいえほぼ収支均衡に近いものであった[5].朝鮮総督府の1915年度予算案の歳出項目を見ると,単一事業としてもっとも大きい比重を占めているのは,鉄道作業費として756万円であり,次いで通信費が358万円,警務費が327万円であった[6].しかし,1915年度は予算不成立のため,この計画は前年度予算を踏襲したものとして新たな追加予算案を編成しなければならなかった.こうした追加予算案の歳出追加予算額の291万円のなかで,経常部に属するものは161万円であり,「経常部歳出追加の主なるものは,公債元金の償還及び水道,逓信,鉄道等の事業増進に伴ふ増資にして,其の他は概ね必要已を得ざる既定経費の不足を補充するものに過ぎず」と[7],追加予算の大部分は逓信事業を含む殖産興業政策に充てられた.

一方,表4-1が示すように,朝鮮総督府の財政収入は,租税収入,官業収入,補充金,公債金及び前年度剰余金繰入などから構成されていた.日本の一般会計からの補充金の存在はもちろん,公債も主に日本の金融市場で消化されていたため,朝鮮総督府の財政は日本政府及び日本経済に依存的な性格をもっていた.こうしたなかで補充金を1918年まで段階的に廃止し,日本政府の財政的な負担を軽減しようとする「財政独立五ヶ年計画」が1914年に立てられた[8].その実行にあたり,新税を導入するとともに税率の引き上

参照し,併合以後については,朝鮮総督府通信局『朝鮮総督府通信年報』各年版を参照した.
5) 当該期の通信事業の収支状況については,朝鮮総督府通信局『朝鮮通信事業沿革史』1938年,457-466頁を参照.
6) 東邦協会編「大正四年度朝鮮総督府特別会計実行予算綱要」『朝鮮彙報』第3号,1915年5月,52-54頁.
7) 東邦協会編「大正四年度追加予算綱要」『朝鮮彙報』第5号,1915年7月,91-94頁.
8) 「財政の独立ということを初代の寺内総督の時,計画されまして明治四十三年です

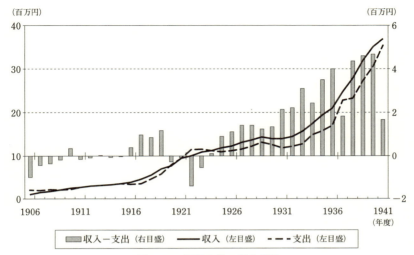

図 4-1 通信事業の収支状況

注：歳入は郵便収入＋電信収入＋電話収入，支出は経常部（通信事業経営費）＋臨時部（通信事業営繕費）．
出典：(1) 朝鮮総督府通信局編『朝鮮総督府通信年報』各年版．
　　　(2) 日本電信電話公社編『外地海外電気通信史資料4　朝鮮の部1』1956年，69-84頁．

げが行われる一方で，「赤字補填のために臨時歳入の増加をはかるような安易な手段を避け，一般経済を発展させてそれに伴う官業収入を増収」する方針もとられた[9]．1916年度予算案においては，米価下落，第1次世界大戦による通信・鉄道の収入減を見通して，財政支出の規模も抑制された．

このような状況下で通信事業における支出額も抑制されたが，懸念していた通信事業の収入減少は起こらず，むしろ通信収入が年々増加したため，1916年から1919年までの4年間の通信財政は黒字を記録した（図4-1参照）．通信費支出の抑制のため，1916年から電信施設の新設は激減したものの，電信利用量は急増したため，第1次世界大戦が終わった1918年には極度の

　　か，大正八年を期して内地からの補充金をなくしよう，ということになり，一年に二百万円ずつぐらい漸減して行こうという財政独立計画というものがたてられたわけです」（水田直昌「財政・金融政策から見た朝鮮統治とその終局──朝鮮財政金融史談第1話～第9話」『朝鮮近代史料3』友邦協会朝鮮史料編纂会，1962年，11頁）．
9)　水田直昌監修「総督府時代の財政──朝鮮近代財政の確立」朝鮮統治関係資料『朝鮮財政・金融発達史』友邦協会，1974年，16頁．

表 4-1　朝鮮総督

年度	租税収入		官業収入						その他
			鉄道収入		専売収入		通信収入		
1910	9,061	41.2%					2,520		
1911	12,440	23.8%	5,757	54.4%			2,593	24.5%	10,590
1912	13,361	21.5%	6,816	55.2%			2,963	24.0%	12,359
1913	13,903	22.0%	7,851	56.3%			3,135	22.5%	13,940
1914	16,685	26.9%	7,734	52.4%			3,149	21.4%	14,749
1915	17,494	27.9%	8,934	52.6%			3,423	20.2%	16,971
1916	18,876	27.7%	10,586	51.2%			3,761	18.2%	20,662
1917	22,679	30.3%	4,730	27.7%			4,492	26.3%	17,082
1918	29,184	29.2%	6,810	30.6%			5,436	24.4%	22,288
1919	38,518	30.6%	4,017	17.3%			6,955	29.9%	23,272
1920	34,839	23.8%	4,921	20.1%			7,642	31.2%	24,456
1921	36,890	21.1%	6,176	14.7%	16,937	40.3%	9,388	22.3%	42,027
1922	42,524	25.1%	6,603	14.8%	21,224	47.5%	10,110	22.6%	44,643
1923	34,392	22.5%	7,478	17.1%	19,768	45.1%	11,017	25.2%	43,789
1924	37,395	26.1%	8,090	16.5%	23,936	48.9%	11,260	23.0%	48,995
1925	38,629	20.9%	47,301	51.4%	24,719	26.9%	11,920	13.0%	91,984
1926	41,947	19.8%	51,811	49.8%	31,672	30.5%	12,324	11.9%	103,967
1927	43,363	18.5%	57,284	49.2%	36,230	31.1%	13,140	11.3%	116,406
1928	44,633	18.7%	58,478	49.3%	36,663	30.9%	13,761	11.6%	118,587
1929	45,987	19.1%	63,038	50.8%	38,404	30.9%	14,409	11.6%	124,126
1930	43,478	19.9%	54,640	47.8%	38,575	33.7%	14,006	12.2%	114,403
1931	40,392	18.8%	54,052	44.6%	46,171	38.1%	13,999	11.6%	121,136
1932	41,166	18.7%	59,009	48.8%	40,205	33.2%	14,393	11.9%	121,028
1933	47,625	18.9%	66,206	49.0%	43,997	32.5%	15,734	11.6%	135,193
1934	56,129	18.7%	83,932	52.3%	47,813	29.8%	17,268	10.8%	160,606
1935	64,364	19.5%	90,470	51.4%	52,182	29.7%	19,371	11.0%	175,927
1936	74,306	19.3%	104,316	52.6%	57,913	29.2%	20,893	10.5%	198,141
1937	86,411	18.4%	126,392	53.6%	65,951	28.0%	24,679	10.5%	235,939
1938	114,489	19.4%	158,817	55.6%	76,311	26.7%	27,564	9.6%	285,694
1939	150,252	18.8%	216,468	57.6%	94,308	25.1%	31,725	8.4%	375,491
1940	205,001	20.6%	272,198	61.6%	104,776	23.7%	34,960	7.9%	442,143

注：1918年度より1924年度までの鉄道収入は「満鉄納付金」に充てられた．
出典：(1) 平井廣一『日本植民地財政史研究』ミネルヴァ書房，1997年，135頁．
　　　(2) 朝鮮総督府通信局編『朝鮮通信事業沿革史』1938年，465-466頁．
　　　(3) 日本電信電話公社編『外地海外電気通信史資料4　朝鮮の部1』1956年，69-84頁．

府の歳入（決算）

とも計	駅屯賭収入		補充金		公債金		前年度剰余金繰入		その他とも歳入総計
	1,063	4.8%	2,885	13.1%	4,895	22.3%	181	0.8%	21,978
20.3%	1,201	2.3%	12,350	23.6%	10,000	19.1%	4,163	8.0%	52,284
19.9%	1,255	2.0%	12,350	19.9%	14,900	24.0%	6,112	9.8%	62,126
22.1%	1,130	1.8%	10,000	15.8%	11,103	17.6%	10,345	16.4%	63,093
23.8%	1,549	2.5%	9,000	14.5%	7,640	12.3%	9,639	15.5%	62,047
27.1%	1,474	2.4%	8,000	12.8%	311	0.5%	6,947	11.1%	62,722
30.3%	1,500	2.2%	7,000	10.3%			5,852	8.6%	68,202
22.8%	1,510	2.0%	5,000	6.7%	12,830	17.1%	10,639	14.2%	74,903
22.3%	1,574	1.6%	3,000	3.0%	13,098	13.1%	23,731	23.7%	100,111
18.5%	1,777	1.4%			14,435	11.5%	36,049	28.7%	125,803
16.7%	2,280	1.6%	10,000	6.8%	22,355	15.3%	32,776	22.4%	146,343
24.0%	2,844	1.6%	15,000	8.6%	37,219	21.3%	24,122	13.8%	175,134
26.4%	1,745	1.0%	15,600	9.2%	21,125	12.5%	26,720	15.8%	169,360
28.7%	1,640	1.1%	15,017	9.8%	6,595	4.3%	14,247	9.3%	152,713
34.3%	1,929	1.3%	15,021	10.5%	9,000	6.3%	7,945	5.6%	143,006
49.7%			16,568	9.0%	9,000	4.9%	8,195	4.4%	184,901
49.1%			19,761	9.3%	13,383	6.3%	13,137	6.2%	211,708
49.7%			15,425	6.6%	18,372	7.8%	22,238	9.5%	234,243
49.8%			15,458	6.5%	17,819	7.5%	23,390	9.8%	238,152
51.6%			15,423	6.4%	13,747	5.7%	20,461	8.5%	240,579
52.4%			15,473	7.1%	12,505	5.7%	15,838	7.3%	218,210
56.4%			15,473	7.2%	13,214	6.1%	9,485	4.4%	214,954
54.9%			12,913	5.9%	14,035	6.4%	7,171	3.3%	220,300
53.6%			12,853	5.1%	25,648	10.2%	5,805	2.3%	252,073
53.4%			12,825	4.3%	27,926	9.3%	22,849	7.6%	300,942
53.3%			12,825	3.9%	20,922	6.3%	32,592	9.9%	330,219
51.5%			12,913	3.4%	26,121	6.8%	46,260	12.0%	384,943
50.1%			12,913	2.7%	51,003	10.8%	60,021	12.8%	470,708
48.4%			12,909	2.2%	86,319	14.6%	63,681	10.8%	590,275
46.9%			12,904	1.6%	134,017	16.7%	89,749	11.2%	800,695
44.4%			14,678	1.5%	156,886	15.8%	120,629	12.1%	995,263

電信渋滞が発生した[10]．1918年度版の『朝鮮総督府通信年報』では，電信渋滞の原因が朝鮮人の電信需要の増加にあると説明している．

> （電報：引用者）通数並料金共実ニ朝鮮ニ本業務開始以来ノ最多記録ヲ示シ居レリ然リ而シテ之等通信中増加率ノ最モ多キハ朝鮮人ノ利用スル諺文電報ニシテ其増加数ハ前年ニ比シ四十六万七千余通ニ達シ此ノ比較約四割五分ノ増率ヲ示セルハ要スルニ彼等朝鮮人間ニ電報利用ノ思想著シク発展ヲ遂ゲ[11]

公債資金の導入が難しく，補充金も廃止しなければならなかった1910年代の財政状況では，殖産興業政策の資金さえ圧縮せざるを得なかった．その結果，1910年代半ばまで順調に進展してきた電信事業が，財政面から困難に直面した．一方，景気が拡大局面に入り，電信需要が増加したため，1910年代後半には既存の電信施設における能力不足が顕在化した．この問題点を打破すべく，各地域では電信電話期成同盟会と施設請願委員会などの民間団体が組織され，政府に電信施設の新設を要求するようになった．しかし，財源不足の理由から政府が民間側の要求に応じることはできず，1916年以降の電信取扱局所の新設規模は，毎年平均10カ所前後に止まってしまった．

(2) 1919年の3.1独立運動～1931年の満州事変

第1次世界大戦がもたらした好況局面は，朝鮮総督府の施策を再び積極方針へと転じさせたが，1919年に起きた3.1独立運動は，政府の財政支出における優先順位に変化をもたらした．3.1独立運動をきっかけに財政支出の重点は，殖産興業政策から（民族運動の高揚を抑えるための）植民統治機構の拡張へ移動した[12]．植民地統治機構の拡張は，とくに警察治安関係において著しかった．歳出の構成比を見ると，1919年度には官業費（37.7%），行政費（12.3%），治安費（10.8%），土木費（9.8%）の順であったが，3.1独立運

---

10) 大韓民国逓信部『電気通信事業80年史』1966年，414頁．
11) 朝鮮総督府通信局編『朝鮮総督府通信年報——大正7年』1919年，55頁．
12) 鄭勇錫「日帝の植民地朝鮮経営の本源的目的と財政的方式 1910-1936」『社会科学論集』第16号，1999年，230頁．

動を鎮圧した翌年の1920年度には官業費（29.3%），治安費（19.9%），行政費（12.3%），国債費（6.5%）の順に変わる[13]．1920年度の政府財政は，前年度より約3,000万円も増加して1億2,000万円に上がったが，その増加額の6割以上を警察・監獄費用などの直接的な警察治安費が占めていた[14]．

1907年の反日武装蜂起以来，急激に拡大した警備通信網のもっとも特徴的なところは，電信線の多くが公衆兼用回線としても利用されていた点である[15]．ところが，3.1独立運動は，財政支出の優先順位の変化とともに，電信事業の目的も産業開発から治安維持へと変化させた．図4-1からもわかるように，1920年から通信財政の支出が増加し，通信財政は再び黒字から赤字に転じる．もっとも，増加した通信支出額の多くが警備通信の施設補強に充てられたため，1920年度に新設された電信取扱局所はわずか1カ所にすぎなかった．1920年代は，警備通信施設の一部が引き続き公衆通信の役割を兼ねていたものの，慢性的な不況が続くなかで警備通信の強化に優先的に財政投入が行われ，公衆通信施設の増加は抑制される形となった．

そのなか，1920年代初めには戦後不況による税収停滞の結果，日本の一般会計からの補充金と公債金への依存が復活した[16]（表4-1参照）．これをきっかけに朝鮮総督府通信局は，1922年に600万円の公債発行を実施し，それを基に「電信電話拡張五ヶ年計画」を樹立し，次第に悪化する通信状況の改善を図った．1922年度版の『朝鮮総督府通信年報』には「本年度ハ比較的多数ノ電信及電信電話線ノ増設ヲ見タルハ一ニ公債支弁改良計画ニ基クモノニシテ今後本計画ノ遂行ニ依リ漸次回線ノ充実ヲ見ルヘク従テ文化産業開発上ニ稗益スルコト不尠モノアリト信ス」と記されており[17]，公債発行が電

---

13) 徐賛洙「日帝下韓国の植民地財政に関する研究」嶺南大学大学院修士論文，1982年，33頁．
14) 中塚明「日本帝国主義と朝鮮——三・一運動と「文化政治」」『日本史研究』第83号，1966年，61頁．
15) 日本電信電話公社電信電話事業史編纂委員会編『電信電話事業史』第6巻，電信通信協会，1960年，331頁．
16) 1920年から1922年までの3年間続いた財政膨張期を支えたのは，日本の一般会計からの補充金の復活と多額の公債金の導入であった（堀「朝鮮における植民地財政の展開」213頁）．
17) 朝鮮総督府通信局編『朝鮮総督府通信年報——大正11年』1923年，67頁．

信事業の経費調達にある程度の余裕を与えたことが窺える.

しかし，1923年の加藤友三郎内閣の財政緊縮方針により，逓信局の公債発行計画には歯止めがかかった．1922年の公債発行計画を根幹とする「電信電話拡張五ヶ年計画」（第1次電信電話拡張事業）も，「大正十一年度以降五箇年間継続事業トシテ公債支弁ニ属スル鮮内電信，電話整備計画ハ大正十二年度限リ打切トナリ，予算緊縮ノ結果電信電話整備上ニ一頓挫ヲ来シ」と[18]，わずか1年で大きな成果を挙げることなく終わった．さらに1924年の財政整理後は，鉄道以外の事業の公債支弁は中止するという方針が採られたため[19]，電信事業における公債発行はこれ以上期待し得なくなった．

他方，民間の高まる電信需要に対応しきれなくなった政府は，何らかの方法を考案しなければならなかった．1921年度版の『朝鮮総督府通信年報』には，次のような記述が登場する．

> 朝鮮内各地発展ニ伴ヒ電信事務開始ヲ必要トスル向逐年増加シ之等各地中ニハ地方有志連署ノ請願書ヲ提出シ或ハ多額ノ寄付ヲモ辞セサル意気ヲ以テ屢々委員ヲ出京セシムル等急設方熱望ノ向不尠状況ナルモ予算ノ関係上地況優秀ノモノヨリ順次施設スルコト[20]

これによると，電信施設の請願が各地で頻繁に起こり，なかには相当額の寄付を通じて電信施設を誘致した地域も現れたことがわかる．このような民間の圧力は，日本ですでに実施していた請願通信制度の導入を促し，1923年からこの制度は正式に発足した．

財界の不況，貿易の不振，世界的農業恐慌の襲来による農村の疲弊など深刻な状態が続くなかで，朝鮮総督府は経費の節約のために継続事業の繰り延べによる支出の制限を加えなければならなかった．しかし，それにもかかわらず，産米増殖，産業開発，鉄道・港湾施設の整備などの諸事業の経費は強

---

18) 朝鮮総督府通信局編『朝鮮総督府通信年報——大正14年』1927年，62頁．
19) 水田直昌「朝鮮財政の現状」『朝鮮』第198号，1931年11月，17頁．
20) 朝鮮総督府通信局編『朝鮮総督府通信年報——大正10年』1923年，63頁．

行支出された[21]．とりわけ，官業費の大部分を占める鉄道建設改良費は，主な財源が公債金に依存していたため，利息支払い，元金返済のための国債整理基金繰り入れの支出は年々増加の一途をたどり，普通財源の支出負担を一層加重させた[22]．長期不況と緊縮財政のなかでこれまで続けてきた政府主導の電信事業が，とうとう限界を露呈したのである．そのなか，電信事業に民間資金を取り入れ，その運営を民間に任せるという請願通信制度が導入され，電信事業の主体は政府から民間へと変わり始めた．

(3) 1931年の満州事変〜1937年の日中戦争

　電信事業に民間資金を投入した請願電信施設は，政府にとって電信施設の新設費用を節約する効果があり，財政資金を電信線路拡張や通信機器改善などに優先的に投入することを可能にした．朝鮮総督府逓信局は1930年度から350万円の予算を編成し，「第二次電信電話整備五ヶ年計画事業」に着手した．その結果，1930年度には寶城―筏橋間，清州―忠州間の外21区間に電信回線を，馬山―宜寧間に電信電話線を増設するなど，比較的順調に施設整備が行われた．

　しかし，1930年7，8月頃に編成された1931年度の予算案は，金解禁の影響による財界の不況がさらに深刻さを増すことが予想され，相当の収入減が見込まれた．予算綱要には「本年度の歳入減少二，三二四万円は，前述の如くその大部分が鉄道，専売等，事業官庁の収入減に基づくが故に，之が補塡のための歳出節約も勢ひ事業官庁に於て，その大部分を負担されなければならない」と，述べられており[23]，通信部門に対する財政投資も減額を余儀なくされた．1931年の通信事業について，山本犀蔵通信局官吏は「世界的な不況と謂われる此の財界不況の影響を受けて（中略）歳出入に整理節約を余儀なくせられることと為った為，事業上の新規施設としては殊更に数へるものがなくなった」と，述べている[24]．その後，景気は回復していくものの，

---

21) 水田「総督府時代の財政」18頁．
22) 大蔵省昭和財政史編集室編『昭和財政史（16）　旧外地財政（下）』東洋経済新報社，1961年，37-39頁．
23) 水田「朝鮮財政の現状」14頁．
24) 山本犀蔵「通信事業の実施と新規計画」『朝鮮』第200号，1932年1月，129頁．

財政状況は依然として改善されず，税収は伸び悩んだ．1920年代半ば以降，朝鮮総督府の財政収入のなかでもっとも高い割合を占めていたのは官業収入であった．とりわけ1929年から1937年までは，官業収入が財政収入の半分を超え，財源としての重要性は高まるばかりであった（表4-1参照）．このように，通信事業を含んだ官業が中央財政の収入面において重みを増していくなか，1930年に立てられた「第二次電信電話整備五ヶ年計画事業」は2年間繰り延べられ，1936年に終了した．

他方，1931年に勃発した満州事変は，政府による資源配分における新たな転機となった．事変開始直後に軍事的な通信整備が急務となったことから，京城無線電信局に短波長無線電信送信機が増設され，大連をはじめとする満州地域との通信網の整備が行われた[25]．その後も満州との連絡橋梁，鉄道，電信電話施設の充実が急がれ，通信財政の支出の重点も鮮満通信網の強化に置かれた[26]．それと関連して，1932年度版の『朝鮮総督府通信年報』には，次のような記述が登場する．

> 本年度ニ於ケル電信整備計画ハ内鮮間連絡電話ノ実施ニ伴ヒ之ガ対応設備ニ予定以外ノ経費ヲ要スルノ已ムナキニ至リ成立予算ノ大部分ヲ之ニ振当テラレタル結果予定計画ノ実行ニ一頓挫ヲ来シタルヲ以テ[27]

ここからもわかるように，満州事変直後には予算のほとんどが日本，朝鮮，満州を結び付ける通信網の整備に充てられた．1933年度予算綱要の通信事業に関する経費の内訳を見ると，逓信費，営繕費，臨時特別手当とは別に，満州事件費という項目が新しく登場し，2万1,775円が計上されている[28]．この満州事件費が具体的にどのように執行されたのかは明らかではないが，満州事変開始後からしばらくの間は，対満州通信に財政資金が優勢的に投入されたことは間違いない．

---

25) 同上，130頁．
26) 大蔵省昭和財政史編集室『昭和財政史（16）』51頁．
27) 朝鮮総督府逓信局編『朝鮮総督府通信年報——昭和7年』1933年，61頁．
28) 水田直昌「朝鮮の財政」『朝鮮』第218号，1933年7月，8頁．

このような財政状況のなかで公衆向けの電信事業に対する公共投資は抑制されたが，通信収入は1930年代にも増加を続けた．1930年代には近代産業の勃興に伴い，商人階層と会社・工場の経営者などによる電信・電話の利用量が急増し，情報化・市場化が速いスピードで進展した．この時期の通信利用層について，その具体例を1つ紹介しよう．当時の代表的な朝鮮人実業家の朴承稷が経営する呉服会社「朴承稷商店」の場合[29]，1930年代の総備品額のなかで電話の占める割合が，高いときは50～70％にも達していた[30]．朴承稷商店の取引相手は，ソウル，京畿道，江原道を中心に忠清南道，忠清北道，全羅北道を含む南部と，黄海道，平安南道，平安北道，咸鏡南道を含む北部まで広範囲に分布していた．朴承稷商店は電信・電話を利用し，全国に散在する取引相手との円滑な取引を図っていたのである[31]．もちろん，朴承稷商店のように全国的な販売網を備えている商人だけでなく，地方の中小商人たちも電信・電話を利用して活発に商取引を行っていた．

2. 植民地経営と電信事業

(1) 財源確保としての電信事業

明治時代の日本政府は，官業特有の非効率，赤字経営などの理由から官営事業の多くを民間へ払い下げたが，軍工廠，鉄道・電信事業は払下げの対象から除外した[32]．このことが，その後の研究において戦前日本の経済成長と電信の関係が正当に評価されることを阻害し，軍事的・警察的機能ばかりが過大評価される一因となった[33]．電信事業に対して日本政府が最後まで官営

---

29) 1896年に鐘路4街15番地に設立した社朴承稷商店は（1882年説もある），呉服流通業を通じて相当額の資本を蓄えた．しかし，第1次世界大戦後の不況から脱却せず，資金難に陥ったため，1925年には株式会社へと転換した．終戦後には，払下げによる事業の多角化を成し遂げ，現在の斗山グループに至るまで成長を果たした．

30) 金東雲『朴承稷商店　1882-1951年』ヘアン，2001年，78頁の朴承稷商店決算書を参照．

31) 同上書，94頁．

32) 石井寛治『日本経済史（第2版）』東京大学出版会，1991年，133頁．

33) 藤井信幸「明治前期の電信政策」『日本歴史』479号，1988年，71頁．

の方針を貫いた理由は，一次的には外資の侵入を防ぐためであったが[34]，電信事業がもたらす財政収入も政府にとって魅力的であり，さらには，度重なる内戦を通じて電信の軍事的な威力を実感したこともその理由であった．このような日本の事情を念頭に置き，朝鮮総督府にとって電信事業がもつ2つの意義，すなわち財源確保と植民地統治関連について見てみよう．まず，財源確保という側面から電信事業の意義を検討する．

　鉄道収入は官業収入のなかで圧倒的な比重を占めていたが，しばしば指摘されるように，鉄道はその経費支出も大きかったため，収入源としての意味は決して大きくなかった[35]．さらに朝鮮総督府鉄道局の財政は，平常時の赤字経営と戦時の黒字経営といった状態を繰り返しており，赤字状態が黒字状態より長く続くときも少なくなかった[36]．結局，鉄道財政は1930年代前半までに，その収支を安定的に黒字にすることができず，安定的な黒字経営は1930年代後半の戦時体制下，すなわち鉄道が軍事輸送を担う時期まで待たなければならなかったのである[37]．

　鉄道，専売に次ぐ3番手の官業だった通信事業の場合も，1905年の日韓通信合同以来，その幅こそ縮小したものの，しばらくは赤字経営が続き，1910年の日韓併合から1920年代初めまでは，黒字と赤字が交互する状況が続いた．しかし，前掲図4-1からも確認したように，通信財政は1924年から黒字基調に転じ，その後さらに黒字幅が大きくなっていく．ただし，通信事業のなかで電信事業だけを対象とした場合，それも黒字経営であったのかどうかは明らかではない．なぜならば，全体の通信収入のなかから電信収入を分離することは比較的容易であるが，全体の通信費から電信事業費を分離することは技術的に難しいからである．例えば，郵便所では郵便・電信・電話事務が同じ職員によって処理されるため，郵便所の運営費のなかから職員の俸給と庁舎の修理費などを，郵便・電信・電話の事業ごとにわけることは

---

34)　石井寛治『情報・通信の社会史——近代日本の情報化と市場化』有斐閣，1994年，204頁．

35)　小田忠夫「併合初期に於ける朝鮮総督府財政の発達」京城帝国大学法学会『朝鮮経済の研究』第3，1938年，280-285頁．

36)　鄭在貞『日帝侵略と韓国鉄道』ソウル大学出版部，1999年，425頁．

37)　平井廣一『日本植民地財政史研究』ミネルヴァ書房，1997年，175頁．

できない．また，電報は郵便の郵送体系によって配達され，さらに電線のなかには電信・電話が共用しているものが多い．つまり，郵便・電信・電話の各事業が相互に入り組んでいたため，そのなかから1つの事業だけの経理状況を見ることは事実上不可能である．

その点を念頭に置きつつ，通信財政の収支が1920年代後半から好転した理由を電信事業に限って考えて見ると，次の2点を挙げることができる．第1に，経済発展に伴って商取引が増加し，そこに電報が頻繁に使われるようになったため，電信収入が趨勢的に伸びたことである．電信収入は1910年に56万円から1930年に220万円，1940年には600万円まで増加した．いま1つは，1923年に実施された請願通信制度により，電信新設にかかる財政負担の相当部分を民間に転嫁することができたことである．赤字傾向が続いていた鉄道財政とは異なり，比較的早くから黒字を定着させた通信財政は，朝鮮総督府にとって財源として十分意味のある官業であったといえよう．

当時の通信機関は，郵便・電信・電話の通信事業のみならず，小包事業，郵便為替，郵便貯金，生命保険，国庫金業務も取り扱っていた．石井寛治は，日本で逓信省がすべての通信事業を所管することとなった最大の理由は，巨額化する事業収益を国家財政が手放せなくなったことにあるとし，急増した郵便貯金も国家財政にとって不可欠なものであったと述べた[38]．この点を参照すると，朝鮮の場合も通信事業だけでなく，郵便貯蓄や保険までも含んだ逓信事業全体がもつ財源としての意義を検討しなければならない．ここでは，国庫金業務に限定し，逓信事業がもつ財源としての意義を簡単に見ておきたい．

朝鮮の逓信官署が国庫金を取り扱い始めたのは1906年からであるが，それは日本より9年も早いことであった[39]．当時の朝鮮では，金融ネットワークの発達が遅れていたため，政府は全国的なネットワークを備えていた通信機関を利用し，国庫金業務を早期から実施したのである．日韓併合時に国庫

---

38) 石井『情報・通信の社会史』204-205頁．
39) 「日本内地に於ては大正四年三月一日より各郵便局に於て国庫金の受払事務の取扱を開始したりしたが我朝鮮に於ては既に三九年より韓国国庫金の受払事務を開始し」（1916年3月4日〜6日の京城日報に掲載された矢野義次朗逓信局事務官のインタビュー記事）．

金業務を実施していた通信官署の数とその取扱額を,同じく国庫金業務を実施していた金庫の数と取扱額に比べてみると,財源確保手段としての通信事業の性格がより鮮明に見えてくる.国庫金業務を取り扱っていた通信官署は,1906年の159カ所から6年後の1912年には417カ所まで増加するが,同期間の金庫数は13カ所から24カ所に増加するだけであった.しかし,国庫金取扱額は,金庫の方が通信官署を遥かに上回っていた.例えば,1912年の金庫の歳入は4,000万円を超えていたのに対し,通信官署は870万円にすぎず,通信官署は数的な優勢にもかかわらず,国庫金の取扱額においてはそれほど重みがなかった[40].その理由は,金庫のような金融機関がまだ進出していない地域を中心に通信官署が国庫金業務を代行していたためである.政府は通信官署を通じ,農村の隅々まで行政力を及ぼし,地方の遊休資金を集めることを目論んでいたのである.

(2) 植民地統治関連における電信事業

既述のように,電信事業に対して朝鮮総督府が積極的な財政投資を行ったのは,1906年から1915年までの10年間である.この間,一応,朝鮮では全国的な電信網が完成した.電信事業は殖産興業政策の一環として展開されたが,電信施設がもつ軍事・警備的な重要性も決して失われることはなかった.日本政府は日露戦争を通じ,朝鮮通信網を掌握することの重要性を熟知していた[41].日韓併合の際に各地で起こった反日武装蜂起を鎮圧するためにも,電信網は重要な役割を果たした.情報能力が劣る武装勢力が電信線や電信施設を主な襲撃対象としたことは,各種の文献からも確認することができる[42].財政独立計画がもたらした厳しい財政状況の下で電信事業の拡張が間

---

40) 朴二澤「解放以前通信事業の展開過程と雇用構造」ソウル大学大学院博士論文,2000年,47-48頁.
41) 日露戦争のときに朝鮮の電信網を占領することが,日本軍の大きな課題であったことは,当時,朝鮮に派遣された日本人の通信局官吏たちによる座談会の記録によく表れている.例えば,日露戦時に元山と咸興で働いていた橘川克彦は「丁度水雷艇の砲撃を受けた当時と覚へますが,軍隊に於て是非韓国の電信線を占領しなければならぬというので,当時の大隊長が,強制的に通信線路を占領しました」と証言する(朝鮮総督府通信局編『通信拾遺』1936年,36頁).
42) 同上『通信拾遺』を参照されたい.

断なく続いた背景には，朝鮮の電信網が軍事・治安網として大きな意義をもっていたためであった．

　第1次世界大戦後，3.1独立運動が電信網の軍事・治安網としての機能を一層強化させる契機となったことは前述の通りである．その後しばらくの間，財政支出の相当部分が警備通信の整備事業に配分され，公衆電信施設の整備事業への財政投資は抑制された．こうした状況は，1930年代にも基本的に変わることはなかった．朝鮮総督府の財政状況が大きく改善されることはなく，新たに需要が急増した満州との通信網構築に財政資金が優先的に配分された．その結果，公衆電信網の整備事業は，常に制限される形を取らざるを得なかった．結局，植民地経営という大枠から電信事業に対する資源配分が決められたため，公衆電信網の整備事業は，その優先順位が何度も繰り下げられる状況が続いたのである．このような状況下で1920〜1930年代の新設電信施設は，民間資金の導入による請願電信施設と寄付電信施設が中心となった．

　窮屈な財政事情がもたらした電信政策の特徴は，当時の電報料金にもよく現れている．1910年8月29日，日韓併合をきっかけに朝鮮と日本の間の電報が，内国間電報として取り扱われるようになり[43]，日本国内の電報に関する規定が，朝鮮でも等しく適用されるようになった．日本と諸植民地において基本的に同じ料金体系が適用され，市内電報，市外電報，内国間電報（日本，台湾，朝鮮，小笠原諸島，樺太の相互間の電報）の3種類の電報料金が設定された[44]．もっとも，最初の基本料金と電報料金の引上率などは，日本と植民地の間で少し差異があった．1910年の新料金体系の下で，朝鮮では市内電報が10銭（1905年11月の改訂），市外電報が20銭，内国間電報（私報の場合）が30銭と定められた[45]．しかし，同じ1910年の新料金体系の下で，日本では市内電報が10銭，市外電報が30銭，内国間電報が20銭と定められ，市外電報料金は朝鮮が日本より安い一方で，内国間電報料金は日本が朝鮮よ

43）　1884年1月から日本と釜山の日本電信局との間に電報の取扱いが開始されたが，それ以外の朝鮮各地との電報は外国電報として取り扱われていた．
44）　日本電信電話公社電信電話事業史編集委員会編『電信電話事業史』第1巻，電信電話協会，1959年，429頁．
45）　電報料金は和文15字を基準とした基本料金を示すものであり，以下も同様である．

り安く策定された.

その後，名目電報料金は数回にわたって引き上げられた．1920年（朝鮮の場合：市内10銭，市外25銭，内国間35銭，日本の場合：市内10銭，市外35銭，内国間25銭）の料金改定を経て，1925年（朝鮮の場合：市内15銭，市外30銭，内国間40銭）には朝鮮だけ料金の引上げが行われた．その結果，朝鮮の市内と内国間の電報料金は，日本よりも高くなった[46]．二度にわたる値上げの後，電報料金はしばらく安定したが，太平洋戦争の勃発とともにインフレーションが激しくなったため，再び電報料金の引上げが断行された[47]．電信と並んで当時の代表的な通信手段であった手紙1通の料金が3銭から4銭，電話1通の平均料金も5銭前後であった事実に照らしてみると，当時の電信は相対的にも高価な通信手段であったことがわかる[48]．

しかし，図4-2が示すように，実質料金で見る限り，電報料金の変化が決

---

[46] 日本よりも高かった朝鮮の電報料金は，これまで植民地に対する日本帝国主義の代表的な収奪政策として説明されてきた．例えば，『電気通信事業80年史』では，「日本は旧韓国の通信事業を引き受けてから10年にわたり確固たる経営基盤を築いたものの，最低料金政策を基礎とする収支均衡経営という通信事業の経営合理化を図ろうとしておらず，植民地の搾取を目的とする収奪政策を続けた」（『電気通信事業80年史』629頁）と記されている．ところが，電報料金だけでなく鉄道運賃においても朝鮮の方が日本より高かった．こうした鉄道運賃について，鄭在貞は「日本人は朝鮮人から運賃を収奪し，鉄道経営を通じて朝鮮人の気迫まで制圧しようと画策した」（鄭『日帝侵略と韓国鉄道』397頁）と説明する．しかし，日本に比べて相対的に高かった朝鮮の公共料金（電報料金や鉄道運賃）を単なる収奪政策として評価するには無理がある．収奪を主張する上記の文献においても，商工業に携わっている日本人を中心に，日本内部でも朝鮮の高い公共料金に対する非難が沸騰していたという事実が登場し，物価上昇による料金の値上げは避けられなかったという，一見，収奪政策とは関係のないような内容もともに記述されている．この問題に関して，本書では次のような考え方を提示したい．電信事業や鉄道事業は，規模の経済性が大きい産業であるがゆえに，政府や公企業がその事業を担当する場合が多く，その場合，政府や公企業は最初からある程度の損失を甘受しつつ，普及の拡大を狙って安価な料金政策を実施することが一般的である．しかし，当時の朝鮮はその発展程度が遅れていた分，日本よりも事業費用が高かったため，事業費用を回収するためにも日本より高い料金を設定せざるを得なかったのである．

[47] 1942年4月に通信料金の引上げが断行された後，2年後の1944年に4月と12月の2回にわたり，再び通信料金の値上げが行われた．

[48] 手紙と電話料金については，金洛年編『植民地期朝鮮の国民経済計算 1910-1945』東京大学出版会，2008年，453頁，508頁を参照．

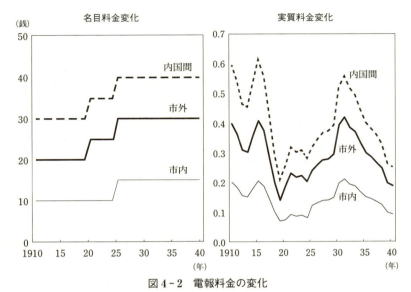

図 4-2 電報料金の変化

注：(1) 電信料金は和文 15 字以内の基本料金を基準とした．
(2) 実質価格は名目電信料金を GDP deflator（1935＝100）で除して求めた．
(3) 内国間電報は，日本，朝鮮，台湾の相互間の電報を示す．
(4) 市内発着電報料金は 1925 年 11 月より，市外発着電報料金は 1920 年 5 月，1925 年 11 月より，内国発着信電報料金は 1920 年 5 月，1925 年 11 月より変更された．

出典：(1) 大韓民国通信部『電気通信事業 80 年史』1966 年，542-547 頁．
(2) 金洛年編『植民地期朝鮮の国民経済計算 1910-1945』東京大学出版会，2008 年，453 頁．

して右肩上がりだったわけではない．とはいえ，名目料金は上昇傾向にあり，電報料金自体も他の通信手段に比して相対的に高かったため，当時の電信利用者は電報料金について大きな不満を抱いていた．とりわけ，日本から打電されてくる経済情報は，商取引において欠かせないものであったため，商人たちは日本との電報料金（内国間電報料金）に敏感に反応した．1924 年 6 月 20 日付の『東亜日報』には，朝鮮商業会議所連合会の「電報料金の引下げに関する件」という建議案に対し，蒲原久四郎逓信局長の次のような答弁が載せられている．

　　電報料金の引下げに関しては，長距離に亘る海底線の設備維持と国庫の収入減を考慮しなければいけないが，さらにその結果，電報を濫用して通信能力という点から不尠な支障を惹起するおそれがあり，目下の如き財政状態及通

信機関の現状としては日本同様の率に引下げすることは早計であり[49]

　ここからわかるように，蒲原逓信局長は海底線の維持費用と国庫の収入減少，そして電報の濫用といった理由を挙げ，電報料金の値下げに否定的であった．興味深いことは，蒲原逓信局長が財政収入の減少だけでなく，電報料金の引き下げが電信の濫用をもたらすことを懸念していたことである．当時の技術力の乏しさから海底線の故障は頻繁に起こり，その際に電信の不通状態が長引くと，経済全体に打撃を与えることもしばしばあった．そのため，政府当局は海底線の不通を避けるために，さまざまな努力を傾注していた．蒲原の答弁から推察してみると，朝鮮総督府は通信能力を超える電信需要を防ぐために高い料金を維持し，電信利用をある程度抑える方策を視野に入れていたのである．このことは，朝鮮総督府の通信政策が，低廉な価格を設定し，公衆向けの普遍的な通信サービスを提供することを目標としているものではなかったことを意味する．限られた予算のなかから警備通信や対満州通信の整備が優先された結果，朝鮮総督府の通信政策は政府側のインセンティブを充実に反映したものにならざるを得なかったのである．

第2節　電信架設運動と請願・寄付電信施設

1. 電信架設運動の特徴

(1) 電信架設運動の背景

　日本では，1870年代末の好景気のなかで全国的に電信局誘致運動が繰り広げられた．商取引の活発化に伴って通信需要が増大したため，電信施設の架設が各地で要望されたのである．しかし，1880年代初め以降の財政緊縮のため，財政資金によるインフラ投資は困難を極めた．日本政府は財政負担を軽減するため，1881年8月に通信サービス業務だけでなく，設備建設に

---

49)「電信料引下げと取扱時間改正に対する逓信当局の意向」『東亜日報』1924年6月20日付．

おいても受益者負担原則を適用した「献納置局制度」を発足させた[50]．通信設備の建設に民間資金を利用する仕組みは，その後，1903年に電信局に関する「請願通信制度」によって法的根拠が与えられ[51]，さらに1915年には勅令215号で，請願の範囲と主体に関する規定と，施設費や維持費の具体的な払い方などが定められた[52]．1923年1月に府令第11号によって実施される朝鮮の請願通信制度は，1915年に日本で形作られた請願通信制度の骨子をそのまま朝鮮に適用したものであった．

　朝鮮で電信架設運動がいつから活発化したのかについては，必ずしも明らかではない．しかし，請願電信施設が1923年度から登場したことから推測すれば，少なくとも1910年代後半には電信架設運動がすでに盛んになっていたと考えられる．前述のように，殖産興業政策として電信事業に集中的な財政投入が行われたのは1915年までであった．以後，急増する民間の電信需要に比べ，電信施設の拡充は困難を極めたため，1918年頃には深刻な電信渋滞が生じた．こうしたなかで朝鮮総督府は電信渋滞を解決するために，さまざまな工夫をこらした．1918年8月の『朝鮮通信協会雑誌』に掲載された尾崎生の論説「如何にして電報の敏速と正確を期し得べきか」には，こうした政府の苦心がよく表れている．

　　大正六年度電報通数は大正五年度に比し三割二分九厘の激増を示し，随て回線中救済を要するもの多きに拘らず，本年度施設計画は僅かに，十箇所の電信事務開始と（此電信延長約十二里）電信線延長約百四十八里に過ぎざるなり，蓋潤沢ならざる予算を以てしては，事業の繰延按批も亦止むを得ざる措置なるべし，故に此際普及施設の一部は寧ろ請願制度に待ち，其余財を割きて主要地間に於ける線路の増設通信方式変更等の費用に充て，以て電報激増に順応する設備こそ誠に必要なりと信ず[53]

---

50)　藤井信幸『テレコムの経済史――近代日本の電信・電話』勁草書房，1998年，27-29頁．
51)　勅令第42号（『官報』第5911号，1903年3月20日）．
52)　勅令第215号（『官報』第1000号，1915年12月1日）．
53)　尾崎生「如何にして電報の敏速と正確を期し得べきか」『朝鮮通信協会雑誌』第8号（1918年8月号），31頁．

このように，尾崎は，請願制度が「未だ朝鮮の民度に適応せずとの非難あれども」，早急な実施が望まれると主張した．窮屈な財政事情のために電信施設の改善や新設が行き詰まるなか，朝鮮総督府は新制度の導入を通じて民間の高まる電信需要に対応せざるを得なくなったのである．1910年代後半に登場し始めた電信電話期成同盟会や施設請願委員会などの民間団体は，当時の電信施設に対する民間側の強い要望をよく物語っている．

一方，これらの民間団体を組織し，電信架設運動において中枢的な役割を果たしていたのは，地域有志者たちであった．具体的には，地元の商人階層と会社・工場の経営者などが電信架設運動を主導した．彼らは各種の経済活動において頻繁に電信を利用した階層であり，そのため，地元における電信誘致運動にも積極的であった．電信施設の導入が，彼らの経済活動にいかなる影響を及ぼしたのかについて，米穀商の事例を紹介しておきたい．

釜山—長崎間の海底線の敷設は，朝鮮と日本の間の米市場をリンクさせる効果をもたらした．米の輸出港であった仁川の米豆取引所には，大阪の堂島取引所の相場が時々刻々と打電されてきた．仁川の米穀商は騰落が激しい米相場を常に観察しつつ，日本の米穀問屋と電報で米取引を行っていた[54]．また，開港場の米穀商が，仲買人を介して各地の地方米穀商との取引を行うときも電報を利用した[55]．後述する第6章で詳しく検討するが，全国の米穀商は米価を知るために，また米取引の際に電報を利用したが，このような電信を基盤とする米取引は仲買人の不正行為を防ぐ効果をもたらした．米穀商にとって電信施設は，それなしでは商売で太刀打ちできないものとなっていたのである[56]．このように，電信は商人階層と会社・工場の経営者にとって経済活動に欠かせない施設として認識されるようになった．こうした認識の転

---

54) 取引の具体的な様子については，菱本長次『朝鮮米の研究』千倉書房，1938年，519-540頁を参照．

55) 「地方米商は売物があれば移出地の米穀商又は仲介人に電報する．特殊な玄米や籾は予め見本を送って置かねばならぬ．通知を受けた移出地の米商は，其の日の内地相場を基準とし内鮮の米界事情，殊に其の他の需要供給状況等を考慮して値段を付ける．仲介人の場合は見本を数戸の米商に見せて値を付けて貰ひ，一番高い相場を電報で通知する」（同上書，480-481頁）．

56) 米穀商の情報行動については，第6章で詳細に検討する．

換は,彼らが積極的に電信架設運動に取り組む動機になった.

(2) 地域振興運動としての電信架設運動

電信施設は公共財としての性格をもっていたため,電信の導入は個人の領域を超え,地域の経済的な利害に関わる問題として認識された.それゆえ,電信架設運動は地域振興運動の一環として各地域で展開され,なかには地域間の利害が対立・競合するところも少なくなかった.そこで,地域利害が対立するなかで展開された電信架設運動の事例を見ておきたい.

江原道伊川郡楽壌面支石里では,隣接する黄海道新渓郡古面丁峯里を競争相手にして電信架設運動を展開した.支石里の電信架設運動は 1927 年 7 月 12 日付と 1929 年 3 月 7 日付の『東亜日報』に二度にわたって報じられた.江原道伊川郡楽壌面の支石里は,もともと黄海道新渓郡に属していた村であったが,行政区域改編の際に江原道伊川郡楽壌面に編入された.そのため,行政上には江原道の村落であったものの,依然として隣接する黄海道の村落との経済的・地理的な関連性は深い地域であった.交通上にも黄海道方面に往来が頻繁であり,とりわけ京義線が通過する南川駅を経由する財の取引を独占していたため,商業的にも古くから栄えた地域であった.しかし,黄海道から江原道に編入されてから支石里は,以前の活気を失ってしまった.それに対して当時の新聞では次のように説明している.

> 黄海道新渓郡当局が支石里から二里離れた丁峯里に大規模の商業施設を誘致したところ,商業上財貨の取引がすべて丁峯里に奪われ,四五年前には休村にすぎなかった丁峯里がいまは支石里以上に繁栄し,支石里は日々衰退するばかりである[57].

これによると,支石里の衰退の原因は,黄海道の一方的な支援を受けていた近隣の丁峯里の発展にある.確かに支石里がまだ黄海道の村落であった 1914 年度の『新旧対照朝鮮全道府郡面里洞名称一覧』を見ると[58],古面の面

---

57) 『東亜日報』1927 年 7 月 12 日付.
58) 越智唯七編『新旧対照朝鮮全道府郡面里洞名稱一覧(上)(下)』龍溪書舎,2002

事務所が支石里に位地するなど，支石里が経済的・行政的な力をもっていたことが確認できる．

　支石里の住民らは，衰退する地元の振興策の一環として，伊川郡―支石里間の電信架設運動を展開した．運動の実態は次のようなものであった．

> 先月十三日に伊川発展策四つの条件のうち第一条件として郡民代表五氏が逓信当局者と面会し伊川郡―支石里間の郵便物逓送の復帰と電信電話架設に対する郡民の渇望を一々陳情し（中略）七日邑内の丸山旅館で招待宴を開催し主客間道内発展策に関して地域有志との意見を交換した結果，出張人小原氏は伊川郡民のため（住民らが：引用者）渇望することが達成できるよう努めると約束した[59]．

　これによると，地域有志が主軸となって逓信当局者と面談を推進し，当局者を招待して宴会を開くなど，当時の誘致活動が今日の地域自治単位が行う誘致活動に類似していることがわかる．当局が電信施設の設置許可を下すか否かの判断基準は，当該地域における電信施設の運用能力にあった[60]．それゆえ，該当地域は創設費や維持費の負担能力と今後の電信需要の見通しを当局者にアピールしなければならなかった．

　しかし，最初の支石里の電信架設運動は実を結ぶことなく，その後，道路建設までも含んだ形で再び拡大実施された．1929年3月7日付の『東亜日報』には，支石―谷山間の道路建設運動と，支石―伊川間の電信架設運動が支石里で同時に行われているという内容の記事が登場する．以下はその記事の一部である．

> 江原道伊川郡支石里は道内で第一の焼酎産地であり，六百余戸の純然たる朝鮮人の商業地であり，中国人は市街地から一切見ることができず，日本人もただ一人の木炭商がいるだけで（支石里は：引用者）将来伊川経済の中心地

　　　年．
59)　『東亜日報』1927年7月12日付．
60)　藤井『テレコムの経済史』29頁．

になるであろう．(中略) 丁峯市の各種の商業施設は支石市場発展に多大な阻害となるのはもちろん (中略) 伊川邑内と支石里間の八里間の郵便物逓送と電信架設を両市場の住民らは逓信当局者に陳情した[61]．

　新聞記事では，支石里が純粋な商業地域であり，今後の発展性も高いと評価している．また，商圏が重なる丁峯里との利害対立を説明し，支石里の住民らが再び電信架設を当局に訴えたことを報じている．しかし，新たに電信業務を開始する地域を毎年掲載する『逓信年報』で支石里を見つけることができなかったことから，結局のところ，支石里の電信架設運動は失敗に終わったと思われる．

(3) 電信架設運動と地域有志

　電信施設の誘致には多額の費用が発生するため，財力のある地域の有力者たちが電信架設運動の中心となる場合が多かった．最初に彼らの関心は，電信施設を通じて得られる最新の経済情報と地元での名望獲得に止まっていた．しかし，通信サービスだけでなく通信施設の建設にも受益者負担原則が適用される請願通信制度が実施されたため，地域有志は収益を目当てに自ら通信施設を経営することが可能となった．

　まず，当時の新聞記事から電信架設運動における地域有志の活躍ぶりを確認してみよう．藤井信幸によると，日本での電信局誘致運動は，地方名望家などが費用を負担し，地元住民の要望・請願に基づいて地方官 (県令) が中央政府に上申する形を取った[62]．こうした日本の電信局誘致運動における基本的な性格は，朝鮮の電信架設運動においても同様であった．以下は，新聞記事から収集した電信架設運動の実例である．

　　［全羅南道高興郡］
　　全南高興郡鹿洞郵便所は，数年間にわたる住民の熱望によって昨年設置され (中略) しかし，電信施設がなくて一般 (公衆：引用者) の不便は大きかった

---

61) 『東亜日報』1929年3月7日付．
62) 藤井信幸『通信と地域社会』日本経済評論社，2005年，92頁．

が，最近地方有志と小鹿島慈恵病院が協力し，約六千円の経費を工面し（中略）電信架設によって鹿洞港は将来南海岸の有望な港となるであろう[63]．

[慶尚北道清道郡]
慶北清道郡楡川郵便所は，楡川開拓者許鋌氏の五年間にわたる奮闘努力の結果，去年三月に許可された請願施設として郵便集配業務だけを取扱っていたが，電信電話の必要性を痛感し，当局と話し合い架設費三百七十円を提供し今年七月には（電信電話の架設が：引用者）実現するという[64]．

[黄海道松禾郡]
黄海道松禾郡水橋市で電信架設期成会が発足し，大活動中であることはすでに報じたが，今月十六日午後四時に電信問題を討議するために市民有志らが多数集まって，運動の振興方針をめぐって議論した[65]．

[平安北道宣川郡]
平北東林では昭和五年度に郵便所が設置されたが，電信電話施設が不備で一般（公衆：引用者）は困難を感じ，何度も陳情したところ，通信当局は地方から必要経費を負担する条件で今年度内に架設すると（中略）地方有志諸氏が醵金しその請願書を総督府に提出した[66]．

[平安南道大同郡]
大同郡古平面面民らは同面内に電信電話架設を推進するため，面長崔重樂氏を代表に（当局と：引用者）交渉した結果，民間側から千五百円を補助すれば，その架設に着手する模様であり，面民らはその金額を醵金する方法を検討中である[67]．

[黄海道遂安郡]
黄海道栗里郵便所は大正九年に設置されたが，電信電話がなくて（中略）所

---

63) 『東亜日報』1928年12月22日付．
64) 『東亜日報』1932年7月5日付．
65) 『朝鮮中央日報』1933年9月27日付．
66) 『東亜日報』1934年10月4日付．
67) 『東亜日報』1927年3月19日付．

第4章　朝鮮における情報化主体の変化　143

長신린서氏が就任してから逓信当局と徹底的に交渉した結果，祥原—栗里間の総経費六千余円を要する工事に対し，その半額を（民間側が：引用者）提供すれば認可が下りることとなり，所長신린서氏は私財三千円を逓信当局に提供した[68]．

[慶尚南道居昌郡]
慶尚南道居昌郡の渭川郵便取扱所は3年前に建設されて以来，単なる取扱所であるがゆえに不便極まりなかったが，郵便所に昇格してから経営者はもちろん住民らも嬉しく思っている．さらに電信電話の架設に向かって所長尹尙甲氏が大活動中であり，所要経費は六千円であるが，地方有志の助けで基金がすでに千余円に及んだ[69]．

[忠清北道報恩郡]
報恩郡元南郵便所では電信電話を取り扱っていないため一般（公衆：引用者）の不便が少なくないが（中略）二十五日同面長리상국，同面有志최충근，안종록等諸氏が上京し，逓信当局と面会して電信電話架設を（中略）陳情した[70]．

　これらの新聞記事からまず読み取れることは，実質的に寄付金を負担していた地域有志が，電信架設運動において核心的な役割を果たしていた点である．このような地域有志とともに新聞記事にしばしば登場する人物が，面長や郵便所長といった人々である．中央政府に対する請願主体となった彼らは，行政的なチャンネルを有していたため，資金の供給源であった地域有志とともに電信架設運動を率いる二本柱であった．なかでも地域有志と郵便所長の関係は注目に値する．
　当時，電信業務を取扱っていた通信現業機関には，郵便局，郵便所[71]，鉄道駅電信取扱所，電信電話所，電信局[72]などがあり，そのなかで郵便局，鉄

---

68)　『朝鮮中央日報』1935年2月21日付．
69)　『東亜日報』1940年3月31日付．
70)　『東亜日報』1940年6月2日付．
71)　すべての郵便所が電信業務を取り扱っていたわけではないが，1915年以後は90％以上の郵便所で電信業務を取り扱っていた．
72)　1923年6月11日に龍山所在の陸軍無線通信所を引き受けた京城無線電信局と，

道駅電信取扱所，電信局は政府の直営機関であり，郵便所と電信電話所は請負機関であった．なかでも郵便所の電信施設は，全体の電信施設のなかでもっとも多い比重を占めていた．電信業務を取扱っていた郵便所は，1911年の時点で118カ所あり，全体の電信施設の約30%強を占めていたが，1941年には804カ所にも上り，全体の電信施設の約80%を占めるようになった．この郵便所の発展過程が，電信網の拡大過程そのものであったといっても過言ではない．

　一方，朝鮮の郵便所は，台湾と日本における三等郵便局に該当するものであった．第3章で検討したように，日本の三等郵便局長は地域名望家であり，台湾の三等郵便局長は退職した日本人の元通信官吏であった．朝鮮の郵便所長の性格は，最初こそ台湾の三等郵便局長に近かったが，1920年代からは日本の三等郵便局長により近いものに変わった．1910年代までの郵便所は，逓信省を退職した元官吏出身の日本人が経営していた．その後，1919年の3.1独立運動をきっかけに朝鮮人郵便所長が初めて登場したが，このときの郵便所長は地域有志ではなく，退職した元官吏出身の朝鮮人であった．そのため，地域名望家が兼業として営んでいた日本の三等郵便局とは異なり，朝鮮の郵便所は元官吏出身の日本人と朝鮮人が専業として営む退職後のポストであったのである[73]．

　そのなか，これまで関係のなかった地域有志と郵便所長が結び付くのは，1923年に請願通信制度を導入されてからである．請願通信制度の実施は，通信事業に民間資金の導入を促すとともに，地域有志が郵便所経営に参加できる制度的な基盤を提供した．請願通信制度を利用し，地域有志は自ら請願者となり，郵便所長に就任することも可能となった．もちろん，寄付金を負担する者なら誰でも郵便所の経営権を認められたわけではなかった．資金提供者とは別に元官吏出身者がその地域の郵便所長として任命される場合も多かった．しかし，少なくとも地域有志が収益事業として郵便所を経営することができる制度的な道が開かれたのである．その結果，1920年代半ばから

　　　1939年10月1日に京城郵便局から分離独立した京城中央電信局は電信のみを取り扱っていた機関であった．
　73)　朴「解放以前通信事業の展開過程と雇用構造」67頁．

登場する郵便所長には，元官吏出身の日本人，元官吏出身の朝鮮人，朝鮮人の地域有志などの3つのパターンが存在した．

　郵便所は民営の性格を帯びていたものの，たとえ庁舎や電信施設が寄付金で設けられたとしても，郵便所の財産はすべて国家に帰属され，郵便所長の収入は政府からの手当と郵便所の経営利益であった．このなかで手当は各郵便所の業務量を算定し，中央政府が策定した基本的な運営費であり，収入としての意味は大きくなかった．郵便所長の主な収入源は，郵便所の経営利益であった．郵便所長が何人の職員を雇って郵便所経営に当てるのかは，基本的に郵便所長の裁量であり，したがって，多額の創設費や維持費が発生したとしても今後通信需要の拡大が予想される地域であれば，郵便所経営のインセンティブは十分あったのである．

　電信架設運動を率いた朝鮮人の地域有志が郵便所長になった事例について，少し詳しく見てみよう．40年間（1905～1945年）の日本時代を通じて郵便所長に任命された朝鮮人は300人以上いた．朝鮮人郵便所長は1921年に初めて登場し，1940年代になると全体の郵便所長のなかで30％以上を占めるようになる．とりわけ，請願電信施設が設置された郵便所の場合，朝鮮人郵便所長の割合が40～50％を占めていた[74]．表4-2は，『朝鮮総督府及所属官署職員録』からわかる郵便所長の名前を基に，『朝鮮銀行会社組合要録』，『大京城公職者名艦』，『朝鮮人人事興信録』並びに各種の新聞記事から収集した一部の朝鮮人郵便所長の経歴である．

　同表に登場する8カ所の郵便所は，すべて請願電信施設が設置されたところである．資金を負担する地域有志が必ずしも郵便所長に任命されるとは限らず，左側の4カ所の郵便所に任命された郵便所長は，面長，法院書記，郡守，郵便所書記補などの官吏出身者である．一方で，右側の4カ所の郵便所に任命された郵便所長は，いわゆる地域有志である．経歴を見ればわかるように，元官吏出身の郵便所長は必ずしも逓信事務の経験者だけではなく，さまざまな分野から退職後に郵便所の経営者となったことがわかる．地域有志の郵便所長は専業として郵便所を経営することなく，いくつかの会社の取締

74）朝鮮総督府編『朝鮮総督府及所属官署職員録』各年版，朝鮮総督府通信局編『朝鮮総督府通信年報』各年版を参照して計算した．

表4-2 朝鮮人郵

官吏出身者の郵便所長

		清州本町郵便所
李瓚鎬	1913年	忠清北道陰城郡判任官見習い
↓	1915年～	忠清北道郡書記
		（陰城郡，氷同郡）
	1921年	忠清北道郡属
		（陰城郡，清州郡，鎭川郡）
	1931年	忠北槐山郡上芝面長
	1933年	忠北清州郡南一面長
	1937年～	**清州本町郵便所長**
松原寅雄	1941年～	**清州本町郵便所長**
		開城京町郵便所
金駿烱	1903年	京畿道出身
		京城法専卒
	1925年	京城地方法院書記課
		判任官見習い
	1927年	京城地方法院書記
		（開城支庁，鐵原支庁，水原支庁）
	1936年～	**開城京町郵便所長**
		箕林郵便所
呉世昌	1924年～	**箕林郵便所長**
↓		
朴善哲	1884年	京畿道出身
	1907年	日晟専門学校経済科卒
	1910年	平安南道平壌府書記
	1912年～	朝鮮総督府郡書記
		（順川郡，平原郡）
	1921年～	朝鮮総督府郡守
		（成川郡，平原郡，龍岡郡，江東郡，江西郡）
	1931年	箕林郵便所事務員
	1932年～	**箕林郵便所長**
		蘇江郵便所
森下正元	1923年～	**蘇江郵便所長**
↓		
崔元載	1904年	京畿道出身
		京城第一高普卒
		兼二浦郵便所書記補
	1939年～	**蘇江郵便所長**

出典：(1) 朝鮮総督府『朝鮮総督府官報』各年版．
(2) 朝鮮総督府編『朝鮮総督府及所属官署職員録』各年版．
(3) 中村資良『朝鮮銀行会社組合要録』東亜経済時報社，各年版．
(4) 京城日報社『大京城公職者名鑑』1936年．
(5) 朝鮮新聞社『朝鮮人事興信録』1935年．
(6) 『東亜日報』，『朝鮮日報』，『毎日申報』．

第 4 章　朝鮮における情報化主体の変化　147

便所長の経歴

地域有志の郵便所長

新義州彌勒洞郵便所

高秉哲	1898 年	平安北道義州郡出身
	1924 年	明治大学法科卒
	1933 年〜	**新義州彌勒洞郵便所長**
		石油商, 平安北道道議会議員
		新義州商工会議所議員
		西鮮通産(株)取締役
		新義州貿易(株)大株主
		共同保管(株)監査役
↓		
高尙俊	1928 年	平安北道新義州府属
	1935 年〜	**新義州彌勒洞郵便所長**
		信川運送(合名)取締役
↓		
高有崙	1939 年〜	**新義州彌勒洞郵便所長**
		日満運輸(株)取締役
		国境物産(株)取締役
		高慶(合名)代表取締役

京城阿峴里郵便所

車相鎬	1884 年	京城府阿峴町出身
	1918 年	大東法律専門学校卒
	1926 年	高陽郡農會特別議員, 文廟直員
	1931 年〜	**京城阿峴里郵便所長**
		西大門金融組合監査役
		老姑山莊住宅經營(株)監査役
		生業共助社(株)取締役

元山駅前郵便所

韓光洙	1884 年	咸鏡南道元山出身
	1906 年	礦床学校, 私立日語夜学校
	1906 年	朝鮮総督府農商工部技手
	1923 年〜	**元山駅前郵便所長**
		元山樓氏高女, 元山第二公普評議員
		元山府會議員(18 年間重任)
		元山中學校理事, 元山學校評議員
		元山市民協會議員
		合盛醸造所(株)大株主
		北鮮醸造(株)監査役
↓		
韓相暾	1908 年	咸鏡南道元山出身
		(韓光洙の長男)
		東京日本美術学校卒
	1939 年〜	**元山駅前郵便所長**

梅花郵便所

黃永萬	1933 年〜	**梅花郵便所長**
		烏山水産(株)取締役
↓		
黃載坤	1936 年〜	**梅花郵便所長**
		箕城醸造(株)取締役

役・監査役・代表などを兼ねており，また地域単位の各種組織にも所属していた．地域有志が郵便所長を務めている郵便所は，その経営権を相続していたこともわかる．例えば，元山駅前郵便所の場合，初代所長韓光洙が長男韓相暾に郵便所の経営権を世襲することが見てわかる．同じく，新義州彌勒洞郵便所の高氏家や梅花郵便所の黄氏家も家族ないし親族に郵便所の経営権を相続していた．

2. 請願電信施設と寄付電信施設

請願電信施設は，請願通信制度の導入によって登場した電信施設である．請願通信制度は1923年度に導入されたが，それ以前から請願通信制度の実施への試みはあった．前述したように1918年の『朝鮮通信協会雑誌』には請願通信制度の導入が唱えられ，1921年6月22日付の新聞には「請願通信の実現」というタイトルの下で次のような記事が登場する．

> 逓信局は鮮内の通信機関の分布状況並び各地の設置要請に鑑み，経済的施設を趣旨とする請願通信施設制度を実施するに当って分掌局長会議で諮問した結果，今十年度中に法規を制定すると同時に実施する予定であり[75]

ここからもわかるように，請願通信制度は1921年度中に実施される予定であった．しかし，何らかの事情により，請願通信制度の実施は2年間繰り延べられ，1923年度に正式に発足することとなった．

このような請願通信制度を利用し，請願電信施設を誘致するためには，創設費と維持費という2種類の費用を負担しなければならなかった．そのなかで創設費は電信取扱局所を新設する年度，または既存の局所で電信事務を開始する年度のみ納付する費用であり，維持費は規定によって数年間にわたって納付しなければならない費用である．創設費は，民間資本を電信事業に取り入れることを目的としたものであったが，維持費は必ずしもそれが目的で

---

75) 『東亜日報』1921年6月22日付．

はなかった．以下は，請願電信施設を設置する際に発生する維持費に関する細部規定である．

　　第十一条　（前略）電信又ハ電話ニ関スル施設ノ維持費ハ施設ヲ開始シタル年度ニ在リテハ指定シタル維持費額ヲ，其ノ翌年度以後ニ在リテハ当該局所ノ前年度ニ於ケル電信又ハ電話ノ収入料金ニ付左記各号ニ依リ算出シタル額カ指定シタル維持費額ニ達セサル場合ニ限リ其ノ不足額ヲ徴収ス
　　　一　電信ニ関スル施設
　　　　　　　電信電話所新設及電信事務開始
　　　　　　　　電報配達業務ヲ取扱フモノ
　　　　　　　　　料金額ノ全額
　　　　　　　同　　　　　　　　　上
　　　　　　　　電報配達業務ヲ取扱ハサルモノ
　　　　　　　　　料金額ノ十分ノ八
　　　　　　　電報配達事務開始
　　　　　　　　　料金額ノ十分ノ二
（中略）
　　第十四条　　維持費ハ施設開始ノ翌年度ヨリ起算シ五年経過後ハ之ヲ減免スルコトアルヘシ
　　第十五条　　府又ハ面ノ請願ニ依ル電信又ハ電話ニ関スル施設ノ維持費ニシテ第十一条ニ依リ二年度間引継キ之カ徴収ヲ要セサルトキハ其ノ翌年度以後維持費ヲ免除スルコトアルヘシ[76)]

　第11条からわかるように，維持費は新設ないし業務を開始した初年度に限って指定額を納付し，翌年度からは電信収入より算定した金額が指定額を下回る場合，その不足分のみを徴収する仕組みであった．つまり，指定額を超える電信収入を出し続ければ，維持費は事実上免除となり，逆に利用実績が低調な場合，維持費は罰金の性格をもっていたのである．このような仕組みは，請願通信施設を運営する民間にとって重要な経営インセンティブとして作用した．さらに，最初の5年間維持費を納付すれば，その後は維持費を

---

76)　朝鮮総督府令第11号（「朝鮮総督府官報」第3134号，1923年1月25日）．

減免するという第14条の規定は，維持費の創設目的が請願電信施設の安定した経営にあることを表している．このことは，第15条の規定からも確認することができる．第15条によれば，府と面の請願施設の場合，収入より算出した金額が指定額を2年間引き続き上回る場合，翌年から維持費を免除する．要するに，維持費の徴収は租税としての意味は少なく，民間による通信施設の経営を側面支援するためのインセンティブ制度であったのである．政府は，創設費を通じて民間資金の導入を促し，維持費といったインセンティブ制度を通じて民間の運用能力を高め，請願電信施設を安定的に稼働させたのである．

1923年1月25日付の『京城日報』で蒲原遞信局長は，請願通信制度実施の趣旨について次のように語っている．

> 朝鮮に於ける通信機関を充実して地方の開発に資することに就ては従来当局に於ても種々努力して居る処であるが何分にも年々成立の予算では地方公衆の要望に副うべき十分なる施設を為すことの出来ぬのは洵に遺憾とする次第である．（中略）年々各地方より提出する郵便局所の設置請願件数は数十件の多きに達し且近来この請願制度の実施を熱心に希望する者も続出するに至ったので当局に於ても茲に愈実施の機運に到ったものと認め其の筋の手続中であったが今回勅令を以て之が発布を見るに至ったのは朝鮮に於ける地方開発の為誠に喜ばしいことである[77]．

ここから当時の政府がもっていた2つの政策意図，すなわち予算圧迫の解消と地方開発が請願通信制度の実施の背景であったことがわかる．電信施設の新設・運営を民間部門に任せ，全国に万遍なく電信網を拡張し，それを地方開発の端緒として活用したいというのが政府側の意図であったのである．しかし，電信施設の新設には創設費や維持費などの多額の資金が必要となるため，実際に請願電信施設が設置・運営された地域は，交通の要地と商業地もしくは温泉のような観光地が多かった．

このような創設費と維持費がかかる請願電信施設に比べ，寄付電信施設は

---

77) 「通信機関充実と地方開発——請願通信施設制度の実施に就て蒲原遞信局長語る（新領土中朝鮮のみに行わるる制度）」『京城日報』1923年1月25日付．

最初の創設費だけを民間が負担する方式であった.『朝鮮総督府通信年報』を見ると,請願通信制度が実施される 1923 年度から寄付電信施設の数も一緒に掲載され始めたが,新聞記事などによると,それ以前から寄付電信施設が存在していたことがわかる.例えば,1922 年 12 月 28 日付の『東亜日報』には「黄海道松禾郡豊川邑内は(中略)電信設備がなくて一般(公衆：引用者)は非常に不便を感じ(中略)豊川郵便所管内五面から合計二千円を募集し,電信架設に寄付することとし[78]」と報じられており,電信誘致の 1 つの方法として寄付電信施設制度がすでに利用されていたことが見て取れる.このような寄付電信施設制度は,電信網の拡張に民間資金の導入(創設費)を試みた制度として,民間資金の導入(創設費)と経営インセンティブ(維持費)を考慮した請願電信施設より仕組み自体は簡単であった.

　寄付電信施設制度は,請願電信施設制度より早くから実施され,請願電信施設制度が導入されてからも依然として存続した.電信架設運動の結果,朝鮮総督府は請願電信施設と寄付電信施設のいずれかを該当地域に許可したが,どのような基準に則ってそれを決めたのかについては明示的に表れていない.ただし,費用負担者と施設運営者が一致しない場合,請願電信施設において生じ得る複雑な問題を避けるために,仕組みが簡単な寄付電信施設が好まれた可能性はある.地域有志が請願者となり巨額の寄付金を払ったとしても,その地域有志が施設運営の権利を得るとは限らない.このように費用負担者と施設運営者が異なる場合,最初の創設費だけを必要とする寄付電信施設の方が,毎年維持費が発生する請願電信施設より紛争の余地が少ないであろう.

　また,インセンティブ制度である維持費は,費用負担者と施設運営者が一致するときこそ,その効果が最大に発揮できる.言い換えれば,創設費とは寄付金として経営動機とは関係ないものであるが,維持費は経営動機に直接結び付くものである.したがって,費用負担者と施設運営者が異なる場合は,創設費のみを必要とする寄付電信施設が,費用負担者と施設運営者が一致する場合は,創設費と維持費を必要とする請願電信施設が,それぞれ適合するのである.

---

78)『東亜日報』1922 年 12 月 28 日付.

実際に元官吏出身者が郵便所長に任命される場合，すなわち費用負担者と施設運営者が異なるときは，その地域に寄付電信施設が設置されるケースが多く見られる．例えば，1933 年 11 月 11 日付の『東亜日報』に報じられた慶尚北道店村郵便所の事例がそうである．

> 店村郵便所が開設してからほぼ一年が経ったが，電信施設はまだ設置されておらず，地方人士らは不便を感じ，また商人らは電信関係において多くの損害を被ったため，郵便所当局者に対する批判の声が上がっている[79]．

この店村郵便所は李琓儀という朝鮮総督府の書記出身者が，退職後に郵便所長に任命されたところであり，電信施設の導入が遅れていたため，郵便所長と住民の間に葛藤が生じていた．その結果，1934 年に店村地域の地域有志が寄付金を払い，郵便所に寄付電信施設が設置された．このような事例は少なくないが，だからと言って地域有志が経営する郵便所には請願電信施設が設置され，元官吏出身が経営する郵便所には寄付電信施設が設置されたと一概には言えない．ただし，朝鮮人郵便所長のなかには朝鮮人の地域有志も多数含まれていた点を考慮し，朝鮮人が郵便所長を務めていた郵便所を見ると，寄付電信施設より請願電信施設の数が多いことは確かである．

請願電信施設と寄付電信施設が設置されていた郵便所のうち，郵便所長の名前がわかる 180 カ所の郵便所を調べたところ，1922 年から 1937 年にかけて請願電信施設が設置された郵便所のなかで朝鮮人郵便所長は 46.6％（116 カ所のうち 54 カ所）を占めており，寄付電信施設が設置された郵便所のなかで朝鮮人郵便所長は 31.3％（64 カ所のうち 20 カ所）を占めていた[80]．このような結果から推測すると，地域有志が郵便所長を兼ねていた（費用負担者と郵便所経営者が一致する）地域は，請願電信施設を導入する郵便所が多く，地域有志は寄付金を払い，元官吏出身者が郵便所長に任命された（費用負担者と郵便所経営者が異なる）地域は，寄付電信施設を導入する郵便所が多かったと考え

---

79) 『東亜日報』1933 年 11 月 11 日付．
80) 『朝鮮総督府及所属官署職員録』各年版からわかる郵便所長の名前と，『朝鮮総督府通信年報』各年版からわかる資金調達別の郵便所を比較対照して求めた．

第4章 朝鮮における情報化主体の変化　153

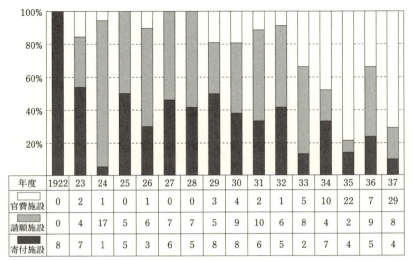

図4-3　新設電信施設の資金調達別分類

注：(1) 開設施設の数であり，廃止施設の数は反映していない．
　　(2) 鉄道駅電信取扱所は除外した．
出典：朝鮮総督府通信局編『朝鮮総督府通信年報』各年版．

られる．

　最後に，『朝鮮総督府通信年報』に基づき，請願通信制度が実施された1923年から新たに電信業務を開始した電信取扱局所を見てみよう[81]．この資料からは毎年新設された電信施設の費用調達の方式がわかる．ただし，1923年度版の『朝鮮総督府通信年報』には「本年度施設実行計画ノ分」とは別途に「大正十一年度施設実行計画ニ依ル本年度繰越開始セシ分」という項目があり，合計8カ所の地域に寄付電信施設が設置されたとの内容が記されてい

---

81)　当時，電信架設運動が活発に展開されたにもかかわらず，それが請願・寄付電信施設の開設に結び付かなかった地域も少なくなかった．また，民間の資金が投入された場合にも，通信年報には官費施設として分類される場合もあった．例えば『朝鮮総督府通信年報』のなかで官費施設として分類されている1934年度の栗里や1935年度の水橋の場合，前述したように，電信架設のための募金活動が行われ，地方有志が相当額を寄付した地域である．したがって，『朝鮮総督府通信年報』に基づいて作成した図4-3での請願・寄付電信施設数は，実際の電信架設運動の規模を過小評価している可能性がある．

る．1922年度の電信取扱局所は前年度に比べて8カ所増（662カ所）となっていることから，1922年の新設電信施設はすべて寄付電信施設であることが推測できる．

　この点を踏まえ，図4-3では1922年度から新設された電信施設を資金調達別に分類した．ここからもわかるように，1935, 37年度を除き，1922～1937年の間に新設された電信施設は，請願・寄付電信施設の数が官費電信施設の数を大きく上回っている．とりわけ，1933年度までの請願・寄付電信施設は毎年新設される電信施設の70～80%を占めていた．民間部門の資金供給能力と電信需要の増加を背景とした請願・寄付電信施設が，1920年代から1930年代前半までにおいて電信事業を主導したのである．

第3節　小　括

　第4章では，日本時代における朝鮮の情報化過程について，主に電信事業を中心に検討を行った．具体的には，朝鮮総督府が牽引してきた情報化が限界に直面し，それを乗り越える過程において情報化の主体が政府から民間へと変わったことを明らかにした．

　電信事業に対して朝鮮総督府が積極的な財政投入を行ったのは，殖産興業政策が活発に展開された1915年までであった．しかし，1914年に財政独立計画が立てられてから電信事業に対する財政投入は抑制され始めた．電信施設の新設・整備に再び多額の公共投資が行われたのは，第1次世界大戦後の財政膨張期であった．ところが，1919年の3.1独立運動は，電信事業の方向を産業開発から治安維持へと変えた．それゆえ，拡張した電信事業費は，公衆電信網の整備ではなく，警備通信網の構築に優先的に配分された．1930年代には，満州を囲い込む日本勢力圏の通信網構築に優先的に財政投入が行われたため，公共投資による公衆電信網の整備は期待できなくなった．

　政府主導の情報化は早くも1910年代末から限界を露呈し始めた．それは，電信事業に対する政府側のインセンティブが働いた結果であった．官業として推進されてきた電信事業は，財源確保と植民地経営という側面から政府主

導の情報化に対する十分なインセンティブを提供した．しかし，治安・行政網が完成する 1910 年代末には，政府のコーディネーション機能が円滑に作動しなくなった．所期の目的を達成した政府は，公衆通信網の整備のための追加的な投資額を縮小し，その代わりに警備通信網の強化，鮮満通信網の整備などに優先的に資源配分を行った．このように，政府主導の情報化が限界を露呈する一方で，第 1 次世界大戦がもたらした好況が電信需要を増加させたため，1918 年には極度の電信渋滞が起こった．その結果，各種の民間団体が結成され，政府に電信架設を要求する電信架設運動が全国的に展開した．

　電信架設運動は地域振興運動の一環であり，その地域の有志らが電信架設運動を牽引した．商人階層，会社・工場の経営者を中心とする地域有志は，電信施設の誘致にかかる費用を負担し，逓信当局者との面談を推進するなど，電信架設運動の中心的な存在となった．このような民間側の動きを反映し，朝鮮総督府は 1923 年に請願通信制度を導入した．請願通信制度とは，通信サービスだけでなく，通信施設の建設にも受益者負担原則を適用した制度であった．その結果，地域有志は自ら郵便所長となり，収益事業として郵便所を経営することができるようになった．もともと郵便所長は日本人官吏の退職後のポストとして利用されていたが，3.1 独立運動を契機に（元官吏出身の）朝鮮人郵便所長が初めて登場し，さらに請願通信制度の実施をきっかけに朝鮮人の地域有志も郵便所経営に参加することができるようになった．

　他方，請願電信施設と寄付電信施設は併存したが，請願電信施設制度が創設費と維持費を必要とする制度であった反面，寄付電信施設制度は創設費だけを必要とする制度であった．1923 年から実施された請願電信施設制度と違って，寄付電信施設制度は 1910 年代にも施行されていた．寄付電信施設は民間資金の導入（創設費）を試みた通信制度であったが，請願電信施設は民間資金の導入（創設費）はもちろん，郵便所経営のインセンティブ・システム（維持費）が組み込まれた通信制度であった．1920 年代から 1930 年代半ばまでの間は，このような請願・寄付電信施設が朝鮮の電信事業を牽引した．成長した民間の力を基に，政府が適切な制度配置を通じて民間のコーディネーション機能を高めたため，政府主導の情報化が限界を露呈してからも持続的な情報化は可能であったのである．

第III部　情報化と市場経済の発展

第5章　台湾糖の取引制度の変化と糖商の対応

第1節　近代移行期における砂糖取引

1. 輸出台湾糖の島内取引

　1858年の天津条約の結果，台湾は1860年に北部の淡水と南部の安平の2港を開港し，さらに1863年に北部の基隆と南部の高雄の2港を追加的に開港した．これを契機に台湾では輸出産業（輸出商品栽培と輸出商品加工業）が発達し始め，北部では茶業（茶葉栽培と製茶業）が，南部では砂糖業（甘蔗栽培と製糖業）がそれぞれ興隆した．1881年を境に台湾経済の中心が南部から北部へ移り，1885年以降，南部の貿易総額が北部の半分にまで低落するなか，台湾南部の主な輸出産業は依然として砂糖業であった[1]．1868～1895年間における台湾南部の輸出総額の9割を占めていたのは，砂糖であった．このような砂糖輸出を牽引したのは，中国市場と日本市場における台湾糖需要であった[2]．1860年代まで台湾糖の90%以上は中国市場へ輸出されていたが，1870年代に入ってから日本，欧米（とくにオーストラリア，アメリカ，イギリス），香港への輸出比重が高まった（図5-1参照）．台湾糖の輸出量は，1880年にもっとも多い100万担（1担は約60 kg）にまで上り，輸出高は生産高の8割以上を占めていた[3]．しかし，欧米諸国の植民地で生産された低廉な精製

---

1)　ダニエルス，クリスチャン「清末台湾南部製糖業と商人資本　1870-1895年」『東洋学報』第64巻，第3・4号，1983年，66頁．

2)　台湾の対中国輸出の場合，厳密には1895年以前は移出，以後は輸出であり，対日本輸出の場合，1895年以前は輸出，以後は移出である．しかし，本書では用語の混乱を避けるべく，移出と移入を輸出と輸入に表記する．

3)　涂照彦『日本帝国主義下の台湾』東京大学出版会，1975年，24頁．

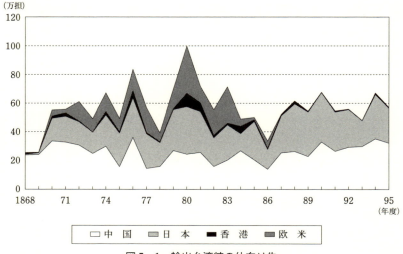

図5-1 輸出台湾糖の仕向け先
出典：(1) 林満紅『茶，糖，樟脳業興晩清台湾』台湾銀行，1978年，7頁．
(2) 林満紅『茶，糖，樟脳業興台湾社会経済変遷』聯経出版，1997年，30頁．

糖が国際市場に出回り，ヨーロッパで甜菜糖業が躍進する1880年代半ばから，欧米向けの輸出台湾糖はほぼ影を潜めた[4]．その結果，1886年以後の輸出台湾糖の仕向け先は，ほぼ中国と日本に限定されるようになった．

製糖業者が製造した砂糖は，仲介商と売込商の手を経て最終的に砂糖輸出商によって世界各地へ輸出された．この過程をもっとも単純化すれば，次の通りである．

製糖業者　→　仲介商　→　売込商　→　輸出商

輸出台湾糖を製造したのは，糖廍組織であった．在来的な製造方法を用いて含蜜糖を生産する農村手工業の1つである糖廍組織には，牛掛廍，牛犇廍，公家廍，頭家廍の4種類があった[5]．組合組織として蔗農が管理する糖廍も

---

[4] ダニエルス「清末台湾南部製糖業と商人資本　1870-1895年」68頁．
[5] 糖廍には概ね次の4種類が存在した（涂『日本帝国主義下の台湾』24-25頁）．
①牛掛廍：15～40人の蔗農が1つの組合を作り，各自が製糖用の石車を運転するための牛を提供し，それを基準にして設備に関する費用を負担し，各自が作付けした甘蔗を圧搾して砂糖を製造する方式である．

第5章　台湾糖の取引制度の変化と糖商の対応　　161

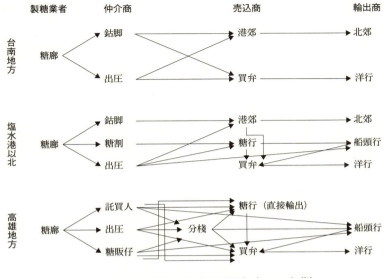

図5-2　輸出台湾糖の島内流通経路（1890年代）

注：高雄地方の糖行は，買弁を除外したすべての売込商，すなわち旧港郊所属の売込商，港郊以外の売込商を総称するものである．
出典：台湾慣習研究会編『台湾慣習記事』第7巻第3号，1907年．

あれば，地主や商人が所有し，甘蔗の買収製造または委託製造を行う糖廍もあった．糖廍で製造された含蜜糖は，仲介商，売込商，輸出商といった流通・貿易過程を担当する商人たちによって，アジア市場と欧米市場へ輸出された．

図5-2を通じ，仲介商，売込商，輸出商におけるそれぞれの名称と機能について，少し詳しく見てみよう．開港後の輸出台湾糖の2大輸出地域は，中国と日本であったが，開港以前の台湾糖は，ほとんどが対岸貿易の形で中国

---

②牛犇廍：牛掛廍と同じく蔗作農民による組合方式であるが，組合人数が5～10人程度の小規模である．各自が作付けした甘蔗から砂糖を製造するのが基本であるが，これに加えて他の蔗農から甘蔗を買収製造し，またはその委託製造も行う．
③公家廍：組合員が株数に応じて現金出資し，経理または取締役を置く．蔗農から甘蔗を買収製造し，またはその委託製造を行う方式である．
④頭家廍：地主または商人が単独出資し，蔗農から甘蔗を買収製造し，または委託製造を行う方式である．

へ輸出されていた．このような台湾の対岸貿易は「郊」という同業者組織が掌握しており，砂糖の輸出においては北郊と呼ばれる商人組織が大きな勢力を形成していた．したがって，糖廍で生産された含蜜糖は，鈷脚，出圧，糖割，託買人，糖販仔といった仲介商の手を経て，糖行またはそれより規模の大きい港郊という売込商のもとへ集められ，最終的に輸出商である北郊商人に売り渡された[6]．このような中国向けの輸出経路は，基本的に開港後も大きく変わることはなかった．

　開港とともに中国市場以外の海外市場が台湾糖の需要先として加わると，海外市場への輸出を担当する欧米系糖商（洋行）とその専属売込商（買弁）が，新たな流通経路を作り出した．輸出台湾糖の流通経路は地域ごとに若干異なったが，含蜜糖は基本的に仲介商，売込商，輸出商の順に売り渡され，貿易港まで運び込まれた．台南地方では，糖廍で生産された含蜜糖が，鈷脚，出圧（仲介商）と港郊，買弁（売込商）の手を経て北郊，洋行（輸出商）によって世界各地へ輸出された．中国向けの砂糖は北郊が，その他の外国向け砂糖は洋行が輸出を担当していた．塩水港以北地方では，台南地方にはない糖割（仲介商）と船頭行（売込商）が活躍していたが，全体の流通形態においては台南地方のそれと大きく変わらなかった．特徴的な流通経路をもっていたのは，高雄地方であった．高雄地方では糖行という売込商の力が強く，糖行自らが砂糖輸出を担う場合もあった．また，糖行は糖産地に分棧という代理店を設置し，砂糖の買取りに当たらせた[7]．

2. 台湾糖の島内流通における売込商

　上記の製糖業者，仲介商，売込商，輸出商による輸出台湾糖の流通過程は，具体的に①製糖業者と売込商の取引，②仲介商と売込商の取引，③売込商と輸出商の取引などがあり，それぞれは情報非対称性の問題を抱えていた．そのうち，③売込商と輸出商の取引は後述することとし，ここでは①と②について検討する．まず，製糖業者と売込商の取引である．台湾糖業を対象とす

---

6)　社団法人糖業協会編『近代日本糖業史　上』勁草書房，1962年，219頁．
7)　同上書，224頁．

るほとんどの研究が指摘しているように，開港以前から製糖業者は売込商から前貸しを受けていた．前貸資金は売込商から仲介商を通じて製糖業者に提供された．前貸資金を調達するにあたって北郊は，厦門に本店を置き，台南，高雄に支店を構え，厦門から砂糖の買付資金とする阿片，綿製品，銀を定期的に台湾南部に持ち込んだ．開港以前から製糖業者と売込商における取引慣行には，非対称的な情報構造がもたらす3つの問題，すなわち換算率の格差，斤量計算の差異，価格決定権の問題があった[8]．売込商は，買い手としての換算率，斤量計算，買値と売り手としての換算率，斤量計算，売値の間の差異を利用して情報レントを得ていた．このような売込商の地代追求行為に対し，市場情報に乏しく，輸出商との直取引ができない製糖業者は，取引の際に売込商の言いなりにならざるを得なかった．

　前貸制度が拡大実施される開港後は，このような売込商による地代追求行為がさらに強くなってきた．開港をきっかけに大量の前貸資金が，輸出商から売込商へ提供されるようになった．台湾糖貿易に新たに参入した輸出商の洋行は，砂糖の買付資金を専属売込商の買弁に提供し，買弁は仲介商を通じて製糖業者に貸し付けた．輸出商にとって香港上海銀行は，砂糖の買付資金を提供する金融機関として重要な機能を果たした．香港上海銀行を軸とする送金手形の流通は，大規模な買付資金と前貸資金を生み出した．売込商（港郊，買弁）は，輸出商（北郊，洋行）から買付資金を融資してもらい，再び仲介商を通じて製糖業者に前貸しを行った[9]．この過程において，売込商は製糖業者との資金力と情報力の差を利用し，高利貸付または買付価格の引き下げを通じて超過利潤を得ようとした[10]．このように，輸出台湾糖の島内取引における情報レントを追求した売込商は，流通過程で発生する超過利潤を吸収し，1890年代まで成長し続けた．

　次に，仲介商と売込商の取引を見てみよう．一般に手数料を目当てに取次

---

8) ダニエルス「清末台湾南部製糖業と商人資本　1870-1895年」72-77頁．
9) 洋行は香港上海銀行から直接銀を獲得し，買弁は洋行を通じて銀を手に入れる．一方，北郊は中国市場で砂糖の対価物である阿片や綿製品が足りない場合，香港上海銀行から銀を借り入れる．港郊は北郊を通じて阿片，綿製品，銀を借り入れ，砂糖の買付けを行う．
10) ダニエルス「清末台湾南部製糖業と商人資本　1870-1895年」89頁．

営業を行う者を仲介商といい，自己勘定の下で転売差額を狙う者を売込商という．しかし，これは近代以降の概念であり，前近代ないし近代移行期には両者の明確な区分は難しい．少なくとも輸出台湾糖の島内取引においては，1890年代までも仲介商と売込商の機能と役割が中層的であった．再び図5-2を見てみよう．ここで登場する鉆脚，出圧，糖割，託買人，糖販仔，分棧といった仲介商は，実はその機能と性格において少しずつ異なる特徴をもっていた[11]．例えば，出圧は，売込商に専属している商業使用人として売込商の命令に従って地方へ赴き，糖廍から砂糖を買取る仲介商であった．この場合，出圧は売込商の代理人に他ならなく，売込商から毎月給料の形で報酬を得ていた[12]．分棧もその機能は出圧に似ており，売込商または輸出商の代理店の役割を果たしていた．これに対し，鉆脚は出圧や分棧のように特定の売込商と契約関係を結ぶのではなく，製糖業者と複数の売込商の間で砂糖取引を仲介し，一定額の手数料を得ていた．とはいえ，こうした鉆脚が多くの売込商を相手にしていたわけではなく，2～3ヵ所の売込商から委託注文を受けるのが普通であった[13]．弁仲や糖割も基本的には鉆脚と同様に手数料を収入源とする仲介商であったが，活動地域と資本規模において差異があった[14]．

このような仲介商と売込商の間には，情報の非対称性によるモラルハザードの問題が起こりかねない．それを端的に物語っているのが，『台湾慣習記事』での鉆脚に対する次のような記述である．

　　　今日鉆脚の行為は，又昔日の如く誠実ならず，糖廍糖行間に有りて往々不正
　　　の行為をなすものあり，例へば糖行より委託を受けて糖廍と採買を約したる
　　　糖あるとき，若し糖価昂騰するときは，之を委託者に供給せず，潜に他に売
　　　却して利益を取得するが如きは数■起こる事実なりとす[15]

---

11) ここで言及する仲介商以外にも弁仲，倚棧，居棧といった仲介商も同時期に活動していた（台湾慣習研究会編『台湾慣習記事』第7巻第4号，1907年，309頁）．
12) 売込商が出圧に支払う報酬は，「辛労金」といい，概ね1ヵ月当たり6円から12円までであった（同上，310頁）．
13) 同上，311-314頁．
14) 資本規模で見ると，弁仲＞糖割＞鉆脚の順である（台湾慣習研究会編『台湾慣習記事』第7巻第5号，1907年，411頁）．
15) 台湾慣習研究会編『台湾慣習記事』第7巻第4号，318頁．

プリンシパルの売込商が，エージェントの仲介商に砂糖の買付けを依頼する場合，その契約が執行可能性（enforceability）を保つためには，仲介商の行動が売込商によって観察可能であり，なおかつ仲介商による不正行為が生じた場合，それが裁判所のような第三者執行機関によって立証可能でなければならない．ところが，『台湾慣習記事』によると，売込商（糖行）による仲介商（鈷脚）の行動観察が難しく[16]，不正行為を処罰する法規が設けられていないため[17]，仲介商の脱線を防ぐには限界があると記されている．売込商に対する仲介商の約束が，不完全なコミットメントにならないためには，技術革新（交通革命と通信革命）による情報偏在の緩和と，近代的な法体系の整備が必要となる．このような条件が整っていない当時の台湾では，仲介商が売込商から得られる報酬や手数料以外にも，情報レントを追求する余地が十分あったのである[18]．

一方，輸出商または売込商が提供する砂糖の買付資金は，仲介商を通じて製糖業者に前貸しされ，その代わりに生産された砂糖は，特定の売込商に一手販売されたが，この過程において仲介商のあり方は単純ではなかった．例えば，仲介商のなかでも比較的資本規模の大きい弁仲は，売込商の糖行からもらう手数料を主な収入源にしつつも，しばしば自らが売込商の機能を果たす場合もあった．したがって，地域によってはもともと仲介商である弁仲を，売込商を意味する糖行と呼ぶところもあった[19]．弁仲は，無リスクの手数料収入を目当てとする仲買業と，糖価変動のようなリスクを抱える問屋業を兼ねていたのである．このように，同じ仲介商であっても資本規模の差が，リスクに対する異なる態度と営業形態をもたらし，この営業形態の差異が，仲介商を表すさまざまな名称を誕生させた．

情報非対称性が存在するなかで，仲介商は砂糖流通における情報レントを追求する余地があり，資金を蓄えた仲介商が売込商に転じることも可能であ

---

16) 同上，312-313頁．
17) 同上，318頁．
18) 売込商との情報の非対称性が生み出した情報レントを吸収できた仲介商は，場合によっては売込商の機能を兼ねることもあり，その代表的な事例が後述する弁仲という仲介商であった．
19) 台湾慣習研究会編『台湾慣習記事』第7巻第5号，413頁．

ったが,輸出台湾糖の島内取引における超過利潤をもっとも享受できたのは売込商であった.観察可能性,立証可能性を担保できない砂糖取引契約に対して,売込商は非匿名的な取引相手と長期取引を行った.実際に,弁仲,糖割,鈷脚などの仲介商は,2～3カ所の売込商と長期取引を行う場合がほとんどであった[20].他方,売込商が仲介商との取引を内部化し,モラルハザードの問題を解決する場合もあった.専属仲介人の出圧と代理店の分棧は,売込商による取引の内部化の事例である[21].かくして,1900年代以前の時期において売込商は,輸出台湾糖の島内流通を掌握することができた.製糖業者を圧倒する資金力と情報力を基に,売込商は台湾糖の島内取引における情報レントを吸収したのである.

3. 台湾糖の海外貿易における輸出商

次に,情報の非対称性の問題を抱えていた3つ目の取引,すなわち売込商と輸出商の取引を見てみよう.前述したように,開港以前から台湾糖の中国輸出を掌握していたのは,北郊という商人組織であった.輸出商の北郊商人は,砂糖生産の季節的な周期に合わせ,本店の厦門の倉庫から阿片,綿製品を台湾南部へ持ち込み,または香港上海銀行から銀を借り出し,それを砂糖の買付資金として売込商に貸し付けた.売込商は,その資金を再び仲介商を通じて製糖業者に貸し付け,その製糖業者が生産した砂糖を買い集め,北郊商人に売り渡した.北郊に代表される中国系糖商を介するこのような対中国

---

20) 仮に,売込商の間に仲介商に対する多角的処罰戦略が取られていたとすれば,売込商と仲介商との契約は自己実効性を保つ可能性がある.しかし,資料を見る限り,その点は明確ではない.当時の輸出台湾糖に対する市場取引は,非匿名取引を根幹とし,したがって市場取引の拡大はある程度の限界を孕んでいたと思われる.

21) ただし,この場合においても取引の内部化それ自体が,契約の執行可能性を前提にしていることに注意を払う必要がある.売込商と仲介商を本店と支店の関係に例えると,本店による支店の管理が可能であるためには,本店にとって支店のパフォーマンスが観察可能であり,支店の独断的な行動を制裁できるシステム(立証可能)を備えなければならない.これらの条件を満たさない限り,仲介商を専属仲買人または代理店化することは難しい.したがって,技術革新と制度変化を伴わない限り,売込商が仲介商を囲い込む形で取引を内部化する戦略は,組織の規模においての限界を内包する.

輸出の流通経路は，開港後もその基本的な形態は変わらなかった．

開港後においてもっとも大きな変化は，洋行と称せられる欧米系糖商を介する流通経路の躍進であった[22]．台湾が開港する前から欧米系糖商の進出は始まった．香港に本拠地を置くアメリカの W. M. Robinet & Co. が，高雄に支店を設置し，1856 年から砂糖貿易に着手したのが，台湾に進出した欧米系糖商の嚆矢である[23]．その後，淡水，安平，基隆，高雄の開港とともに，イギリスの Jardine, Matheson & Co. と Dent & Co. は，淡水と高雄に代理店を設置し，1862 年から砂糖貿易に進出した．それを機にイギリスをはじめ，アメリカ，ドイツ，スウェーデンの外国商社が相次いで台湾の開港場に進出した．これらの外国商社は淡水と基隆で茶と樟脳を，安平と高雄で砂糖を輸出し，他方では阿片と雑貨を台湾に輸入した[24]．

しかし，台湾糖の輸出が盛期を迎えるのは，日本をはじめとする海外市場への輸出額が急増する 1870 年代に入ってからである．1873 年にオーストラリアの Melbourne Sugar Houses 社による大量買入れは，台湾糖輸出が新たな段階に突入したことを意味した[25]．このような欧米系糖商は，1880 年代半ばまでは対日本と対欧米輸出を，1880 年代半ば以降は対日本輸出を担当し，対中国輸出を担当していた中国系糖商とともに台湾糖の輸出商として成長を果たした．多くの欧米系糖商は，厦門や香港などに本店を置き，台湾南部に支店を配置した．前貸しに必要な資金は本店から取り寄せ，または香港上海銀行から借り入れた．そして，買弁という売込商と買弁契約書を作成し，それに基づき，買弁に砂糖の買付資金を融資した．買弁は仲介商を媒介し，または代理人を通じて直接製糖業者に前貸しを行い，生産された砂糖を買い入れた[26]．

---

22) 開港以来，砂糖をはじめ台湾で生産された農業製品を海外へ輸出し，海外から工業製品を台湾へ輸入する外国人業者や商店のことを指し，洋行または外国商社と呼ぶ場合が多い．しかし，ここでは主に砂糖貿易に焦点を当てるうえで他の中国系糖商や日本系糖商という用語との整合性を考え，欧米系糖商と表記する．
23) 東嘉生「清朝治下台湾の貿易と外国商業資本」『台北帝国大学文政学部政学科研究年報』第 3 輯第 2 部（経済篇），1936 年，52 頁．
24) 社団法人糖業協会『近代日本糖業史　上』219 頁．
25) 東「清朝治下台湾の貿易と外国商業資本」53 頁．
26) ダニエルス「清末台湾南部製糖業と商人資本　1870-1895 年」84 頁．

1870年代から中国市場とともに日本市場が台湾糖の2大輸出市場となったことは，すでに述べた．台湾とほぼ同時期に実現した日本の開港は，台湾の貿易市場拡大に大きな役割を果たすこととなった．横浜が開港された際に，いち早く日本に進出した Jardine, Matheson & Co. と Dent & Co. は，台湾と日本間の貿易を先占した．輸出台湾糖は，これらの欧米系糖商によって日本へ本格的に供給され始めた[27]．ところで，このような新しいマーケットの出現は，新興商人勢力を登場させた．厦門に拠点を置き，対中国輸出を担当していた中国系糖商とは異なり，新興商人勢力は台湾南部に拠点を置き，対日本輸出を専門とした．例えば，陳福謙は，高雄に拠点を置き，横浜，長崎，神戸などに支店を設け，日本向けの砂糖を輸出した[28]．また，陳中和は，高雄，香港，横浜にそれぞれ支店を設置し，三角貿易を通じて日本へ台湾糖を輸出した[29]．このような新興勢力の台湾系糖商は，直接・間接的な方法を通じて外国系金融機関から資金を借り入れ，砂糖の買付けと輸出に当てた．

　上記の中国系糖商，欧米系糖商，台湾系糖商といった輸出商は，いずれも売込商との取引を基本としていた．輸出商と売込商は，砂糖買付資金の前貸制度による金融関係を随伴する契約を結んでいた．この際に輸出商が売込商の行動を監視することができないため，売込商がモラルハザードを引き起こしやすいという問題点を常に抱えていた．このような売込商のモラルハザードの問題を解決する1つの方法は，売込商とインセンティブ契約を結ぶことである．この場合，売込商は流通利益を独占することができるが，その代わりに輸出台湾糖の島内流通におけるすべての市場リスクを背負うこととなる[30]．他方，売込商とインセンティブ契約を結んだ輸出商は，流通利益から収益を得ることができないが，売込商に融資した貸付資金の利子と，砂糖輸出による貿易利益を期待することができる．少し時代は後になるが，1900年代初頭に売込商の買弁と取引を行っていた輸出商の三井物産は，買弁について次のような記録を残している．

---

27) 社団法人糖業協会『近代日本糖業史 上』220頁.
28) ダニエルス「清末台湾南部製糖業と商人資本 1870-1895年」85頁.
29) 凃『日本帝国主義下の台湾』290頁.
30) 輸出商と売込商が結んだインセンティブ契約に対する理論的な説明は省略するが，詳細は第6章のモデルを参照されたい．

実際砂糖ノ買方ハ買弁ケタル値段ニテ会社ヘ引渡シ居ルカト云フニ決シテ然ラス，其買付ハ買弁自身ノ責任ナレハ高ク買ヒテ損失ヲ受クルコトアルヘク又安ク買ヒテ利益ヲ得ルコトアルヘシ，其危険ハ自己ノ負担ニ係ルヲ以テ普通ノ買弁トハ少シク性質ヲ異ニスルモノノ如シ[31]

　すなわち，輸出台湾糖の島内流通は売込商（買弁）が自己責任をもって行い，その分，流通利益は売込商に帰属していたのである．
　ところで，このようなインセンティブ設計を通じて売込商のモラルハザードを防ぐ方法以外に，開港以前から勢力を形成していた中国系糖商のなかには，取引の内部化を通じて，売込商のモラルハザードに対応している者もいた．例えば，産糖地に代理店を設置して売込商の役割を代替させる方法が，鳳山，台南，嘉義地方で観察される．鳳山地方では常時10人ほどの職員が常駐する輸出商の代理店があり，台南，嘉義地方では4〜5人の職員を随時必要に応じて派遣する出張所が運営された[32]．中国系糖商は，取引の内部化を通じて輸出台湾糖の島内流通における売込商の役割を縮小させ，さらには売込商を排除することに成功したのである．しかし，このような取引の内部化は，組織が一定の規模を超える場合，職員の監視が難しくなり，同じくモラルハザードの問題を起こしかねない．結局，輸出商が売込商を完全に排除することは難しく，取引の内部化はあくまで補助的な手段にすぎないのである．したがって，情報非対称の問題を抱えていた売込商と輸出商の砂糖取引は，前貸制度に基づいたインセンティブ契約を結ぶことで最適化を達成した．この過程において売込商と輸出商は，輸出台湾糖の島内流通における流通利益と，海外輸出における貿易利益を両分していたのである．

---

31)　三井文庫監修『三井物産支店長会議議事録3　明治三十七年』丸善，2004年，72-73頁．
32)　ダニエルス「清末台湾南部製糖業と商人資本　1870-1895年」87頁．

第 2 節　砂糖取引の変化

1. 近代的生産組織の出現

　台湾糖業は，1900年代に大きな転換点を迎える．従来の農村手工業で生産されていた含蜜糖が，機械制工業で生産される分蜜糖に切り替わり，1900年代には近代的生産組織を基盤とする台湾粗糖業が定着した．したがって，輸出台湾糖の中身も，糖廓で生産された含蜜糖から，新式製糖工場で生産された分蜜糖に変わり始めた．また製糖業者→仲介商→売込商→輸出商といった従来の輸出台湾糖の取引・流通過程は，1900年代から第1次世界大戦期にかけて大きく変わることとなった．そして，日本の台湾領有をきっかけに日本系糖商の台湾進出も相次いだ．日本が台湾を領有してからの台湾製糖業は，日本製糖業に深く組み込まれる形で発展していった[33]．そのため，まず1900年代の日本を中心とする東アジアの砂糖貿易について確認しておこう．

　領台当時の日本製糖業は，在来産業から輸入加工産業への転換期にあたり，そのため製糖会社にとって原料粗糖の確保は大きな課題となった．国内原料市場の制約を打破すべく，日本の製糖会社は外国から原料粗糖の輸入を求めた．その結果として精製糖の生産が拡大する一方で，精製糖より低品質の直消糖が代替材として日本市場における需要を伸ばしていた．図5-3を通じて，1900年代から第1次世界大戦期にかけての東アジアの砂糖貿易の様相を見てみよう．ここからは，日本を囲い込む3つの主要な砂糖貿易のルートを確認することができる．第1に，ジャワ粗糖の日本輸入である．ジャワ産粗糖輸入の中心は原料糖であり，ジャワ糖輸入は日本の台湾領有とともに勃興し始めた日本の精製糖業を支えた．第2に，日本精製糖の中国輸出である．日本では精製糖生産の拡大と直消糖需要の増加によって，1900年代末に精製糖の過剰生産に陥った．その結果，過剰生産された精製糖は中国へダンピング輸出されるようになった．第3に，台湾粗糖の日本輸入である．最初の台

---

　33)　本書では，粗糖業と精製糖業を総称して製糖業と呼ぶ．

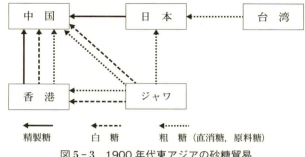

図 5-3 1900 年代東アジアの砂糖貿易

注：製造工程による砂糖の種類は以下の通りである．

出典：平井健介「1900～1920 年代東アジアにおける砂糖貿易と台湾糖」『社会経済史学』第 73 巻第 1 号，2007 年，30 頁．

湾産粗糖輸入の中心は直消糖であり，1910 年代以降は原料糖が加わった[34]．日本の直消糖需要の増加に対応すべく，また直消糖輸入（ジャワ産直消糖）の増大による外貨の流出を防ぐべく，日本は台湾において粗糖生産を企図した[35]．

かくして近代製糖業の台湾移植が始まり，台湾における近代製糖業は，政府の強力な糖業保護政策に支えられ急速に展開した．政府の保護政策は，3 つの方向から施された[36]．第 1 に，資金補助である．台湾総督府は，とりわけ 1900～1910 年代にかけて工業部門（新式製糖会社と改良糖廍への補助金）と農業部門（蔗作農業の振興）に巨額の補助金を投入した．また，台湾銀行を中

---

34) 台湾領有をきっかけに日本の粗糖市場は，ジャワ糖に対する依存度を一気に引き下げようとした．しかし，地理的要因から台湾糖はジャワ糖より生産費が高く，台湾領有後もジャワ糖の需要は引き続き維持された．そのなか，1899 年の関税改正は，結果的にジャワ糖の価格を吊り上げる効果をもたらし，台湾糖は漸くジャワ糖と対抗できるようになった．

35) 平井健介「1900～1920 年代東アジアにおける砂糖貿易と台湾糖」『社会経済史学』第 73 巻第 1 号，2007 年，31-32 頁．

36) 以下は，涂『日本帝国主義下の台湾』62-67 頁より整理．

心とする糖業融資活動は，生産資金及び商品販売資金を供与した．第2に，「原料採取区域制度」に代表される原料確保措置である．「原料採取区域制度」とは，区域内の蔗作農家は，栽培した甘蔗を政府指定の域内製造場へ必ず売り渡さなければならない，という製糖会社の原料に対する需要者独占（monopsony）を，国家権力が制度的に保護する制度であった[37]．この制度によって，台湾の製糖会社は安定的な原料供給を基に超過利潤を得ることで，より早く成長を遂げた．第3に，砂糖保護関税である．台湾の製糖業は，ジャワ糖などの外国輸入糖に比べてその生産費が高かったため，関税保護なしに日本の国内市場でシェアを確保することは困難であった．1896年2月に台湾は日本の関税法並びに関税規則の適用を受け，関税上日本国内市場に組み込まれ，1899年の関税改正法の実施をきっかけに砂糖輸入税は引き上げられた[38]．その後，1911年7月に日本が関税自主権を回復すると同時に，台湾製糖業は手厚い保護関税の障壁に入ることとなった．

　政府の強力な保護政策の下で台湾に進出した日本資本によって，近代製糖業は興隆し始めた．表5-1を通じて，1900年代に設立された主要新式製糖工場を見てみよう．台湾最初の新式製糖工場を稼働させた台湾製糖は，1900年に台南県に橋仔頭工場を建設し，1902年から操業を開始した[39]．そして，日露戦争後から日本の製糖会社の台湾進出は本格化し，1908〜1909年には明治製糖，大日本製糖，東洋製糖が次々と台湾で操業を開始した．日本の製

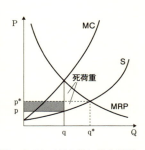

37) 区域内の甘蔗を独占的に買取る製糖会社の超過利潤を右側の図から見てみよう．需要者独占的な製糖会社は，MRP（Marginal Revenue Product）カーブとMC（Marginal Cost）カーブの交差点で利潤の最大化を達成する．したがって，需要独占的な製糖会社の最適行動は，蔗作農家からpの価格でqほどの甘蔗を買取ることである．ところで，それはもともと完全競争市場であれば達成可能だった甘蔗の買取価格と買取量，すなわちp*とq*に比べ，グレーゾンほどの超過利潤を製糖会社が取ることとなる．

38) 他方，安価な香港精製糖と競合関係にある日本精製糖のために1902年に輸入原料糖戻税制度が実施され，原料糖に対する関税は免除された．そのため，原料糖としての台湾糖はジャワ糖に比して価格競争力に劣り，1900年代まで台湾糖の輸入は直消糖が中心であった．

39) 伊藤重郎編『台湾製糖株式会社史』1939年，112-115，133-137頁．

表5-1 1900年代に設立された主要新式製糖工場

設立当初の資本区分	会 社 名	設立年度	稼働年度	生産能力(トン)
日本資本	台湾製糖（株）	1900	1902	300
	賀田組製糖	1903	1905	60
	明治製糖（株）	1906	1908	1,500
	大東製糖（株）	1906	?	1,000
	大日本製糖（株）	1906	1909	1,200
	東洋製糖（株）	1907	1909	1,000
	高砂製糖（株）	1909	?	1,200
	苗栗製糖（株）	1909	1911	350
	北港製糖（株）	1909	1912	1,000
	新高製糖（株）	1909	1911	1,000
	台北製糖（株）	1910	1912	500
	帝国製糖（株）	1910	1912	1,050
	中央製糖（株）	1910	1912	750
	斗六製糖（株）	1910	1912	500
	埔里社製糖（合）	1910	1912	300
台湾資本	維新製糖（合）	1902	1904	40
	新興製糖（合）	1903	1905	60
	南昌製糖（合）	1903	1905	60
	蔴豆製糖（合）	1903	1905	60
	塩水港精糖（合）	1903	1905	350
	台南製糖（合）	1904	1906	180
	林本源製糖（合）	1909	1911	750
	辜顕栄製糖	1910	?	500
	永興製糖（株）	1910	1912	300
イギリス資本	ベイン商会製糖場	1906	1910	300
	F.D.S.会社	1909	1909	850

出典：涂照彦『日本帝国主義下の台湾』東京大学出版会, 1975年, 284頁.

糖会社の本格的な台湾進出は，台湾在住日本人または日本系糖商にも刺激を与えた．台湾在住日本人が台湾人資本を集めて設立に至った製糖会社は，高砂製糖，苗栗製糖，北港製糖などがあった[40]．また，東京と横浜に本拠地を置く日本系糖商も台湾製糖業に進出し，新高製糖，帝国製糖などを設立した[41]．

---

40) 高砂製糖は阿猴庁港西里糖業組長の渡辺らが中心となって設立し，苗栗製糖は台南市の名望家秋山一派が，北港製糖は小松楠弥一派がそれぞれ会社の設立に携わった（涂『日本帝国主義下の台湾』284頁）．
41) 西原雄次郎編『新高略史』新高製糖，1935年，1-10頁．台湾総督府殖産局特産課編『台湾糖業概観』1927年，204-208頁．

他方，台湾資本とイギリス資本による新式製糖工場も登場した．維新製糖，新興製糖，南昌製糖，蔴豆製糖をはじめとする中小規模の台湾資本の新式製糖工場と，ベイン商会精糖場とF. D. S.会社などのイギリス資本の新式製糖工場が設立された．とはいえ，このような台湾資本とイギリス資本の粗糖工場は，1910年代以降に製糖会社同士の合併の動きのなかで日系資本に吸収合併された[42]．このような新式製糖工場の生産比重は，1906～1907年から急激に高まり，新式製糖工場に駆逐された在来糖廍の生産比重は急減した．表5-2からわかるように，新式製糖工場の生産高は，1908～1909年に糖廍（改良＋在来）の生産高を凌駕し，1910年代半ばには全体生産量の90％を占めるようになる．日露戦争後から形成され始めた，新式製糖工場を中心とする近代台湾製糖業（分蜜糖生産システム）が，第1次世界大戦期には完成したのである．

ところで，新式製糖工場による機械制工業の出現とは別に，1900年代には在来製糖業が衰退しながらもある程度は併存していた．かつての台湾には，赤糖（粗糖）を製造する糖廍と白糖（精製糖）を製造する糖間が南部地域に広く分布していたが，新式製糖工場の登場とともにその数が急激に減少し始めた．とくに1902年に147カ所（白糖専業が69カ所，粗糖専業が78カ所）に達した糖間の数は，1911年に15カ所にまで急減した[43]．このような糖廍と糖間の経営から退いた台湾人のなかからは，在来糖廍に小型機械を据え付けた改良糖廍を経営する者が出てきた．生産能力が20～30万トンで新式製糖工場に比べて小規模であった改良糖廍は，政府の補助金政策と日本系糖商の貸付制度の下で急速に増加した．再び表5-2を見れば，1905～1907年の間に総産糖能量において新式製糖工場を上回るほど改良糖廍は一時的に隆盛し，1910～1911年（74カ所）までは新式製糖工場と併存した形で発展を続けたことがわかる[44]．しかし，新式製糖工場に代替されるまでの過渡期的な生産システムにすぎなかった改良糖廍は，1910年代に入ってから徐々に消滅の道をたどっていった．

---

42) 涂『日本帝国主義下の台湾』286-297頁．
43) 台湾総督府殖産局『台湾之糖業』1912年，167-168頁．
44) 矢内原忠雄『帝国主義下の台湾』岩波書店，1988年，227頁．

表5-2 製糖業者の砂糖生産量

年	総生産量 (千トン)	新式製糖工場		改良糖廍		在来糖廍	
		カ所	生産量 (%)	カ所	生産量 (%)	カ所	生産量 (%)
1901~02	54.5	1	2.04			1117	97.96
1902~03	30.4	1	5.61			895	94.39
1903~04	45.5	2	7.48			1029	92.52
1904~05	49.6	7	9.15	4	0.78	1055	90.08
1905~06	76.4	8	10.02	52	14.42	1100	75.56
1906~07	63.9	7	15.97	60	22.52	878	61.51
1907~08	65.5	9	26.24	61	19.73	847	54.03
1908~09	122.3	15	58.27	40	14.29	582	27.44
1909~10	204.2	16	58.54	69	17.08	663	24.38
1910~11	270.3	21	71.85	74	15.08	499	13.07
1911~12	175.6	29	85.78	50	9.84	212	4.38
1912~13	71.5	26	88.16	32	6.10	191	5.74
1913~14	150.8	31	88.50	34	5.54	217	5.96
1914~15	208.5	33	90.10	34	5.36	216	4.54
1915~16	321.1	35	91.13	32	5.18	217	3.69
1916~17	458.1	35	89.32	28	5.80	256	4.88
1917~18	344.1	37	86.80	33	4.56	311	8.65
1918~19	291.8	37	89.63	25	3.54	251	6.83
1919~20	223.2	39	94.48	24	2.33	202	3.19
1920~21	252.7	42	95.42	22	2.06	171	2.51
1921~22	352.7	45	97.49	16	1.10	136	1.41
1922~23	355.4	44	98.17	11	0.64	101	1.20
1923~24	452.2	44	98.02	13	0.89	104	1.09
1924~25	479.5	44	97.44	13	1.01	132	1.55
1925~26	499.9	44	97.38	15	1.25	136	1.37
1926~27	411.1	44	97.93	9	0.81	115	1.26
1927~28	580.1	45	98.55	9	0.67	105	0.78
1928~29	479.3	46	98.56	9	0.73	97	0.71
1929~30	810.5	46	98.50	9	0.87	90	0.63
1930~31	797.3	46	98.72	7	0.72	78	0.56
1931~32	989.0	46	98.81	8	0.68	68	0.51
1932~33	633.7	45	97.34	8	1.59	79	1.08
1933~34	647.0	45	98.05	6	0.73	92	1.22
1934~35	965.7	47	97.62	6	1.03	97	1.34
1935~36	901.7	47	97.66	7	1.15	87	1.19
1936~37	1007.4	48	98.02	7	1.03	75	0.94
1937~38	990.2	48	97.62	7	1.36	64	1.02
1938~39	1418.7	49	96.85	7	1.74	67	1.41
1939~40	1132.8	49	96.84	7	1.65	62	1.51
1940~41	814.6	50	98.17	6	0.76	59	1.08
1941~42	1101.8	50	98.39	5	0.72	54	0.89
1942~43	1041.4	47	98.15	5	0.79	45	1.06
1943~44	892.3	45	98.65	5	0.55	35	0.79

出典：Ka, Chih-ming (1995), *Japanese Colonialism in Taiwan: Land Tenure, Development, and Dependency, 1895-1945*, Westview Press, p.78.

2. 近代的砂糖取引の定着

　新式製糖工場と改良糖廍による製糖業者の近代的な生産組織化とともに，1900年代の輸出台湾糖の生産・流通過程においてもっとも重要なもう1つの変化は，日本系糖商の台湾進出であった．それまでの台湾糖輸出業は，中国系糖商，欧米系糖商，台湾系糖商が中国と日本を中心とする海外市場を分割していた．開港後，40年近く形成されてきたこのような台湾糖の貿易システムは，日本系糖商の市場参入によって大きく揺れ始めた．日本系糖商のなかで台湾にもっとも早く進出したのは，三井物産であった．日本が台湾を領有して間もない1898年に台北に支店を設置した三井物産は，1902年には台南にも出張所を設け，翌年の1903年からは含蜜糖の買付けを開始した．三井物産の後を追い，1905年には横浜の増田増蔵商店と安部幸兵衛商店が，合名会社増田屋を組織し，台南で砂糖貿易に着手した[45]．1907年から1908年にかけては，横浜の旭商会，神戸の鈴木商店，湯浅商店，大阪糖業会社が台湾に進出した．その結果，含蜜糖の買付けをめぐって日本系糖商間の競争が激化したため，三井物産，安部商店，増田屋，鈴木商店，湯浅商店，大阪糖業などの台湾糖輸出商6社は，1909年に糖商倶楽部を組織して買付協定を結んだ[46]．

　このように1900年代に台湾に進出した日本系糖商は，従来の輸出商とは一線を画するところがあった．中国系糖商，欧米系糖商，台湾系糖商はいずれも売込商と砂糖取引を行い，製糖業者と直接つながることはなかった[47]．しかし，図5-4からもわかるように，日本系糖商は製糖業者の新式製糖工場と直取引を行った．さらに，三井物産，鈴木商店，増田屋は，日本資本の製糖会社への出資を通じ，または自ら製糖会社を設立することを通じ，製造さ

---

45) 大島久幸「砂糖流通過程の錯綜性とメーカー主導型流通機構の形成」久保文克編『近代製糖業の発展と糖業連合会――競争を基調とした協調の模索』日本経済評論社，2009年，75頁．
46) 杉野嘉助『台湾商工十年史　全』1919年，189-191頁．
47) 中国系糖商のなかには代理店を運営し，糖廍との直取引を行う者もいたが，その数は多くなかった．

第5章　台湾糖の取引制度の変化と糖商の対応　177

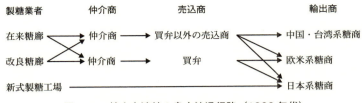

図5-4　輸出台湾糖の島内流通経路（1900年代）
出典：筆者作成．

れた砂糖の販売権を獲得した．このような販売権は，製糖会社との間で締結された委託契約の形をとっており，日本系糖商は販売額に応じて口銭収入を得ていた．言い換えれば，新式製糖工場で生産された分蜜糖は，事前に販売契約を結んでいた特定の輸出商によって委託販売されたのである．この場合，理論上の糖商の収入源は，委託販売における手数料に他ならなく，輸出台湾糖の流通利益は，リスクを抱えている製糖会社に帰属する．つまり糖商は，新式製糖工場の代理店ないし取扱店として機能することとなるのである．このような分蜜糖の流通・貿易過程とは違って，糖廍で生産される含蜜糖は，引き続き売込商を通じて輸出商のところまで運び込まれた[48]．1900年代までの含蜜糖の流通・貿易過程は，従前の如く売込商と輸出商が，流通利益と貿易利益をそれぞれ両分する構造を維持していた．しかし，表5-2からも確認したように，第1次世界大戦期までに糖廍による砂糖生産量が急減したため，この売込商を介する含蜜糖の流通経路は徐々に縮小していった．

　輸出台湾糖における製糖業者（新式製糖工場）と輸出商（糖商）の直取引の実現は，①糖商の手数料商人化と，②売込商の弱体化を前提とするものであった．そして，この糖商の手数料商人化と売込商の弱体化は，製糖業者の近代生産組織化をその前提とする．新式製糖工場は資金力と情報力の側面で従来の糖廍を遥かに上回り，輸入先の取引相手と直取引を行うことが技術的に可能となり，したがってバーゲニングパワーにおいても糖商に劣らないほどであった．他方，豊富な資金と情報を武器に砂糖貿易を掌握していた糖商は，コミッションマーチャントとなったため，輸出先と輸入先の間で譲渡利潤を

---

48)　台湾総督府殖産局『台湾の糖業』1935年，76-77頁．

得ていた従来の営業方式を，委託販売を通じて手数料を得る形態に変えざるを得なかった．このように，近代生産組織化した製糖業者と，貿易利益の減少に直面した糖商は，互いの利益を求め流通段階を短縮する直取引を行い，その結果，売込商は輸出台湾糖の島内流通経路から排除されていったのである．

　製糖業者が輸入先の取引相手と直接つながり，また製糖業者と糖商が直取引を行うようになったもっとも決定的な条件は，電信・電話のような近代電気通信網の登場である．海底ケーブルの登場によって，輸出先の台湾と輸入先の日本が直接つながり，台湾の製糖業者は，日本の市況はもちろん競争相手であるジャワの市場情報も瞬時に把握でき，製糖業者と糖商の間で生じ得る情報の非対称性が相当部分緩和された．その結果，製糖業者は糖商がもっている情報に依存しなくても砂糖取引が可能となり，糖商は製糖業者の代理人に他ならなくなった．また，島内通信網の発達は，製糖業者と糖商の間で直取引を実現させ，中間段階の売込商を駆逐することが可能となった．つまり，台湾糖を生産して輸出するまでの流通経路における，さまざまなプレーヤーが私的情報をもつ可能性が技術的に克服され，資源配分の歪みが是正されたのである．1900年代から第1次世界大戦期にかけて，台湾ではこのような近代的な砂糖取引が定着した．

　ところで，近代的な砂糖取引が定着する過程，すなわち，①糖商の手数料商人化と，②売込商の弱体化は，いかに進行したのか．糖商の手数料商人化は，糖商の収益を圧迫したため，伝統的な糖商業務を行っていた欧米系糖商は，さまざまな形で業態を変えざるを得なかった．伝統的な糖商業務を行う欧米系糖商は，1910年代初頭までにほぼ消えた．糖商業務から退いた欧米系糖商のなかからは，新式製糖工場へ投資する者が登場し，一部の欧米系糖商は，砂糖取引から米取引へと事業転換を試みた[49]．台湾系糖商の対応も，欧米系糖商と大きく変わらなかった．日本の領台以前から横浜，香港，台南との間で三角貿易を行っていた陳中和は，新式製糖工場への進出を図り，台湾製糖の大株主となり，他方では新興製糖を創立した[50]．欧米系糖商や台湾

　49）　涂『日本帝国主義下の台湾』287-288頁．
　50）　その後，新興製糖は台湾製糖と合併されるが，形式上には1941年まで存続した．

系糖商が，糖商業務を放棄し，生産組織化するなど業態を変えたことに対し，日本系糖商だけは急変する取引環境に成功的に適応した．この点については，次節でまた検討することにしよう．

　糖商の手数料商人化による収益構造の悪化は，糖商に流通段階を縮小させるインセンティブを提供した．つまりそれは，輸出台湾糖の島内流通から売込商を駆逐することであった．ここでは，欧米系糖商と日本系糖商を相手にしていた売込商の，買弁の事例を挙げてみよう．欧米系糖商はもちろん，台湾にもっとも早く進出した日本系糖商である三井物産も，1900年代初頭までは買弁を通さずに砂糖取引を行うことができなかった．三井物産の進出初期には，買弁を排除するさまざまな工夫が講じられた．例えば，三井物産は，買弁を介さず糖廍に直接資金を貸す方法を試みた．しかし，買弁を排除する方法は，さまざまな障害があるがゆえに，かえって取引コストが高くなってしまった[51]．糖廍はもともと資金力に乏しいところが多いため，貸し倒れが生じる場合，その損失はすべて糖商が背負うこととなった．また，糖廍の生産過程を監視することが難しく，仲介人を代理人として雇う場合も，仲介人が私的情報を持ちかねないため，買弁を介するときと同じ問題が生じるのである．

　このような問題点は，日露戦後の情報化によってある程度解消された．台湾島内を覆う電気通信網が完成し，新式製糖工場では私設電話を設置するところも多かった[52]．その結果，新式製糖工場と糖商が電信・電話を利用し，砂糖取引を行うようになり，買弁の役割は大いに縮小し始めた．日本系糖商

---

51) 「今日ノ処此買弁使用法以外ニテハ糖廍ニ直接金ヲ貸与スルコト也，此法ハ砂糖製造所ト直接連絡ヲ取ルコト故其中間ニ入ルモノナキ為メ買弁ヲ使用スルヨリモ却テ好都合ナルカ如シト雖トモ其手数ト煩雑ハ容易ナラサルノミナラス，纏リテ責任ヲ負フモノナク個々ニ分立スル事故其取締ニモ人手ヲ要シ且ツ糖廍ナルモノハ前ニモ申上タル如ク多クハ薄資微力ニシテ，迚テモ今日ノ買弁ノ如ク資力ナケレハ遂ニ貸倒ヲ生スルヲ免レス，故ニ我社ノ如キモノニ在テハ目下ノ所先ッ矢張リ買弁組織ニ依ルノ外ナカルヘシ而シテ此買弁ヲ増加スル手段如何ト云ヘハ現在各商人ニ所属ノ買弁ヲ次第ニ我手ニ誘致スルノ外ニ手段ナカルヘシ」（三井文庫『三井物産支店長会議議事録3　明治三十七年』74頁）．

52) 製糖会社に設置された私設電話については，日本電信電話公社編『外地海外電気通信史資料3　台湾の部』1956年，375-378頁を参照．

のなかで最初に買弁を廃止したのは，増田屋であった．そして，進出初期には買弁に依存していた三井物産も買弁を廃止し，新式製糖工場はもちろん糖廊との直取引を実施した[53]．

第3節　近代電気通信網と台湾糖取引

1．糖商の手数料商人化

　1900年代から第1次世界大戦期にかけて定着した輸出台湾糖の近代的取引とは，製糖業者と輸出商が砂糖の委託販売契約を結ぶことであり，この過程において製糖業者は委託主となり，輸出商はコミッションマーチャントの役割を果たした．こうした近代的な取引形態の定着は，先述のように糖商の手数料商人化と，売込商の弱体化が実現した結果であった．ところで，この2つの変化の間には時間差が存在する．売込商の弱体化が1900年代末から始まったことに対し，糖商の手数料商人化は，それより20年以上早く，少なくとも1880年代末には本格化したと思われる．売込商の弱体化は，日本の台湾領有をきっかけに起き始めた変化の1つであった．日露戦争後に資金力と情報力を備えた日本資本の新式製糖工場が多数設立され，また台湾総督府の積極的な公共投資による近代的な交通・通信網が整備され，売込商を介せず製糖業者と輸出商が直接つながるようになった．しかし，糖商の手数料商人化は日本の台湾領有とは関係なく，それ以前からすでに始まった．そして，糖商の手数料商人化に最初に直面したのは，1860年代から台湾に進出していた欧米系糖商であった．

　石井寛治が指摘しているように，19世紀末の東アジア貿易において，汽船会社，為替銀行，海底電信線（以下，海底線）の登場は，大資本の巨大貿易商の市場掌握力を取り崩し，貿易業の市場参入障壁を除去するという貿易商の手数料商人化をもたらした[54]．とりわけ，海底線の登場は，輸出港と輸

---

53) 大島「砂糖流通過程の錯綜性とメーカー主導型流通機構の形成」75頁．
54) 石井寛治『情報・通信の社会史——近代日本の情報化と市場化』有斐閣，1994年，85-88頁．

入港の商人が貿易商の情報に依存せず，海を隔てる売買両者が直接つながることを可能にしたため，貿易商の手数料商人化における決定的な役割を果たした．19世紀末の東アジアの貿易構造に大きな変化をもたらした貿易商の手数料商人化は，台湾糖の貿易においても発生した．台湾と世界を結ぶ欧米系資本の汽船会社，為替銀行，海底線の登場は，台湾糖輸出業の参入障壁を打ち破り，欧米系糖商の手数料商人化を急速に進行させた．

　台湾と大陸を結ぶ汽船の定期航路を開拓した先駆的会社は，1863年に香港に設立されたイギリスの Douglas Steam Ship Co., Ltd.（以下，Douglas 汽船会社）であった．1870年代までの台湾糖輸出は，小規模の帆船が頻繁に使われていたが，1880年代からは外国汽船会社の寡占的市場となり，そのなかでも Douglas 汽船会社の地位は確固たるものであった[55]．他方，砂糖貿易における為替銀行の役割を果たしたのは，1865年に同じく香港に設立された香港上海銀行であった．前述のように日本は中国とともに台湾糖の2大輸出市場であったが，台湾糖を輸入した日本は香港に地金を輸出し，台湾の糖商は資金が必要なときに香港宛ての手形を振り出した．このような三角決済関係の中心には香港上海銀行があり，香港上海銀行は手形を引き受け，台湾の糖商に買付資金を提供した[56]．かくして，糖商の手数料商人化をもたらす条件のうち，汽船会社と為替銀行は，少なくとも1870年代には機能するようになった．

　他方，糖商の手数料商人化をもたらすもっとも決定的な条件である電信線の登場は，汽船会社と為替銀行の出現よりやや遅かった．中国政府によって意欲的に推進された電信事業は，1880～1890年代に中国全域を網羅する通信ネットワークを形成したが[57]，台湾通信網の骨格はこの時期に完成した．清仏戦争で改めて台湾の地政学的な重要性を認識した中国政府は，1885年に福建省から台湾省を分離新設し，台湾省の初代巡撫として劉銘伝を任命した．劉銘伝は，さまざまな近代化事業に取り組んだが，その重要な施策の1

---

55) 松浦章『近代日本中国台湾航路の研究』清文堂出版，2005年，69-79頁．
56) ダニエルス「清末台湾南部製糖業と商人資本　1870-1895年」79-81頁．
57) 千葉正史『近代交通体系と清帝国の変貌――電信・鉄道ネットワークの形成と中国国家統合の変容』日本経済評論社，2006年，68頁．

つが電信事業であった．劉銘伝が推進した電信線工事のなかでもっとも急がれたのは，大陸と台湾間の海底線敷設工事であった．劉銘伝は，長年の課題だった台湾—福建間の海底線敷設に直ちに着手し，1887年に福州より台湾海峡を渡って，台湾北部の淡水まで至る海底線を完成した．この海底線によって台湾は，ヨーロッパやアメリカとの電信連絡ができるようになった．汽船会社，為替銀行に加わって世界市場につながる海底線の敷設は，台湾で活動している糖商を手数料商人化する決定的な条件となった．砂糖貿易における電信の利用は，従来の糖商の情報独占構造を崩し，糖商の収益構造を悪化させた．

当時の『台南海関報告』によると，その状況は次のようなものであった．

> It would appear, however, that the telegraph has not been an unmixed blessing to Foreign merchants（欧米系糖商：引用者）. The local sugar dealers（売込商：引用者）use it to learn the price of sugar in the Foreign markets, and only sell at a price which allows but a minimum profit to the Foreigner.[58]

つまり，委託主の売込商は，電信を利用して世界各地の砂糖市場から糖価情報を把握することができたため，欧米系糖商は委託主に言われたままの売値で砂糖取引を行わざるを得なくなったのである．国際市場の情報を独占的に保有し，遠隔地間の取引両者における譲渡利潤を得ていた従来の糖商の営業形態は，電信の登場によって委託主と注文主の間で売買を仲介し，その対価として手数料を受け取る形に変わった．欧米系糖商におけるこのような営業形態の変化は，台湾—福建間の海底線が完成した1880年代末から本格的に始まった．1900年代半ば以降，日本系糖商が欧米系糖商を追い払い，台湾糖の輸出市場に新規参入できた理由は，こうした欧米系糖商の手数料商人化が進み，参入障壁が低くなったためである．

1900年代に進出し始めた日本系糖商は，Douglas汽船会社，香港上海銀

---

58) China Imperial Maritime Customs, Decennial Reports, 1882-91, Tainan, p. 467.

行，台湾―福建間の海底線に対応する物的基盤をもっていた．それは，大阪商船株式会社（以下，大阪商船），台湾銀行，台湾―日本間の海底線であった．台湾と日本間における最初の定期航路（神戸―沖縄―基隆）は，1896年に大阪商船によって開通された．当初は，台湾からの旅客や貨物が見込めないとして，現状では採算がとれず，政府の補助金が得られなければ収支は厳しいと見られていた．しかし，4年後にこのような状況は大いに変化した．台湾産の豊富な樟脳，茶，砂糖が汽船によって輸出されるようになり，大阪商船は1899年に淡水―香港，安平―香港，福州―三都澳，福州―興化の新航路まで進出した．かくして，古くからの台湾と大陸間の帆船による航運に，新たに汽船による定期航運を展開したDouglas汽船会社は，台湾航路をめぐる大阪商船との競争に負け，1902年末には台湾航路から撤退することとなった[59]．一方，台湾の貨幣・金融制度の整備と，日本資本の台湾進出を促すために設立された台湾銀行は，1899年9月から営業を開始した．土地調査事業，鉄道敷設，築港事業に充てられた台湾事業公債を引き受け，台湾における市場経済の基礎工事に資金を提供した台湾銀行は，当所割引業務，荷付為替業務を通じて糖業融資も行った[60]．このような台湾銀行の糖業金融は，1905年以降に本格的に展開され，輸出台湾糖における香港上海銀行の役割を代替し始めた．

　大阪商船と台湾銀行が，台湾糖輸出におけるDouglas汽船会社と香港上海銀行の役割を代替し始めてから，少なくとも1900年代半ばまでには日本系糖商が台湾糖の輸出市場へ参入できる条件が整った．そして，その決定的な条件となる台湾と日本を結ぶ海底線は，日本が台湾を領有した直後の1897年にすでに完成されていた．最初の台日海底線工事計画は，経済的な理由よりむしろ軍事的理由が大きく作用し，陸軍省内の臨時台湾電信建設部

---

59) 松浦『近代日本中国台湾航路の研究』79-92, 129-145頁．
60) 糖業融資は主として当所割引と荷付為替を中心に行われていたが，なかでも当所割引が台湾銀行の糖業金融の50％を超えるほど高い比重を占めていた．当所割引とは，製糖会社が発行した約束手形を台湾銀行で割り引き現金化する制度であった．これから鑑みれば，台湾銀行の糖業金融は，糖商に対するものもあったが，製糖業者に対する融資が中心であったことがわかる．この点，糖商への融資が中心であった香港上海銀行の糖業金融と対照的である（涂『日本帝国主義下の台湾』276-277頁）．

が台日海底線工事を推進した．その結果，1897年5月に鹿児島の大隈半島，奄美大島，沖縄の那覇，石垣島を経由して，台湾の基隆に至る海底線工事が完了した．そして，1897年6月からは台湾―日本間の電報が開始された．当初の台湾―日本間の電信は，軍事通信施設であるがゆえに，政府連絡事務が優先され，電報利用は官報の発着信のみに限られていた．しかし，台日間の公衆電報に対する民間側の要求があり，1897年9月より軍用電信線を普通電信線として開放する措置が講じられ，台湾―日本間の公衆電報サービスが始まった[61]．

　台湾―日本間の海底線の敷設は，市場を先占していた欧米系糖商の市場支配力を取り崩すきっかけを作った．しかし，輸出市場への新規参入を果たした日本系糖商が，そのまま輸出台湾糖の流通・取引過程を掌握したわけではなかった．日本系糖商が巨大資本の欧米系糖商と対等に戦えるようになったのは，糖商の手数料商人化が定着したからであったが，この糖商の手数料商人化は，糖商のバーゲニングパワーの低下を意味するものでもあった．糖商の手数料商人化をもたらした電信は，日本系糖商にとって諸刃の剣のようなものであったのである．したがって，糖商の手数料商人化がすでに定着している一方で，まだ売込商の弱体化が本格的に進んでいない時期，すなわち1880年代末から1900年代末までの期間において，輸出台湾糖の島内流通を掌握していたのは委託主の売込商であった．前掲『台南海関報告』においても，手数料商人化した欧米系糖商に対し，委託主の売込商がバーゲニングパワーをもっていたことを確認したが，最初に台湾に進出した日本系糖商の三井物産も，この時期の欧米系糖商と同様の状況に置かれていた．電信を利用した砂糖取引が，台湾に進出したばかりの三井物産にいかなる影響を与えた

---

61) 台湾と日本間の交易量が増えれば増えるほど，淡水―那覇線の通信能力では台日間の通信量を処理しきれない状態となった．その打開策として日本政府は，工事費114万円を投じて淡水―長崎1番線を1910年に完成した．しかし，それにもかかわらず，台日間の通信量は増え続け，通信能力はすぐ限界状態に達した．さらに，第1次世界大戦中には一時的に長崎―上海間の海底線が不通となり，通常の日本―中国間の電報がすべて台湾を経由することとなったため，台湾電信網の渋滞はさらに酷くなった．したがって，1917年には淡水―長崎2番線を開通させ，これらの海底線（日本との3回線，中国との1回線）は，台湾と内外国間の貿易取引における重要なインフラとなった．

のかについては，『支店長議事録』によく表れている．

> 先ツ其地ニテ前貸金等ノ関係ヨリ契約上品物ノ受荷ヲ為シ値段ヲ仕切ラスシテ兎ニ角品物ヲ内地ヘ積出シ，内地ヨリ電信ニテ引合ノアリタル時初メテ仕切ヲ為ス[62]

ここからもわかるように，輸出台湾糖は事前に結んだ契約に従い輸入先に積み出されたが，その過程における商談は，基本的に電信によって行われた．売込商と糖商は委託販売契約を結び，電信の利用は売込商の糖商に対するモニタリングの質を上げ，以前のように糖商が私的情報をもつことを許さなかった．

> 大阪支店ヘ送リタル分ハ総テ土人ノ委託荷ニシテ委託ヲ受ケル時ノ契約書ニ総テ売ル場合ニハ委託主ノ承諾ヲ得ルコトトナリ居レリ，而シテ大阪ニ入札アル場合ニ土人ノ承諾ヲ得テ落札スルコト能ハザレバ前日ニ電信ニテ指値ヲ取リ入札スルコト[63]

以上のように，委託主と委託販売契約を結んだ三井物産は，入札の際に委託主から指値をとり，その指示に従って取引を行い，その一連の過程はすべて電信を利用して委託主に報告しなければならなかった．この場合，「相談ハ大ニ煩ハシ二度三度架電ノ後ニアラザレバ商売ヲ為スコトヲ得ズ入札ノ場合ノ如キニ至リテハ殊ニ然リ，是等ハ其手数ヲ省クコトヲ得ズヤ[64]」と，三井物産は電報費用によるコスト上昇に頭を抱えていた．その結果，三井物産は，「入札前ニ電報ヲ受ケ夫ニ依リ委託者ニ是迄ナラ売レトノ交渉ヲ為シ承諾セシメテ返電スベシ[65]」と，電報費用を引き下げるためにさまざまな努力を重ねていた．

---

62) 三井文庫『三井物産支店長会議議事録3 明治三十七年』70頁．
63) 三井文庫監修『三井物産支店長会議議事録2 明治三十六年』丸善，2004年，95-96頁．
64) 同上書，98頁．
65) 同上書，98頁．

2. 日本系糖商の対応

　しかし，電報費用を引き下げる努力だけでは，収益低下を食い止める根本策にはならなかった．従来の糖商の営業形態に関する見直しが必要となってきたのである．この点，第1次世界大戦期まで日本系糖商の対応はもっとも成功的であった．日本系糖商の台湾進出が本格化する1900年代半ばから，台湾では新式製糖工場による近代製糖業が成立し始めた．そして，輸出台湾糖の取引構造にも変化が見られた．資金力と情報力を有する新式製糖工場の登場と，近代的な交通・通信網の発達によって，売込商の弱体化が起き始めたのである．したがって，台湾糖の輸出形態における委託販売契約が有効であるなかで，委託主だけが売込商から製糖業者へと切り替わった．言い換えれば，製糖業者と糖商が直接つながるようになったのである．しかし，委託主が売込商から製糖業者に置き換えられても，手数料商人である限り糖商の地位に大きな変化は起きない．むしろ，いくつもの新式製糖工場を保有する製糖会社のバーゲニングパワーが強くなり，台湾糖の輸出市場における糖商の地位はさらに弱体化する可能性が高い．しかし，少なくとも第1次世界大戦期まで台湾糖の島内流通と海外輸出を掌握していたのは，日本系糖商であった．日本系糖商はいかなる経営戦略を持ち，急変する取引環境に対応していったのであろうか．

　まず第1に，糖商による生産部門への参画である．日本系糖商の生産部門への進出は，近代製糖業と在来製糖業のそれぞれにおいて見られる．まず，表5-3を通じて日本系糖商の近代製糖業への進出を確認してみよう．ここから各製糖会社と販売契約を結んでいた糖商は，筆頭株主ないしそれに準ずる地位を占めており，製糖会社において少なからぬ資本参加を果たしていたことがわかる．製糖会社は糖商と特殊な販売契約を結んでおり，糖商は砂糖の輸出入と日本販売を担当していた．輸出入においては，複数の糖商と販売契約を結んでいる製糖会社と，特定の糖商と一手販売契約を締結している製糖会社があった．海外での販売活動は高い専門性が要求されるがゆえに，製糖会社は経験が豊富な糖商に海外販売を委託していたのである．一方，日本販

表 5-3　主要製糖会社と糖商の関係（1918年現在）

設立		払込資本金(千円)	糖商の資本参加		販売契約の内容
台湾製糖	1900年12月	20,835	三井物産 安部商店	：1,038,275円 ：　340,500円	三井物産の一手販売
明治製糖	1906年12月	8,925	増田屋系	：　771,400円	増田屋の一手販売
東洋製糖	1907年 2月	10,100	鈴木系	：　878,350円	鈴木商店の一手販売
大日本製糖	1906年11月	13,500	安部幸兵衛 田邉幸七 堤德蔵 殿木市太郎 脇山啓次郎 小林弥之助	：　　7,000円 ：　 19,688円 ：　 35,000円 ：　　5,625円 ：　 24,750円 ：　 44,663円	日本販売は直営 輸出入は鈴木商店，湯浅貿易
塩水港製糖	1907年 3月	11,250	安部系 鈴木系	：　636,250円 ：　250,000円	販売は安部商店，鈴木商店 輸出入は三井物産とも
帝国製糖	1910年11月	9,375	安部系	：1,485,200円	安部商店の一手販売
台南製糖	1913年 2月	8,985	安部系 髙津久右衛門	：1,561,200円 ：　 94,500円	日本販売（関東）は安部商店 日本販売（関西）は髙津商店 輸出入は安部商店

出典：(1) 大島久幸「砂糖流通過程の錯綜性とメーカー主導型流通機構の形成」久保文克編『近代製糖業の発展と糖業連合会――競争を基調とした協調の模索』日本経済評論社，2009年，74頁．
(2) 久保文克『植民地企業経営史論――「準国策会社」の実証的研究』日本経済評論社，1997年，148-149頁．

売をめぐる契約形態は，特定の糖商と一手販売契約を結ぶ場合（台湾製糖，明治製糖，東洋製糖，帝国製糖），複数の糖商と委託販売契約を結ぶ場合（塩水港精糖，台南製糖），製糖会社が直営する場合（大日本製糖）などの3つのパターンが存在した[66]．糖商にすべてを委ねていた輸出入分野とは異なり，日本での販売業務は製糖会社自らの直営を図っていたことに注意を払う必要がある[67]．このように日本系糖商は，製糖会社に対する出資とともに，その製糖

---

66) 久保文克『植民地企業経営史論――「準国策会社」の実証的研究』日本経済評論社，1997年，150頁．
67) 明治製糖の場合，糖商との委託販売契約を解消し，途中から直営方式に転換した．増田商店と一手販売契約を結んでいた明治製糖は，1920年の財界動揺期に増田商店が整理状態に陥ったことをきっかけに，輸出入は三菱商事と委託販売方式を継続したものの，内地販売に関しては明治商店を設立し直営方式を導入するに至った．明治商店の設立は，単に明治製糖製品の内地販売だけでなく，明治製糖の傍系会社である東京菓子株式会社の製品販売をも視野に入れた経営行動であった（同上書，151-152頁）．

会社と特殊な販売契約を結ぶことで，コミッションマーチャントの限界を乗り越えようとしたのである．

ところで，前掲表5-2で確認した通り，1900年代から第1次世界大戦期までの間は，新式製糖工場が次々と新設されるなかで，糖廍による砂糖生産も依然として続き，その生産量は急減しつつも，同期間中に全体の10%を超えていた．日本系糖商による生産部門への参画は，このような在来製糖業においても見られた．例えば，三井物産は在来製糖業者に製糖機械を貸与し，その対価として製造された砂糖の一手販売権を手に入れた．三井物産側の資料には，「一日五噸六噸位ノモノヲ製スル機械ヲ買ヒ土人ニ貸付ケ製糖セシメツツアリ是等ノ者モ我手ニ入ルルコトヲ得ベシ本年（1903年：引用者）モ亦此機械ヲ二三台買入レ貸付ケル由[68]」との記述があり，毎年在来製糖業者に対する製糖機械の貸与が行われたことが窺える．日本系糖商は，近代製糖業だけでなく在来製糖業にも進出し，生産・流通・輸出といった輸出台湾糖の取引過程における垂直統合化を図ったのである．

第2に，糖商による砂糖の見込取引である．手数料商人化による収益構造の悪化を打破すべく，日本系糖商は糖価変動に伴うリスクを背負って見込取引を行った．日本系糖商は投機機会に敏感で積極的に投機を行う存在であり，日本系糖商の思惑投資はしばしば糖価の変動に大きな影響を与えた．例えば，1912年の大暴風雨によって台湾糖が減産すると，日本系糖商によるジャワ糖の思惑買いが活発に行われ，過剰輸入されたジャワ糖によって1913年の日本市場では糖価下落の圧迫が高まった[69]．日本系糖商の見込取引は，台湾糖とジャワ糖の両方において行われたが，1910年代から台湾糖における製糖会社の市場支配力が強くなったため，ジャワ糖を中心とする見込取引がさらに拡大していった．したがって，1918年末から1919年にかけての糖価高騰期には，日本系糖商によるジャワ糖の思惑輸入がもっとも活発に展開され，投機に奔走した有力糖商の多くが1920年の恐慌の過程で破綻してしまった．具体的には3月に勃発した株式・商品相場の崩落で大手商社の破綻が相次ぐなか，6月以降から糖価の急落が進み，増田屋，安部商店などの有力糖商の

---

68) 三井文庫『三井物産支店長会議議事録2 明治三十六年』96頁.
69) 大島「砂糖流通過程の錯綜性とメーカー主導型流通機構の形成」80頁.

破綻が相次いだ[70]．さらに，1927年には鈴木商店が金融恐慌の渦に巻き込まれて破綻した．こうした有力糖商の相次ぐ破綻によって，製糖会社は輸出台湾糖の流通過程における糖商勢力を抑え，既存の糖商主導の流通構造をメーカー主導の流通構造に再編した．

ところが，1920年代に多くの糖商が思惑投機で破綻するなか，三井物産はその危機を潜り抜けることに成功した．日清戦争後から開始した三井物産の見込商売は，1900年代に本格的に展開し始め，1910年代後半には完全に定着した[71]．もともと支店の自営性が強い三井物産であったが，各営業店に対して首脳部の堅実な経営方針を遵守させ，過渡な投機活動を抑制することが三井物産の見込商売に対する構えであった．見込取引に対する三井物産の慎重な態勢は，台湾糖取引においても見られた．

　　他ノ商人等ハ内地ヨリオッファーヲ取リテ売ルニアラス，故ニ安値ナリト思ヘハ之ヲ売ラス又先高ノ見込アレハ売リ方ヲ控ヘル等自己ノ危険ヲ以テ蔵ヘ入レ置クコトモ出来ヘシ（中略）併ナカラ我社ノ商売ノ方法ハ一俵モ手持ナクシテ一方ニ約定シテ台湾ヘ電報スル安全ナル方法ナレハ[72]

ここからわかるように，三井物産は在庫保有がもたらすリスクを回避すべく，見込取引は控えていた．しかしだからといって，三井物産が各支店による砂糖の見込取引をすべて抑制したわけではなかった．1918～1919年の糖価高騰期には，ジャワ糖の思惑取引が社内ルールを逸脱するほど行われることもあった．ただし，他の糖商とは違って三井物産の過度な見込取引は，1920年の恐慌前には大幅に縮小され，大きな損害を被ることは避けられたのである[73]．このように，支店が過度に投機に走ることを防ぐために，三井

---

70)　上山和雄「破綻した横浜の「総合商社」」横浜近現代史研究会・横浜開港資料館編『横浜の近代――都市の形成と展開』日本経済評論社，1997年，387-388頁．
71)　鈴木邦夫「見込商売についての覚書――1890年代後半～1910年代の三井物産」『三井文庫論叢』第15号，1981年，1-88頁．
72)　三井文庫『三井物産支店長会議議事録3　明治三十七年』79頁．
73)　大島「砂糖流通過程の錯綜性とメーカー主導型流通機構の形成」82頁．

表5-4 三井物産の電信利用量（1904年下半期）

支店名	発信数
神戸支店	3,843
本店営業部	3,711
門司支店	3,500
上海支店	2,683
台北支店	2,332
大阪支店	1,787

出典：石井寛治『情報・通信の社会史――近代日本の情報化と市場化』有斐閣，1994年，90頁．

物産では本支店間で電信による緊密な連絡をとっていた[74]．表5-4から確認できるように，本店と各支店間は，年間数千件の電信連絡を交わしていた．1904年現在における台北支店の電報発信数は約2,300件を超え，三井物産の本支店のなかで5番目にランクされるほど頻繁に電信連絡を交わしていた．糖商の対応においての三井物産は，生産部門への参画という側面からは他の糖商より積極的であったが，台湾糖の見込取引においては慎重であった．その代わりに，ジャワ糖の見込取引には積極的に参加しつつも，過度な投機行為に走らないように，電信連絡を通じて常に組織をモニタリングしたのである[75]．

最後に，第1次世界大戦後の製糖業者の反撃について若干述べておきたい．輸出台湾糖において近代的な委託販売契約が定着しつつ，収益構造の悪化を克服するために生産部門への進出を図った糖商と，糖商の流通力を活用しようとする製糖業者の計算は互いに合致し，1900年代には糖商主導の流通構造が形成された．言い換えれば，糖商の対応と製糖業者の必要が，糖商主導の流通構造という短期的な均衡を作り出したのである．しかし，新式製糖工

---

74) 石井『情報・通信の社会史』90頁．
75) 電信を利用した組織管理は，組織規模の拡大をもたらしたが，複雑さを増していく組織とともに電信への依存がさらに高まったため，三井物産の電信コストは利益全体を圧迫するほど肥大化した．日露戦争後から第1次世界大戦期にかけて間接費の多くを占めていた交通費が相対的に低下し，それに代わって電信費が間接費の6割を占めるようになった．したがって，1910年代末期の三井物産は電信コストを下げるために，組織管理に対する抜本的な見直しが要求された（若林幸男『三井物産人事政策史1876-1931年――情報交通教育インフラと職員組織』ミネルヴァ書房，2007年，210-212頁）．

場を基盤とする近代製糖業が隆盛する 1910 年代には，製糖業者側の価格支配力が高まり，糖商は糖価変動に商機を見出し，積極的に思惑取引を拡大していった．糖商の取り扱う台湾糖は，従来からの取引対象である直消糖のみであり，1910 年代に新たに加わる原料糖は，台湾の粗糖会社と日本の精製糖会社が直取引で売買した[76]．1910 年代には，糖商を介しないメーカー同士の直取引が技術的に可能となったのである．糖商の市場支配力は 1910 年代にかけて落ちつつ，収益構造の悪化は一層加速した．このような糖商が置かれていた状況の突破口となったのが，砂糖の見込商売であった．しかし，高いリスクを抱える思惑投機は，1920 年の恐慌の過程で多くの糖商を破綻へと導いた．その結果，1900 年代に形成された糖商主導にとってかわるメーカー主導型の流通構造が，1920 年代以降に形成されることとなった．

第 4 節　小　括

　第 5 章では，電気通信の登場による砂糖取引制度の変化に注目した．その際，電信の登場が砂糖取引制度をいかに変化させ，またそれに対して糖商はいかなる対応を講じたのかについて検討を行った．

　1860 年の開港を契機に，台湾では輸出商品栽培と輸出商品加工業が発達し始め，台湾南部を中心に甘蔗栽培と製糖業が興隆した．輸出台湾糖の仕向け先は東アジアから欧米諸国に至るまで幅広かったが，1880 年代半ばからは中国と日本の 2 大市場が中心となった．在来的な砂糖製造組織である糖廍で生産された台湾糖は，仲介商，売込商，輸出商の手を経て輸出された．このような輸出台湾糖の島内流通過程を掌握していたのは，売込商であった．糖廍を圧倒する資金力と情報力をもっていた売込商は，仲介商との取引を内部化することでモラルハザードの問題に対処しつつ，流通過程で発生する超過利潤を吸収した．他方，台湾糖の海外貿易を掌握していたのは，輸出商であった．欧米系糖商をはじめとする大部分の輸出商は，売込商とインセンテ

---

[76] 大島「砂糖流通過程の錯綜性とメーカー主導型流通機構の形成」71 頁．

ィブ契約を結び，売込商との情報の非対称性の問題に対処した．また，一部の中国系糖商は，取引の内部化を通じて売込商のモラルハザードの問題を解決した．情報の非対称性の問題を抱えている砂糖取引において，売込商と輸出商は取引相手との取引を内部化し，またインセンティブ契約を結ぶことを通じて，輸出台湾糖の島内流通における流通利益と，海外輸出における貿易利益をそれぞれ獲得することに成功した．

　ところが，このような近代移行期における砂糖取引制度は，1900年代から第1次世界大戦期にかけて大きく変わることとなる．その背景の1つは，近代的生産組織を基盤とする新式製糖工場の出現である．政府の強力な糖業保護政策に支えられ，急速に展開した近代製糖業は，従来の糖廊を遥かに上回る資金力と情報力を備えた製糖業者を誕生させた．また，いま1つの背景は，日本系糖商の台湾進出であった．三井物産を筆頭とする日本系糖商の台湾進出が，日露戦後から本格化した．こうした新式製糖工場と日本系糖商の砂糖取引への参画は，委託販売契約といった近代的砂糖取引制度を定着させるきっかけとなった．したがって，製糖業者と輸出商は直接つながり，コミッションマーチャントの輸出商は，委託主の製糖業者の代理店ないし取扱店の機能を果たすようになった．こうした輸出台湾糖における近代的取引制度の定着は，糖商の手数料商人化と売込商の弱体化が実現された結果である．なかでも売込商の弱体化は1900年代末から始まり，日本の台湾領有をきっかけに起きた変化の1つである半面，糖商の手数料商人化は日本の台湾領有とは関係なく，少なくとも1880年代末から本格化した．

　糖商の手数料商人化をもたらした決定的な条件の1つは，海底線の登場であった．汽船会社，為替銀行，海底線は貿易商の手数料商人化をもたらし，19世紀末の東アジア貿易のあり方も大きく変えた．Douglas汽船会社，香港上海銀行とともに台湾—福建間の海底線は，台湾糖輸出に関わる欧米系糖商の手数料商人化を急速に進展させた．日本系糖商は，大阪商船，台湾銀行，台湾—日本間の海底線を利用し，輸出市場へ新規参入を果たし，ひいては欧米系糖商を輸出市場から追い払うことに成功した．ところが，電信を利用した砂糖取引は，日本系糖商にとって諸刃の剣のようなものであった．欧米系糖商の情報独占構造を取り崩す武器であった電信は，伝統的な糖商営業にお

ける収益構造の悪化を意味するものでもあった．このような矛盾に直面した日本系糖商は，生産部門への参画と砂糖の見込取引を通じてそれを克服しようとした．少なくとも第1次世界大戦期までは，このような対応が適切であったため，1910年代の台湾には糖商主導型の流通機構が形成された．

第6章　朝鮮米の取引制度の変化と米穀商の対応

第1節　米穀取引構造の変化と米穀商の成長

1. 開港場客主の流通支配（1890年代）

　1876年の釜山開港を皮切りに，1880年に元山，1883年に仁川が次々と開港し，朝鮮米は大豆とともに朝鮮の主要輸出品の1つとなった．輸出高が年間100万石以上に増加し大量輸出の新たな局面に突入する1914年以前において，朝鮮米の輸出規模は1890年，日清戦争後の1897年，日露戦争後の1907年を境として段階的に拡大していった[1]．大量輸出の起点とも呼ぶべき1890年は，対日本輸出の急増がその原因となった．1886年の景気好転を機に企業勃興に端を発する産業革命期に入った日本は，食糧問題が徐々に表面化し始めた．それに加えて1889年の凶作がもたらした米不足と米価騰貴は，ついに朝鮮から大量の米輸入を余儀なくされた[2]．

　開港と朝鮮米の対日本輸出の急増は，朝鮮内部の米穀流通構造にさまざまな変化をもたらした．まず，租税体系を主軸とする首都中心の一極流通体系だった米穀流通構造は，米の大量輸出をきっかけに，釜山，仁川といった各開港場を中心とする多極流通体系に編成替えされた[3]．そして，各開港場には輸出米の流通・貿易を担う2つの商人勢力が形成された．その1つは米穀貿易業に従事していた日本人の米穀商であり，いま1つは米穀客主業（米穀

---

1) 吉野誠「朝鮮開国後の穀物輸出について」『朝鮮史研究会論文集』第12号，1975年，36頁．
2) 大豆生田稔『近代日本の食糧政策――対外依存米穀供給構造の変容』ミネルヴァ書房，1993年，42, 63頁．
3) 吉野「朝鮮開国後の穀物輸出について」44-45頁．

問屋業）を営んでいた朝鮮人の開港場客主であった．開港場客主は米穀収集商から預けられた米穀を米穀商へ委託販売し，逆に米穀商から頼まれ米穀の受託収集をも行う商人であった．すなわち開港場客主は，産地から米穀を運んでくる米穀収集商と，米穀を輸出する開港場の米穀商との売買を調整し，手数料の口銭とその他の保管料，宿賃，利子といった商業利益を得ていたのである．

1890年代の輸出米流通ルートのなかでもっとも有力な1つを図式化すると次の通りである．

　　　　　　　　　　　　　　　　　　　　　　　┌─── 開港場 ───┐
生産者 → 仲買人 → 産地客主 → 米穀収集商 →│開港場客主 → 米穀商│
　　　　　　　　　　　　　　　　　　　　　　　│　　　　　（米穀貿易業）│
　　　　　　　　　　　　　　　　　　　　　　　└──────────┘

　開港場での取引からさかのぼると，最終段階の米穀貿易業は金融，海運などで有利な条件をもっていた日本人の米穀商が独占していた．その一方で，産地から運ばれてくる米穀のほとんどは，朝鮮人の開港場客主を介して米穀商に売り込まれた．開港場客主のもとへ米穀が集まってくる過程は，米穀収集商が「船舶ヲ雇入レ各浦口ニ問屋（産地客主：引用者）ノ手ヲ経テ米穀ヲ買集メ之ヲ開港場等ニ運搬シ販売スル[4]」場合が多かった．産地での米穀取引には貨幣も使われたが，多くの場合において米穀収集商は金巾などの輸入品を携えて産地に赴き，産地客主に依頼して米穀を買い集めた．米穀収集商が産地で行う取引の相手は，生産者の農家ではなく産地客主であり，産地客主は仲買人を通じて各農家から米穀収集を行っていた．当時の朝鮮では定期市はもちろん，邑や浦口には米穀を専門に取り扱う産地客主が相当数いた[5]．

　以上を整理すると，米穀収集商は産地客主に依頼して米穀を買い集め，これを開港場まで運び込み，開港場客主に委託して米穀商に売り渡したのである．このような開港場客主を介する流通ルートとは別に，日本人の内地行商が産地に赴き，産地客主から収集した米穀を開港場の米穀商に売り渡すルートと，米穀商が自ら職員を産地まで派遣して，産地客主と直取引を行うルー

　4）　岡崎唯雄『朝鮮内地調査報告』1895年，228頁．
　5）　吉野「朝鮮開国後の穀物輸出について」41頁．

トもあった．しかし，これらのルートは少なくとも1890年代末まで有効に作動せず，輸出米流通における開港場客主の確固たる地位を揺るがすほどのものではなかった[6]．このような輸出米の流通構造において，開港場客主と米穀商は，あたかも棲み分けのように開港場での流通・貿易利益を両分していた．とりわけ，1890年代末には開港場客主の数が過去最高を記録するなど，米穀客主業は全盛期を迎えた．

一方，「中白米」とも呼ばれた輸出朝鮮米は，農家が在来的な搗精道具を用いて精白加工したものであったが，乾燥程度が悪いため，夏期に腐敗しやすく長期輸送や貯蔵が難しいなど，輸出米として致命的な弱点を抱えていた[7]．とはいえ，価格対比米質においてはそれほど劣るものではなく「本邦産ニ相似テ内地人ノ嗜好ニ適シ価格亦大ニ低廉[8]」であったため，調製や精米の仕方さえ改善すれば市場性は十分ある商品であった．それに目を向けた開港場の米穀商は，輸出米の商品性を高める工夫を凝らした．

第1に，大阪にでき始めた朝鮮米専門の精米業者と歩調を合わせる形で，米穀商は既存の「中白米」の代わりに「在来玄米」を買付け始めた．元来，朝鮮在来の精白方法には精白の労力を省くべく，搗精過程で少量の水を吹きかける習慣があり，そのため「中白米」の乾燥程度が低くなる傾向があった．そこで，米穀商は水を吹きかけない「在来玄米」を買い取って，大阪の精米業者へ輸出したのである[9]．

第2に，一部の米穀商は籾摺業を兼営し始めた．米穀商は籾を買い取り，籾摺道具を据え置いた工場で「改良玄米」に摺り落としてから大阪の精米業者へ輸出した．例えば，仁川の代表的な米穀商奥田貞次郎は，堺製の玄米臼

---

6) 柳承烈「韓末・日帝初期商業変動と客主」ソウル大学大学院博士学位論文，1996年，111-115頁．一方，日清戦争以前の段階から外商の内地行商がかなり進行し，開港場客主に打撃を与えたという正反対の見解を示す研究もある．例えば，羅愛子「開港後外国商人の浸透と朝鮮商人の対応」韓国歴史研究会編『1894年農民戦争研究』第1巻，歴史批評社，1994年．
7) 外務省通商局編『明治二十六年中仁川港商況年報』『通商彙纂』第8号附録，1894年，30-31頁．
8) 大阪府内務部第五課『大阪外国貿易調』1895年，395頁．
9) 外務省通商局『明治二十六年中仁川港商況年報』30-31頁．

30台を日本から持ち込み，1890年秋から道具籾摺業を営み始めた[10]．

2. 米穀商の生産組織化と開港場客主の衰退（1900〜1910年代）

　日本は産業革命の進展とともに都市人口の増加が米需要の継続的な増大を招き，外国米の輸入が不可欠なものとなり，1900年代からは恒常的な米の輸入国となった[11]．その結果，1913年に日本米穀市場では，朝鮮米の扱いをめぐって2つの大きな変化が起きた．第1に，朝鮮米に対する関税が撤廃され，第2に，米穀取引所での受渡代用米として朝鮮米が採択されたのである[12]．これをきっかけに朝鮮米の対日本輸出は，1914年から100万石以上に拡大し，日本米穀市場での位相も大きく変わった[13]．

　このような変化とともに朝鮮では，開港場を中心に機械精米業が拡大していった．19世紀後半から米穀貿易業に従事していた日本人の米穀商は，1900〜1910年代に機械精米業に進出し，精米工業は米穀貿易業を補助する輸出加工業として成立した．また米穀貿易業に従事していなかった日本人のなかからも，同時期から機械精米業に進出する者が登場した．生産組織化した米穀商のなかには，米穀仲買業者が精米所経営に参加する場合（石川精米所），精米所の店員が分離独立する場合（布井精米所），雑貨商や貿易商などの他分野から機械精米業に進出する場合（宮崎精米所）など，この時期に株式，合資，合名会社形態の日本人精米所が多数設立された[14]．このように成立した機械精米業は，大規模の工場制機械工業であり，動力源には石油発動

---

10) 大橋清三郎編『朝鮮産業指針』開発社，1915年，1346頁．
11) 村上勝彦「植民地」大石嘉一郎編『日本産業革命の研究（下）――確立期日本資本主義の再生産構造』東京大学出版会，1975年，242頁，第4表参照．
12) 李榮娘「植民地朝鮮における米穀検査制度の展開過程」一橋大学大学院博士学位論文，1994年，68頁．
13) 最初から無関税だった台湾米は輸入量において朝鮮米をはるかに上回っていたが，1914年を境に両者は逆転した（李榮娘「植民地朝鮮における米穀検査制度の展開過程」69頁）．
14) 李憲昶「韓国開港期の日本人搗精業に関する研究」ソウル大学大学院修士学位論文，1982年，別表参照．

機と蒸気機関が使われ，電動機とガス機関の利用も始まった[15]．かくして，機械精米業は朝鮮在来の精米業を駆逐し，「機械精米」は既存の輸出白米であった「中白米」を完全に代替した．輸出白米のなかで「中白米」の比重は1914年から10%以下に下落し，1920年以後は1%以下に減少する[16]．

既述のように，米穀商のなかには1890年代から籾摺道具を用いて「改良玄米」を加工・輸出する者もいたが，開港場を中心に，機械精米業が定着すると同時に道具籾摺業は内陸に浸透し始めた．輸出米の流通量が増大し，産地では各農家から買い集めを行う米穀収集商の活動が盛んになり，開港場への米穀搬出を担う米穀収集商の数と規模が拡大していった．また，産地客主は米穀を専門に取り扱う問屋として発展し，買い集めた穀物を自ら開港場へ出荷，売り込む者も出てきた[17]．このような朝鮮商の米穀収集商と産地客主，そして定住し始めた日本商のなかから道具籾摺業に進出する者が多数出現した．原料獲得面での有利性をもっていた産地籾摺業は，小規模の工場生産もあったが，自分の作業場を持たずに農家の庭先まで籾摺臼を携帯し，米穀の買付けとともに籾摺を行う場合もあった[18]．産地籾摺業の発達は釜山，仁川などの開港場籾摺業をある程度停滞させた．釜山の場合，隣接する内陸地方への籾摺道具の普及によって，1904年頃には釜山港に運び込まれる籾の量が減少することもあった[19]．

開港場における機械精米業の定着と，産地における道具籾摺業の普及といった米穀商の生産組織化が進むなか，輸出米の流通段階における開港場客主の地位にも変化が生じた．1900〜1910年代にかけて開港場客主の全体規模は著しく減少した[20]．ところが，開港場客主の衰退という変化のなかには，

---

15) 朝鮮農会『朝鮮農会報』第9巻第6号，1914年6月，67頁．
16) 李憲昶「開港期の韓国人搗精業に関する研究」『経済史学』第7号，1984年，149頁．
17) 吉野「朝鮮開国後の穀物輸出について」46頁．
18) 産地の道具籾摺業の特徴については，李憲昶「開港期の韓国人搗精業に関する研究」158-159頁を参照．
19) 李憲昶「韓国開港期の日本人搗精業に関する研究」40頁．
20) 李炳天「居留地貿易機構と開港場客主」『経済史学』第7号，1984年，60頁；洪淳権「開港期客主の流通支配に関する研究」『韓国学報』第11巻第2号，1985年，105頁；柳「韓末・日帝初期商業変動と客主」100頁．

表 6-1 開港場客主の分化

名　前		開始時期			開始時期	経　歴
沈能徳	米穀客主業	(1888年)	→	籾摺業, 米穀貿易業	(不　明)	客主団合所評議員, 商業会議所常議員
河相勳	米穀客主業	(父河雲起)	→	米穀貿易業	(1914年)	普昌学校教師
崔應三	米穀客主業	(1897年)	→	籾摺業	(1915年)	客主団合所所長, 仁川商業会議所常 務委員
金善奎	米穀客主業	(1886年)	→	籾摺業, 米穀仲買業	(不　明)	奥田貞次郎の通訳
具昌祖	米穀客主業	(1894年)	→	精米業, 米穀貿易業	(1903年)	
金秉林	米穀客主業	(1896年)	→	米穀仲買業	(不　明)	勧業所調査委員
全文和	米穀客主業	(1891年)	→	籾摺業, 米穀仲買業	(1911年)	商業会議所評議員, 米穀組合副組合長
張世益	米穀客主業	(1886年)	→	精米業	(1912年)	朝鮮人商業会議所 平議員

注：客主業の開始時期が明確ではない場合，移住年度を基準とした．
出典：『毎日申報』1916年4月27, 28日付．

　開港場客主の弱体化と米穀客主業の消滅という2つの側面が混ざっていることに注意を払う必要がある．この時期に各開港場の客主数が全体的に減少したが，だからと言って開港場客主が完全に消滅したわけではない．例えば，客主勢力が顕著に弱まった釜山に比べて仁川では，1920年代後半においても客主組合が仲介する輸出米が全体の30〜40%を占めていた[21]．このような地域差は，なぜ生じたのであろうか．

　表6-1は，その問いに対する重要な手掛かりを提供する[22]．同表からもわ

---

[21] 仁川府『仁川府史』1933年，933, 1177頁より計算（仁川客主組合取扱高／仁川輸出高）．

[22] 本書の視座とは異なり，日帝の商業侵奪による開港場客主業の営業変化や資本転換を強調する他の研究においても，同時期に開港場客主の分化が始まったという認識は本書と共通している（柳「韓末・日帝初期商業変動と客主」177-186頁）．しかし，開港場客主がどの業種からいつ事業転換したのかがわかる資料はかなり制限的であり，とりわけ資料の乏しい朝鮮人米穀商の元をたどる作業は非常に困難である．さらには，業態転換に成功した開港場客主のみが記録として残りやすいという問題点もある．表6-1からはこうした事情を勘案したうえで，米穀取引を専門とする開港場客主の分化様相に対するヒントを得たい．

かるように,1900〜1910年代に開港場客主は米穀客主業から退出し,籾摺・精米業や米穀仲買業に進出した.おそらく資本規模が大きい客主は,自己資本を基盤として会社形態の籾摺・精米工場を経営する米穀商となり,資本規模の小さい客主は,仲買組織に所属して自己資本の要らない仲買業に専業するようになったと思われる.いずれにせよ,当該期に米穀客主業は事業として存立し得なくなったのである.つまり,1890年代の開港場客主は米穀客主業を営むことで繁盛したが,1910年代後半からの開港場客主はその数も減り(開港場客主の弱体化),生き残った開港場客主も米穀客主業ではなく,米穀商や専門仲買人に事業転換をしたのである(米穀客主業の消滅).先ほどの問いに関しては,1920年代以降の開港場には米穀客主業を営む客主はほとんどいなくなったが,仁川には「客主」の名を継承した専門仲買人が多数活動していたと理解すればよいであろう[23].

3. 米穀商の流通支配(1920年代以降)

植民地米の対日本輸出システムは1900〜1910年代に定着したが,植民地米が日本経済圏の自給体制にビルト・インされるのは1920年代からである[24].そして,朝鮮においてそれが具現されるのは1920年12月から実施された「産米増殖計画」であった.「産米増殖計画」以後,朝鮮米の生産高は豊凶による変動を含みながらも,1939年の大凶作までは持続的に増大した.こうした「産米増殖計画」は,米穀増産を目論んだものだったが,生産高と輸出高が並行的に伸びた結果,1人当たり米消費量はむしろ減少し,足りなくなった食糧は満州粟ならびに朝鮮麦などに代替された[25].一方,輸出高の中身は,玄米と白米がほぼ同量を占めていた.1920年代からは籾摺業も機

---

23) 釜山と違って仁川に「客主」の名を継承した専門仲買人が多かった理由の1つは,仁川にあった米豆取引所を中心に多くの仲買人が活動していたためである.

24) 山本有造「植民地経営」中村隆英・尾高煌之助編『二重構造』岩波書店,1989年,254頁.

25) 竹内祐介「穀物需給をめぐる日本帝国国内分業の再編成と植民地朝鮮——鉄道輸送による地域内流通の検討を中心に」『社会経済史学』第74巻第5号,2009年,447-467頁.

械動力化し,朝鮮の精穀業は機械製工場生産による玄米,白米の2種類の商品生産システムに定着した.1900～1910年代に広がった機械精米業に比べて機械籾摺業の定着は遅かったが,それは日本経済圏全体の共通的な特徴でもあった.早くから米穀商による工場生産が一般化した精米業とは異なり,日本の籾摺加工工程は長い間農民に任されており,朝鮮や台湾もその影響を受けたのである.

ここで,1920年代からの輸出米流通ルートのなかでもっとも有力な1つを図式化すると次の通りである.

開港場米穀商の形成は,最初に日本商の米穀貿易業者の生産組織化から始まり,後に貿易部門を有しない日本商,朝鮮商のなかからも,籾摺・精米業を営む者が登場したため,開港場米穀商には貿易業を兼ねる場合が多い.他方,朝鮮商の米穀収集商と産地客主,定住し始めた日本商などが道具籾摺業を始めたことをきっかけに形成された産地米穀商は,籾摺業の機械化とともに機械籾摺業を営む者が多い.このような産地米穀商は,産地の仲買人を通じて生産者から籾を買い取り,籾のまま又は玄米に加工して開港場米穀商に売り渡し,開港場米穀商はそれを玄米または白米に加工して日本へ輸出する.その際,産地米穀商と開港場米穀商は直取引,または開港場の仲買組織を通じて取引を行う.

米穀商が経営していた籾摺・精米工場の特徴を見てみよう.図6-1からわかるように,籾摺・精米業は1930年代半ばまで工場数でトップの座を占めるほど,当時朝鮮の代表的な工業であった.1925年を基準とした場合,籾摺・精米工場は全体工場数の28.1%,従業員数の21.0%,生産額の53.5%も占めていた[26].籾摺・精米工場の数は1910年代まで日本人工場と朝鮮人工場がほぼ同水準であったが,「産米増殖計画」が実施される1920年代からは,

---

26) 李洪洛「植民地期朝鮮内の米穀流通」『経済史学』第19号,1995年,206頁.

第6章　朝鮮米の取引制度の変化と米穀商の対応　203

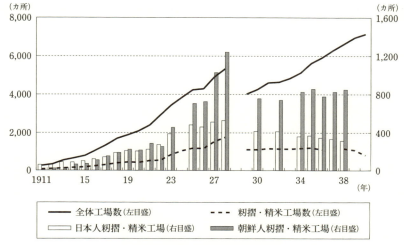

図6-1　籾摺・精米工場数の推移

注：(1) 1928年以前と1929年以降との間には以下のような工場基準の変化による断絶が存在する．
　　(2) 1928年以前：1日平均5人以上の職工を使用する工場，原動力をもつ工場，1カ年の生産額が5,000円以上の工場．
　　(3) 1929年以降：5人以上の職工を使用する設備をもつ工場，または常時5人以上の職工を使用する工場．
　　(4) 1924, 1929, 1931, 1933年における籾摺・精米工場の民族別統計は欠落．
出典：(1) 朝鮮総督府『朝鮮総督府統計年報』各年版．
　　　(2) 許粋烈「日本帝国主義下朝鮮人工場の動態——1930年代『朝鮮工場名簿』の分析を中心に」中村哲・安秉直編『近代朝鮮工業化の研究』日本評論社，1993年，152-156頁（原資料は朝鮮総督府殖産局『朝鮮工場名簿』各年版）．

朝鮮人工場が大幅に伸びていく．

　表6-2は1926年の時点で年産5,000石以上を生産する籾摺・精米工場を，いくつかの基準で分類したものである．設立年度においては，日本人工場が朝鮮人工場より若干早いものもあるが，両方とも1920年以降に操業を始めた工場がもっとも多い．工場規模は精米工場が籾摺工場より大きく，日本人工場が朝鮮人工場より大規模であったことから，籾摺・精米業において大工場は日本人が，中小零細工場は朝鮮人が経営する現象が見られる．動力源においては籾摺工場の場合，石油がもっとも多い反面，精米工場は電力が圧倒的に多く，精米業が籾摺業より機械化はもちろん電化も進んでいたことが推測される．工場位置においては籾摺工場が郡以下の農村に多く，精米工場が開港場を含む主要都市の行政単位である府に多いことが，産地米穀商（籾摺

表6-2　1920年代の主要籾摺・精米工場（1926年末現在，年産5,000石以上の工場）

		籾　摺　工　場				精　米　工　場			
		日　本　人		朝　鮮　人		日　本　人		朝　鮮　人	
		(カ所)	(％)	(カ所)	(％)	(カ所)	(％)	(カ所)	(％)
設立年度	～1910年	8	7.7	0	0.0	7	8.5	0	0.0
	1911～1915年	15	14.4	7	8.4	11	13.4	5	12.2
	1916～1920年	33	31.7	17	20.5	33	40.2	8	19.5
	1921～1926年	48	46.2	59	71.1	31	37.8	28	68.3
工場規模	1万石未満	57	56.4	61	73.5	31	37.8	25	61.0
	1万石～3万石	35	34.7	20	24.1	28	34.1	11	26.8
	3万石～5万石	6	5.9	2	2.4	9	11.0	3	7.3
	5万石以上	3	3.0	0	0.0	14	17.1	2	4.9
動力源	電力	28	25.9	28	33.7	47	52.2	31	75.6
	石油	38	35.2	45	54.2	7	7.8	4	9.8
	ガス	32	29.6	8	9.6	27	30.0	6	14.6
	蒸気	7	6.5	1	1.2	8	8.9	0	0.0
	水力	1	0.9	0	0.0	1	1.1	0	0.0
	不明	2	1.9	1	1.2	0	0.0	0	0.0
工場位置	府	38	36.5	22	26.5	59	72.0	26	63.4
	郡以下	66	63.5	61	73.5	23	28.0	15	36.6

注：(1) 民族別区分は工場主（代表者）の名前による．
　　(2) 玄米と精米を両方とも生産する場合，2つ以上の動力を使う場合は重複計算した．
　　(3) 動力源不明の籾摺工場は，山本精米所（山本長三郎），石村籾摺所（石村清八），金炳籾摺場（金炳瀚）の3カ所であるが，これらの工場が年産5,000石前後の小規模工場であることから，道具籾摺工場として思われる．
出典：朝鮮殖産銀行調査課『朝鮮ノ米』1928年，42-58頁．

業）─開港場米穀商（籾摺・精米業）といった上記の流通ルートを裏付けている．

第2節　米穀取引における最適契約問題

1．理論的検討

　これまで輸出米の朝鮮内流通において，その主導権が開港場客主から米穀商へと移っていく過程を検討した．では，なぜ1890年代までは開港場客主の流通支配が可能であったのか．その回答は，米穀商と開港場客主の間における契約形態から求められる．ここでは米穀商と開港場客主の間における契約形態に対し，歴史的検討に先だち理論モデルを用いた直観的な理解を図りたい．問題を一般化するため，プリンシパルとエージェントの関係にある米穀商（merchant）と仲買人（agent）が，米穀の受託買収契約を結ぶ状況を仮

定しよう．米穀商は自己売買を基本とし，仲買人を通じて買入れた籾ないし玄米を，輸出商品として加工する商人または会社組織のことを指す．他方，仲買人は米穀商との契約に基づき，米穀の受託収集を行う商人である．ここでは開港場客主のような特定の業種ではなく，仲買人というより広義の概念を用いる．なぜなら業種ごとに仲買人の性格が違うわけではなく，仲買人を特徴づけるもっとも重要な基準は，米穀商の知らない私的情報を仲買人がもっているかどうかにあるためである．このような概念を適用すれば，実在したさまざまな名称の米穀仲介業者を仲買人の範疇に入れて，理論モデルのなかで説明することができる[27]．

米穀商と仲買人が結ぶ契約は，書面に書かれたフォーマルな契約のみならず，長期間の信頼関係のなかでお互い行動を予測することで保たれる一定の行動様式も，関係的契約（relational contract）としてみなす[28]．この関係の基

---

27) 本書での仲買人の性格と関連して，次のような説明を付け加えたい．本書の検討対象である契約形態についていえば，「客主」の特徴は委託売買を自己名義で行い，したがってその結果に責任を負うという点にあるとされ，同じく売買の仲介を行う「居間」が取引を依頼者の名義で行い，結果にも責任を負わないことと対比されてきた（崔虎鎮『近代朝鮮経済史――李朝末期に於ける商業及び金融』慶應書房，1942 年，第 2 章第 1 節；朴元善『客主』延世大学校出版部，1968 年，第 6 章）．ところで，「客主」は依頼者に対してどのように責任を担っていたのか．この責任の取り方については文献でも明確な言及はなく，例えば「若し客主又は旅客が委託者の指定したる金額より廉価にて販売し，若くは高価にて買入を為したる場合には，万一委託者が之を肯んぜざるときは，その差額を自ら負担する」としている（朝鮮総督府（善生永助）『朝鮮の市場経済』1929 年，278 頁）．しかし，このような責任の取り方は強制力のない不完全なコミットメント（imperfect commitment）である可能性が高い．契約が執行可能性（enforceability）を保つためには，依頼者にとって「客主」の行動が観察可能であり，なおかつ裁判所のような第三者執行機関で立証可能でなければならない．交通・通信インフラの不備から依頼者が「客主」の行動を技術的に観察することができない場合，または観察可能であっても裁判所機能が円滑に作動しない場合，依頼者が「客主」に取引の責任を取らせる現実的な方法はない．つまり，取引に対する「客主」の責任所在は不明であり，その点では取引に対する責任を負わない「居間」と本質的な差がないのである．

28) この仮定により本書では，契約の執行可能性を保つために必要な条件のなかで，第三者執行機関による立証可能性は考慮せず，観察可能性のみに焦点を当てる．フォーマルな契約は，裁判所のような第三者執行機関の立証可能性によって支えられるが，関係的契約は長期間にわたって形成された信頼関係が，第三者執行機関を代替して自己実効性（self-enforcing）をもつ場合がある．Grief による 11 世紀地中海のマグリビ商人の研究と，岡崎哲二による近世日本の株仲間の研究によって証明されたこのよう

本的な特徴は，米穀商と仲買人の間に存在する情報の非対称性にある．具体的には，まず米穀商は契約締結後の仲買人の行動を把握することができない．例えば，米穀をより安く買い付けるために，また運送・保管過程で発生するコストを節約するために，仲買人がいかに努力したのかについて米穀商は知ることができない．さらに，米穀商はその成果（支払うべき代金もしくは収集された米穀量）については観察できるものの，そこには不確定な要因も含まれているため，成果から仲買人の努力による部分と外部要素による部分を見分けることができない．例えば，米穀商にとって悪い成果（支払うべき代金が高い，もしくは収集された米穀量が少ない）をもたらした原因を考える場合，それが米穀需給関係による市場価格の変動がもたらした結果なのか，それとも仲買人が手数料とその他の費用を高く見積もった結果なのかがわからない．

こうした情報構造をもつ代理関係においては，仲買人は自身に都合のよい行動を取りかねない（モラルハザード）．そのことは米穀商がいかに巧妙なインセンティブ契約をデザインすることができるか，またはいかにモニタリングの質を上げ得るかという問題に還元される．

次の(1)と(2)は，米穀商がN名の同質な仲買人と取引を行うときの仲買人と米穀商の報酬関数である．

$$\pi_a = \alpha \theta M(e_a, l) + \beta \tag{1}$$

$$\pi_m = N\{(1-\alpha)\theta M(e_a, l) - \beta\} + \theta m(e_m, L - Nl) \tag{2}$$

π_a：仲買人の利潤　　　　　　　　　e_a：仲買人の努力水準
π_m：米穀商の利潤　　　　　　　　　e_m：米穀商の努力水準
l：米穀商から借り入れた米穀買付資金　L：米穀買付資金の総額
M, m：流通マージン　　　　　　　　α：シェアリングレート
θ：リスク

な事実は，近代的な民法，商法が登場する前の時代においても契約が執行可能性をもつ可能性を示唆する (Greif, Avner (1993), "Contract Enforceability and Economic Institutions in Early Trade: The Maghribi Traders' Coalition," *American Economic Review*, Vol. 83(3), pp. 525-548; Okazaki, Tetsuji (2005), "The Role of the Merchant Coalition in Pre-modern Japanese Economic Development: An Historical Institutional Analysis," *Explorations in Economic History*, Vol. 42(2), pp. 184-201).

β：手数料（$\beta>0$ の場合），貸付金の利息（$\beta<0$ の場合）

こうした報酬関数に基づき，以下のような理論的に両極端に位置する2つの契約形態を考えることができる．

① 純粋手数料方式（$\alpha=0$, $\beta>0$）
② 資金前貸方式（$\alpha=1$, $\beta<0$）

純粋手数料方式は，事前に金融関係を伴わない契約として，米穀商は仲買人に米穀引受代金と手数料を渡し，仲買人を通じて米穀を買い取る取引方式である．開港場客主のように，米穀収集商から預けられた米穀を委託販売する仲買人であれば，米穀引受代金は米穀収集商に帰属し，仲買人の収入は手数料に限定される．したがって，純粋手数料方式（$\alpha=0$, $\beta>0$）の場合，リスクはすべて米穀商が背負い，その代わりに流通マージンは全部米穀商に帰属する．一方で，資金前貸方式は事前に米穀商が仲買人に買付資金を先貸しし，それを後で米穀と引き換える取引方式である．資金前貸方式（$\alpha=1$, $\beta<0$）の場合，リスクのすべてを仲買人が背負うこととなり，その代わりに仲買人が流通マージンを全部獲得する．それゆえ，流通マージンのみであれば米穀商の市場参加誘引はないが，米穀商は仲買人に米穀の買付資金を貸与してその分の利息を得られる．米穀商と仲買人の効用は，それぞれの利潤と努力水準からなる[29]．また最適契約の条件は，仲買人にとってある契約から得られる期待効用（EU）がある留保効用（$\bar{U}$）を下回らず，かつ米穀商の期待効用（Eu）を最大化する契約である．

モラルハザードの問題を抱えている最適契約問題については，すでに分厚い研究蓄積があり，標準的な解についてもコンセンサスがある．したがって，以下はこのような標準解を引用し，米穀商と仲買人の間における最適契約形態を提示する[30]．最適契約問題においてもっとも重要なのは，仲買人の努力

---

29) すなわち，米穀商の効用関数は $u=u(\pi_m, e_m)$ であり，仲買人の効用関数は $U=U(\pi_a, e_a)$ である．
30) 米穀商と開港場客主の間における米穀取引契約は，地主と小作人の間における小作

水準（e_a）に対する観察可能性の如何である．努力水準を仲買人自身が決める変数として仮定する場合と，米穀商が決める変数として仮定する場合において，それぞれの最適契約は異なる．すなわち，米穀流通における仲買人の努力水準を，米穀商が観察することができるかどうかによって，それぞれ相違な最適契約水準が決められる．

それでは，まず米穀商が仲買人の行動を観察することができない場合の最適契約問題を考えよう．仲買人は米穀商と取引をやめても得られる外部での効用（$\bar{U}$）に満たないいかなる契約も受け入れない．こうした仲買人の市場参加条件を考慮し，米穀商は α, β, l に対して自己の期待効用（Eu）を最大化する契約を選ばなければならない．

$$\max_{\{\alpha, \beta, l, N, e_m\}} Eu[N\{(1-\alpha)\theta M(e_a(\alpha, \beta, l), l) - \beta\} + \theta m(e_m, L-Nl), e_m] \quad (3)$$
$$\text{s.t.} \quad EU[(\alpha\theta M(e_a(\alpha, \beta, l), l) + \beta, e_a(\alpha, \beta, l)] = \bar{U}$$

自己の期待効用を最大化するための仲買人の努力水準を直接に決めることができない米穀商は，α, β, l を通じて最適な努力水準（e_a）を仲買人から引き出せなければならない．この場合の最適契約は，資金前貸方式となる[31]．仲買人の努力水準が観察不可能であるため，仲買人から働くインセンティブを引き出すためには，流通マージンをすべて仲買人が獲得する仕組に設定しなければならないのである．

次に，米穀商が仲買人の行動を観察することが可能な場合の最適契約問題を考えよう．この場合，米穀商の最大化問題は（3）式とは違って直接に仲買人の努力水準（e_a）を観察し，α, β, l, e_a に対して期待効用を最大化する契約を選ばなければならない．

契約と非常に類似しており，最適契約を導く過程は本質的に同様である．したがって，本書では小作契約モデルから標準解を引用する．

31) Hayami, Yujiro and Keijiro Otsuka (1993), *The Economics of Contract Choice*, New York: Oxford University Press, p. 50; Otsuka, Keijiro and Naoki Murakami (1987), "Resource Allocation and Efficiency of Sharecropping Under Uncertainty," *Asian Economic Journal*, Vol. 1(1), pp. 131-137.

$$\begin{array}{c}\max_{\{\alpha,\,\beta,\,l,\,e_a,\,N,\,e_m\}} \quad Eu\,[N\{(1-\alpha)\theta M(e_a,\,l)-\beta\} \\ +\theta m(e_m,\,L-Nl),\,e_m] \\ \text{s. t.} \quad EU[(\alpha\theta M(e_a,\,l)+\beta,\,e_a]=\bar{U}\end{array} \quad (4)$$

　この問題に対する最適契約は，米穀商と仲買人のそれぞれのリスクに対する態度によって分かれる．米穀商がリスク中立的で，かつ仲買人がリスク回避的であれば，最適契約は純粋手数料方式である．逆に米穀商がリスク回避的で，かつ仲買人がリスク中立的である場合，最適契約は資金前貸方式となる[32]．また米穀商と仲買人が両方ともリスク回避的である場合，ファーストベストは達成されず，インセンティブとリスクシェアリングのトレードオフが生じるため，米穀商と仲買人が流通マージンをシェア（$0<\alpha<1$）するセカンドベストが最適契約として選ばれる[33]．

　ところで，資本規模や資金融資関係などから推察すれば，米穀商がリスク中立的で，かつ仲買人がリスク回避的であるとみなすのがより説得的であろう．このような仮定に基づいて再び最適契約水準を整理すると，米穀商が仲買人の行動を観察することができない場合の最適契約は資金前貸方式であり，観察可能な場合の最適契約は，純粋手数料方式であるという理論的な結論が導かれる．その際，問題となるのは米穀商の仲買人に対するモニタリング能力であろう．後述する電信・電話の登場は，このようなモニタリング能力を格段に引き上げた出来事である．

2. 歴史的検討

　とりわけ 1890 年代に繁栄した開港場の米穀客主業において，その利潤はどこからくるものであったのだろうか．開港場まで米穀を運び込む朝鮮商と，輸出を担当する日本商との売買を調整し，その対価として受け取る口銭こそ

---

32) Stiglitz, Joseph E. (1974), "Incentives and Risk Sharing in Sharecropping," *Review of Economic Studies*, Vol. 41(2), pp. 240-250.

33) しかし，米穀商と仲買人が流通マージンをシェアする契約を結んでいたとは考え難い．

が，開港場客主の主たる収益源であったことは前述した．これをそのまま受け止めれば開港場客主の利潤（π_a）はもっぱら手数料（β）からなり，流通マージンからの取り分（α）は全くないように思われる．しかし，結論を先取りすれば，開港場客主の利潤は手数料よりもむしろ流通マージンからなるものであった．米穀商が開港場客主を通じて米穀を収集する方法は，①米穀収集商によって開港場に運び込まれた米穀を，開港場客主の米店で買い入れる方法と，②開港場客主に着手金を貸付し，後にそれを米穀と引き換える方法の2つがあった[34]．本書ではこのような米穀の買入方法を，それぞれ「居買」と「先貸買」と称する[35]．この「居買」と「先貸買」は，金融関係の有無によって理論モデルでの純粋手数料方式と資金前貸方式に合致するが，その中身までもが一致するわけではない．

　まず，金融関係を随伴しない「居買」から検討しよう．「居買」は米穀商が開港場客主の米店で取引する方式として，開港場客主は事前に依頼された受託買収契約，または当日購買に応じて米穀の委託販売を行う．この際，開港場客主の表面的な収入源は，手数料（β）に他ならない．しかし，開港場客主の役目は単なる委託販売，受託収集に止まらず，現実的に価格決定の主導権を握り，売買の全権を行使することに，この「居買」の特徴がある．米穀商と開港場客主の間には情報の非対称性の問題が存在したため，開港場客主は私的情報を利用し，情報レントを追求していた．何よりも開港場客主は市場情報の収集において有利な拠点を確保していた[36]．遠隔地からくる米穀収集商と，開港場の米穀商との間にはさまざまな取引費用が存在し，そのコストを省くべく開港場客主に米穀の売買を依存せざるを得なかった．そのため，米穀商と米穀収集商は基本的に開港場客主が提示する価格条件を受容す

---

34) 李炳天「開港期外国商人の侵入と韓国商人の対応」ソウル大学大学院博士学位論文，1985年，104頁；河志英「開港期朝鮮商人と日本商人の間の資金取引と穀物流通」『地域と歴史』第20号，2007年，158頁．

35) 米穀の買入方法に関する明確な用語は文献からも見当たらないが，米とともに当時朝鮮の2大輸出穀物である大豆の場合，同様の買入方法について「居買」，「先貸買」という表現が使われていた（外務省通商局編「元山大豆輸出状況」『通商彙纂』第230号，1902年）．したがって，本書では便宜上大豆取引の用語を米穀取引にも用いることにする．

36) 洪淳権「開港期客主の流通支配に関する研究」88頁．

る立場 (price taker) であった．そのうえ開港場客主は，購買と販売の時間的な不一致を利用し，アービトラージ (arbitrage) で成功していた[37]．米穀を委託する遠隔地商人には預置書を交付し，米穀商の受託買収注文にも直ちに米穀を渡すことはなく，米価変動を見ながら有利な時点で取引を行った．開港場客主は取引相手の知らない私的情報を持ち，自己勘定の下で主導的に米穀取引を行ったのである．

開港場客主の手数料水準は，取引金額の1〜2%程度だったが，これは朝鮮時代に比べてむしろ低い水準であった[38]．他方で，輸出穀物の価格は開港場と産地の間で16〜46%まで開きがあった[39]．要するに，開港場客主における主な収入源は手数料 (β) ではなく，流通マージン (α) であり，形式的には純粋手数料方式 ($\alpha=0, \beta>0$) に似ている「居買」は，開港場客主が流通マージンを獲得していた点からはむしろ資金前貸方式 ($\alpha=1, \beta<0$) に近いものであったのである．ただし「居買」では正の手数料が発生するため ($\alpha=1, \beta>0$)，米穀商の利潤 (π_m) が負になれば，米穀商の市場参加誘引がなくなる[40]．それでも「居買」方式が機能していた理由は，米穀商が流通マージンを放棄しても加工・貿易過程から発生する利益を手に入れることができたからである．仮に流通マージンがゼロであっても，籾を玄米，白米に加工する際に発生する加工利益と，それを日本に輸出する際に発生する貿易利益が，開港場客主に支払うべき手数料水準を上回る限り，「居買」方式は有効であったのである．

次に，金融関係を随伴する「先貸買」について見てみよう．「先貸買」は，理論モデルでの資金前貸方式と完全に合致する契約形態として，米穀商が仲買人に米穀買付資金を先貸しし，それを後で米穀と引き換える取引方式であ

---

37) 一般的に①情報の非対称性がある，②市場参加者が少ない，③商品の流動性が低いなどの条件が整えば，アービトラージの余地が残る（野村総合研究所編『経営用語の基礎知識（第3版）』ダイヤモンド社，2008年，223頁）．
38) 李炳天「居留地貿易機構と開港場客主」68頁．
39) 李炳天「開港期外国商人の侵入と韓国商人の対応」125頁．
40) 米穀商の市場参加誘引を考慮する際に，もう1つ考えなければならないのは $\theta m(e_m, L-Nl)$，すなわち，米穀商が職員を産地まで派遣して行う直取引による流通マージンである．このような流通ルートが少しでも機能していれば，米穀商の利潤が負になることはない．

る．「先貸買」は開港場客主に流通マージンを取らせるインセンティブ契約であるため，米穀商の利潤は開港場客主に対する買付資金の貸出利子に他ならない．米穀商による資金の貸出時期は，米穀出荷期に集中しており，貸出期間はおよそ1カ月が一般的で，4カ月を超えるものはごく稀であった[41]．ところが，当時の交通・通信事情を勘案した場合，この1カ月ほどの貸出期間が純粋な米穀収集資金であったとは想像し難い[42]．これは米穀商の貸付目的が，米穀収集それだけではないことを意味する．言い換えれば，米穀商の貸付目的は利子収入にあり，開港場客主との米穀取引においては，価格条件より利子率条件が重視された[43]．

当時，米穀買付資金の貸付利子率は月3～7%が一般的であった[44]．しかし，第一銀行朝鮮支店の貸付金利が月1%未満であり，日本人同士の貸付利子率も月2～3%であったことに比べれば，米穀買付資金の貸付利子率はかなり高い水準であったことがわかる[45]．「先貸買」は米穀商が流通マージンを放棄する代わり，利息（β）を追求し，その流通マージン（α）は開港場客主に帰属する契約形態であったのである．総括すると「居買」と「先貸買」は両方とも開港場客主が流通マージン（α）を得る契約形態であり，米穀商は加工・貿易利益または貸出金の利子（$\beta<0$の場合）からの利益を追求した．米穀商が開港場客主の行動を観察することが不可能であったため，最適契約は開港場客主に流通マージンを取らせるインセンティブ契約にならざるを得な

---

41) 日本商の債権者と朝鮮商の債務者の間における貸付条件については，東萊監理署編『日案』1888～1904年（奎18120）；東萊監理署編『日照』1893～1902年（奎18144）から確認することができる（奎：ソウル大学奎章閣書庫）．

42) 洛東川の水運を利用して大邱から釜山まで米穀を運搬する場合，悪天候でなければ15日ほどを要した（外務省通商局編「韓国釜山大邱間運搬事情一斑」『通商彙纂』第202号，1901年）．ここから推測すれば，米穀収集商が船舶を用意して釜山から大邱に赴き，そこで何日間か滞在しながら米穀を買付け，収集した米穀を再び釜山港まで運び込むまでかかる日数は，少なくとも1カ月半から2カ月である．

43) とりわけ，釜山の貸付契約においては穀物価格条件より利子率条件が重視された（李炳天「居留地貿易機構と開港場客主」99頁）．

44) 東萊監理署編『日案』1888～1904年（奎18120）；東萊監理署編『日照』1893～1902年（奎18144）．

45) 高嶋雅明『朝鮮における植民地金融史の研究』大原新生社，1978年，178頁；外務省通商局編「韓国事情」『通商彙纂』第60号，1897年，32頁．

かった．1890年代に全盛期を迎えた開港場の米穀客主業は，こうした情報の非対称性の下で成り立つ業種であったのである．

第3節　米穀取引制度の変化と電気通信需要

1．電信・電話の登場と米穀取引制度の変化

　米穀商と仲買人の間に存在する情報の非対称性問題は，1900～1910年代にかけて画期的に改善される．「日朝間海底ケーブル設置に関する条款」に基づき，1883年にデンマークの大北電信会社による呼子―壱岐―対馬―釜山間の海底ケーブルが敷設され，翌年からは釜山―東京間での和文電報が開始した[46]．とはいえ，朝鮮内部における通信施設の不足のため，朝鮮―日本間の通信網が機能していたのは一部の都市に限られた．米価がリンクされる形で朝鮮と日本の市場統合度が高まるきっかけとなったのは，日露戦後に朝鮮で進展した政府主導の情報化であった．とりわけ，1906～1915年の10年間は，朝鮮総督府通信局の積極的な財政投下による情報化が推し進められた．この間，電信施設は35カ所から600カ所以上に，たった1カ所だった電話通話施設は500カ所近くまで急増した．朝鮮の通信需要については，図6-2からわかるように，とくに1916～1919年における発信電報通数の伸び率が注目に値する．大戦好況による電信需要の増加がその原因であるが，電信施設の普及過程が先行しなければ，このような景気循環寄り（pro-cyclical）の電信需要は生じ得ない[47]．

　一方，電信に比べて同期間における電話加入者の増加幅は横ばい状態にあり，むしろ1920年代前半と1930年代後半の増加が目立つ．ところが，1920年代以前における加入者電話は大概市内通信手段であり，遠距離通信手段の機能を果たしたのは郵便局のような通信機関の電話施設であった．開港場と産地との遠隔地取引が主となる米穀取引の場合，遠距離通信手段である通信

---

46)　石原藤夫『国際通信の日本史――植民地化解消へ苦闘の九十九年』東海大学出版会，1999年，236頁．
47)　本書，第2章，74-75頁を参照．

214　第 III 部　情報化と市場経済の発展

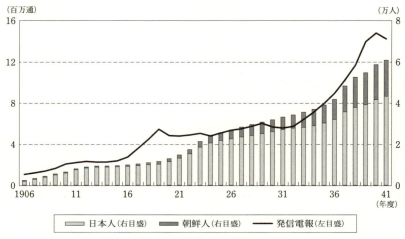

図 6-2　発信電報通数と電話加入者数
注：発信電報は日本経済圏内電報（内国電報）とその他外国電報の合計である．
出典：(1) 統監府通信監理局『統監府通信事業報告』各年版．
　　　(2) 朝鮮総督府通信局編『朝鮮総督府通信年報』各年版．

機関の電信・電話施設が頻繁に使われた．そこで，通信機関の電信・電話施設の利用状況について，1人当たりの通信量を表したのが表6-3である．ここから電信・電話ともに1906年と1916年以後の間に大きな断絶面が存在することが読み取れる．1906～1915年の情報化は開港場と主要都市を電気通信網で万遍なくつなぎ，その結果，地域的な通信需要の均等性が高くなった．そして，そのことは一般の市場取引全般にわたる変化を生じさせた．開港場での米穀取引の姿はこの時期に大きく変わり，取引における米穀商と開港場客主の関係にも変化が生じた．

　1900～1910年代に米穀商の生産組織化が進んだことは既に述べた．米穀貿易業者と他分野から進出した商人，そして開港場客主のなかからも籾摺工場，精米工場を営む者が登場し，彼らは自己売買を基に買付けた籾または玄米を加工・輸出した．こうした米穀商は1900～1910年代に構築された電気通信網を米穀取引に積極的に取り入れることで，米穀取引における取引コストの節約を目論んだ．その結果，以前開港場客主が得ていた流通マージンの多くが米穀商に流れるようになった．米穀取引に電信・電話が使われると，

第 6 章　朝鮮米の取引制度の変化と米穀商の対応　215

表 6-3　1 人当たりの通信量と地域間格差
(京畿道＝100)

	発　信　電　報　通　数				市　外　通　話　度　数			
	1906 年	1916 年	1926 年	1936 年	1906 年	1916 年	1926 年	1936 年
京畿道	100	100	100	100	100	100	100	100
忠清北道	3	16	13	16	0	21	33	26
忠清南道	9	44	23	24	0	26	54	35
全羅北道	18	27	32	26	0	29	94	45
全羅南道	13	26	32	30	1	16	50	28
慶尚北道	7	22	23	25	0	22	61	38
慶尚南道	45	71	69	60	9	44	108	56
黄海道	4	22	16	21	0	16	43	33
平安南道	51	44	43	47	15	22	74	41
平安北道	38	36	26	32	0	23	51	39
江原道	1	19	22	28	0	11	28	28
咸鏡南道	69	64	52	52	0	22	46	51
咸鏡北道	59	103	103	112	1	76	110	92

注：(1) 発信電報は内国電報と外国電報の合計．
　　(2) 人口数は朝鮮人，日本人，外国人の合計．
出典：(1) 統監府通信管理局『統監府通信事業報告』各年版．
　　　(2) 朝鮮総督府通信局『朝鮮総督府通信年報』各年版．
　　　(3) 朝鮮総督府『朝鮮総督府統計年報』各年版．

阪神や京浜市場の情報はもちろん，全国の米穀市場情報もすぐに手に入り，以前のように開港場客主の市場情報に頼ることはなくなった．さらに，米穀商同士が電信・電話を利用して取引を行ったため，仲買人の必要性自体が減少した．

　電信・電話による米穀取引が定着する一方で，米穀客主業を営む開港場客主はほとんど消えてしまった．1910 年代においても各会社や商店の営業目的欄に登場していた「客主業」は，1920 年代からは著しく減っていく[48]．その結果，仲買人の業務は文字通りの米穀取引仲介となり，米穀契約においては純粋手数料方式（$\alpha=0, \beta>0$）が定着し始めた．それをもっとも象徴的に物語っているのは，専属仲買人の登場であった．開港場の大規模米穀商は，専属仲買人を雇っていた．専属仲買人はリスクを背負わずに確実な手数料収入が得られたが，このことは裏を返せば手数料以外の収入は全く期待できないことも意味する．専属仲買人の手数料は 1 石当たり 5 銭以下で，一般仲買

---

48) 全遇容「近代移行期におけるソウルの客主と客主業」『ソウル学研究』第 24 巻，2005 年，151 頁．

人の手数料が1石当たり10銭以下だったことに比べれば割安だった[49]．だが，一般仲買人は個人で活動することは少なく，仲買組織に所属し，会費，各種の経費，損失金などが控除された．この場合，仲買人の手数料は市場で決められた均衡賃金水準に近く，仲買人にとっては専属仲買人と仲買組織のいずれの選択においても収入に大差はなかった．

　米穀取引において仲買人の役割は縮小したが，だからと言って仲買人が完全に消滅することはなかった．専門化，組織化した仲買人は新しいビジネスチャンスを迎えた．仲買組織の1つである鮮米協会では，「売買両者直接の交渉ならば徒らに電信料を多く要して而も其の日の買値，売値は僅かな範囲しか知ることができないのに反し協会の斡旋では買人は協会に電報すれば，其の日の京浜又は名古屋で最も高く買う店へ売却し得る[50]」と，同協会利用の利点について宣伝している．米穀商にとっては，高額の電報料を払いながら自ら情報を収集するよりは，仲買組織を利用した方がコスト節約となる可能性はある．また，輸出規模の拡大による取引量の増加は，新たな取引コストを発生させた．かつての米穀取引は長期的な信用関係に基づいた非匿名的な取引が多かったが，市場規模の拡大によって匿名的な取引が一般化し始めた．その結果，到着遅延，重量不足，等級詐欺のような新しい取引コストが増えた．これに対して上記の鮮米協会の場合「内鮮間取引の旺盛となるに従い，事故紛議の多く発生するは止むを得ないことで（中略）協会は紛議の調停解決に努め取引の円満発達を期して居る[51]」とし，契約当事者間のトラブルを調停することで取引コストを省く機能を果たしていた．

2. 市場取引における電気通信需要

　電信・電話を利用した米穀取引とは，具体的にどのように行われていたのであろうか．釜山，群山とともに朝鮮米の3大輸出港であった仁川において，

---

49) 菱本長次『朝鮮米の研究』千倉書房，1938年，461頁；鮮米協会編『鮮米協会十年誌』1935年，129, 183頁．
50) 鮮米協会『鮮米協会十年誌』128頁．
51) 同上書，11頁．

第6章　朝鮮米の取引制度の変化と米穀商の対応　217

表6-4　仁川の電信利用状況（1933年現在）

単位：％

項　目		発信電報	着信電報
米取引関連電報			
	期米取引	38	32
	正米仲介	20	16
	精米取引	16	13
	計	74	61
船舶運送		9	7
商工業		8	18
官　庁		7	12
銀行業		2	2
合　計		100	100

出典：朝鮮通信協会『朝鮮通信協会雑誌』第186号（1933年11月号）．

　1933年現在の用途別発着信電報を整理したものが表6-4である．ここからわかるように，米穀取引関連電報（期米取引，正米仲介，精米取引）は発信電報の7割，着信電報の6割を占めていた．つまり，仁川における電信利用の第一の目的は，米穀取引であったのである．このなかで期米取引と正米仲介は市場取引であり，精米取引は場外取引であるが，まず期米取引と正米仲介について触れよう．

　期米取引と正米仲介に関連して，差し当たり仁川米豆取引所とその他の米穀取引所について述べておきたい．日本人居留民組織の米穀商組合の請願により，1899年6月に設立された株式会社仁川米豆取引所は，朝鮮初の米穀取引所であった[52]．同社は米，大豆，明太，石油，綿糸，金巾，木綿の7品目に対する直取引，延取引，定期取引を目的としたが，次第に米の定期取引のみが行われるようになった．その後，仁川米豆取引所は1931年に株式会社京城株式現物取引市場と合併して株式会社朝鮮取引所となり，翌1932年からは京城本店の証券部と仁川支店の米豆部との2部体制に再編された．このような仁川取引所では，定期取引の対象となる米を「期米」と呼び，現物

---

52) 仁川米豆取引所は3年前の1896年にも一度設立を見た．しかし現物取引はほとんどなく，時勢差額を狙う投機資本のみが集まってくるという理由で，設立から2年が経った1898年10月7日に解散命令が下された．1899年に再認可された仁川米豆取引所は，1896年設立当初の主要株主たちが積極的に日本領事館を説得した結果であった．

受渡しの期限までに転売と買い戻しが行われ，その差金のみを決済する清算取引が行われた[53]．

一方，仁川以外の米穀取引所は，もともとは米穀現物取引市場であった．現物取引市場は釜山（1906年11月）と群山（1910年12月）を筆頭に，1917年には20カ所以上乱立したが，1920年4月の市場規則の改正によって京城，群山，大邱，釜山，木浦，鎮南浦，元山，新義州，江景の各穀物商組合が経営する9カ所の市場に整備された．しかし，取引実績の少ない4カ所の市場は自然休止の状態に陥り，群山，木浦，大邱，釜山，鎮南浦のみが現物取引市場の機能を果たしていた．このような現物取引市場では，取引対象となる米を「正米」と呼び，取引方法としては直取引と延取引の2種類が利用された．このうち，延取引には転売と売り戻しが事実上容認され，現物取引市場というものの実際には先物市場の色彩が強かった．各現物取引市場ではこのような延取引が直取引を圧倒し，売買高に対する受渡高の割合はわずか1～2％にすぎなかった[54]．結局，1931年に朝鮮取引所令の発布により穀物現物市場はすべて閉鎖され，翌1932年からは仁川取引所とともに完全な清算取引を認めた5カ所の会員組織米穀取引所として再生した．

以上が仁川およびその他米穀取引所についての概観であるが，こうした米穀取引所は次のような3つの機能を果たしていた．第1に，実物市場に先行する形で標準価格を形成する．第2に，価格変動によるリスクを回避するヘッジ機能を果たす．第3に，価格変動を利用して一定以上の利益を上げ得る資産運用（投機活動）機能を果たす[55]．米穀業者にとっての米穀取引所の利用目的を整理すると，①価格察知，②保険つなぎ活動，③資産運用（米穀投機）などであったのである．もっとも，米穀取引所は仁川，釜山，木浦，群山，鎮南浦などの朝鮮米の主要輸出港に位置していたため，全国に散在する米穀業者が物理的な距離を克服して不便なく取引所を利用するには，電信・電話の利用が必須であった．例えば，仁川米豆取引所では9時から16時まで17

---

53) 木村健二監修「朝鮮取引所史」『社史で見る日本経済史　植民地編』第26巻，ゆまに書房，2004年，281-310頁．
54) 鮮米協会『朝鮮米の進展』1935年，223-225頁．
55) 宇佐美洋『入門先物市場』東洋経済新報社，2000年，6-9頁．

回(午前10節,午後7節)の期米取引が行われたが,15分おきの節が終わるたびに米穀業者は寸刻を争いながら電報を打った.この光景について『朝鮮通信協会雑誌』では「他店より一分遅れた通報の為に,その間における肺患的急角度のこの一分間の騰落の差は,五分前までは堂々たる資本を擁した者が,今は一文なしの借金に苦しむと伝ふが如き惨事をなすこと再三ではないのである.故に,この業者は非常に分秒を尊び争ふ[56]」と,取引所での緊迫した雰囲気をよく物語っている.

ここで,仁川米豆取引所を利用する産地米穀商の例を挙げて,具体的な取引所の利用方法を紹介したい.力武精米所のような開港場の大規模米穀商の場合は,仁川米豆取引所だけでなく堂島取引所にも職員を常駐させ,定期的に電報報告を受けていたが,大部分の産地米穀商は仁川にある米豆店と契約を結び,米豆店との電信・電話を交わすシステムであった[57].米豆店ではセリを行う場立と伝令役の呼子を雇い,競売時勢や取引斡旋などについて産地米穀商に電報を送り,産地米穀商は郵便局に伝令を待機させて打電されてくる電報を運ばせた.産地米穀商が電話機を保有している場合は,米豆店と直接通話を通じて電報よりも早く情報交換することができた.こうして全国の産地米穀商は電信・電話を用い,主要輸出港にある米穀取引所を利用して期米取引と正米取引を行ったのである.

3. 場外取引における電気通信需要

場外取引は米穀取引所で行われる市場取引を除き,売買両者によって行われる米穀の現物取引である.前掲表6-4の用途別電報でいえば精米取引がこれに該当するが,ここでの「精米」は必ずしも精白加工された白米を意味するものではなく,産地米穀商によって収集されて開港場米穀商もしくは仲買組織の手を経て輸出される玄米や白米のことを指す.このような輸出米の流通経路における電気通信との関わりを示したものが図6-3である.同図にお

---

56) 黒面子「電報利用から観た仁川の趨勢」『朝鮮通信協会雑誌』第186号(1933年11月号),37頁.
57) 仁川商工会議所90年史編纂委員会編『仁川商工会議所90年史』1979年,244頁.

220　第III部　情報化と市場経済の発展

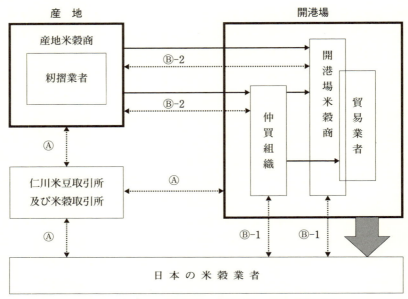

図6-3　輸出米の流通経路と米穀取引における電気通信
出典：筆者作成．

いて実線の矢印は輸出米の流れであり，点線の矢印は電信・電話によるやり取りを表す．Ⓐは市場取引における電信・電話の利用である．産地米穀商，開港場の米穀業者（開港場米穀商，仲買組織，貿易業者等）はもちろん，日本の米穀業者も電信・電話を利用し，価格察知，保険つなぎ，資産運用（米穀投機）活動を行う．Ⓑは場外取引における電信・電話の利用として，Ⓑ-1は朝鮮の米穀業者と日本の米穀業者との取引，Ⓑ-2は朝鮮内における産地米穀商と開港場の米穀業者の取引をおのおの意味する．

　まずⒷ-1について見てみよう．朝鮮の米穀業者と日本の米穀業者との取引において欠かせないものは，海底ケーブルを経由する朝鮮―日本間の電報である．朝鮮米穀商は買い手を求めて日本米穀商へ，逆に日本米穀商は売り手を求めて朝鮮米穀商へ照会電報を送る．この照会電報には，「銀坊主四等玄米百石芝浦置着，何月末積何円何十銭売ル返何々商店」や，「多摩錦何等何百石，直積大阪築港渡何円何十銭売ルカ返何々商店」のように，品種，等

級，数量，着方式，積出時期，価格，支所名などが記されている[58]．照会電報を受けた相手方は「何円何銭ナラ何石買フ」のように返電し，こうしたやり取りが数回にわたって行われる．かくして売買両者の意思が合致すれば商談は成立し，売約証と買約証を交換捺印し送付すれば契約は完了する．その後，現品積み出しとともに為替手形を組み，この荷為替の決済によって代金が支払われる．

　こうした朝鮮―日本間の米穀取引には電信ばかりが利用され，電話を利用した記録はほとんどない．その理由として考えられるのは，電気通信網における技術的な限界である．朝鮮―日本間の電信サービスが早くも1880年代から開始したことと異なり，電話サービスは1920年代から構想はあったものの，それが実現するのは1930年代に入ってからであった．1932年に通信省が応急施設として電信用海底線を利用し，釜山―下関間の電話を設置したことがその嚆矢である[59]．しかしながら当時の朝鮮―日本間の電話線は，商業用通信手段として意味をもつものではなかった．なぜなら，朝鮮―日本間の電話利用には高額料金が課せられ，さらに音質が非常に悪く故障も頻繁だったためである[60]．結局，朝鮮―日本間の電話網が電信網を代替する商業用通信手段として浮上するのは，無装荷ケーブルが実用化される1940年代からであった．

　ところで，電信を媒介とする朝鮮―日本間の商談は，米穀取引において非常に重要な意義があった．米価変動が激しい時には，電報による商談が成立した後も売買両者の態度（最適行動）が変わるため，契約不履行の問題が生じ，ときには紛争にまでつながった．この問題について1932年10月の朝鮮

---

58)　菱本『朝鮮米の研究』519頁．
59)　大韓民国通信部『電気通信事業80年史』1966年，466頁．
60)　朝鮮―日本間の電話料金は，市外通話料に準えた通話料に加え，釜山―下関間の中継による料金が加算され，連絡料（基本1円，ただし対馬は50銭）と首尾料（釜山から100km以内は12銭5厘，200km以内は37銭5厘，200km以上は120km毎に25銭ずつ加算）が別途付加された．ソウルから東京に電話をかける場合，通話料だけで数円もかかったのである．また，当時は装荷ケーブルというものが海底ケーブルとして使われていたが，この装荷ケーブルは音声を高周波に増幅させるため，1本のケーブルを多重に使うと急激なエネルギーの損失が起こり，利用者が増えると音質が非常に悪くなった．

穀物商組合聯合会大会では次のような合意がなされた．

> 電信に対し内地側より「買極め」の返電を発したるも，之と前後して朝鮮側より「先電取消し」打電ありたる場合は両者中発信時刻の先なる方の意志に基き其の商内を決定すること．之と反対に内地側より「商内取止め」又は「取消し」の発信をなしたるも，其の発電時刻前に朝鮮側より「売却承知」の引受電信ありたる場合は，其の意志通り商内成立したるものと決定する[61]．

　つまり，電文に残る発信時刻が売買両者による時間的不整合性（time inconsistency）を防ぐ装置となり，米穀契約の不完備性を緩和させたのである．
　続いてⒷ-2について触れよう．産地米穀商と開港場の米穀業者との間には，電信・電話によるやり取りが一般的であった．産地米穀商は買い手を求めて開港場の米穀業者へ電報または電話をする．売りたいものが特殊な籾や玄米の場合は，予め見本を送る必要がある．これに対して開港場米穀商は「其の日の内地相場を基準とし内鮮の米界事情，殊に其の他の需要供給状況等を考慮して値段を付け」て打電または電話をする[62]．仲買人の場合は，「産地から入電があれば之を需要地の当業者（開港場米穀商：引用者）に迅速に通知して買手を捜し，又需要地に注文があれば産地に打電して値段をとり（中略）産地には電信，需要地には電話で通告更に「斡旋通知書」を売買両者に送付[63]」する形で米穀取引を斡旋する．商談が成立すれば，売買両者は売約証と買約証を交換捺印して送付し，現品積み出しとともに為替手形を組む．仲買人を介する場合は，仲買人が売買両者から売約証と買約証を徴して保管する．
　最後に，籾摺業者と精米業者の間における紛争について若干述べておきたい．1900～1910年代にかけて開港場では機械精米業が繁盛し，内陸では道具籾摺業が広まり，産地米穀商（籾摺業）—開港場米穀商（精米業）の流通構造が形成されたことは既述した．ところで，精米加工技術の進展により籾か

---

61)　菱本『朝鮮米の研究』520頁．
62)　同上書，480-483頁．
63)　鮮米協会『鮮米協会十年誌』125頁．

ら白米まで直接仕上げるようになると，こうした輸出米の流通構造は揺らぎ始めた[64]．籾摺から精米まで一貫工程機能を有する開港場米穀商は，市場条件や籾の乾燥・調製程度によって玄米，白米を選択して生産するようになった[65]．したがって，産地，開港場を問わず，米穀商にとって籾の確保こそが死活に関わる問題となり，このことは純粋な籾摺業者の多い産地米穀商と，籾摺・精米業の両方を営んでいた開港場米穀商の間の競争を激化させた[66]．開港場米穀商は，相対的に資本力が弱い産地米穀商に対する資金融資を通じて，一手買付けを試みた[67]．反面，産地米穀商は電信・電話を利用して開港場米穀商を通さず，日本米穀商との直取引を図った[68]．産地米穀商が日本米穀商と実際に直取引を行うことは稀であったが，仲買組織を経由した輸出は一般的に行われていた．このように電信・電話は，米穀商間の競争が生んだ流通経路の多様化を可能にしたのである．

第4節 小 括

第6章では，電気通信の登場による米穀取引制度の変化に注目した．その際，電信・電話の登場が朝鮮米取引制度をいかに変化させ，またそれが米穀客主業の消滅と米穀商の成長にいかに作用したのかについて検討を行った．

朝鮮米の大量輸出が始まる1890年代に，開港場客主は米穀商とともに輸出米の流通・貿易利益を分割していた．しかし，1900～1910年代にかけて

---

64) 李熒娘「植民地朝鮮における米穀検査制度の展開過程」155-156頁．
65) 「玄米の品質が良好なものは玄米として，之に反し品質の悪いもの，又は赤米の多いもの，或る石の混入多きものは，朝鮮内で加工せられ，白米として移出せらるべし」（朝鮮農会『朝鮮農会報』第18巻，第3号，1923年3月）．
66) 詳細は，朝鮮玄米商組合連合会編『朝鮮玄米商組合連合会第2回大会報告書』1929年；朝鮮玄米商組合連合会編『全鮮玄米商各位に檄す』1929年を参照．
67) 「大米穀商で二十数戸の地方米商に資金を融通し其の総額六，七万円にも及ぶ者」もいた（菱本『朝鮮米の研究』482頁）．
68) 「奥地又は沿岸の地にも小規模の籾摺業者が著しく増加し，之等は生産者より籾を買付け自家の工場に於いて玄米或は精米に調整し（中略）相当資力のあるものは内地直移出をなすものも増加した」（鮮米協会『朝鮮米の進展』210頁）．

開港場客主の地位は大きく低下し，生産組織化した米穀商が流通段階まで掌握するようになった．1920年代からは開港場客主を介する流通ルートが完全に影を潜め，輸出米の流通・加工・貿易利益を蓄えた米穀商は，地主とともに代表的な資本家として成長していく．従来，このような歴史的事実は，日本商による朝鮮商の駆逐過程として理解されてきた．しかし，これは近代化がもたらした構造的変化であり，そこには電信・電話のような近代的電気通信が重要な役割を果たした．

　第1に，1890年代まで開港場の米穀客主業が繁盛した理由は，その契約形態が開港場客主に情報レントを含む流通マージンを取得させるものであったためである．プリンシパルの米穀商と，エージェントの開港場客主は金融関係の有無によって「居買」または「先貸買」といった米穀取引契約を結んでいた．これらの契約はいずれも，米穀商が開港場客主の行動を観察することができないことから，開港場客主が流通マージンを得るインセンティブ契約であった．第2に，1900～1910年代の情報化は，このような米穀取引制度を大きく変え，米穀客主業が事業として成り立たなくなったため，開港場客主は米穀商と専門仲買人に分化した．情報化によってプリンシパルのエージェントに対するモニタリング能力が格段に上がった結果，米穀商が流通マージンを吸収するようになり，専門仲買人の収入は市場均衡賃金である手数料に限定された．

　米穀商成長の要因は，生産組織化とともに電信・電話による米穀取引制度の変化にある．電信・電話を利用した米穀取引は，具体的には第1に，米穀取引所において行われた．産地と開港場を問わず，全国の米穀業者は電信・電話を利用し，主要輸出港に位置する米穀取引所を通じて価格察知，保険つなぎ，資産運用（米穀投機）活動を行った．第2に，米穀商同士のやり取りにおいても，電信・電話が用いられた．朝鮮の米穀業者と日本の米穀業者は，海底ケーブルを経由する朝鮮―日本間の電報を利用し，朝鮮内の米穀業者同士は電信・電話で商談を行った．電信・電話を利用した米穀取引の定着は，仲買人の地位低下をもたらしたが，それ自体が仲買人の消滅を意味するものではなかった．電信・電話を利用した米穀取引には高額の通信料金がかかり，匿名的な米穀取引の拡大は，新たな形の取引コストを発生させた．専門化，

組織化した仲買人はこうしたコストを省くことで,新しいビジネスチャンスを見つけたのである.

終 章

第1節 本書の総括

　本書では，19世紀末から20世紀半ばにかけて展開された台湾と朝鮮の情報化を事例として，低開発地域の情報化過程とそれが促す市場経済の発展について歴史的考察を行った．その際，本書では，政府主導の情報化，民間主導の情報化，情報化と市場経済の発展という3つの分析視角を設定した．終章では，この3つの分析視角に即して内容要約を行ったうえで，序章で掲げた2つの課題に対する回答を提示したい．

1. 分析視角

　第1に，政府主導の情報化である．清朝時代の台湾の情報化は，1877年に開通した高雄—安平間の電信線を嚆矢(こうし)とするが，本格化したのは台湾省が福建省から分離新設される1885年からであった．その後，1895年に台湾が日本の植民地となるまでのおよそ10年間，台湾通信網は中国政府の近代的国家通信網の構築計画のなかで，中国通信網に織り込まれる形で発展した．この時期の台湾通信網の中心機能は，中央政府との連絡事務を迅速かつ安定的に行うことであった．そのなか，日清戦争の勃発は台湾通信網を中国通信網から切り離し，それに次ぐ10カ月間の野戦電信時代には，台湾通信網を日本通信網に織り込むための基盤が構築された．

　日本時代の開始と同時に台湾総督府は，社会資本に対する公共投資を拡大した．とりわけ，1896年から第1次世界大戦期までの間に電信・電話の普及はもっとも早く展開され，1910年代末には政府主導の情報化が一定の水

準に達した．日本が台湾を領有してから20年間も続いた台湾植民地征服戦争は，公共投資の優先順位を治安維持に置き，台湾通信網は1910年代末に治安・行政網として完全な機能を果たすようになった．

他方，朝鮮時代の朝鮮の情報化は，1885年に開通したソウル―仁川間の電信線を皮切りに，1897年までに3つの幹線の部分的な完成を見た．これらは，名目上は朝鮮政府の官線であったが，事実上中国通信網として機能していた．そのなか，日清戦争の勃発は朝鮮通信網を中国通信網から切り離し，これにより通信自主権を取り戻した大韓帝国政府は，1897～1905年にかけて独自の電気通信事業を推進した．この時期の朝鮮通信網は，政府の治安・行政通信網として機能し，貿易・商業通信網としての発展はほぼ見られなかった．その後，日露戦争とそれに次ぐ日韓通信合同は，朝鮮通信網を日本通信網のなかに再編する過程であった．日本時代の開始と同時に朝鮮総督府（統監府時代を含む）は，社会資本の拡充に力を入れた．とりわけ，1906年から第1次世界大戦期までの間には，電信・電話の量的な膨張と質的な向上が同時に達成された．1907年に発生した反日武装闘争を鎮圧する過程で生まれた警備電話網は，その後の政府主導の情報化において大きな影響を及ぼした．その結果，朝鮮通信網は1910年代末に治安・行政通信網として完全な役割を果たすようになった．

第2に，民間主導の情報化である．第1次世界大戦期までに治安・行政網の完成という所期の目的を達成した台湾総督府は，過度な財政支出を減らし，通信事業の黒字経営を企図した．したがって，事業草創期の通信財政は赤字経営が続いたが，1910年代に入ってからは黒字経営に転じ，第1次世界大戦後もわずかな黒字を出し続けた．一方，台湾経済の成長とともに民間の通信需要は急速に増加し，その結果，限られた通信財政のなかで行われていた政府主導の情報化は，限界を露呈した．

電信施設においてその限界を乗り越えようとしたのが，民営の性格をもつ三等郵便局であった．1920年代から電信施設の80%以上を占めていた三等郵便局は，局長が自己勘定の下で経営する収益事業であった．この三等郵便局長に任命されたのは，ほとんどが退職した元逓信官吏の日本人であった．朝鮮人の地域有志が経営者として参加することができた朝鮮の請負局制度に

比べ，台湾の請負局制度は，台湾人による行政的なチャンネルに欠けていた．他方，政府から民間へという，情報化主体の変化は電話においてより鮮明に表れた．電話加入者の増加により，政府が主導してきた「郵便局電話の時代」は幕を閉じ，民間が主導する「加入者電話の時代」が本格的に始まった．この際，政府は直接的な介入を控え，適切な制度配置を通じて民間主導の情報化をサポートした．具体的には，電話交換局の増設，相対的に低廉な料金制度，民間資金の導入を促す特別開通制度，市外電話線の拡充などの通信政策が，さらなる電話加入者の増加を招いた．

他方，治安・行政網の完成という目標の下で，朝鮮総督府は1915年まで通信財政を拡大していったが，1914年に「財政独立五ヶ年計画」が立てられたため，1916～1919年にかけて公共投資規模は大いに縮小した．その結果，通信財政は黒字へ転換したが，第1次世界大戦が招いた好況が電信・電話需要を急増させたため，供給不足による電信・電話の超過需要が深刻化した．そのなか，電信架設を要求する電信架設運動が全国に広がり始めた．商人階層，会社・工場の経営者を中心とする地域有志は，電信施設の誘致にかかる費用を負担し，通信当局者との面談を推進するなど，積極的に電信架設運動を展開していった．このような民間側の動きを反映し，朝鮮総督府は1923年に請願通信制度を導入した．この請願通信制度は通信サービスだけでなく，通信施設の建設にも受益者負担原則を適用したものであった．その結果，地域有志は自ら郵便所長となり，収益事業として郵便所を経営することができるようになった．もともと日本人官吏の退職後のポストとして利用されていた郵便所長職は，この請願通信制度の実施によって，朝鮮人の地域有志も任命されるようになった．一方，請願電信施設と寄付電信施設は，いずれも民間資金が投じられた電信施設であった．創設費と維持費を必要とする請願電信施設に比べ，寄付電信施設は創設費のみを必要とした．このような寄付電信施設制度は，通信事業に民間資金の導入を図った通信制度であった．それに対し，請願電信施設制度は，民間資金の導入（創設費）とともに民間側に郵便所の経営動機を持たせるインセンティブ・システム（維持費）を組み込んだ制度であった．

第3に，情報化と市場経済の発展である．1860年の開港を契機に，台湾

では輸出商品の栽培とその加工業が発達し始め，台湾南部を中心に甘蔗栽培と製糖業が興隆した．在来的な砂糖製造組織である糖廍で生産された台湾糖は，仲介商，売込商，輸出商の手を経て世界各地に輸出された．情報の非対称性の問題を抱えている砂糖取引において，売込商と輸出商は取引相手との取引を内部化し，またはインセンティブ契約を結ぶことを通じて，輸出台湾糖の島内流通における流通利益と，海外輸出における貿易利益をそれぞれ獲得していた．

近代移行期におけるこのような砂糖取引制度は，1900年代から第1次世界大戦期にかけて大きく変わることとなった．その背景には，近代的生産組織を基盤とする新式製糖工場の出現と，日本系糖商の台湾進出があった．新式製糖工場と日本系糖商の砂糖取引への参画は，委託販売契約という近代的な砂糖取引制度を定着させた．委託主の製糖業者（新式製糖工場）とその代理店の役割を果たす輸出商（日本系糖商）は，砂糖の委託販売契約を結んだが，その前提となったのは糖商の手数料商人化であった．そして，糖商の手数料商人化をもたらしたのは，海底線の敷設であった．台湾―福建間の海底線は，台湾糖輸出を担う欧米系糖商の手数料商人化を急速に進展させた．日本系糖商は台湾―日本間の海底線を利用し，輸出市場へ新規参入を果たし，さらには欧米系糖商を輸出市場から追い払うことに成功した．しかし，電信を利用した砂糖取引は，日本系糖商にとって諸刃の剣のようなものであった．欧米系糖商の情報独占構造を取り崩す武器であった電信は，伝統的な糖商営業における収益構造の悪化を意味するものでもあった．このような矛盾に直面した日本系糖商は，生産部門への参画と砂糖の見込取引を通じてそれを克服しようとした．

他方，朝鮮米の大量輸出が始まる1890年代に，開港場客主は米穀商とともに輸出米の流通・貿易利益を分割していた．しかし，1900～1910年代にかけて開港場客主の地位は大きく低下し，生産組織化した米穀商が流通段階まで掌握するようになった．1920年代からは開港場客主を介する流通ルートが完全に影を潜め，輸出米の流通・加工・貿易利益を蓄えた米穀商は，地主とともに朝鮮の代表的な資本家として成長した．このような米穀商成長の要因は，生産組織化と同時に電信・電話による米穀取引制度の変化にある．

電信・電話を利用した米穀取引は，具体的には第1に，米穀取引所において行われた．産地と開港場を問わず，全国の米穀業者は電信・電話を利用し，主要輸出港に位置する米穀取引所を通じて価格察知，保険つなぎ，資産運用（米穀投機）活動を行った．第2に，米穀商同士のやり取りにおいても電信・電話が用いられた．朝鮮の米穀業者と日本の米穀業者は海底線を経由する朝鮮—日本間の電報を利用し，朝鮮内の米穀業者同士は電信・電話で商談を行った．電信・電話を利用した米穀取引の定着は仲買人の地位低下をもたらしたが，それ自体が仲買人の消滅を意味するものではなかった．電信・電話を利用した米穀取引には高額の通信料金がかかり，匿名的な米穀取引の拡大は，新たな形の取引コストを発生させた．専門化，組織化した仲買人はこのようなコストを省くことで，新しいビジネスチャンスを見つけたのである．

2. 考　察

以上，本書の内容を簡単に要約したが，ここからは序章で掲げた2つの課題について回答を提示したい．まず第1に，長期間にわたる持続的情報化を実現する原動力を探り，そこから現在の低開発地域の情報化に対する政策的含意を提示することである．近年，情報化が急速に進んでいるルワンダのカガメ（Paul Kagame）大統領は，2007年に開かれたサミットで次のように発言した．

> In 10 short years, what was once an object of luxury and privilege, the mobile phone, has become a basic necessity in Africa[1].

カガメ大統領は，2007年の時点で携帯電話がすでにアフリカ人の必需品になったと述べたが，近年その傾向はさらに加速している．図終-1はアフリカ大陸の電話加入者数の推移を表している．序章で言及したように，アフリカの多くの国では政府のコーディネーション能力に限界があるがゆえに，

---

1) Aker, Jenny C. and Isaac M. Mbiti (2010), "Mobile Phones and Economic Development in Africa," *Journal of Economic Perspectives*, Vol. 24(3), p. 208.

232　終　章

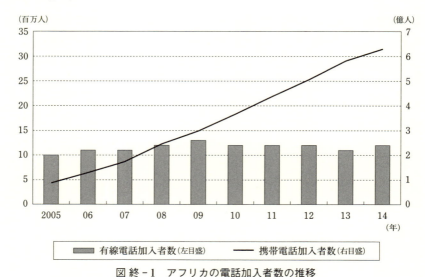

図 終-1　アフリカの電話加入者数の推移

出典：ITU World Telecommunication/ICT indicators database. http://www.itu.int/en/ITU-D/Statistics/Pages/stat/default.aspx

　有線電話の普及が遅々として進まないなか，携帯電話の普及がそれを追い越す形で急成長している．図終-1 からもわかるように，有線電話加入者数が1,000 万人強の規模で伸び悩んでいることに対し，携帯電話加入者数は毎年5,000 万人以上増え続けた結果，2006 年に初めて 1 億人を超え，8 年後の2014 年には 6 億人を突破した．現在アフリカの総人口 10 億人と突き合わせてみると，人口の 60% が携帯電話をもっていることになる．

　しかし，一見高く思われるアフリカの携帯電話普及率は，実際の通信事情とは少しかけ離れている可能性がある．表終-1 はアフリカ諸国の携帯電話加入者数と普及率であるが，198.8% のガボンから 6.5% のエリトリアまで同じアフリカといえども，普及率にはかなりのバラツキがあることがわかる．さらに，調査対象国の 50 カ国のうち 15 カ国で携帯電話の普及率が 100% を超えていることが目を引くが，だからといってこれ自体その国の誰もが携帯電話を保有していることを意味するわけではない．これには低開発地域ならではの通信事情がある．携帯電話には，電話番号を特定するための固有のID 番号が記録された SIM（Subscriber Identity Module）カードが使われる．

表 終-1　アフリカ諸国の携帯電話加入者数と普及率（2013年12月現在）

順位	国名	加入者数	普及率(%)	順位	国名	加入者数	普及率(%)
1	ナイジェリア	127,246,092	75.2	26	チャド	5,132,000	46.6
2	南アフリカ	71,494,000	138.0	27	マラウイ	4,942,000	28.9
3	モロッコ	42,073,749	128.1	28	コンゴ共和国	4,660,000	111.4
4	アルジェリア	39,466,000	106.5	29	ソマリア	4,263,000	42.4
5	ケニア	31,850,000	73.5	30	シエラレオネ	3,867,000	61.2
6	スーダン	28,450,000	82.7	31	モーリタニア	3,279,000	88.3
7	コンゴ民主共和国	28,380,000	36.9	32	ボツワナ	3,264,000	172.0
8	ガーナ	28,026,482	109.6	33	トーゴ	3,220,000	50.0
9	エチオピア	26,200,000	29.5	34	ガボン	3,107,929	198.8
10	タンザニア	25,560,000	53.2	35	ナミビア	2,750,000	126.5
11	ウガンダ	20,688,000	56.2	36	ブルンジ	2,724,000	30.3
12	マリ	19,744,308	117.1	37	リベリア	2,533,000	62.1
13	コートジボワール	18,990,000	78.9	38	南スーダン	2,386,000	22.5
14	カメルーン	14,747,000	67.1	39	ガンビア	2,207,000	117.6
15	アンゴラ	14,340,000	68.9	40	レソト	1,567,000	82.2
16	セネガル	13,133,772	97.5	41	モーリシャス	1,478,500	113.6
17	モザンビーク	13,070,000	57.1	42	ジンバブエ	1,457,000	111.1
18	チュニジア	12,712,365	116.4	43	中央アフリカ	1,149,000	23.1
19	ブルキナファソ	11,848,060	66.7	44	ギニアビサウ	1,123,747	69.7
20	ザンビア	11,790,000	82.7	45	スワジランド	811,000	74.2
21	ルワンダ	11,695,000	60.6	46	赤道ギニア	579,300	75.8
22	ベニン	8,885,000	92.5	47	エリトリア	380,000	6.5
23	リビア	8,200,000	125.6	48	西サハラ	350,000	60.7
24	ギニア	7,648,141	68.7	49	ジブチ	231,000	25.3
25	マダガスカル	5,849,000	25.8	50	セーシェル	130,500	140.3

出典：情報通信総合研究所「開発途上国におけるICT利活用の現況等に関する調査研究」2014年，24頁より作成．

日本では，1台の携帯電話に対して1つのSIMカードが装着されている．しかし，アフリカをはじめ多くの低開発地域では，事前に料金をチャージするプリペイド形式のSIMカードが主流であり，予めプリペイドのSIMカードを購入しておき，利用する時にチャージを行う．そのため，アフリカでは1人で複数枚のSIMカードを保有するのが一般的である．携帯電話加入者数の統計は販売されたSIMカードの枚数で集計されるため，人口対比普及率が100%を超えることもしばしばあるのである．正確な数値は知られていないが，実際の携帯電話の利用者数は普及率の50%程度であると推定している[2]．

このような事情を勘案しながら，現在アフリカの情報化における現状と課

題を考えてみると,アフリカの情報化政策がもっている光と影がいっそう鮮明に浮き上がってくる.まず光の部分は,遅々として進まなかった有線電話の普及で見られたような政府のコーディネーションの失敗が,携帯電話の普及の際には民間資本の導入によってある程度克服されたことである.現在アフリカでは民営化による外資導入が促進され,外国系通信会社が主導する情報化が着々と進んでいる.このような成功事例から,他の低開発地域でも政府介入を最小限に止め,より積極的に外資を導入し,さらなる情報化を進めるべきだという主張が支持を得ている[3].

しかし,このような民間主導の情報化政策は,諸刃の剣のような性質をもっている.アフリカの情報化政策がもっている影の部分を端的に表しているのが,情報化の格差問題である.表終-1からもわかるように,国家間の情報化の格差は言うまでもなく,1つの国のなかでも地域間の情報化の格差は広がる一方である.自由な市場競争に基づく情報化政策は,所得水準と人口密度が低い地域を情報化の置き去りにしてしまうからである.したがって,これまでの情報化政策のあり方が情報化の格差問題を顕著化させたという反省のもと,その解消のためにも政府がより積極的な役割を果たすべきだという見解もある[4].

本書で明らかになった台湾と朝鮮の情報化過程を見れば,持続可能な情報化を実現するためには,民間部門のコーディネーション能力の向上とそれを支える適切な政府の役割が必要であることがわかる.市場の発展が不完全な低開発地域では,情報化を推進するための民間部門のコーディネーション能力が足りない.この場合,政府の積極的な介入による集中的な資源配分は,情報化のエンジンをかける役割を果たすことができる.しかし,民間部門の

---

2) GSMA (2013), "New Gsma Report Shows Sub-Saharan Africa Leads the World in Mobile Growth and Impact," GSMA Press Release, November 11, 2013. http://www.gsma.com/newsroom/press-release/sub-saharan-africa-leads-world/
3) Sridhar, Kala Seetharan and Varadharajan Sridhar (2007), "Telecommunications Infrastructure and Economic Growth: Evidence From Developing Countries," *Applied Econometrics and International Development*, Vol. 7(2), pp. 37-56.
4) International Telecommunication Union (2009), *Information Society Statistical Profiles 2009. Africa*, Geneva, Switzerland: International Telecommunications Union, pp. 18-25.

コーディネーション能力が向上すると，政府の積極的な介入はむしろコーディネーションの失敗を招きかねない．したがって，この場合，政府の役割は直接介入ではなく，民間部門のコーディネーション能力を向上させる適切な制度を配置することを通じて民間が主導する情報化を側面支援することである．

一方，アフリカ大陸の場合，情報化を推進するための民間部門はもちろん，政府のコーディネーション能力にも限界があった．ところが，2000年代に入ってから外資という国外からの民間部門の力によって情報化のエンジンをかけることに成功した．しかし，十数年経った今は，これまでの情報化政策が孕んでいた問題点が次々と浮上し，「外資導入による情報化」という方法にも疑問の声が上がっている．長期間にわたる持続的情報化を実現するためには，民間部門のコーディネーションが限界を現し始めた今だからこそ，適切な制度配置を含めて積極的な政府の役割が要求されるのである．つまり，最適な政府の役割とは，固定的なものではなく，特定の発展と歴史的な条件の下で，民間部門との相互作用のなかから現れる動態的な均衡として理解しなければならない．

本書の序章で掲げた2つ目の課題は，電信・電話という電気通信を基盤とする情報化が，台湾と朝鮮の市場経済の発展にいかなる影響を与えたのかを明らかにすることである．その際，本書では電信・電話の普及が台湾糖と朝鮮米の取引制度に及ぼした影響に注目した．前述の通り，台湾糖の取引制度は1900年代に大きな変化を遂げた．これまで台湾糖の輸出を担っていた欧米系糖商が日本系糖商にとってかわられ，また台湾糖の島内流通を担当していた台湾商人の勢力も衰退し始めた．従来このような変化は，日本の台湾領有がもたらした結果として考えられてきた．しかし，第5章で明らかにしたように，日本系糖商が欧米系糖商を追い払うことができた理由は，日本の台湾領有ではなく，1880年代末から始まった糖商の手数料商人化にあった．そして，この糖商の手数料商人化をもたらした決定的な要因は，台湾を世界市場に結び付けた電信線の登場であった．台湾―福建間の海底線の敷設は，欧米系糖商の寡占的市場構造を取り崩し，輸出市場の参入障壁を取り除いた．1900年代から台湾に進出し始めた日本系糖商は，糖商の手数料商人化がす

でに進んでいたため，低コストで市場参入を達成することができたのである．

　朝鮮米の取引制度もまた，1900〜1910 年代に大きな変化を遂げた．1890 年代まで朝鮮米は開港場客主と米穀商の取引によって輸出されていたが，1900〜1910 年代にかけて開港場客主が流通部門から退き，その代りに米穀商が流通部門を掌握し始めた．従来，このような変化は，日本政府が朝鮮で実施した財政・貨幣改革と交通網の整備が日本商に有利に働きかけた結果として考えられてきた．しかし，第 6 章で明らかにしたように，1890 年代まで米穀客主業が繁盛した理由は，米穀商と開港場客主の間で結んでいた米穀契約が，開港場客主に流通利益を取らせるインセンティブ契約であったためであった．近代移行期における情報の非対称性がもたらしたこのような契約形態は，1900〜1910 年代の情報化によって大きく変わることとなった．電信・電話を利用した米穀取引の定着は，米穀客主業の消滅をもたらす一方で，流通・加工・貿易過程の垂直統合化を図った米穀商が成長していく基盤となった．

　以上のように，電信・電話という電気通信を基盤とする情報化が，通常「日本植民地期」と言われる戦前期の台湾と朝鮮の市場経済の発展に対して，ポジティブな影響をもたらしたことは間違いない．ところで，このような日本植民地期の情報化は，第 2 次世界大戦後の台湾と韓国の市場経済の発展とはいかなる関係にあるのか．この質問に対する答えは，本書の執筆意図を超えてしまうため，最後に残された課題として記すべきものであるが，ここでは筆者がもっているイメージだけを若干述べておきたい．

　そもそも世界中の研究者が日本植民地期の台湾と朝鮮の経済発展に注目し始めたのは，1980 年代アジア NICs（または NIEs）の浮上と深い関係がある．ヨーロッパと中南米の新興工業地域とは異なり[5]，二度の石油危機を乗り越えて 1980 年代にも高度成長を続けた台湾，韓国，香港，シンガポールに対し，その原動力を植民地時代の遺産から探る一連の研究が注目を浴びた．と

---

5) 1979 年の経済協力開発機構（OECD）レポートでは，ヨーロッパ，中南米，アジアの 10 カ国・地域を NICs として指していた．ヨーロッパからはギリシャ，ポルトガル，スペイン，ユーゴスラビアが，中南米からはメキシコ，ブラジルが NICs に包含されていた．しかし，1980 年代に入ってからヨーロッパ NICs と中南米 NICs は，その成長速度が著しく鈍化し始めた．

りわけ，台湾と韓国の場合，開発独裁とも呼ばれる台湾の蔣介石政権と韓国の朴正熙政権の国家主導成長類型の源流が，日本植民地下の植民地政府（台湾総督府と朝鮮総督府）にあるという主張がセンセーションを巻き起こした[6]．実際に，日本植民地期には近代的な植民地政府の下で各種の市場経済制度が整備され，近代的な労働市場，商品市場，資本市場が誕生し，鉄道，港湾，通信のようなインフラストラクチュアも構築された．そして，このような植民地の遺産が戦後の台湾と韓国の経済発展に多かれ少なかれ寄与したのも事実である．植民地期の遺産を戦後の経済発展に結び付ける，いわゆる連続性を強調する主張は，その後の実証研究によって覆されたこともあるが[7]，いまなお各論レベルの論争は続いている[8]．

　本書が注目した電信・電話を中心とする電気通信網の場合，戦前と戦後の間の連続性が断絶性より強く表れる分野だと思われる．表終-2は，終戦直後に調べた人口1万人当たり電信施設の数である．日本が引き揚げた後，台湾には約200カ所，朝鮮には約1,200カ所の電信施設が残っていた．植民地の経験があり，なおかつ同程度の人口や面積をもつ国家や地域のなかで，これだけの電信施設を有するものはなかった．表終-2からもわかるように，当時の台湾と朝鮮の通信状況はヨーロッパの先進地域に比べれば遥かに劣るものであったが，同じく植民地の経験を持つ他のアジア地域に比べれば，むしろ高い水準であった．もちろん戦後しばらくの間，台湾と韓国では混乱と内戦が続いたため，多くの社会資本が破壊されたことも事実である．しかし，戦前からすでに全国を覆っていた電気通信網は，その重要性が認識されていたがゆえに，破壊された後も優先的に修繕工事が行われ，戦後の台湾と韓国

---

6) これについては，Eckert, J. Carter (1991), *Offspring of Empire: The Koch'ang Kims and the Colonial Origins of Korean Capitalism, 1876-1945*, Seattle and London: University of Washington Press; Kohli, Atul (1994), "Where do High Growth Political Economies Come From? The Japanese Lineage of Korea's "developmental state,""*World Development*, Vol. 22(9), pp. 1269-1293. を参照されたい．

7) 戦前の朝鮮経済と戦後の韓国経済の断絶論を主張する許粋烈によると，戦後韓国に残存した戦前朝鮮の工業資産は10%に過ぎなかった（許粋烈『開発なき開発』銀杏出版，2005年，328頁）．

8) 最近の研究成果については，原朗・宣在源編『韓国経済発展への経路——解放・戦争・復興』日本経済評論社，2013年を参照されたい．

表終-2　終戦直後の人口1万人当たりの電信施設

(1945年末現在)

国　名	カ所
フランス	77.42
スウェーデン	64.55
イギリス	28.48
アメリカ	23.67
スペイン	18.32
ポルトガル	12.79
台　湾	4.10
朝　鮮	4.63
インド	2.68
イラン	1.23
インドチャイナ	0.47
インドネシア	0.25

注：フランスはアルジェリアを含む数値である．
出典：(1) ITU Historical Statistics (1849-1967). http://www.itu.int/en/history/Pages/HistoricalStatistics.aspx
(2) 朴二澤『韓国通信産業における支配構造と雇用構造1876-1945』韓国学術情報(KSI)，2008年，112頁；大韓民国通信部『韓国電気通信100年史』1985年，290-291頁．
(3) 曹潜『中華郵政史台湾編』交通部郵政総局，1981年，196-197頁．

において基幹通信網としてその役割を果たした．要するに，高度経済成長が始まる以前から台湾と韓国では，新興国としては珍しく全国をカバーする電気通信網を有していたのである．

　戦後，台湾と韓国が果たした高度経済成長の原因を説明するうえで，このような電気通信網の存在がもつ意義とは何か．情報化が市場化を促進し，市場化の進展がさらなる情報化をもたらすことは前述した通りである．とはいえ，低開発地域において情報化のエンジンをかけることは，そう簡単にできるものではない．最近までもアフリカで有線電話事業が遅々として進まなかった理由は，政府のコーディネーション能力に限界があり，国家が積極的に財政資金を投入し，電気通信網を建設し，公共財として電気通信サービスを独占的に供給することができなかったためである．したがって，もし，戦後の台湾と韓国で全国をカバーする電気通信網が存在しなかったら，台湾と韓国は現在のアフリカ諸国と同様に，外資が主導する情報化を待たなければならなかったかも知れない．さらには，情報化が促進する市場化，そして市場

化がもたらすさらなる情報化という好循環的な効果も縮小したはずだから，台湾と韓国が誇らしく思っている高度経済成長の実績にも何らかの修正を加えなければならないかも知れない．

　総合すれば，終戦後の他の低開発地域とは違って，台湾と韓国はすでに戦前期に完成した全国的な電気通信網を保有しており，この電気通信網は戦後達成した両地域の目覚しい経済成長にも一定程度の貢献を果たしたと考えられるのである．もちろん，その因果関係を明確にするためには，今後さらなる検証が必要であることは言うまでもない．

第2節　今後の課題

　最後に，本書で十分取り上げることのできなかった論点を中心に，今後の課題について述べておきたい．

　第1に，満州の電気通信網についてである．本書の土台となった筆者の博士論文は，もともと「日本帝国圏の情報通信網と東アジアの経済発展」という壮大な構想からスタートした．日本を中心に台湾，朝鮮，満州など，いわゆる日本経済圏では「ヒト」，「モノ」，「カネ」だけでなく「情報」というもう1つの交流があり，その物的基盤を成していたのが日本帝国圏内の電気通信網であった．とりわけ，台湾，朝鮮，満州の日本植民地における情報化にはいくつかの興味深い特徴があり，そのうちの1つが植民地に編入された順番（台湾→朝鮮→満州）に即して，情報化における民間主導の度合いが高くなる点である．日清戦争の戦利品としてもっとも早く日本の植民地となった台湾の情報化は，相対的に政府主導の性格が強く，一方で日露戦争をきっかけに日本の植民地となった朝鮮の情報化は，台湾より民間主導の色彩が強い．例えば，第3章と第4章で検討したように，民営の性格が強い請負局の局長任命においても，主に日本人通信管理の退職後のポストとして利用されていた台湾の請負局と違って，朝鮮の請負局では朝鮮人の地域有志の任命が多かった．満州事変を境に事実上日本の植民地となった満州に至っては，半官半民の特殊会社とはいえ，一応満州電信電話株式会社という会社組織が登場す

る[9]．つまり，植民地に編入された順番に即して，情報化における民間主導の度合いが高くなってきたのである．これだけでなく，満州を分析の枠組みに加えることによって比較経済史的なさまざまな示唆を得ることができるが，この点，今後の課題にしておきたい．

　第2に，朝鮮の電話事業（または電話網）についての分析である．読者のなかにはすでに気付いている方もいるかも知れないが，台湾の電信・電話を題材に民間主導の情報化を論じている第3章と異なり，第4章では朝鮮の電信事業における民間主導の情報化がメイン・テーマとなっており，電話事業の話は出てこない．もともと台湾の民間主導の情報化が相対的に電信より電話に重点が置かれていたことに対し，朝鮮の民間主導の情報化は，逆に電話より電信に重点が置かれていた．朝鮮では頻発した民間主導の電信架設運動が，台湾ではほとんど起きなかったこともこのような相対的な構図をよく物語っている．台湾の情報化と朝鮮の情報化はそれぞれ異なる均衡（制度）が存在し，異なる均衡（制度）にたどり着く過程もまたそれぞれ異なるが，本書ではそれを十分説明することができなかった．本書の第4章のもととなった筆者の論文（「植民地朝鮮における電信政策と電信架設運動」『歴史と経済』第202号，2009年）は，本書の土台を成している6本の論文のうち，もっとも最初に書かれたものである．したがって，本書の執筆の際に第4章はその基礎となった論文の未熟さからも大幅な修正を余儀なくされたが，時間不足のために本来議論すべき朝鮮の電話事業に関する内容が抜けてしまった．この点については，今後別途の論文を通じて論じたい．

　第3に，その他の観点からの分析である．本書の執筆意図は，長期間にわたる持続的情報化を実現する原動力を探り，そこから現在の低開発地域の情報化に対する政策的含意を提示することと，電信・電話という電気通信を基盤とする情報化が，台湾と朝鮮の市場経済の発展にいかなる影響を与えたのかを明らかにすることである．したがって，テレコムの経済史において伝統的に議論されてきた内容を多く割愛している．例えば，新しい通信機器の導入，定着，普及といった技術史的な観点が抜けており，さらに通信産業にお

9）満州電信電話株式会社については，鈴木邦夫編『満州企業史研究』日本経済評論社，2007年，378-398頁を参照されたい．

ける人的資本の形成についても省略している．本来であれば，このような幅広い観点を取り入れた議論も必要であるが，本書では最初の執筆目的に相応した観点に沿って議論を進めてきたことをここに述べておきたい．

参考文献

- 韓国語，旧漢字，繁体字，簡体字はすべて日本で用いられる漢字に修正した．
- 日本語文献は50音順，韓国語文献は子母順，中国語文献はピンイン順，英語文献はアルファベット順である．

1. 資　料

1-1　日本語資料

伊藤重郎［編］『台湾製糖株式会社史』1939年．
海野福寿［編］『韓国併合　外交史料（上）』不二出版，2003年．
大蔵省昭和財政史編集室［編］『昭和財政史16　旧外地財政（下）』東洋経済新報社，1961年．
大阪府内務部第五課『大阪外国貿易調』1895年．
大橋清三郎［編］『朝鮮産業指針』開発社，1915年．
岡崎唯雄『朝鮮内地調査報告』（自費出版），1895年．
越智唯七［編］『新旧対照朝鮮全道府郡面里洞名稱一覧（上）（下）』龍溪書舍，2002年（原本：中央市場，1917年）．
外務省［編］『日本外交文書』第16巻，日本国際連合協会，1951年．
外務省［編］『日本外交文書』第18巻，日本国際連合協会，1950年．
外務省通商局［編］「明治26年中仁川港商況年報」『通商彙纂』第8号附録，1894年．
外務省通商局［編］「韓国事情」『通商彙纂』第60号，1897年．
外務省通商局［編］「韓国釜山大邱間運搬事情一斑」『通商彙纂』第202号，1901年．
外務省通商局［編］「元山大豆輸出状況」『通商彙纂』第230号，1902年．
木村健二［監修］「朝鮮取引所史」『社史で見る日本経済史　植民地編』第26巻，ゆまに書房，2004年．
慶尚北道穀物検査所『慶尚北道穀物検査所報告』1928年．
慶尚北道穀物検査所『慶北米』1928年．
慶尚北道米豆検査所『慶尚北道米豆検査所報告』1927年．
京城日報社『大京城公職者名鑑』1936年．
社団法人糖業協会［編］『近代日本糖業史（上）』勁草書房，1962年．
仁川府『仁川府史』1933年．
杉野嘉助『台湾商工10年史　全』1919年．
鮮米協会［編］『鮮米協会10年誌』1935年．
鮮米協会『朝鮮米の進展』1935年．
大北電信株式会社［編］『大北電信株式会社　1869-1969年会社略史』国際電信電話株式会社，1972年．
台湾慣習研究会［編］『台湾慣習記事』第7巻第3号，1907年．
台湾慣習研究会［編］『台湾慣習記事』第7巻第4号，1907年．

台湾慣習研究会［編］『台湾慣習記事』第7巻第5号, 1907年.
台湾総督府『台湾総督府統計書』各年版.
台湾総督府交通局逓信部『台湾総督府通信統計要覧』1922-42年.
台湾総督府交通局逓信部『逓信志　通信編』1928年.
台湾総督府交通局逓信部『我等と通信』1928-29年.
台湾総督府交通局逓信部『郵便路線図』1929-40年.
台湾総督府交通局逓信部『台湾逓信事業一覧』1933, 1942年.
台湾総督府交通局逓信部『台湾の通信』1935年.
台湾総督府交通局逓信部『台北州下各局電話帖』1936年.
台湾総督府交通局逓信部『逓信職員録』1936-43年.
台湾総督府交通局逓信部『花蓮港庁及台東庁電話帖』1937年.
台湾総督府交通局逓信部『新竹州電話帖』1937年.
台湾総督府交通局逓信部『台中州電話帖』1937年.
台湾総督府交通局逓信部『台南州電話帖』1937年.
台湾総督府交通局逓信部『高雄州及澎湖庁電話帖』1937年.
台湾総督府交通局逓信部『嘉義州電話帖』1939年.
台湾総督府交通局逓信部『通信案内』1939年.
台湾総督府交通局逓信部『台湾の電気通信』1941年.
台湾総督府殖産局『台湾之糖業』1912年.
台湾総督府殖産局『台湾の糖業』1935年.
台湾総督府殖産局特産課［編］『台湾糖業概観』1927年.
台湾総督府熱帯産業調査会『熱帯産業調査会郵便・電信・電話』1935年.
台湾総督府民政局通信課『台湾通信事業成績』1900年.
台湾総督府民政局通信部『台湾野戦郵便電信略史』1897年.
台湾総督府民政局通信部『台湾総督府通信類纂通信編』1922年.
台湾総督府民政部通信局『台湾通信事務成績』1895-1907年.
台湾総督府民政部通信局『台湾総督府通信要覧』1901-07年.
台湾総督府民政部通信局『台湾現行通信法規』1906年.
台湾総督府民政部通信局『台湾逓信事業概況』1913年.
台湾総督府民政部通信局『台湾逓信事業要覧』1913-21年.
台湾総督府民政部通信局『台湾総督府通信事業綜覧』1917年.
台湾総督府民政部通信局『台湾郵政史』1918年.
台湾通信協会『台湾通信』各月号（1940-42年）.
台湾通信協会『台湾通信協会雑誌』各月号（1918-39年）.
朝鮮玄米商組合連合会［編］『全鮮玄米商各位に檄す』1929年.
朝鮮玄米商組合連合会［編］『朝鮮玄米商組合連合会第2回大会報告書』1929年.
朝鮮殖産銀行調査課『朝鮮ノ米』1928年.
朝鮮新聞社『朝鮮人事興信録』1935年.
朝鮮総督府『朝鮮彙報』各月号.
朝鮮総督府［編］『朝鮮総督府及所属官署職員録』各年版.

参考文献

朝鮮総督府『朝鮮総督府官報』各号.
朝鮮総督府『朝鮮総督府統計年報』各年版.
朝鮮総督府『朝鮮総督府統計要覧』各年版.
朝鮮総督府（善生永助）『朝鮮の市場経済』1929年.
朝鮮総督府逓信局［編］『郵便局所要覧』1911年.
朝鮮総督府逓信局［編］『朝鮮総督府逓信年報』1911-41年.
朝鮮総督府逓信局［編］『朝鮮通信事業沿革小史』1914年.
朝鮮総督府逓信局［編］『朝鮮郵便官署国庫金事務史』1915年.
朝鮮総督府逓信局［編］『朝鮮総督府逓信統計要覧』1917-41年.
朝鮮総督府逓信局［編］『通信事務概況』1918-30年.
朝鮮総督府逓信局［編］『朝鮮ノ通信事業』1925-39年.
朝鮮総督府逓信局［編］『逓信拾遺』1936年.
朝鮮総督府逓信局［編］『朝鮮通信事業沿革史』1938年.
朝鮮総督府鉄道局［編］『朝鮮鉄道40年略史』1940年.
朝鮮総督府農林局［編］『朝鮮米穀倉庫要覧』1939年.
朝鮮通信協会『朝鮮通信』各月号（1935-42年）.
朝鮮通信協会『朝鮮通信協会雑誌』各月号（1918-34年）.
朝鮮農会『朝鮮農会報』第9巻第6号, 1914年6月.
朝鮮農会『朝鮮農会報』第18巻第3号, 1923年3月.
全羅南道『全南の米』1934年.
全羅北道穀物検査所［編］『全羅北道穀物検査要報』1925-27年.
逓信省通信局『朝鮮電信誌』1895年.
統監府『統監府統計年報』1907-10年.
統監府通信管理局『統監府通信事業第1回報告――明治39年上期』1906年.
統監府通信管理局『統監府通信事業第2回報告――明治39年下期』1908年.
統監府通信管理局『統監府通信事業第2年報――明治40年』1909年.
統監府通信管理局『統監府通信事業第3年報――明治41年』1909年.
東邦協会［編］「大正4年度朝鮮総督府特別会計実行予算綱要」『朝鮮彙報』第3号, 1915年5月.
東邦協会［編］「大正4年度追加予算綱要」『朝鮮彙報』第5号, 1915年7月.
中村資良『朝鮮銀行会社組合要録』東亜経済時報社, 各年版.
西原雄次郎［編］『新高略史』新高製糖, 1935年.
日本勧業銀行調査課［編］『米価に関する研究』1937年.
日本電信電話公社［編］『外地海外電気通信史資料3　台湾の部』1956年.
日本電信電話公社［編］『外地海外電気通信史資料4　朝鮮の部1』1956年.
日本電信電話公社海底線施設事務所［編］『海底線百年の歩み』電気通信協会, 1971年.
日本電信電話公社電信電話事業史編集委員会［編］『電信電話事業史』第1巻, 電信通信協会, 1959年.
日本電信電話公社電信電話事業史編纂委員会［編］『電信電話事業史』第6巻, 電信

通信協会，1960年．
水田直昌［監修］「統監府時代の財政——朝鮮近代財政の地固め」朝鮮統治関係資料『朝鮮財政・金融発達史』友邦協会，1974年．
三井文庫［監修］『三井物産支店長会議議事録2　明治36年』丸善，2004年．
三井文庫［監修］『三井物産支店長会議議事録3　明治37年』丸善，2004年．
郵政省［編］『通信事業史』第2巻，1961年．
郵政省［編］『郵政百年史』1971年．
吉田新一（朝鮮総督府通信局）『日韓通信事業合同顚末私考』1936年，私家版．

1-2　韓国語資料

高麗大学亜細亜問題研究所「日案」『旧韓国外交文書』文書番号2926, 2939, 1965年．
国史編纂委員会『駐韓日本公使館記録』第3巻，1988年．
大韓民国逓信部『電気通信事業80年史』1966年（原資料はソウル大学奎章閣所蔵『通信院来文（巻一）』）．
大韓民国逓信部『大韓民国通信沿革』1971年．
大韓民国逓信部『通信統計年鑑』1955, 1959年．
大韓民国逓信部『通信統計年報』1957-58年，1963-94年．
大韓民国逓信部『韓国郵政史』1971年．
大韓民国逓信部『韓国郵政100年史』1984年．
大韓民国逓信部『韓国電気通信100年史』1985年．
東莱監理署［編］『日案』1888-1904年（ソウル大学奎章閣書庫18120）．
東莱監理署［編］『日照』1893-1902年（ソウル大学奎章閣書庫18144）．
仁川商工会議所90年史編纂委員会［編］『仁川商工会議所90年史』1979年．
韓国通信『要覧日記　天・地合本』1993年．

1-3　中国語資料

黄得峰［編訳］『台湾総督府公文類纂郵政史料彙編』28-38, 1895-1905年．
台湾銀行経済研究室『台湾交通史』1955年．

1-4　英語資料

China, Imperial Maritime Customs, Decennial Reports, 1882-91, Tainan.
China, Imperial Maritime Customs, *Returns of trade and Trade reports for the year 1885*, Shanghai: Statistical Dept. of the Inspectorate General, 1859-1886.

1-5　新聞資料

『京城日報』
『皇城新聞』
『大韓毎日申報』
『中外日報』
『朝鮮中央日報』

『朝鮮日報』
『東亜日報』
『毎日申報』

2. 著書及び論文

2-1 日本語文献

青木昌彦・金瑩基・奥野正寛［編］『東アジアの経済発展と政府の役割——比較制度分析アプローチ』日本経済新聞社，1997 年．

秋山満夫・中村郁一［著］，波形昭一・木村健二・須永徳武［監修］『株式会社仁川米豆取引所沿革／朝鮮取引所史／株式会社京城株式現物取引市場沿革誌』ゆまに書房，2004 年．

阿部薫［編］『岡本桂次郎伝』岡本桂次郎伝記刊行会，1941 年．

石井寛治「日清戦後経営」『岩波講座日本歴史 16　近代 3』岩波書店，1976 年．

石井寛治『日本経済史（第 2 版）』東京大学出版会，1991 年．

石井寛治『情報・通信の社会史——近代日本の情報化と市場化』有斐閣，1994 年．

石塚峻『朝鮮米と日本の食糧問題』友邦協会，1966 年．

石原藤夫『国際通信の日本史——植民地化解消へ苦闘の 99 年』東海大学出版会，1999 年．

一柳良雄・細谷祐二「市場と政府の補完的関係——市場機能拡張的政策の必要性」青木昌彦・奥野正寛・岡崎哲二［編］『市場の役割国家の役割』東洋経済新報社，1999 年．

李昌玟「情報非対称性の緩和による価格安定化の効果分析——韓国の事例分析を中心に」『東京大学経済学研究』第 50 号，2008 年，25-37 頁．

李昌玟「植民地朝鮮における情報化——1906 - 1919 年の電信・電話ネットワークを中心に」『日本植民地研究』第 21 号，2009 年，1-16 頁．

李昌玟「植民地朝鮮における電信政策と電信架設運動」『歴史と経済』第 51 巻第 2 号，2009 年，18-35 頁．

李昌玟「近代電気通信と米穀取引における最適契約問題——朝鮮開港場における客主業消滅と米穀商成長の背景」『社会経済史学』第 76 巻第 1 号，2010 年，43-64 頁．

李昌玟「海底ケーブルの登場と台湾糖取引制度の変化」李昌玟・湊照宏［編］『近代台湾経済とインフラストラクチュア』現代中国研究拠点研究シリーズ No. 9，東京大学社会科学研究所，2012 年，83-113 頁．

李昌玟「近代台湾における電気通信インフラの形成」李昌玟・湊照宏［編］『近代台湾経済とインフラストラクチュア』現代中国研究拠点研究シリーズ No. 9，東京大学社会科学研究所，2012 年，1-31 頁．

李昌玟「台湾における電気通信網の形成とその経済的意義 1896 - 1919 年」『東京大学経済学研究』第 54 号，2012 年，1-15 頁．

李熒娘「植民地朝鮮における米穀検査制度の展開過程」一橋大学大学院博士学位論文，1994 年．

上山和雄「破綻した横浜の「総合商社」」横浜近現代史研究会・横浜開港資料館［編］『横浜の近代――都市の形成と展開』日本経済評論社，1997年．

宇佐美洋『入門先物市場』東洋経済新報社，2000年．

大江志乃夫「植民地領有と軍部――とくに台湾植民地征服戦争の位置づけをめぐって」『歴史学研究』第460号，1978年，10-22頁．

大川一司・高松信清・山本有造『長期経済統計1 国民所得』東洋経済新報社，1974年．

大島久幸「砂糖流通過程の錯綜性とメーカー主導型流通機構の形成」久保文克［編］『近代製糖業の発展と糖業連合会――競争を基調とした協調の模索』日本経済評論社，2009年．

大野哲弥「大北電信会社に対する国際通信独占権付与の経緯」『メディア史研究』第21号，2006年，141-159頁．

大豆生田稔『近代日本の食糧政策――対外依存米穀供給構造の変容』ミネルヴァ書房，1993年．

岡崎哲二・奥野正寛［編］『現代日本経済システムの源流』日本経済新聞社，1993年．

岡崎哲二［編］『取引制度の経済史』東京大学出版会，2001年．

岡崎哲二［編］『生産組織の経済史』東京大学出版会，2005年．

尾崎生「如何にして電報の敏速と正確を期し得べきか」『朝鮮通信協会雑誌』第8号（1918年8月号），30-34頁．

小田忠夫「併合初期に於ける朝鮮総督府財政の発達」京城帝国大学法学会『朝鮮経済の研究』第3，1938年，165-316頁．

河合和男『朝鮮における産米増殖計画』未来社，1986年．

河原林直人『近代アジアと台湾――台湾茶業の歴史的展開』世界思想社，2003年．

金哲『韓国の人口と経済』岩波書店，1965年．

金洛年『日本帝国主義下の朝鮮経済』東京大学出版会，2002年．

金洛年［編］『植民地期朝鮮の国民経済計算1910-1945』東京大学出版会，2008年．

木村和三郎『米穀流通費用の研究』日本学術振興会，1936年．

久保文克『植民地企業経営史論――「準国策会社」の実証的研究』日本経済評論社，1997年．

黒松秀太郎「警備電話に就て」『朝鮮通信協会雑誌』朝鮮通信協会，第136号（1929年9月号），33-37頁．

ケーブル・アンド・ワイヤレス会社［編］『ケーブル・アンド・ワイヤレス会社100年史 1868-1968年』国際電信電話株式会社，1972年．

黄昭堂『台湾民主国の研究――台湾独立運動史の一断章』東京大学出版会，1970年．

小林英夫「日本帝国主義下の植民地――日清・日露戦後期以後の台湾」『駒沢大学経済学部研究紀要』第45号，1987年，119-172頁．

小林英夫［編］『植民地への企業進出――朝鮮会社令の分析』柏書房，1994年．

黒面子「電報利用から観た仁川の趨勢」『朝鮮通信協会雑誌』第186号（1933年11月号），34-52頁．

近藤康男『朝鮮経済の史的断章』農山漁村文化協会，1987年．

斎藤聖二「日清開戦時の軍事通信――釜山・ソウル間電信線架設の経緯」『茨城キリスト教大学紀要』（II 社会・自然科学）第 33 号，1999 年，31-49 頁．
シャイ，O．吉田和男［監訳］『ネットワーク産業の経済学』シュプリンガー・フェアラーク東京，2003 年．
情報通信総合研究所「開発途上国における ICT 利活用の現況等に関する調査研究」2014 年．http://www.soumu.go.jp/johotsusintokei/linkdata/h26_01_houkoku.pdf．
末光欣也『日本統治時代の台湾――台湾の歴史 1895 年 - 1945/46 年 50 年の軌跡』致良出版社，2004 年．
杉原薫『アジア間貿易の形成と構造』ミネルヴァ書房，1996 年．
杉山伸也「情報革命」西川俊作・山本有造［編］『産業化の時代（下）』日本経済史 5，岩波書店，1990 年．
杉山伸也「情報ネットワークの形成と地方経済」近代日本研究会［編］『明治維新の革新と連続』近代日本研究 14，山川出版社，1992 年．
杉山伸也「情報の経済史」社会経済史学会［編］『社会経済史学の課題と展望』有斐閣，1992 年．
鈴木邦夫「見込商売についての覚書――1890 年代後半 - 1910 年代の三井物産」『三井文庫論叢』第 15 号，1981 年，1-88 頁．
鈴木邦夫［編］『満州企業史研究』日本経済評論社，2007 年．
高嶋雅明『朝鮮における植民地金融史の研究』大原新生社，1978 年．
竹内祐介「穀物需給をめぐる日本帝国内分業の再編成と植民地朝鮮――鉄道輸送による地域内流通の検討を中心に」『社会経済史学』第 74 巻第 5 号，2009 年，447-467 頁．
ダニエルス，クリスチャン（Christian Daniels）「清末台湾南部製糖業と商人資本 1870 - 1895 年」『東洋学報』第 64 巻，第 3・4 号，1983 年，289-326 頁．
崔虎鎮『近代朝鮮経済史――李朝末期に於ける商業及び金融』慶應書房，1942 年．
千葉正史『近代交通体系と清帝国の変貌――電信・鉄道ネットワークの形成と中国国家統合の変容』日本経済評論社，2006 年．
東嘉生「清朝治下台湾の貿易と外国商業資本」『台北帝国大学文政学部政学科研究年報』第 3 輯第 2 部（経済篇），1936 年．
東畑精一・大川一司「朝鮮米穀経済論」河田嗣郎・日本学術振興会［編］『米穀経済の研究』，有斐閣，1939 年．
涂照彦『日本帝国主義下の台湾』東京大学出版会，1975 年．
中塚明「日本帝国主義と朝鮮――三・一運動と「文化政治」」『日本史研究』第 83 号，1966 年，53-72 頁．
中村尚史『日本鉄道業の形成 1869 - 1894 年』日本経済評論社，1998 年．
ノース，ダグラス［著］，松下公視［訳］『制度・制度変化・経済成果』晃洋書房，1994 年．
延原生「電話加入の消長」『朝鮮通信協会雑誌』朝鮮通信協会，第 7 号（1918 年 7 月号），40-47 頁．
野村総合研究所［編］『経営用語の基礎知識（第 3 版)』ダイヤモンド社，2008 年．

原朗・宣在源［編］『韓国経済発展への経路——解放・戦争・復興』日本経済評論社, 2013年.
菱本長次『朝鮮米の研究』千倉書房, 1938年.
平井健介「1900-1920年代東アジアにおける砂糖貿易と台湾糖」『社会経済史学』第73巻第1号, 2007年, 27-49頁.
平井廣一『日本植民地財政史研究』ミネルヴァ書房, 1997年.
藤井信幸「明治前期の電信政策」『日本歴史』479号, 1988年, 71-88頁.
藤井信幸『テレコムの経済史——近代日本の電信・電話』勁草書房, 1998年.
藤井信幸「三等郵便局長と地域社会」『メディア史研究』第17号, 2004年, 53-70頁.
藤井信幸『通信と地域社会』日本経済評論社, 2005年.
許粹烈「日本帝国主義下朝鮮人工場の動態——1930年代「朝鮮工場名簿」の分析を中心に」中村哲・安秉直［編］『近代朝鮮工業化の研究』日本評論社, 1993年（原資料は朝鮮総督府殖産局『朝鮮工場名簿』各年版）.
許粹烈［著］, 保坂祐二［訳］『植民地朝鮮の開発と民衆——植民地近代化論, 収奪論の超克』明石書店, 2008年.
堀内義隆「日本植民地期台湾の米穀産業と工業化——籾摺・精米業の発展を中心に」『社会経済史学』第67巻第1号, 2001年, 23-46頁.
堀和生「日本帝国主義の朝鮮植民地化過程における財政変革」『日本史研究』第217号, 1980年, 1-38頁.
堀和生「朝鮮における植民地財政の展開——1910-30年代初頭にかけて」飯沼二郎・姜在彦［編］『植民地期朝鮮の社会と抵抗』未来社, 1982年, 195-236頁.
堀和生『朝鮮工業化の史的分析』有斐閣, 1995年.
松浦章『近代日本中国台湾航路の研究』清文堂出版, 2005年.
水田直昌「朝鮮財政の現状」『朝鮮』第198号, 1931年11月, 1-20頁.
水田直昌「朝鮮の財政」『朝鮮』第218号, 1933年7月, 1-28頁.
水田直昌「財政・金融政策から見た朝鮮統治とその終局——朝鮮財政金融史談 第1話-第9話」『朝鮮近代史料3』友邦協会朝鮮史料編纂会, 1962年.
水田直昌「総督府時代の財政——朝鮮近代財政の確立」『朝鮮財政・金融発達史』朝鮮統治関係資料, 友邦協会, 1974年.
水原明窓『朝鮮近代郵便史1884-1905』日本郵趣協会, 1993年.
溝口敏行［編］『アジア長期経済統計1 台湾』東洋経済新報社, 2008年.
溝口敏行・梅村又次［編］『旧日本植民地経済統計——推計と分析』東洋経済新報社, 1988年.
三友仁志『通話の経済分析——外部性と料金の理論』日本評論社, 1995年.
村上勝彦「植民地」大石嘉一郎［編］『日本産業革命の研究（下）——確立期日本資本主義の再生産構造』東京大学出版会, 1975年.
谷ヶ城秀吉「台湾・中国間貿易の変容と台湾総督府——1910年代から第1次世界大戦期を中心に」『日本史研究』第513号, 2005年, 28-49頁.
谷ヶ城秀吉「戦間期における台湾米移出過程と取引主体」『歴史と経済』第52巻第4号, 2010年, 1-15頁.

矢内原忠雄『帝国主義下の台湾』岩波書店，1988年．
やまだあつし「台湾茶業における台湾人資本の発展——1910年代を中心に」『社会経済史学』第61巻第6号，55-77頁．
山本犀蔵「通信事業の実施と新規計画」『朝鮮』第200号，1932年1月，129-134頁．
山本有造「植民地経営」中村隆英・尾高煌之助［編］『二重構造』岩波書店，1989年，231-274頁．
山本義照「朝鮮電信線架設問題と日朝清関係」『日本歴史』第587号，1997年，76-91頁．
吉野誠「朝鮮開国後の穀物輸出について」『朝鮮史研究会論文集』第12号，1975年，33-60頁．
四方田雅史「模造パナマ帽をめぐる産地間競争——戦前期台湾・沖縄の産地形態の比較を通じて」『社会経済史学』第69巻第2号，2003年，169-188頁．
劉進慶「清末台湾における対外貿易の発展と資本蓄積の特質（1858-1895年)」『東京経済大学会誌』第138号，1984年，53-75頁．
林鐘雄『台湾経済発展の歴史的考察 1895-1995』財団法人交流協会，2002年．
林満紅『台湾海峡両岸経済交流史』財団法人交流協会，1997年．
林満紅「アジア・太平洋経済における台湾・香港間の競合関係 1895-1945」藤善眞澄［編］『福建と日本』関西大学出版部，2002年．
若林幸男『三井物産人事政策史 1876-1931年——情報交通教育インフラと職員組織』ミネルヴァ書房，2007年．

2-2　韓国語文献

高麗大学亜細亜問題研究所『統計で見る韓国近現代史』亜研（高麗大学校亜細亜問題研究所）出版部，2004年．
金洛年「植民地期工業化の展開」李大根［編］『新しい韓国経済発展史』ナナン出版，2005年．
金洛年［編］『韓国の経済成長 1910-1945』ソウル大学出版部，2006年．
金東雲『朴承稷商店 1882-1951年』ヘアン，2001年．
金延姫「高宗時代における近代通信網の構築事業——電信事業を中心に」ソウル大学大学院博士論文，2006年．
金正起「西路電線の架設と反清意識の形成」『金哲俊博士華甲紀念史学論叢』知識産業社，1983年．
金正起「清州支線の架設と忠清道の東学農民運動」『湖西文化論叢』（西原大学校直指文化産業研究所），第11号，1997年，89-104頁．
羅愛子「開港後外国商人の浸透と朝鮮商人の対応」韓国歴史研究会［編］『1894年農民戦争研究』第1巻，歴史批評社，1994年．
羅愛子「日帝強占期における電気通信利用と社会像の変化」『東洋古典研究』第25輯，2006年．
朴ソプ『韓国近代の農業変動』一潮閣，1997年．
朴元善『客主』延世大学校出版部，1968年．

朴二澤「解放以前通信事業の展開過程と雇用構造」ソウル大学大学院博士論文，2000年．
朴二澤『韓国通信産業における支配構造と雇用構造 1876-1945』韓国学術情報（KSI），2008年．
徐賛洙「日帝下韓国の植民地財政に関する研究」嶺南大学大学院修士論文，1982年．
柳承烈「韓末・日帝初期商業変動と客主」ソウル大学大学院博士学位論文，1996年．
李明輝「朝鮮取引所の株式取引制度と取引実態」『経済史学』（経済史学会），第31号，2001年，65-92頁．
李炳天「居留地貿易機構と開港場客主」『経済史学』（経済史学会），第7号，1984年，51-121頁．
李炳天「開港期外国商人の侵入と韓国商人の対応」ソウル大学大学院博士学位論文，1985年．
李炳天「開港期外国商人の内地商圏侵入」『経済史学』（経済史学会），第9号，1985年，295-331頁．
李栄薫［編］『数量経済史で見る朝鮮後期』ソウル大学出版部，2004年．
李憲昶「韓国開港期の日本人搗精業に関する研究」ソウル大学大学院修士学位論文，1982年．
李憲昶「開港期の韓国人搗精業に関する研究」『経済史学』（経済史学会），第7号，1984年，123-180頁．
李洪洛「植民地期朝鮮内の米穀流通」『経済史学』（経済史学会），第19号，1995年，167-215頁．
全遇容「近代移行期におけるソウルの客主と客主業」『ソウル学研究』（ソウル市立大学校ソウル学研究所），第24巻，2005年，131-168頁．
鄭勇錫「日帝の植民地朝鮮経営の本源的目的と財政的方式 1910-1936」『社会科学論集』（延世大学校社会科学研究所），第16号，1999年，221-247頁．
鄭在貞『日帝侵略と韓国鉄道』ソウル大学出版部，1999年．
崔文衡『韓国をめぐる帝国主義列強の角逐』知識産業社，2001年．
河志英「開港期朝鮮商人と日本商人の間の資金取引と穀物流通」『地域と歴史』（釜慶歴史研究所），第20号，2007年，53-89頁．
許粹烈『開発なき開発』銀杏出版，2005年．
洪淳権「開港期客主の流通支配に関する研究」『韓国学報』第11巻第2号，一志社，1985年，83-117頁．

2-3 中国語文献

林満紅『茶，糖，樟脳業興晩清台湾』台湾銀行，1978年．
林満紅『茶，糖，樟脳業興台湾社会経済変遷』聯經出版，1997年．
徐耀南・洪兆鉞［編］『台北電信史略』交通部台湾北区電信管理局，1995年，序．
張漢裕「日據時代台湾経済之演変」『台湾経済史二集』台湾銀行経済研究室，1955年，74-128頁．
張翊『中華郵政史』東大圖書公司，1996年．

曹潛『中華郵政史台湾編』交通部郵政総局, 1981 年.
王開節『我國電信發展簡史』中國交通建設學會, 1954 年.

2-4 英語文献

Abraham, Reuben, "Mobile Phones and Economic Development: Evidence From the Fishing Industry in India," *Information Technology and International Development*, Vol. 4(1), pp. 5-17, 2007.

Ahvenainen, Jorma, *The Far Eastern Telegraphs: The History of Telegraphic Communications between the Far East, Europe, and America before the First World War*, Helsinki: Suomalainen Tiedeakatemia, 1981.

Aker, Jenny, "Information from Markets Near and Far: Mobile Phones and Agricultural Markets in Niger," *American Economic Journal: Applied Economics*, Vol. 2(3), pp. 46-59, 2010.

Aker, Jenny C. and Isaac M. Mbiti, "Mobile Phones and Economic Development in Africa," *Journal of Economic Perspectives*, Vol. 24(3), pp. 207-232, 2010.

Chandler, Alfred D., *The Visible Hand: The Managerial Revolution in American Business*, Mass.: Harvard University Press, 1977.

Coase, Ronald H., "The Nature of the Firm," *Economica*, Vol. 4(16), pp. 386-405, 1937.

Eckert, J. Carter, *Offspring of Empire: The Koch'ang Kims and the Colonial Origins of Korean Capitalism, 1876-1945*, Seattle and London: University of Washington Press, 1991.

Field, Alexander J., "The Magnetic Telegraph, Price and Quantity Data, and the New Management of Capital," *Journal of Economic History*, Vol. 52(2), pp. 401-413, 1992.

Garbade, Kenneth D. and William L. Silber, "Technology, Communication and the Performance of Financial Markets: 1840-1975," *Journal of Finance*, Vol. 33(3), pp. 819-832, 1978.

Greif, Avner, "Contract Enforceability and Economic Institutions in Early Trade: the Maghribi Traders' Coalition," *American Economic Review*, Vol. 83(3), pp. 525-548, 1993.

Hayami, Yujiro and Keijiro Otsuka, *The Economics of Contract Choice*, New York: Oxford University Press, 1993.

Headrick, Daniel R., *The Tentacles of Progress: Technology Transfer in the Age of Imperialism, 1850-1940*, New York: Oxford University Press, 1988.

Headrick, Daniel R., *The Invisible Weapon: Telecommunications and International Politics, 1851-1945*, New York: Oxford University Press, 1991.

Hoag, Christopher, "The Atlantic Telegraph Cable and Capital Market Information Flows," *Journal of Economic History*, Vol. 66(2), pp. 342-353, 2006.

International Telecommunication Union, *Information Society Statistical Profiles*

2009. Africa, Geneva, Switzerland: International Telecommunications Union, 2009.

Jensen, Robert T., "The Digital Provide: Information (Technology), Market Performance, and Welfare in the South Indian Fisheries Sector," *Quarterly Journal of Economics*, Vol. 122(3), pp. 879-924, 2007.

Ka, Chih-ming, *Japanese Colonialism in Taiwan: Land Tenure, Development, and Dependency, 1895-1945*, Boulder, Colo.: Westview Press, 1995.

Kohli, Atul, "Where do High Growth Political Economies Come From? The Japanese Lineage of Korea's "developmental state, " "*World Development*, Vol. 22(9), pp. 1269-1293, 1994.

Maddison, Angus, *The World Economy: A Millennial Perspective*, Paris: Development Centre of the Organisation for Economic Co-operation and Development, 2001.

Maddison, Angus, *The World Economy: Historical Statistics*, Organization for Economic Co-operation and Development (OECD), 2003.

Michie, Ranald C., *The London and New York Stock Exchange, 1850-1914*, London: Allen and Unwin, 1987.

Mitchell, Bridger M. and Ingo Vogelsang, *Telecommunications Pricing: Theory and Practice*, New York: Cambridge University Press, 1991.

Muto, Megumi and Takashi Yamano, "The Impact of Mobile Phone Coverage Expansion on Market Participation: Panel Data Evidence from Uganda," *World Development*, Vol. 37(12), pp. 1887-1896, 2009.

North, Douglass C., *Institutions, Institutional Change, and Economic Performance*, New York: Cambridge University Press, 1990.

North, Douglass C. and Robert P. Thomas, *The Rise of the Western World: a New Economic History*, Cambridge: Cambridge University Press, 1973.

Okazaki, Tetsuji, "The Role of the Merchant Coalition in Pre-modern Japanese Economic Development: An Historical Institutional Analysis," *Explorations in Economic History*, Vol. 42(2), pp. 184-201, 2005.

Otsuka, Keijiro and Naoki Murakami, "Resource Allocation and Efficiency of Sharecropping Under Uncertainty," *Asian Economic Journal*, Vol. 1(1), pp. 125-145, 1987.

Röller, Lars-Hendrik and Leonard Waverman, "Telecommunications Infrastructure and Economic Development: A Simultaneous Approach," *American Economic Review*, Vol. 91(4), pp. 909-923, 2001.

Sridhar, Kala Seetharan and Varadharajan Sridhar, "Telecommunications Infrastructure and Economic Growth: Evidence From Developing Countries," *Applied Econometrics and International Development*, Vol. 7(2), pp. 37-56, 2007.

Stiglitz, Joseph E., "Incentives and Risk Sharing in Sharecropping," *Review of Economic Studies*, Vol. 41(2), pp. 219-255, 1974.

Warthman, Forrest, "Telecommunication and the City", *Annals of the American Academy of Political and Social Science*, Vol. 412(1), pp. 127-137, 1974.

Waverman, Leonard, Meloria Meschi and Melvyn Fuss, "The Impact of Telecoms on Economic Growth in Developing Countries," *The Vodafone Policy Paper Series*, No. 2, pp. 10-23, 2005.

Wenders, John T., *The Economics of Telecommunications: Theory and Policy*, Cambridge, Mass.: Ballinger, 1987.

図表一覧

序章
表 序-1　1人当たり GDP の相対的比較 …………………………………………… 4

第1章
表 1-1　清朝時代の台湾における主要電信事業 ………………………………… 21
表 1-2　野戦電信時代の電信事業 ………………………………………………… 28
表 1-3　電信局の有料電報数（台北電信局除外）……………………………… 29
表 1-4　電信施設の供給水準 ……………………………………………………… 32
表 1-5　電話施設の供給水準 ……………………………………………………… 37
表 1-6　発信電報の内訳 …………………………………………………………… 43
表 1-7　台湾人の電信需要 ………………………………………………………… 45
表 1-8　通話度数の内訳 …………………………………………………………… 47
表 1-9　台湾人電話加入者 ………………………………………………………… 50
図 1-1　台湾の電信線路（1895年）……………………………………………… 22
図 1-2　業務別の通信現業機関数 ………………………………………………… 36
注 42（通信中央機関の名称変更日の表）……………………………………… 34

第2章
表 2-1　合同前後における電気通信機関数の比較 ……………………………… 65
表 2-2　電気通信施設の供給水準 ………………………………………………… 66
表 2-3　警備電話回線 ……………………………………………………………… 71
表 2-4　電信需要の変化 …………………………………………………………… 74
表 2-5　電信需要分析 ……………………………………………………………… 76
表 2-6　電話需要の変化 ………………………………………………………… 78-9
表 2-7　職業別電話加入者 ………………………………………………………… 81
図 2-1　韓国の電信線路（1905年）……………………………………………… 59

第3章
表 3-1　三等郵便局長の経歴（1936年現在）…………………………………… 97
表 3-2　内国電報の内訳 …………………………………………………………… 101
表 3-3　外国電報の内訳 …………………………………………………………… 101
表 3-4　用途別電報利用状況 ……………………………………………………… 102
表 3-5　電話加入者の職業別分類（1937年6月現在）………………………… 109
図 3-1　官業における通信事業の比重 …………………………………………… 90
図 3-2　通信収入1円当たり投資額 ……………………………………………… 90
図 3-3　通信現業機関の電信施設 ………………………………………………… 93

図表一覧　257

図 3-4　電信需要の推移……………………………………………………100
図 3-5　台湾人の電信利用…………………………………………………103
図 3-6　電話供給の推移……………………………………………………105
図 3-7　電話加入者数と加入申込者数……………………………………107
図 3-8　島内電報と市外電話………………………………………………112
図 3-9　通話度数で見る市外電話…………………………………………113
図 3-10　台湾人の電話利用…………………………………………………115

第 4 章
表 4-1　朝鮮総督府の歳入（決算）……………………………………122-3
表 4-2　朝鮮人郵便所長の経歴…………………………………………146-7
図 4-1　通信事業の収支状況………………………………………………121
図 4-2　電報料金の変化……………………………………………………135
図 4-3　新設電信施設の資金調達別分類…………………………………153

第 5 章
表 5-1　1900 年代に設立された主要新式製糖工場………………………173
表 5-2　製糖業者の砂糖生産量……………………………………………175
表 5-3　主要製糖会社と糖商の関係（1918 年現在）……………………187
表 5-4　三井物産の電信利用量（1904 年下半期）………………………190
図 5-1　輸出台湾糖の仕向け先……………………………………………160
図 5-2　輸出台湾糖の島内流通経路（1890 年代）………………………161
図 5-3　1900 年代東アジアの砂糖貿易……………………………………171
図 5-4　輸出台湾糖の島内流通経路（1900 年代）………………………177
注 37（製糖会社の超過利潤の図）………………………………………172

第 6 章
表 6-1　開港場客主の分化…………………………………………………200
表 6-2　1920 年代の主要籾摺・精米工場（1926 年末現在，年産 5,000 石以上の工場）………………………………………………………………204
表 6-3　1 人当たりの通信量と地域間格差………………………………215
表 6-4　仁川の電信利用状況（1933 年現在）……………………………217
図 6-1　籾摺・精米工場数の推移…………………………………………203
図 6-2　発信電報通数と電話加入者数……………………………………214
図 6-3　輸出米の流通経路と米穀取引における電気通信………………220

終章
表 終-1　アフリカ諸国の携帯電話加入者数と普及率（2013 年 12 月現在）…………233
表 終-2　終戦直後の人口 1 万人当たりの電信施設……………………238
図 終-1　アフリカの電話加入者数の推移………………………………232

あとがき

　本書は，2012 年 3 月に東京大学大学院経済学研究科から博士（経済学）の学位を授与された博士学位論文『低開発地域の情報化と市場経済の発展——韓国と台湾の歴史的経験』に基づき，加筆修正を施したものである．
　各章の基礎となった既発表論文について記すと，以下の通りである．

　第 1 章「台湾総督府による情報化の開始」
　「台湾における電気通信網の形成とその経済的意義 1896〜1919 年」『東京大学経済学研究』第 54 号，2012 年，1-15 頁．

　第 2 章「朝鮮総督府による情報化の開始」
　「植民地朝鮮における情報化——1906〜1919 年の電信・電話ネットワークを中心に」『日本植民地研究』第 21 号，2009 年，1-16 頁．

　第 3 章「台湾における情報化主体の変化」
　「近代台湾における電気通信インフラの形成」李昌玟・湊照宏［編］『近代台湾経済とインフラストラクチュア』現代中国研究拠点研究シリーズ No. 9，東京大学社会科学研究所，2012 年，1-31 頁．

　第 4 章「朝鮮における情報化主体の変化」
　「植民地朝鮮における電信政策と電信架設運動」『歴史と経済』第 51 巻第 2 号，2009 年，18-35 頁．

　第 5 章「台湾糖の取引制度の変化と糖商の対応」
　「海底ケーブルの登場と台湾糖取引制度の変化」李昌玟・湊照宏［編］『近代台湾経済とインフラストラクチュア』現代中国研究拠点研究シリ

ーズ No. 9，東京大学社会科学研究所，2012 年，83-113 頁.

第 6 章「朝鮮米の取引制度の変化と米穀商の対応」
「近代電気通信と米穀取引における最適契約問題――朝鮮開港場における客主業消滅と米穀商成長の背景」『社会経済史学』第 76 巻第 1 号，2010 年，43-64 頁.

　経済史学者を志し，来日してからちょうど 10 年の歳月が経った．来日当初は日本語の読み書きはもちろん，聞き取りもほとんどできなくて，授業中は沈黙を貫き，たった 1 ページの論文を読むのに半日かかったこともあった．しかし，不思議なことに，この 10 年間，いかなる困難な状況に直面したときも落ち込むことなく気持ちを前向きに持ち続け，いつも突破口を見つけることができた．振り返ってみると，何か困ったことが起こると必ず誰かが手を差し伸べてくれたり，救ってくれたりした．そのお蔭で，もともと控えめな性格だった私が，目標に向かってぐんぐん突き進める人間に変わっていった 10 年間だったと思う．こうして単著の出版にたどり着くことができたのも，多くの方々のご好意や援助をいただいたからである．

　韓国の大学院時代には，開港期の朝鮮経済を専門とする李憲昶先生のご指導をいただいた．経済史研究の世界的な潮流を常に把握していた李憲昶先生のお蔭で，大学院ゼミでは最新の経済史研究に関するさまざまな国際ジャーナルに触れることができた．とりわけ，アメリカの経済史研究はとても斬新なアイデアや分析方法が多く，私の知的好奇心を刺激するものがたくさんあった．当時，理解しようと必死に勉強した Robert W. Fogel, Douglass C. North, Alexander Gerschenkron, Joel Mokyr, Avner Grief など経済史学界の大御所の論文が今も研究室の本棚の片隅に置かれている．経済史研究の世界的な潮流を追いながら，私は自然と「経済史学者になりたい」と思うようになった．しかし，当時はまだ明確なビジョンや計画もなく，ただ漠然とアメリカの大学で博士号を取りたいと思うだけであった．

　2004 年の夏，たまたま参加した産業史研究会が私の今後の人生計画を大きく修正するターニングポイントになった．産業史研究会は韓国の経済史学

界で活躍している（当時としては）若手研究者たちが，月に1回集まってお互いの研究について自由な議論を交わす学問的研鑽の場であった．研究会のメンバーのほとんどは，日本留学の経験を持ち，また大学の教壇に立って学生を指導する教員であった．そのため，これまで日本とはまったく縁がなく，しかも学生の身分だった私は研究会で非常に異質な存在だった．しかし，もっとも年齢が若かったこともあり，私はいつも研究会の皆に可愛がっていただき，来日するまで毎月楽しく研究会に通うことができた．宣在源，呂寅満，林采成，裵錫滿，鄭安基の研究会の先輩方には，ときどき日本留学の貴重な経験談を聞かせていただき，また研究者として堅持すべき姿勢についても教えていただいた．なかでも宣在源先輩には何度も相談に乗っていただき，その優しさに甘えた私はお宅にまでお邪魔していろいろ質問したこともあった．このような先輩方の背中を見ながら経済史学者としての夢をさらに具体化し，漠然としたアメリカ留学への想いを捨て，日本留学というまったく新しい道へ進むことを決断した．

　1年間の外国人研究生を経て正式に東京大学大学院経済学研究科へ進学した私は，これまでも，そしてこれからも研究者人生のロール・モデルである指導教官の岡崎哲二先生と出会った．来日する以前から先生のご尊名は伺っており，ずっと憧れていた研究者でもあった．経済史分野における世界的なトップジャーナルといえば，*Journal of Economic History, Explorations in Economic History, Economic History Review* の3つを上げることができる．この3つのトップジャーナルは，いずれも論文の採択率が非常に低く，審査のプロセスが3～4年かかることも稀ではないため，ここ10年間でトップ3のどれかに1本でも実績をもっている日本人研究者の数は一桁に満たない．ところが，当時岡崎先生はこの3つのトップジャーナルのすべてに論文を掲載した唯一の日本人研究者であった．韓国の大学院時代から先生の論文を拝読しながら，Tetsuji Okazaki という名前は私の脳裏に深く刻印されていた．私にとって岡崎先生は教科書でしか会えない雲の上の存在だったのである．そのため，日本留学を決心したときは躊躇することなく「東京大学大学院経済学研究科へ進学する，そして岡崎門下に入る」と，心に決めていた．

　私が岡崎先生を尊敬してやまない理由は，鶏群の一鶴のような研究業績だ

けではない．私はこれまで岡崎先生より卓越した教育者を見たことがない．岡崎先生は甚だ未熟な私を入学当初から一人の研究者として接して下さった．受身の学生でいるのではなく，研究者として積極的に研究に取り組むように常に私を励まして下さった．岡崎先生の称賛と激励の指導を受けながら，私は修士1年生のときから積極的に学会発表や論文投稿を行い，のびのびと自分の研究を進めていくことができた．学生の中には，叱られて伸びるタイプと褒められて伸びるタイプの2種類があるとよく言われるが，岡崎先生は学生のタイプによってこの2つのやり方を上手く使い分けていたと思う．大学教員にとって最も大事な仕事は研究と教育だが，2つのバランスを取ることは至難の業である．それがよくわかるようになった今だからこそ，岡崎先生の偉大さが身に染みてわかるようになった．

東大大学院在学中には，岡崎先生だけでなく多くの先生方からご指導をいただいた．武田晴人先生は，私を外国人研究生として受け入れて下さり，大学院入試に向けて勉強できる環境を与えて下さった．加瀬和俊先生には，研究に向き合う真摯な研究者の姿勢を教えていただいた．加瀬先生の気さくな人柄を慕って参加したゼミでは，自分の研究領域を広げる機会をいただいた．谷本雅之先生からは，在来産業論をはじめ日本経済史全般について教えていただいた．片言の日本語しか話せなかった来日当初，初めて受講した谷本先生の講義で経済史に関する基礎文献の通読を通して日本経済史の基礎知識を培うことができた．中村尚文先生には，日本経営史の面白さを教えていただいた．中村先生の鋭い質問により，自分が築き上げた論理の矛盾に気が付いたことも少なくない．中林真幸先生には，今後経済史研究が目指すべき方向について教えていただいた．中林先生は凡人には真似できないほどの努力家であるため，先生の研究に向き合う姿勢に触れるたびに襟を正すことが何度もあった．今は一橋大学大学院商学研究科へ移籍されたが，橘川武朗先生からも大学院での演習を通じてご指導をいただいた．橘川先生は，論文の書き方，投稿の仕方，議論の展開方法など研究者として備えるべき基本技を教えて下さった．

東大大学院在学中には，先生方だけでなく多くの先輩，同僚にも大変お世話になった．湊照宏，河村徳士，宮崎忠恒，加島潤の諸先輩とは，ときには

互いの研究について語り合い，ときには御殿下のグラウンドで一緒に汗を流した．とりわけ，湊先輩は研究の方向性に悩んでいた私を台湾研究へ導いてくれた恩人でもある．台湾経済が専門だった彼の紹介で私は日本植民地研究会へ参加することになり，最終的に私の論文のテーマが「朝鮮の情報化と市場経済の発展」から「台湾と朝鮮の情報化と市場経済の発展」へと広がるきっかけとなった．東大の大学院時代を通して，もっとも親しくしてもらった同僚は北浦貴士氏である．彼とは年が同じであることもあり，いつも一緒に昼ごはんを食べて，互いの研究状況を語り合う，良い研究仲間であり親友でもあった．その他にも，小笠原浩太氏は私が在職していた東京工業大学に後任として着任したという縁もあって今も親交を続けている．二階堂行宣氏は，私が東京工業大学で働き始めた頃から一橋大学の伊藤秀史先生の授業に通いながら，一緒に組織経済学と契約理論を学んだ．齋藤邦明氏は，湊，北浦の両氏とともに組織した学内研究会で日本経済史の主要論文を題材に共に議論を交わした．また，ここにはすべての方々のお名前を挙げきれなかったが，大学や研究機関の多くの研究仲間たちからも大変お世話になった．

　東京大学大学院経済学研究科で博士号を取得した後，まだ教育経験もなく研究歴も十分ではない私を拾って下さったのは，東京工業大学の山室恭子先生だった．東京工業大学大学院社会理工学研究科で初めて大学教員としての仕事を得た私は，優秀な学生に囲まれて教育の楽しさを学び，新しい研究分野と触れて研究の幅も一気に広げることができた．江戸時代を専門とする歴史学者の山室先生からは，歴史データの面白さを教えていただいた．もともと戦間期を専門とする経済史学者の私が江戸時代に関する論文を発表するに至ったのも山室先生のお蔭である．また，ゲーム理論の大家である武藤滋夫先生の授業にも出させていただいた．非協力ゲーム理論しか知らなかった私は先生の講義を通じて協力ゲーム理論という未知の世界を経験することができた．現在は千葉大学に在職している当時武藤研の同僚であった岸本信先生とも頻繁に議論を交わし，経済史研究におけるゲーム理論の有用性ついて多くを学んだ．

　東京工業大学を退職した私は，1,000 km 以上離れた福岡県立大学へ移籍した．その後，さらに韓国外国語大学校へ移籍したため，福岡県立大学での

勤務期間は短かったが，そこでもたくさんの先生方に助けていただいた．福岡県立大学人間社会学部の田代英美，文屋俊子，石崎龍二，岡本雅享，佐野麻由子，堤圭史朗，佐藤繁美の諸先生方には研究と教育はもちろん，生活に至るまでいろいろお世話になった．また，金恩愛先生は同じ韓国人ということもあり，慣れない福岡生活で何か困ったことがあるときにはいつも助けていただいた．福岡県立大学で私は経済学，労働経済論，社会保障論の講義を担当したが，なかでも社会保障論は自分の専門ではなかったため授業準備に苦労したこともあった．しかし，授業準備をしながら一生懸命覚えた内容が，今では研究と教育の両方において活用される場面が多く，そのときに勉強した内容が今もって大切な財産になっている．

　現在の職場である韓国外国語大学校融合日本地域学部でも私は周りのたくさんの人々に助けていただいている．何より先輩教授たちのご配慮により，優れた環境の下で研究と教育が行えることに感謝している．日本の地域学研究に特化した融合日本地域学部の助教授として，学部と大学院では日本経済史と現代日本経済論を教える傍ら，日本の政治，社会，文化を専門とする他の研究者との接触が多いため学際間・融合研究のチャンスもいただいている．とりわけ，李相薫，朴容九の両先輩教授は新任教員の私が研究に専念できるように豊富な研究時間を与えて下さり，本書を仕上げるための理想的な環境をいただいた．

　本書の基礎となった既発表論文は研究資金をはじめ多くの支援をいただいた結果である．まず，来日してから3年間は日本証券奨学財団の支援をいただいた．2005年に日本証券奨学財団の奨学生として選抜され，2006年4月から2009年3月までの3年間は同財団から学費と生活費を支援していただいた．同じ財団の留学生友達とともに年に1回財団側が主催した温泉旅行に参加したことは，今でも楽しい思い出として残っている．博士課程の2009年4月から2012年3月までの3年間は日本学術振興会特別研究員（DC1）に採用され，研究奨励費の交付が大きな支援となった．博士号を取得して大学の教員になってからも毎年科学研究費助成金の支援をいただいた．事業年度中に海外の大学へ移籍することになったため，いずれも2014年8月をもって中止となったが，2012年4月から基盤研究B，2013年4月から挑戦的

萌芽研究，2014年4月から若手研究Bからそれぞれ科学研究費助成金をいただいた．その他にも，2011年度には公益財団法人社会科学国際交流江草基金，2012年度には韓国東北亜歴史財団の課題遂行研究費，2013年度は二十一世紀文化学術財団の学術奨励金をそれぞれいただいた．

本書の刊行は，岡崎先生の推薦を受けた東京大学出版会の大矢宗樹氏の企画によってスタートした．当時東京工業大学に在職していた私は，大学に直接来られた大矢氏と相談し，学術振興会の刊行助成を申請することとした．そして，日本学術振興会平成25年度科学研究費補助金（研究成果公開促進費）に採択され，2014年度中の出版を目指して作業を進めてきた．しかし，研究資金と同じく，事業年度中に海外の大学へ移籍したため，いただいた出版助成金も返却せざるを得なくなり，出版計画は一度頓挫した．出版作業を進めてきた私にとって出版助成金の返却はとても残念なことであったが，日本学術振興会の出版助成金が日本国民の税金で賄われることを考えれば，当然の措置だと言わざるを得ない．中断された出版計画のため落ち込んでいた私を救って下さったのは大矢氏であった．大矢氏をはじめとする東大出版会スタッフの皆さんのお蔭で私の原稿は新たに学術書刊行基金を受ける幸運にめぐり合えた．この場を借りて大矢氏と東大出版会スタッフの皆さんに厚く御礼を申し上げたい．

本書で利用した資料は日本，台湾，韓国の3地域で収集したものであるが，とりわけ台湾現地でデータを収集する際は友人呉菀婷氏に大変お世話になった．また，本書の執筆にあたって，原稿を読み，膨大な資料を整理してくれたのは，韓国外国語大学校国際地域大学院日本学科の大学院生金知愛氏である．この場を借りてお二人のご協力に深謝したい．

最後に，決して楽ではない研究者の道に進む私を温かく見守ってくれた家族に心から感謝したい．

2015年10月

李　昌　玟

索引

あ行

アービトラージ（arbitrage）　211
アジア NICs　236
アッカー，ジェニー（Jenny Aker）　9
安部商店　176, 188
池田十三郎　64
石井寛治　131, 180
石川精米所　198
維持費　140, 145, 148-150, 155, 229
維新製糖　174
委託販売契約　180, 185-187, 190, 192, 230
一極体制情報網　114
一極流通体系　195
一手販売　165
一手販売契約　186, 187
一手販売権　188
一等郵便局　34
一等郵便電信局　34
伊藤博文　63
井上馨　53
インセンティブ　14, 136, 145, 150, 154, 179, 208, 209
インセンティブ契約　168, 169, 191, 192, 206, 212, 224, 230, 236
インセンティブ・システム　155, 229
インフレーション　134
烏龍茶　24, 25, 46
ウェイバーマン，レナード（Leonard Waverman）　7
牛掛廍　160
エージェント　165, 204, 224
SIM（Subscriber Identity Module）カード　232, 233
F. D. S. 会社　174
沿岸貿易　116
塩水　187
欧文電報　66
欧米系糖商　10, 162, 167, 168, 176, 178, 179, 182, 184, 191, 230, 235
OECD　7
大江志乃夫　38
大阪商船　183, 192
大阪糖業　176
岡崎哲二　205
岡本桂次郎　61, 70
奥田貞次郎　197
諺文電報　66, 73, 98

か行

ガーベッジ，ケネス（Kenneth D. Garbade）　15
開港場客主　11, 196, 197, 199-201, 204, 205, 207, 210-212, 214, 215, 223, 230, 236
開港場籾摺業　199
会社令　73, 83
開発国家的見解（Developmental-State View）　13
開発独裁　237
改良玄米　197, 199
改良糖廍　171, 174, 176
価格察知　218, 220, 224, 231
カガメ，ポール（Paul Kagame）　231
寡占的競争　10
加藤友三郎　126

索引   267

関係的契約（relational contract）　205
観察可能性　166, 205, 208
監視費用　8
蒲原久四郎　135
漢文電報　45, 49, 98, 117
含蜜糖　162, 170, 176, 177
機械精米　199
機械精米業　198, 199, 222
機械籾摺業　202
企業勃興　73, 76, 83
義州電線合同　54
期待効用　207, 208
寄付電信施設　133, 150-152, 154, 155, 229
規模の経済性　12
期米取引　217, 219
牛犇廊　160
居買　210-212, 224
均一料金制　106
金充植　54
金解禁　127
近代的経済成長（Modern Economic Growth）　4, 5
金本位制　24, 41
金融恐慌　189
金融ネットワーク　131
鈷脚　162, 164, 166
グライフ，アブナー（Grief, Avner）　205
経営インセンティブ　151
景気循環寄り（pro-cyclical）　213
警察費主導型財政　88
京城事件　69
京城日報　150
警備電話事業　69, 72
警備電話網　70-72, 83, 228
契約強制費用　8
契約不履行の問題　221
献納置局制度　137
原料採取区域制度　172
港郊　162, 163

皇城新聞　62, 80
交渉費用　8
甲申政変　54, 55
興宣大院君　53
交通革命　165
交通局通信部　91
光武改革　57
公家廊　160
コース，ロナルド（Ronald H. Coase）　8
コーディネーション　92, 155, 235
コーディネーション能力　6, 12, 13, 231, 234, 235, 238
コーディネーションの失敗（政府の失敗）　12, 13, 234, 235
児玉源太郎　41
国家主導成長類型　237
国庫金業務　131, 132
後藤新平　41
コミッションマーチャント　177, 180, 188, 192

さ　行

最小効率規模（Minimum Efficient Scale）　12
財政独立五ヶ年計画　67, 68, 77, 83, 120, 229
在来玄米　197
在来糖廊　174
先貸買　210-212, 224
砂糖業　159
砂糖保護関税　172
3.1 独立運動　124, 125, 133, 144, 154, 155
三角貿易　168, 178
産業革命　13, 195
三国干渉　26
産地客主　196, 199
産地籾摺業　199
三等郵便及電信局設置規程　94

三等郵便及電信局長採用規制　94
三等郵便局　35, 92-95, 116, 144, 228
三等郵便局長　93, 95, 96, 116, 228
産米増殖計画　201, 202
ジェンセン，ロバート（Robert T. Jensen）　8
直取引　217, 218
時間的不整合性（time inconsistency）　222
資金前貸方式　207-211
自己実効性（self-enforcing）　205
資産運用　218, 220, 224, 231
市場拡張的見解（Market-Enhancing View）　14
市場の失敗　12, 13
市場友好的見解（Market-Friendly View）　13
施設運営者　151
施設請願委員会　68, 124, 138
執行可能性（enforceablity）　165, 205
シベリア鉄道　56
下関条約　26, 38, 88
受益者負担原則　7, 137, 141, 155, 229
受託買収契約　204, 210
出圧　162, 164, 166
需要者独占（monopsony）　172
純粋手数料方式　207, 209-211, 215
場外取引　219
情報化の格差問題　234
情報時差　53
情報の非対称性　11, 165, 178, 192, 206, 210, 213, 230, 236
情報レント　11, 163, 165, 166, 210, 224
正米仲介　217
殖産興業政策　82, 119, 120, 124, 132, 137, 154
シルバー，ウィリアム（William L. Silber）　15
新興製糖　174, 178
壬午軍乱　53
仁川米豆取引所　217-219

清仏戦争　21
垂直統合化　25, 188, 236
鈴木商店　176, 189
請願通信制度　137, 141, 144, 148, 151, 153, 155, 229
請願電信施設　133, 137, 145, 148, 150-152, 155, 229
清州支線　56
精米取引　217, 219
西路電線　54, 56, 57, 82
セカンドベスト　209
世昌洋行　62
専属仲買人　215, 216
船頭行　162
創設費　140, 145, 148, 150, 151, 155, 229
組織失敗　14

た　行

対韓私見概要　63
対韓施設綱領決定ノ件　63
大韓帝国　5, 6, 26, 57-59, 62-65, 70, 82, 228
対岸貿易　104, 161
第三者執行機関　165, 205
大戦ブーム　46, 83, 99
第二次電信電話整備五ヶ年計画事業　128
第二次日韓協約（乙巳保護条約）　64
大日本製糖　42, 172
太平洋戦争　100, 134
大北電信会社（Great Northern Telegraph Company）　19, 20, 33, 54, 213
台湾海峡　21, 23
台湾銀行　24, 41, 171, 183, 192
台湾系糖商　168, 176, 178
台湾事業公債法　42
台湾出兵　20
台湾植民地征服戦争　26, 38, 51, 88, 228
台湾製糖　172, 187
台湾総督府　6, 49, 87, 91, 116, 171, 180,

227, 228, 237
台湾総督府民生局官制　　34
台湾総督府郵便及電信局官制　　34
台湾総督府陸軍局電信部　　27
台湾糖　　9, 10, 15, 159, 161, 162, 168, 181, 186, 190, 191, 230, 235
台湾米　　109, 110, 117
台湾民主国　　26, 38
台湾臨時兵站電信部　　27
高砂製糖　　173
高平小五郎　　54
多極流通体系　　195
託買人　　162, 164
探索費用　　8
地域名望家　　96, 98, 99, 116, 144
地域有志　　138, 140, 141, 143-145, 148, 151, 152, 155, 229, 239
地代追求行為　　163
地方名望家　　141
茶業　　159
中国海底電信会社（China Submarine Telegraph Co. Ltd.）　　19
中国系糖商　　166-169, 176, 192
中白米　　197, 199
朝鮮出兵　　26
朝鮮総督府　　6, 67, 68, 82, 98, 120, 124, 126, 130, 131, 133, 136, 138, 151, 154, 228, 229, 237
朝鮮総督府通信局　　65, 67
朝鮮総督府通信局　　67, 213
朝鮮電報総局　　56
朝鮮米　　9, 10, 15, 195, 198, 201, 230, 236
陳中和　　168, 178
陳福謙　　168
通信院　　58
通信革命　　165
定期取引　　217
帝国新聞　　62
帝国製糖　　173, 187
丁日昌　　20
逓信協会雑誌　　72

手数料商人化　　10, 177-182, 184, 188, 192, 230, 235
鉄道駅電信取扱所　　143
デニー，オーウェン（Owen N. Denny）　　56
テレコムの経済史　　240
電信受取所　　65
電信架設運動　　75, 77, 98, 137-141, 143, 151, 155, 229, 240
電信局　　143
電信局誘致運動　　141
天津条約　　23, 159
電信電話拡張五ヶ年計画　　125, 126
電信電話期成同盟会　　68, 124, 138
電信電話所　　143
電報学堂　　21
電報司　　58, 60
電務学徒規則　　58
電話交換規制　　31
電話交換局官制　　31
電話交換局長処務規定　　31
電話交換支局規程　　31
東亜日報　　135, 139, 140, 151, 152
東学農民運動　　25, 62
統監府通信監理局　　60, 64-67, 82
糖行　　162, 165
糖業保護政策　　171, 192
道具籾摺業　　199, 202, 222
堂島取引所　　138
糖商倶楽部　　176
当所割引業務　　183
動態的な均衡　　235
糖販仔　　162, 164
糖廍　　160, 161, 164, 170, 174, 177, 179, 188, 191, 192
糖間　　174
頭家廍　　160
東洋製糖　　42, 172, 187
糖割　　162, 164, 166
特設電話　　80, 83
特別開通制度　　108, 117

270　索引

匿名的な取引　216
独立新聞　62
度数制　106
土地調査事業　41, 42, 73, 76, 83, 183
土幕間　110
取引コスト　8, 14, 25, 60, 74, 179, 214, 216, 224, 231
取引の内部化　169
取引費用　9
取引を内部化　192
トレードオフ　209

な 行

南昌製糖　174
南路電線　55, 56, 58, 82
新高製糖　173
日露戦争　35, 46, 63, 82, 132, 195, 213, 228, 239
日韓議定書　63
日韓通信協定　64
日韓通信合同　5, 6, 57, 63, 64, 82, 96, 119, 228
日韓併合　67, 130, 132, 133
荷付為替業務　183
日清戦後経営　13
日清戦争　25, 26, 51, 57, 82, 195, 227, 228, 239
日中戦争　100, 101, 104
二等郵便電信局　34
日本系糖商　10, 170, 173, 174, 176, 177, 179, 182-184, 186-188, 192, 230, 235
日本帝国主義　11
布井精米所　198
ネットワーク外部性　3, 12, 22, 60, 82, 106
ノース，ダグラス（Douglass C. North）　14
延取引　217, 218

は 行

バーゲニングパワー　177, 184, 186
買弁　162, 163, 167-169, 179
朴承稷商店　129
林権助　63, 64
漢城電報総局　54
判任官　93
花房義質　53
費用負担者　151
苗栗製糖　173
ファーストベスト　209
不完全なコミットメント（imperfect commitment）　165, 205
釜山口設海底電線條款　54, 55
藤井信幸　15, 141
フス，メルヴィン（Melvyn Fuss）　7
プリンシパル　165, 204, 224
分桟　164, 166
分蜜糖　170, 177
米穀投機　218, 220, 224, 231
米穀取引所　111, 198, 217-219, 224, 231
兵站電信部　88
ベイン商会精糖場　174
弁仲　164-166
報酬関数　206
包種茶　24, 25, 45, 46, 101
蓬莱米　110
ホーグ，クリストファー（Christopher Hoag）　15
北路電線　56-58, 82
保険つなぎ　218, 220, 224, 231
北郊　162, 163, 166
北港製糖　173
香港上海銀行　24, 163, 166, 167, 181-183, 192

ま 行

毎日申報　80

前貸制度　163, 168, 169
増田屋　176, 180, 188
蔴豆製糖　174
マルサスの罠（Malthusian Trap）　4
満州事件費　128
満州事変　101, 104, 128, 239
満州電信電話株式会社　239
見込取引　188-190, 230
三井物産　44, 168, 176, 179, 180, 184, 185, 188-190, 192
ミッキー，ロナルド（Ronald C. Michie）　15
宮崎精米所　198
民営化　2, 3
民生局通信部　88
民生部逓信局　91
武藤めぐみ　9
明治製糖　42, 172, 187
メスキ，メローリア（Meloria Meschi）　7
モニタリング　190, 206, 209, 224
モラルハザード　164, 166, 168, 169, 191, 206, 207

や　行

野戦電信時代　26, 28-30, 38, 51, 227
野戦電信網　26, 27, 29, 51
山野峰　9
山本犀蔵　127
湯浅商店　176
有線電話網　2
郵便受取所　65
郵便局　65, 143, 213
郵便局出張所　65

郵便所　143-145, 148, 152, 155, 229
郵便所長　96, 98, 143-145, 148, 152, 155, 229
郵便電信受取所　65
洋行　46, 162, 163, 167

ら・わ行

リスク回避的　209
リスクシェアリング　209
リスク中立的　209
立証可能性　166, 205
流通マージン　207-212, 214, 224
留保効用　207
劉銘伝　5, 21, 25, 181, 182
料金改定　134
臨時台湾電信建設部　33
臨時郵逓所　65
ルーラー，ラルス＝ヘンドリック（Lars-Hendrik Röller）　7

和文電報　45, 66, 73, 98, 213

アルファベット

Dent & Co.　167, 168
Douglas 汽船会社　181-183, 192
Jardine, Matheson & Co.　167, 168
Mass Critical Point　22
Melbourne Sugar Houses 社　167
Mobile Phone Coverage（MPC）　1
Pooled-OLS　75
price taker　211
W. M. Robinet & Co.　167

著者略歴

1978年　韓国慶尚南道に生まれる
2012年　東京大学大学院経済学研究科博士課程修了
　　　　東京工業大学大学院社会理工学研究科助教，
　　　　福岡県立大学人間社会学部専任講師を経て，
現　在　韓国外国語大学校融合日本地域学部助教授．博士（経済学）

主要業績

"Virtual or Vertical? Achieving Integrated Global Supply Chains," *International Journal of Productivity and Quality Management*, Vol. 15, No. 2, February 2015（with Sungwoo Byun）．
"International Economic Policy Uncertainty and Stock prices: Wavelet Approach," *Economics Letters*, Vol. 134, September 2015（with Jun-Hyung Ko）．
"The Role of the Private Sector in Japan's Recovery from the Great Depression," *International Area Studies Review*, Vol. 18, No. 4, December 2015.

戦前期東アジアの情報化と経済発展
台湾と朝鮮における歴史的経験

2015年12月21日　初　版

［検印廃止］

著　者　李　昌　玟（イ　チャンミン）

発行所　一般財団法人　東京大学出版会

代表者　古田元夫

153-0041　東京都目黒区駒場 4-5-29
電話　03-6407-1069　Fax 03-6407-1991
振替　00160-6-59964
http://www.utp.or.jp/

印刷所　株式会社三秀舎
製本所　誠製本株式会社

© 2015 Lee Changmin
ISBN 978-4-13-046116-0　Printed in Japan

〈JCOPY〉〈（社）出版者著作権管理機構　委託出版物〉
本書の無断複写は著作権法上での例外を除き禁じられています．複写される場合は，そのつど事前に，（社）出版者著作権管理機構（電話 03-3513-6969，FAX 03-3513-6979，e-mail: info@jcopy.or.jp）の許諾を得てください．

石井寛治・原　朗・武田晴人編
日本経済史　全6巻
　　1　幕末維新期　　　　　　　　　　　A5・4800円
　　2　産業革命期　　　　　　　　　　　A5・4800円
　　3　両大戦間期　　　　　　　　　　　A5・5000円
　　4　戦時・戦後期　　　　　　　　　　A5・5400円
　　5　高度成長期　　　　　　　　　　　A5・5800円
　　6　日本経済史研究入門　　　　　　　A5・5500円

石井寛治著　**日本経済史**［第2版］　　　　　　　　A5・2800円

石井寛治著　**資本主義日本の歴史構造**　　　　　　A5・5200円

原　　朗著　**日本戦時経済研究**　　　　　　　　　A5・8200円

中村隆英著／原　朗・阿部武司編
明治大正史　上・下　　　　　　　　四六・各3000円

三和良一著　**概説日本経済史　近現代**［第3版］　A5・2500円

三和良一著　**経済政策史の方法**　　　　　　　　　A5・7200円
　　　　　　緊縮財政の系譜

満薗　勇著　**日本型大衆消費社会への胎動**　　　　A5・6800円
　　　　　　戦前期日本の通信販売と月賦販売

呂　寅満著　**日本自動車工業史**　　　　　　　　　A5・7600円
　　　　　　小型車と大衆車による二つの道程

北浦貴士著　**企業統治と会計行動**　　　　　　　　A5・7800円
　　　　　　電力会社における利害調整メカニズムの歴史的展開

ここに表示された価格は本体価格です．ご購入の
際には消費税が加算されますのでご了承下さい．